高等职业技术教育教材

汽车车身修复与美容

第2版

主编　吴兴敏　巴福兴
参编　宋孟辉　高元伟　张成利
　　　马志宝　鞠　峰　李培军
　　　邓万豪　陈卫红　佟志伟
　　　关守冰　仲琳琳　崔　波

机械工业出版社

本书以通俗易懂的方式，结合汽车车身维修的实际操作流程，介绍了汽车车身修复与美容的相关知识。本书主要内容包括：车身损伤评估、车身钣金件修理基本技能、车身结构件的修理、板件表面预处理、底漆的喷涂、中间涂料的涂装、面漆的调色和面漆的涂装。

本书可作为高等职业院校汽车类相关专业的教材，也可作为从事汽车维修工作的技术人员的参考用书。

图书在版编目（CIP）数据

汽车车身修复与美容/吴兴敏，巴福兴主编. —2版. —北京：机械工业出版社，2011.2（2018.9重印）

高等职业技术教育教材

ISBN 978-7-111-32931-2

Ⅰ.①汽… Ⅱ.①吴… ②巴… Ⅲ.①汽车—车体—车辆修理—高等学校：技术学校—教材 Ⅳ.①U472.4

中国版本图书馆CIP数据核字（2010）第261901号

机械工业出版社（北京市百万庄大街22号 邮政编码100037）

策划编辑：朱 华 责任编辑：赵磊磊

版式设计：霍永明 责任校对：刘志文

封面设计：陈 沛 责任印制：孙 炜

北京中兴印刷有限公司印刷

2018年9月第2版第3次印刷

184mm×260mm · 17.5印张 · 429千字

6 001—7 900册

标准书号：ISBN 978-7-111-32931-2

定价：37.00元

凡购本书，如有缺页、倒页、脱页，由本社发行部调换

电话服务 网络服务

社服务中心：(010) 88361066 教材网：http://www.cmpedu.com

销售一部：(010) 68326294 机工官网：http://www.cmpbook.com

销售二部：(010) 88379649 机工官博：http://weibo.com/cmp1952

读者购书热线：(010) 88379203 封面无防伪标均为盗版

第 2 版前言

据调查，现代汽车维修企业的维修项目中，事故车辆维修比例约占 65%～70%。而维修企业中能够胜任钣金及涂装工作的技术人员紧缺。现有的汽车钣金工和涂装工理论知识相当薄弱，迫切需要培训提高。

目前的汽车维修企业中，从事汽车钣金、汽车涂装工作的技术人员，其培养方式大多为师傅带徒弟的形式，相关理论知识与实操技能的系统培训相当缺乏。为此各高职（中职）院校相继开设汽车钣金与喷漆专业，原有的汽车维修专业也增设了汽车钣金与喷漆课程，但教材的编写一直落后于需求。

2002 年 9 月，《汽车车身维修与美容》一书出版后，被很多中、高职院校所选用，并受到读者的较高评价。但随着高等职业教育改革的不断推进，“项目化教学”、“任务驱动型”及“做中学”等职业教育理念逐渐被广大职业院校采纳，原书的体例已经不再适合新的职业教育教学的要求。

近十年在汽车钣金与涂装修复方面涌现出了很多的新技术、新工艺，促使现代汽车钣金和涂装维修方法产生了相当大的改变。因此，在第 2 版的编写中引入了大量的新技术和新工艺，如等离子切割、电子测量与矫正技术、电脑调色技术、干磨技术等，并且删除了已经淘汰或很少使用的技术与工艺，如复杂钣金件制作、气焊、电焊、铆接、刷涂等，完全符合现代汽车维修企业的需要。另外，考虑到汽车钣金与涂装修理在各类型车辆上的通用性，故第 2 版教材只以轿车为例进行介绍，删除了原版教材中的客车与货车相关的内容。

本书的作者为在企业多年从事汽车钣金、调漆和涂装修复工作的技师和多年从事汽车钣金与涂装修复课程教学的教师。在编写过程中，考虑目前的维修工基础知识薄弱的特点，力求语言通俗易懂，格调明快，版式新颖，以大量附图配合，基础理论及技能按照由浅入深的程序编写，实际性的操作按照具体操作工艺顺序进行编写，符合人们的认知习性及实际工作原理。

本书以实际操作技能为主，只在“相关知识”中介绍了为支撑实操项目而必需掌握的理论知识，即将必要的理论知识学习贯穿于技能学习过程中，这也是第 2 版教材的最大特点，充分体现了“任务驱动”和“做中学”的职业教育教学理念。

本书的单元一由巴福兴组织编写，单元二由吴兴敏组织编写。

参加本书编写的人员还有：宋孟辉、高元伟、张成利、马志宝、鞠峰、李培军、邓万豪、陈卫红、佟志伟、关守冰、仲琳琳和崔波。

在本书的编写过程中，得到了 BASF 油漆培训中心相关人士的大力支持，在此表示衷心的感谢。

由于作者水平有限，编写中难免有不妥与疏漏之处，敬请使用本书的广大师生与读者提出宝贵意见。

编　者

第1版前言

要实施科教兴国的战略，必须大力发展高等职业教育，培养一大批具有必备的理论知识和较强的实践能力，适应生产、建设、管理、服务第一线的急需应用型专门人才。

随着汽车工业的飞速发展，汽车维修行业也在向高科技方向发展，这些都对汽车维修人员的素质提出了更高的要求。因此，培养一大批汽车维修应用型人才是当务之急。要达到此目的，必须大力发展高等职业技术教育。“教书育人，教材先行”，发展高等职业教育首先要解决教材问题。

传统的普通高等专科教育模式和教学体系已不能适应当前的要求，同时许多高等院校、中专、中等技校在改造原有专业的基础上，成立了相应的高职汽车维修专业，但是一直也没有合适的高职教材。传统的普通高专教材沿用的是本科教材体系，过分强调系统和完整，理论过多，实用性不足，不能满足高职教育培养应用型人才的需要。

在这种情况下，辽宁省交通高等专科学校、邢台职业技术学院、天津职业大学、山西长治职业技术学院、内蒙古大学交通职业技术学院、烟台师范学院交通学院等10多所院校成立了高职汽车维修专业教材编委会，并召开了教材编写会议。明确了教材编写的基本精神，即理论教学以应用为目的，以必要、够用为度；专业课加强针对性和实用型。制定了教材编写大纲，对基础和专业课程进行了整合，例如将原有的《汽车构造》、《汽车维修》、《汽车故障诊断》等课程专业有机地结合起来，并按现代汽车维修企业岗位要求，编写了《汽车发动机构造与维修》、《汽车底盘构造与维修》、《汽车电气》、《汽车电子技术》等高职教材，具有较强的针对性和实用性。

在本套教材的编写过程中，力求把最新的知识、技术编写进去，并强调实用性和针对性，适合高职汽车维修专业及相关专业的各类院校使用，也可作为汽车运输、汽车维修、汽车检测等部门有关人员的参考书。

由于时间仓促和编者水平所限，难免有谬误疏漏之处，恳请读者批评指正。

高等职业技术教育试用教材编委会

目　　录

单元一

汽车钣金修理

项目一　车身损伤评估

任务一　车身损伤的目测评估

【相关知识】

一、轿车车身结构类型

1. 按车身承载方式分类

轿车按车身承载方式可分为非承载式车身和承载式车身。

（1）非承载式车身　非承载式车身也称为有车架式车身，如图 1-1 所示。这种形式车身的典型特点是车身下面有足够强度和刚度的独立车架，车身通过弹性元件紧固于车架上，施加于汽车上的力基本上都由车架来承受，但车身壳体不承受或只在很小程度上承受由于底架弯曲或扭曲变形所引起的部分载荷。由于载荷主要由车架承受，所以这种车身的支柱一般较细，风窗玻璃也较大。

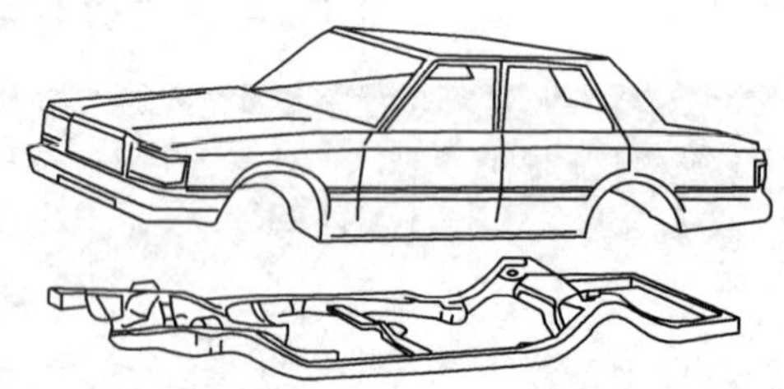

图 1-1　非承载式车身

（2）承载式车身　承载式车身又称为整体式车身，是指在前、后轴之间没有起连接作用的车架，车身为承受全部载荷的刚性壳体，直接承受从地面传来的力和动力系统传来的力，如图 1-2 所示。承载式车身十分有利于减轻自身重量，并使车身结构合理化。现代轿车几乎都采用承载式车身。

承载式车身虽然没有独立的车架，但由于车身主体与类似于车架功能的车身底板采用组焊等方式制成整体式刚性框架，使整个车身（底板、骨架、内外蒙皮、车顶等）都参与承载。这样分散开来的承载会分别作用于各个车身结构件上，车身整体刚度和强度都能够得到保证。当车身整体或局部承受适度载荷时，壳体不易发生永久变形，即刚性结合角在正常载荷作用下一般不会永久性变形。而且这个由构件组成的刚性壳体，在承受载荷时“牵一发而动全身”，依作用力与反作用力的平稳法则，“以强济弱”地自动调解，使整个壳体在极限载荷内始终处于稳定平衡状态。这同凭握力很难使鸡蛋破碎的道理一样。

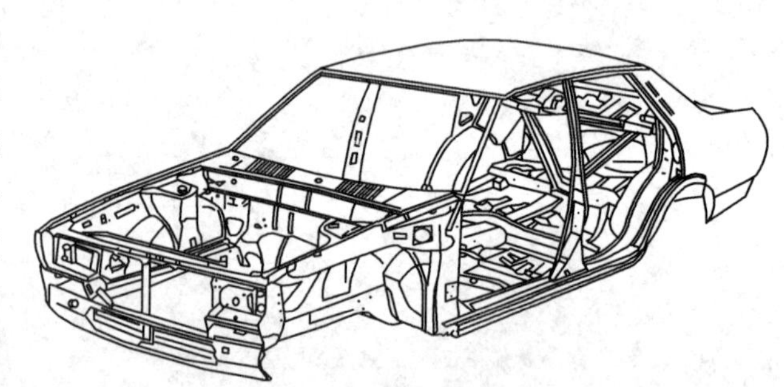

图 1-2　承载式车身

2. 按车身外形分类

轿车车身的形状，主要由座椅位置和数量、车门数量、顶盖变化、发动机和备胎的布置等因素决定。

（1）按车身背部结构分类

1）折背式车身。折背式车身是指车身的背部有角折线条，也被称为浮桥式车身或船形车身等，如图1-3所示。其主要特征是车身由明显的头部、中部和尾部三部分组成，大多数都布置两排座位，这种轿车按车门数可分为二门式和四门式。

2）直背式车身。直背式车身是指后风窗和行李箱连接近似平直，比折背式更趋于流线型，有利于降低空气阻力，且使后行李箱的空间增大。这种车型也称为快背式车身或溜背式车身等，如图1-4所示。

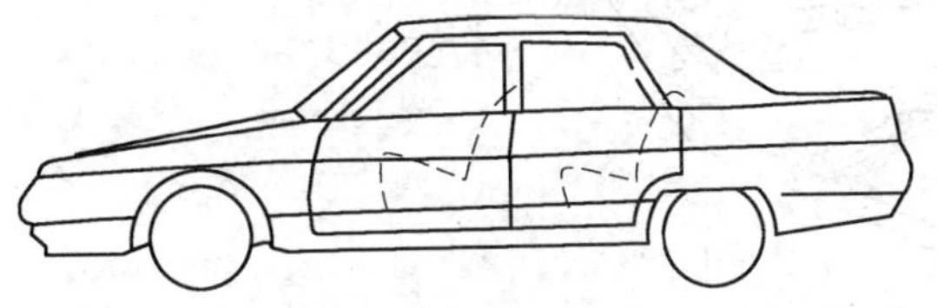

图1-3　折背式车身

图1-4　直背式车身

3）舱背式车身。舱背式车身的顶盖较折背式车身长，后背角度比直背式小，后行李箱与后窗演变为一个整体的背部车门，也称为半快背式车身，如图1-5所示。

4）短背式车身。短背式车身由于背部很短而使整车长度缩短，从空气动力学角度考虑也是有利的。并可减少车辆偏摆，有利于稳定性，也称为鸭尾式车身，如图1-6所示。

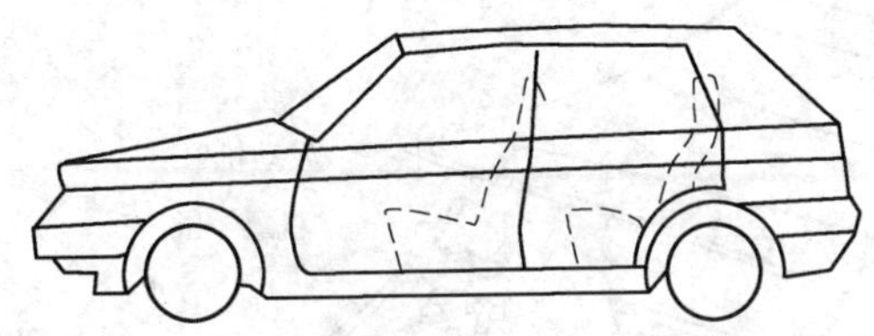

图1-5　舱背式车身

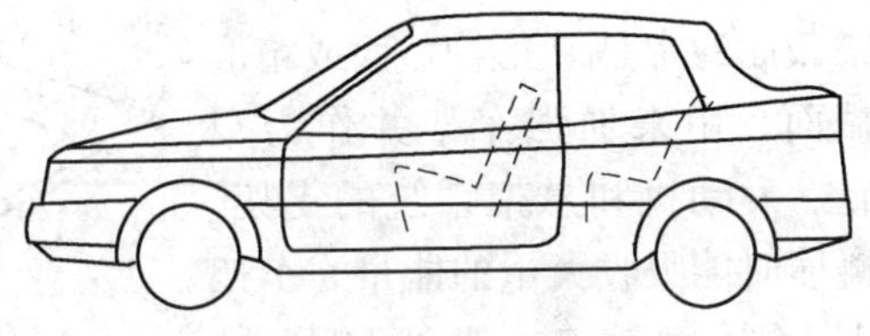

图1-6　短背式车身

（2）按车身厢体结构分类　轿车根据车身厢体结构分为三厢式和两厢式轿车两种，如图1-7所示。三厢式是一种最为流行的有代表性的车型，车身为封闭、刚性结构，有四个以上侧窗、两排以上座位和两个以上车门。由于发动机室、乘客室、行李箱分段隔开形成相互独立的三段布置，故称之为三厢式轿车（见图1-7a）。两厢式轿车后部形状按较大的内部空间设计，将乘客室与行李箱同一段布置，故称为两厢式轿车（见图1-7b）。

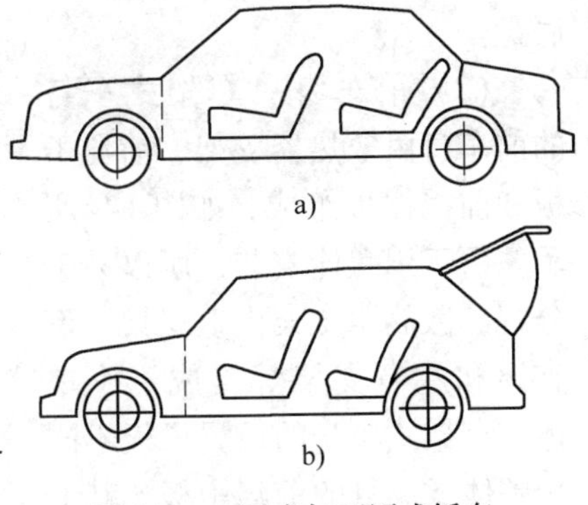

图1-7　三厢式与两厢式轿车

a）三厢式轿车　b）两厢式轿车

二、轿车车身壳体结构

1. 车架式车身结构

如图1-8所示为车架式车身结构，车身主要由车架、前车身和主车身组成。

（1）车架　车架是一个独立的部件，没有与车身外壳任何主要部件焊接在一起。车架是汽车的基础，车身和主要部件都固定在车架上，因此要求车架有足够的强度，在发生碰撞

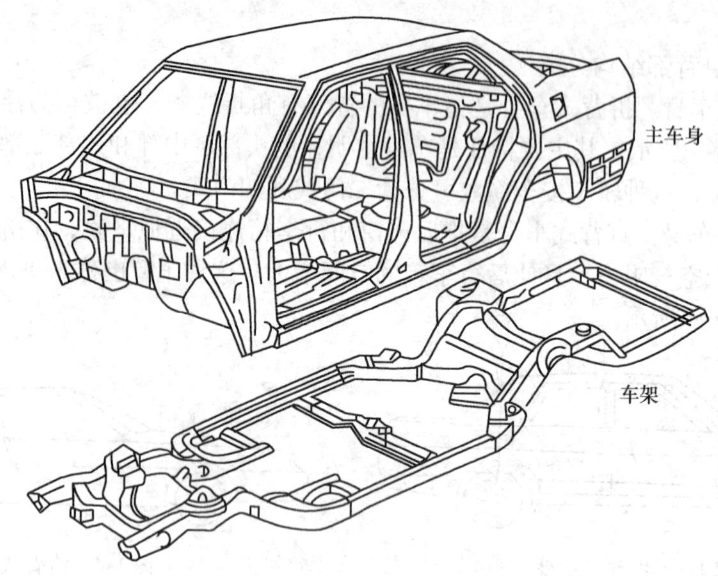

图 1-8　车架式车身

时能保持汽车其他部件的正常位置。

车身通常用螺栓固定在车架上，为了减少乘客室内的噪声和振动，车身与车架之间除放置特制橡胶垫块外，还安装了减振器，将振动减至最小。

现代汽车高强度钢车架的纵梁截面通常是U形槽截面或箱形截面，用来加强车架并作为车轮、发动机和悬架系统的支架，碰撞时能吸收大量的能量。车架上不同的托架、支架和孔洞用来安装各种部件，构成汽车的底盘。

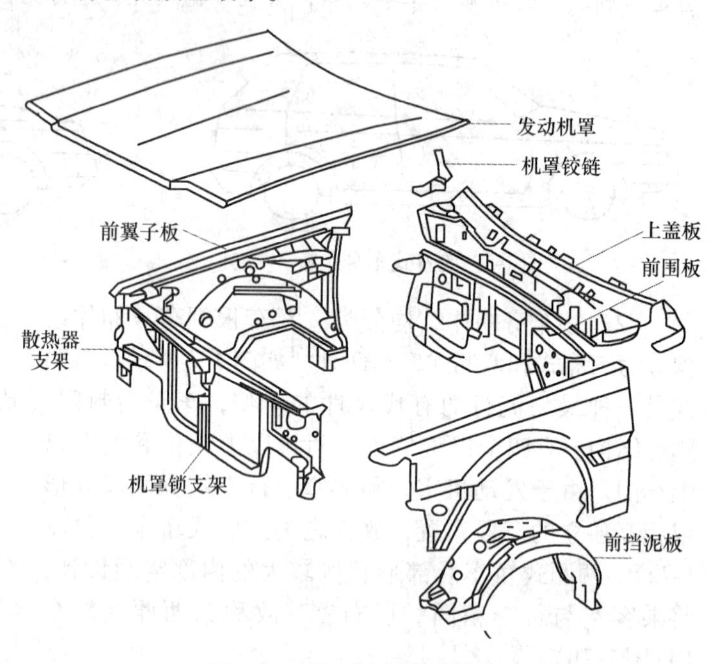

图 1-9　车架式车身的前车身

（2）前车身　车架式车身的前车身由散热器支架、前翼子板和前挡泥板组成，如图 1-9 所示。由于用螺栓安装，所以易于分解。散热器支架由上支架、下支架和左右支架焊接成一个单体。车架式车身的前翼子板不同于整体式车身的前翼子板，其上边内部和后端是定位焊的，不仅增加了前翼子板的强度和刚性，并且与前挡泥板一起降低了传到乘坐室的振动和噪声，也有利于减小悬架及发动机在侧向冲击时受到的损伤。

（3）主车身　乘客室和行李箱焊接在一起构成主车身，它们由前围板、地板、顶板等组成，如图1-10所示。

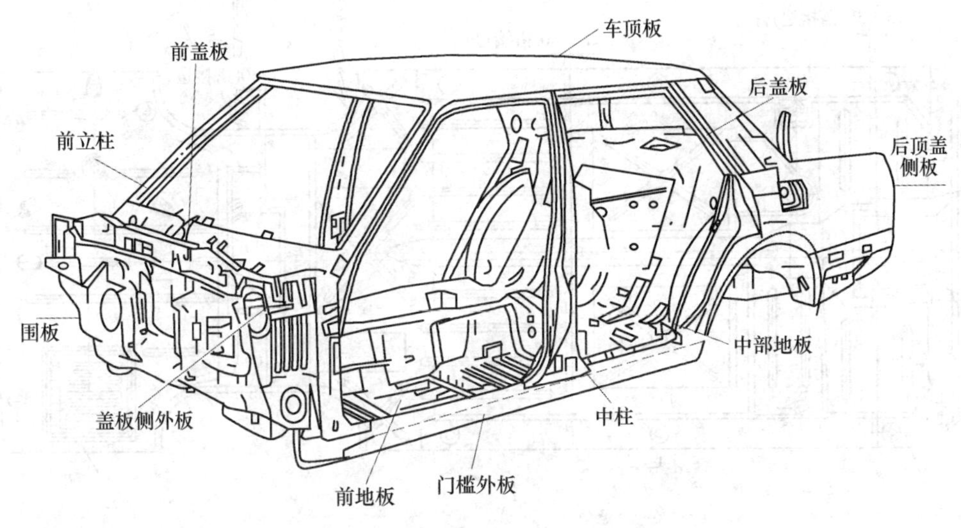

图1-10　车架式车身的主车身

1）围板：围板又称为前围挡板，是隔绝车室和发动机室的一个构件，用以防止发动机的热量、噪声及废气传入或进入乘客室内。围板由左右前车身立柱、内板、外板和盖板的侧板构成，结构上设计有很多孔洞，可作为各类管线的通道。通常采用钢板中夹防振材料制成隔声隔热结构，如图1-11所示。围板上部多为空腔结构，装置车身附件并设置室内通风口。

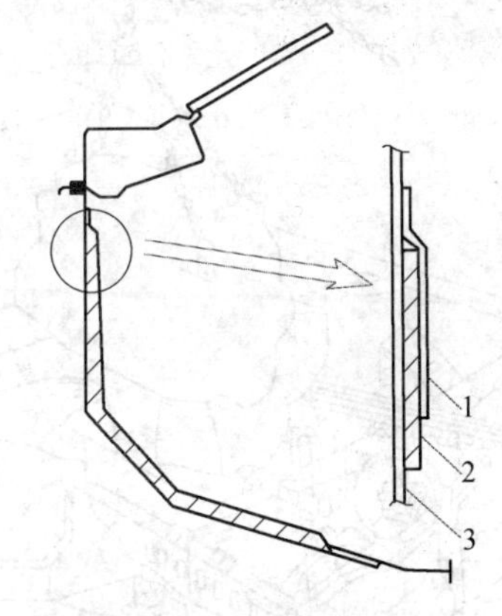

图1-11　前围挡板的隔声隔热结构

1—围板加强板　2—沥青密封材料等　3—围板

2）地板：非承载式车身的地板通过悬置软垫与车架连接，主要由前、中、后地板，后尾梁，悬置支架，左、右两侧门槛焊接而成，有时也包括前挡板（前壁板）。传动轴凹槽纵贯地板中心，如图1-12所示。横梁与地板前部焊接在一起，并安装到车架上，地板的前后和左右边侧用压花工艺做成皱褶，以增加地板的刚度，减少振动。

2. 整体式车身结构

整体式车身结构有三种基本类型，即前置发动机后轮驱动（简称为前置后驱，可用FR表示）、前置发动机前轮驱动（简称为前置前驱，可用FF表示）和中置发动机后轮驱动（简称为中置后驱，可用MR表示）。通常应用较多的是FF式车身。

前置前驱的发动机可以纵向放置，也可以横向放置。当纵向放置时，发动机支撑如图1-13所示，发动机由连接左、右前纵梁的前悬架横梁支撑。这种发动机的放置方式与后轮驱动发动机的放置方式相同。当横向放置发动机时，发动机支撑在4个点上，如图1-14所示，即发动机安装在中心构件（或称为中间梁）和左、右前纵梁上。

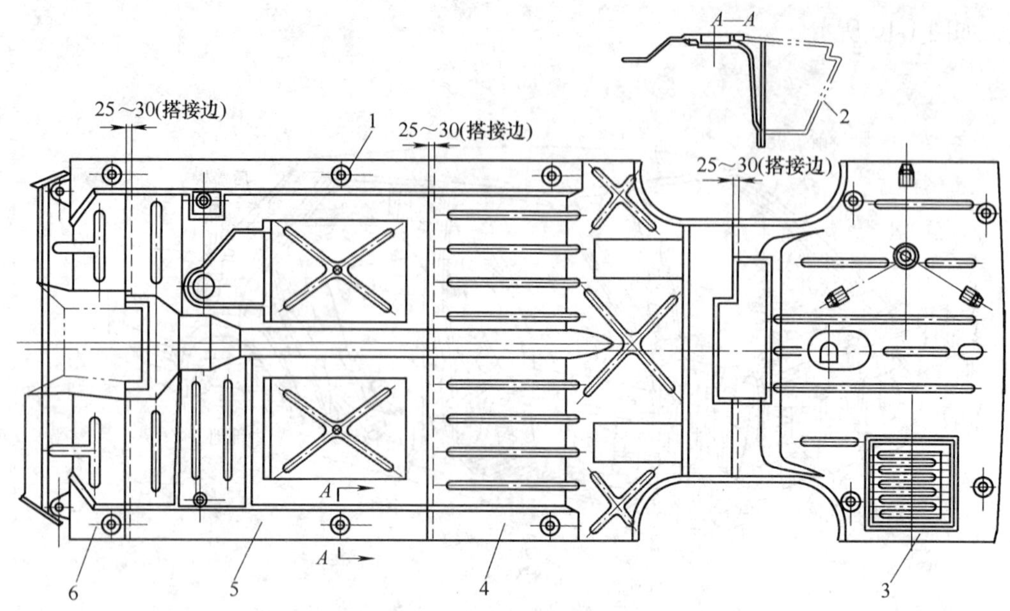

图 1-12　非承载式车身的地板

1—车身悬置　2—外门槛　3—后地板　4—中地板　5—前地板　6—前围挡板

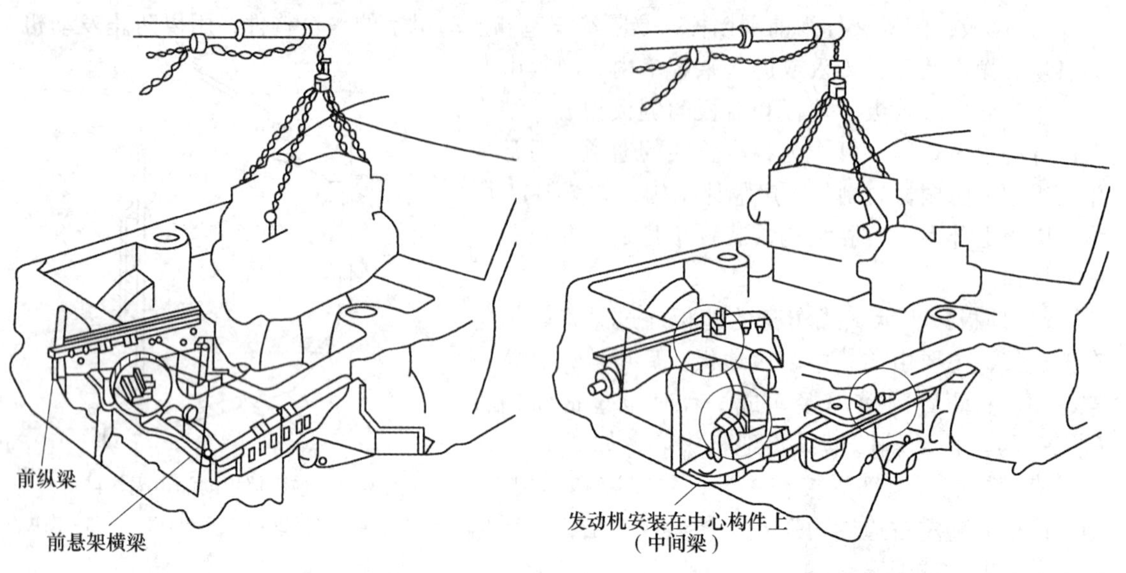

图 1-13　纵向放置发动机　　图 1-14　横向放置发动机

（1）前车身　前置前驱的前车身由发动机罩、前翼子板、散热器上下支架、散热器侧支架、前横梁、前纵梁、前挡泥板和用薄钢板冲压而成的前围板等构成。前置前驱和前置后驱轿车的前悬架几乎是相同的，它们都采用滑柱式独立前悬架。前车身的精度对前轮定位有直接影响，所以在完成前车身修理以后，一定要检查前轮的定位。

图 1-15 所示为前置前驱纵向放置发动机的前车身。为了增加前挡泥板的强度和刚度，将前挡泥板与盖板、前纵梁焊接在一起。纵向放置发动机（包括 4WD）的前车身与后轮驱动的前车身几乎相同，但由于前置前驱轿车前部承受较大的载荷，其扭力箱焊接在前纵梁的后端，所以其前纵梁比前置后驱轿车相应构件的强度要大。

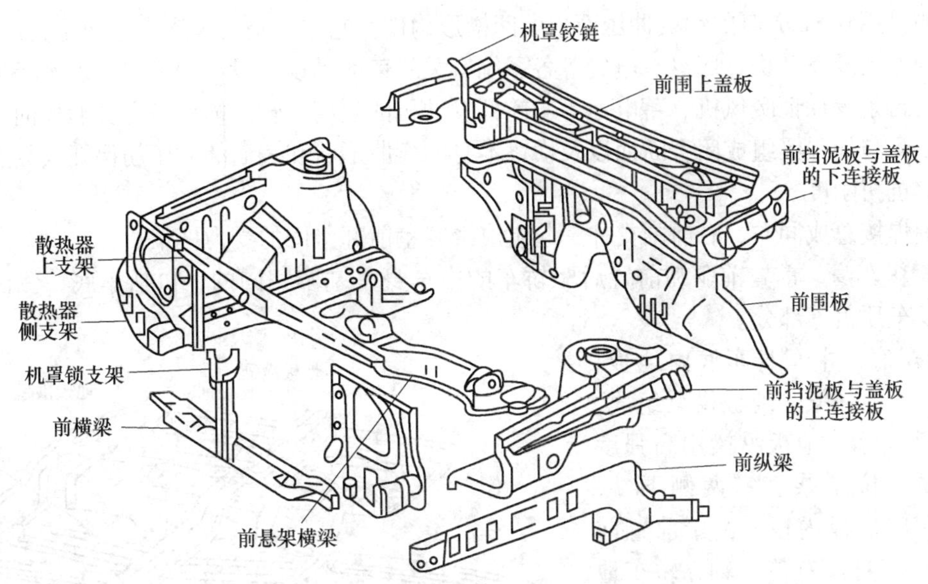

图 1-15　前置前驱纵向放置发动机的前车身

图 1-16 所示为前置前驱横向放置发动机的前车身。由于前置前驱发动机横向放置，转向操纵机构的齿轮齿条就装在前围板的下部，转向传动杆系通过前横梁后部的大开口和悬架一起装在直对开口下面的结构件上，所以其前车身的下围板和前纵梁与后轮驱动轿车或发动机纵向放置的前轮驱动轿车完全不同。

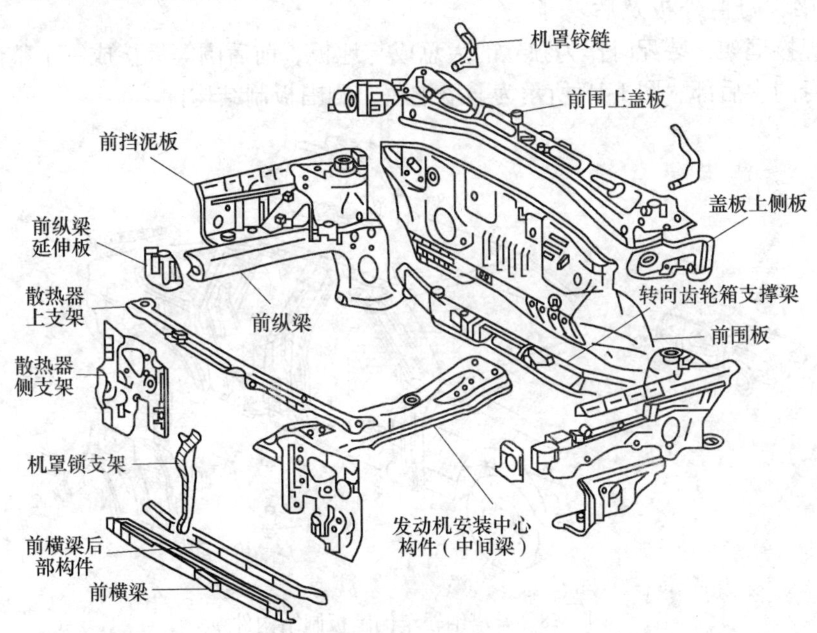

图 1-16　前置前驱横向放置发动机的前车身

前围焊接总成由水槽、转向柱支架、仪表板支架及加强板组成。前部两侧靠两个翼形连接板分别同左、右前轮罩焊接固定，下边缘与前地板即发动机挡板点焊连接。这样，前围焊接总成与倾斜的前地板一起将发动机舱与乘客室分开，起隔音、隔热、隔振和碰撞防护的作用。水槽是用0.8mm厚的钢板冲压而成的凹槽形构件。它并不是用来盛水，而是为暖风机、蓄电池的安装及发动机、底盘、电气等各系统有关线束的铺设而设计的大支架。水槽通过橡胶塞、密封条等保证暖风机、蓄电池等与前部发动机的隔离。转向横梁是主要的横向受力构件，靠横梁与加强梁组成闭合断面以及横梁本身的弯曲形状和表面的冲压筋保证其具有较高的抗弯、抗扭刚度。

前围焊接总成同左、右前围支柱一起组成乘客室前部坚固的受力框架。

（2）中车身　前置前驱和前置后驱轿车的中车身是基本相同的，包括车底、侧围板制结构件及车顶盖等部分。

1）车底：中车身车底由地板、地板纵梁、加强梁、地板横梁组成，如图1-17所示。地板纵梁用高强度钢板制成，位于乘客室两侧下端，又称为车门槛板内板。由于前置前驱（FF）车身没有传动轴，轿车地板拱起空间小，因此能够提供较大的腿部活动空间。

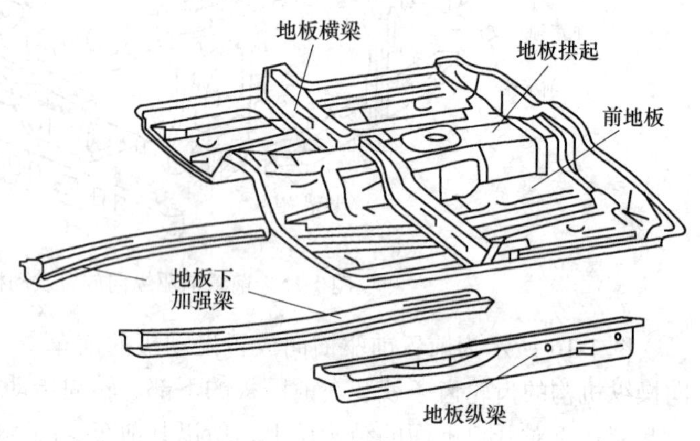

图1-17　车身底部中段构件

2）侧围板制结构件：侧围板制结构件指车身侧面由前支撑板、前支柱、中支柱、后支柱、后风窗支柱、顶盖侧梁、门槛外板及后翼子板组合成的焊接框架，装配时作为独立的大总成与地板、前后围等焊接成一个整体。侧围总成贯穿于车身的中后部。图1-18所示为桑塔纳轿车侧围板制结构件。

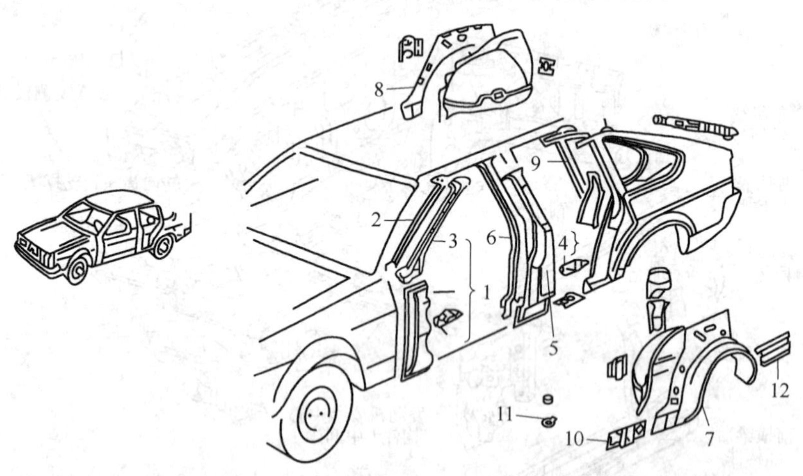

图1-18　桑塔纳轿车侧围板制结构件

1—前支柱外板总成　2—前柱上部内板　3—前柱上部外板　4—前、后车门限位器轴承支架　5—中柱外板总成　6—中柱内板　7、8—左、右后轮外挡泥板　9—后翼子板三角窗内板　10—门槛加强板　11—管线引穿护套　12—底板加强板

3）车顶盖：轿车顶盖为整体式大型冲压板件。图1-19所示为桑塔纳轿车顶盖结构。有的轿车（如奥迪100）顶盖后部为整体式，与后风窗框一次冲压成形，两侧表面为压筋式凹

槽，使侧围表面既平滑，又提高了纵向抗弯刚度。

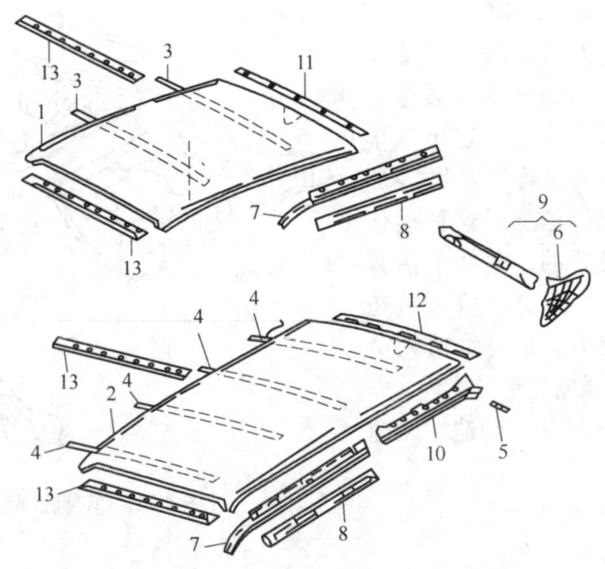

图 1-19　桑塔纳轿车顶盖结构

1、2—顶盖　3、4—顶盖加强板　5—支承板　6—角板　7、8—顶盖内侧框　9、10—内侧框延长板　11、12—后横梁　13—前横梁

顶盖前、后横梁均为单板冲压件。前横梁两端分别与左、右前风窗支柱内板点焊，后横梁两端与左、右后风窗支柱内板点焊。这样，顶盖前后横梁、左右侧梁、左右前风窗支柱及左右后风窗支柱共同构成了乘客室上部完整的受力骨架。

(3) 后车身　前置前驱的后车身由上、下两部分组成，上部分由后门板、下后板、后侧板、后轮罩外板、后轮罩内板组成，如图 1-20 所示。底部由后地板横梁和后地板纵梁组成，如图 1-21 所示。因其前置前驱，油箱又安装在轿车中央底部的车身地板下面，这使后地板纵梁比后轮驱动轿车的低。当发生轿车后部碰撞时，大部分的撞击力就可由行李箱空间吸收。后地板纵梁的后段都经过波纹加工，以提高吸收撞击的能量。后地板纵梁分为前、后两段，车身维修时有利于更换作业。后地板纵梁的较低部分与后悬架连接。后轮采用独立的滑柱式悬架，这样可以改进转向操纵性能和行驶的稳定性。当发生后尾碰撞时，对后轮定位

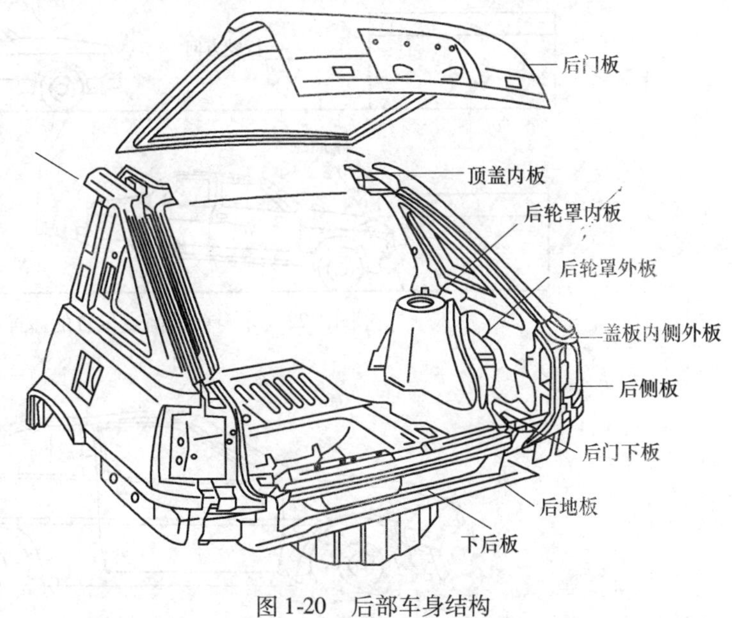

图 1-20　后部车身结构

的影响比后轮驱动轿车要大得多。因此每次在后车身修理完成后都应当检查后轮的定位。

三、碰撞对汽车损伤的影响

汽车碰撞时，产生的碰撞力及受损程度取决于事故发生时的状况。通过了解碰撞的过程，能够部分地确定出汽车损伤程度。定损评估人员可以从顾客那里得到关于事故状况的信息。这种损伤评估的方法是极为必要的，它便于估算出修理的费用。因此，车身维修人员还应与定损人员做好交流。车身维修人员应当考虑以下因素对碰撞变形的影响：

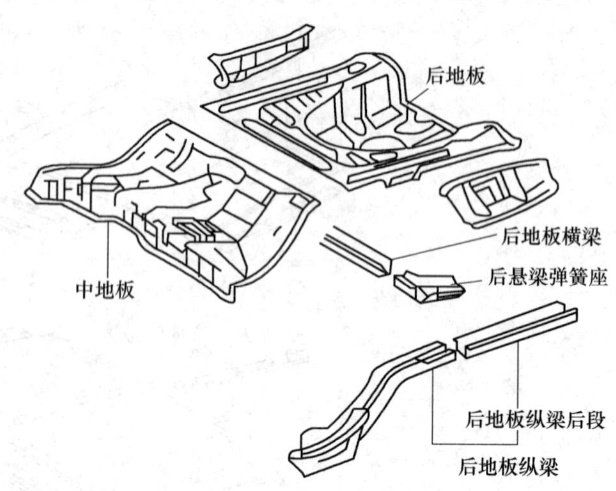

图 1-21　车身底部后段构件

1）被碰撞汽车的尺寸、构造、碰撞位置。

2）碰撞时汽车的车速。

3）碰撞时的角度和方向。

4）碰撞时汽车上乘客、货物的数量及位置。

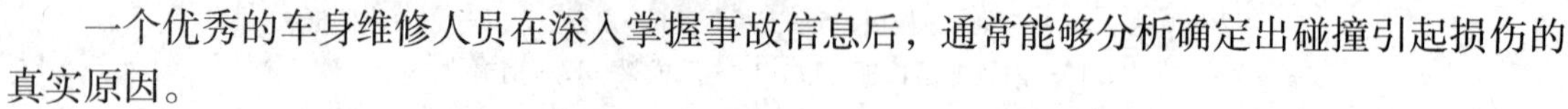

一个优秀的车身维修人员在深入掌握事故信息后，通常能够分析确定出碰撞引起损伤的真实原因。

1. 碰撞的位置高低对碰撞损伤的影响

当发生正面碰撞时，驾驶人员猛踩制动踏板，则损伤的是汽车前部。当碰撞点在汽车前端较高部位时（如图 1-22 所示），就会引起车壳和车顶后移及车身后部下沉。当碰撞点在汽车前端下方时（如图 1-23 所示），因车身惯性使汽车后部向上翘曲、车顶被迫上移，在车门的前上方与车顶板之间可能会形成一个极大的裂口。

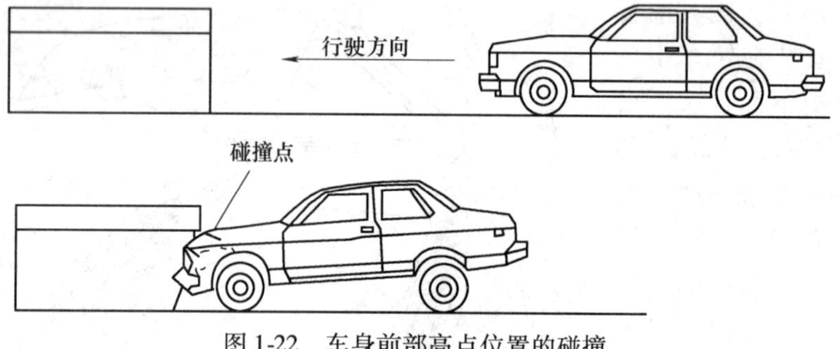

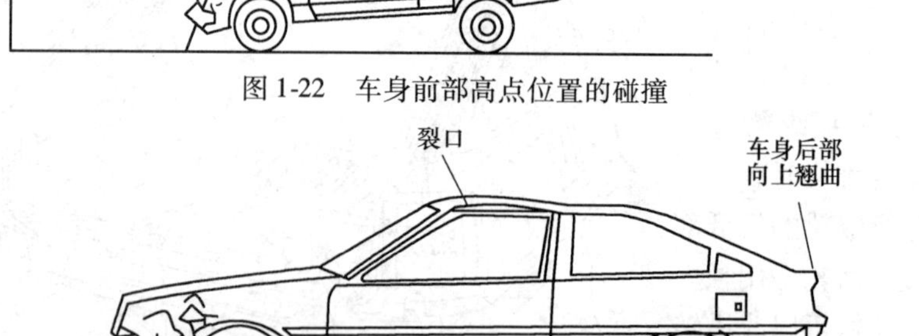

图 1-22　车身前部高点位置的碰撞

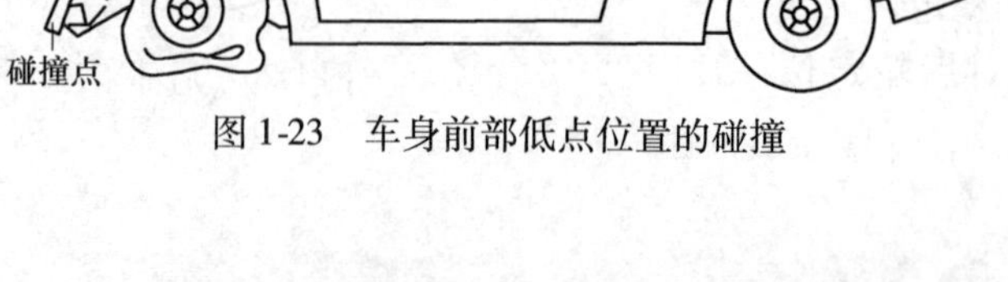

裂口

车身后部向上翘曲

碰撞点

图 1-23　车身前部低点位置的碰撞

2. 碰撞物对变形的影响

两辆相同的车，以相同的车速碰撞，当撞击对象不同时，撞伤结果差异就会很大。如图1-24所示，汽车撞上电线杆和撞上一堵墙壁，结果就大不一样。如果撞上墙壁，其碰撞面积较大，损伤程度就较轻。相反，撞上电线杆，因碰撞面积较小，其撞伤程度就较严重，汽车保险杠、发动机罩、水箱框架、水箱等部件都严重变形，发动机也被后推，碰撞影响还会扩展到后部的悬架等部位。

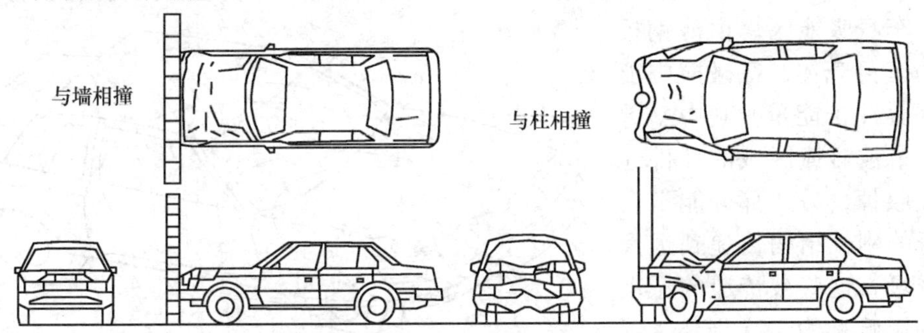

图1-24　碰撞不同物体时的碰撞结果

3. 行驶方向对碰撞损伤的影响

当横向行驶的汽车撞击纵向行驶汽车的侧面时（见图1-25），纵向行驶的汽车的中部会产生弯曲变形，而横向行驶的汽车除产生前部压缩变形外，还会被纵向行驶的汽车向前牵引，导致弯曲变形。

从此例可以看出，横向行驶的汽车虽然只有一次碰撞但损伤却发生在两个方向。另外，也可能有两种碰撞而损伤却发生在一个方向上，在十字路口的汽车碰撞中，这种情况就常常见到。

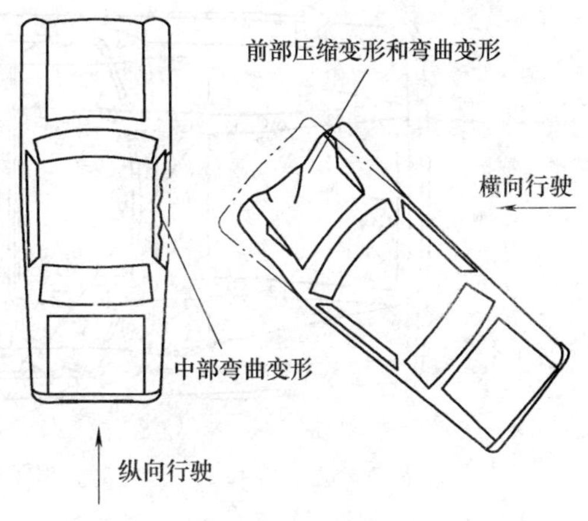

图1-25　车辆侧部碰撞

4. 碰撞力的方向对汽车损伤程度的影响

碰撞的损坏程度还取决于碰撞力与汽车质心相对应的方向。碰撞力的延长线不通过汽车的质心时，一部分冲击力就会形成使汽车绕着质心旋转的力矩，该力矩使汽车旋转，从而减少了冲击力对汽车零部件的损坏。碰撞力指向汽车的质心时，汽车就不会旋转，大部分能量将被汽车零部件吸收，造成的损坏就会非常严重，如图1-26所示。

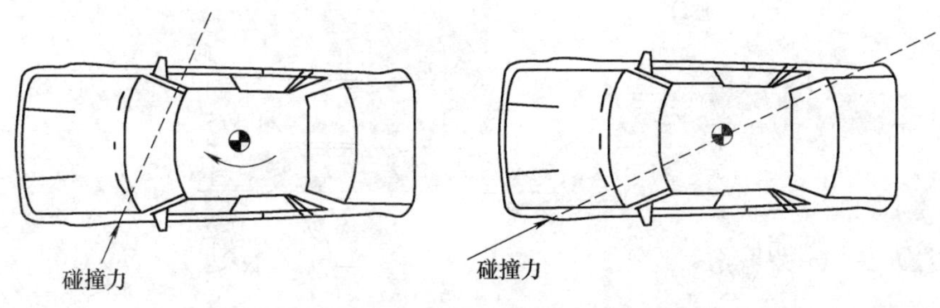

图1-26　碰撞力的方向对汽车损伤程度的影响

5. 整体式车身的碰撞损伤特点

（1）碰撞的损伤范围　整体式车身通常设计得都能够很好地吸收碰撞时产生的能量。这是因为汽车受到撞击时，车身的某些部位折合收缩吸收了碰撞的能量，碰撞力被逐渐扩散到车身更深的部位，直至完全被吸收。整体式车身的碰撞损伤可以用图 1-27 所示的圆锥图形法来进行分析。将目测撞击点作为圆锥体的顶点，圆锥体的中心线表示碰撞的方向，其高度和范围表示碰撞力穿过车身壳体扩散的区域。圆锥体顶点通常为主要的受损区域。

（2）车身吸能区　由薄钢板连接成的车身壳体，在碰撞中能吸收大部分冲击能量。其中一部分碰撞能量被碰撞区域的部件通过变形吸收掉，另一部分能量会通过车身的刚性结构传递到远离碰撞的区域，这些被传递的振动波引起的影响称为二次损伤。二次损伤会影响整体式车身的内部结构或与被撞击相反一侧的车身。

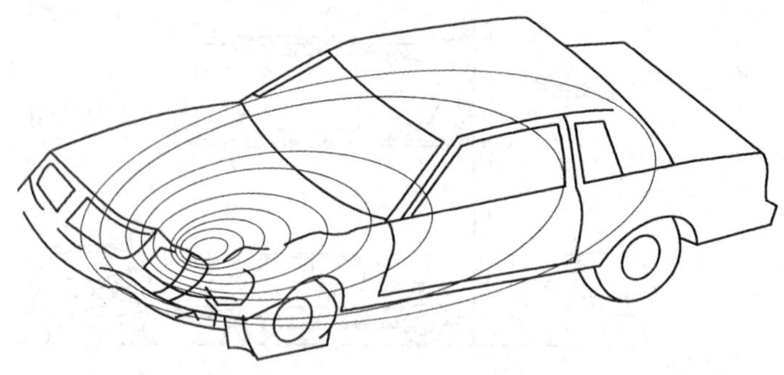

图 1-27　用圆锥图形法确定碰撞对整体式车身的影响

为了控制二次损伤造成的变形，汽车在前部和后部设计了吸能区（抗挤压区域），如图 1-28 所示。前保险杠支撑、前纵梁、挡泥板、发动机罩，后保险杠支撑、后纵梁、挡泥板、行李箱盖等部位，都设计成波纹或结构强度上的局部弱化，如图 1-29 所示。在受到撞击时，

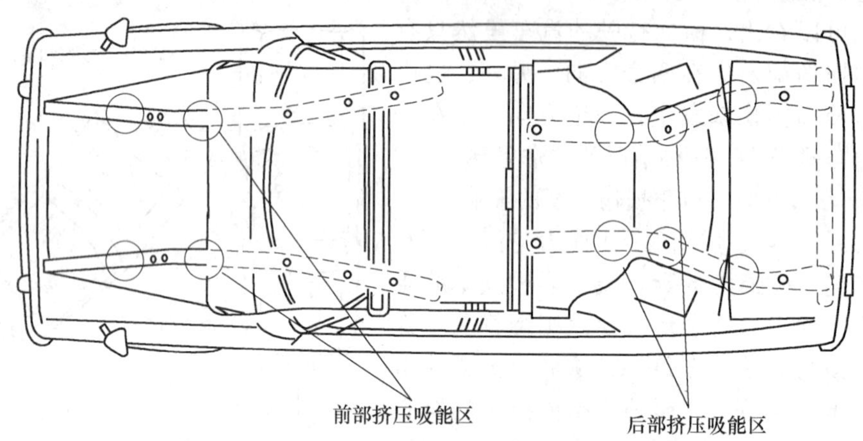

图 1-28　整体式车身的吸能区

图 1-29　前部车身吸能区的设计

它们就会按照预定的形式折曲，这样碰撞振动波在传送过程中就被大大减小直至消散。中部车身有很高的刚性，把前部（或后部）吸能区不能完全吸收而传过来的能量传递到车身的后部（或前部），引起远离碰撞点部件的变形，从而保证中部乘客室的结构完整及乘客的安全。这是现代汽车安全性设计的一个重要特点。

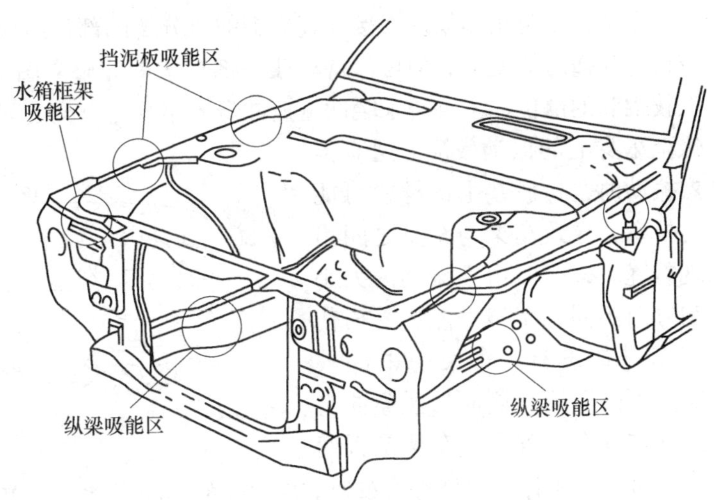

图 1-30　整体式车身的前部吸能区

在所有碰撞中，超过 70% 的碰撞发生在汽车的前部。在碰撞力比较小时，由前部的保险杠、保险杠支撑等变形来吸收能量。碰撞剧烈时，前面的纵梁等也能很好地吸收能量，如图 1-30 所示。前纵梁作为前部最坚固的部件，不仅有承载前部其他部件和载荷的能力，在碰撞中它还作为主要吸能部件，通过变形吸收碰撞能量。

经过波纹加工的新型保险杠加强吸能件用螺栓连接在纵梁上，如图 1-31 所示，在碰撞时可以充分吸收碰撞能量，并且在维修时可以迅速更换。

当碰撞发生在车身中部时，碰撞能量通过车门、门槛板、中柱等部件的变形来吸收。为了保证乘客室的完整及乘客的安全，在中部的区域（如中柱、门槛板）采用一些高强度钢板甚至超高强度钢板，在车门内部采用超高强度钢板制造的加强防撞杆（板）来保护乘客安全，如图 1-32 所示。

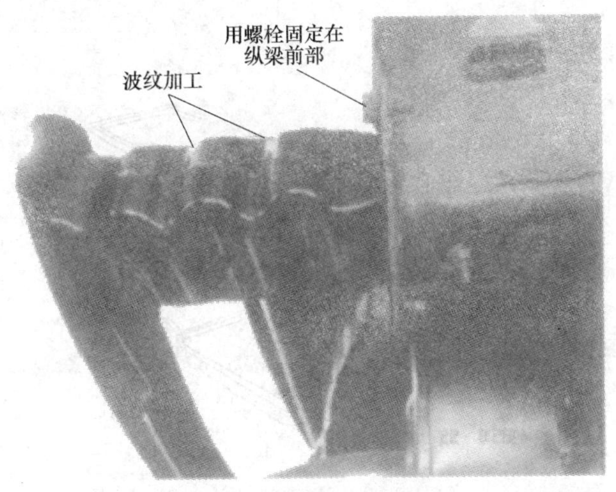

图 1-31　新型保险杠加强吸能件

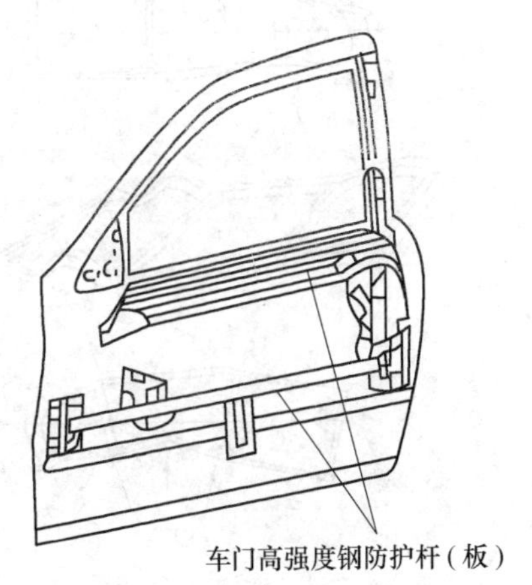

图 1-32　车门内的高强度钢板

如果吸能区在设计中没有很好地考虑吸能效果，或者修复后破坏了吸能区的结构，那么吸能区将就不能很好地吸收碰撞能量，会造成中部乘客室严重变形，威胁乘客的安全。

四、车身碰撞变形

1. 车架式车身的碰撞变形

车架式车身由车架及围接在其周围的可分解的部件组成。车身的前部和后部具有上弯的结构，碰撞时会变形，但可保持车架中部结构的完整。图 1-33 中圈出的部位为车架式车身上较柔和的部位，主要用来缓冲碰撞冲击。车身与车架之间有橡胶垫，橡胶垫能减缓从车架传至车身上的振动效应。遇有强烈振动时，橡胶垫上的螺栓可能会折弯，导致车架与车身之间出现裂缝。碰撞时由于振动的大小和方向不同，车架可能遭受损伤而车身却没有。车架的中部较宽，可以抵挡从侧面的碰撞冲击来保护乘客的安全。车架是否变形，可通过比较车门槛板与车架前后之间的空间尺寸、前翼子板与轮罩前后之间的空间尺寸以及前保险杠上的后孔到前车架纵梁总成之间左右尺寸的大小来确定。

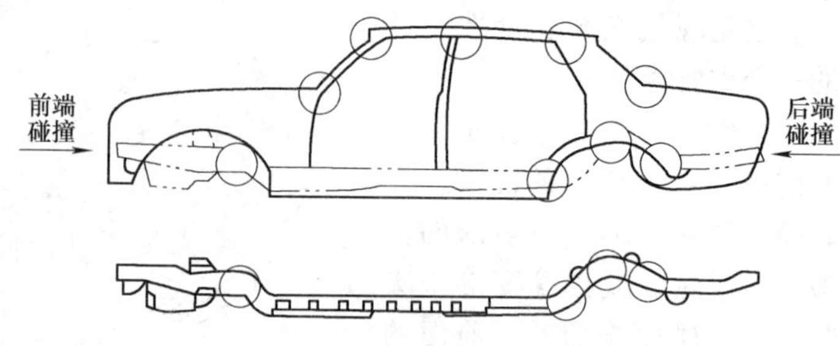

图 1-33　车架式车身碰撞变形部位

车身损伤的主要原因是碰撞。碰撞时由于碰撞力的大小和碰撞方位不同，引起的车身损坏情况也就不同。车架损坏的形式主要有以下五种类型。

（1）侧弯　侧弯是由侧面碰撞所引起的，造成车架或承载式车身发生侧向弯曲变形，如图 1-34 所示。侧弯通常出现在车辆某一侧的前部或后部，其结构识别特征是：某侧纵梁的内侧和对面那根纵梁的外侧出现折皱凸痕。

（2）下凹　下凹是指车架某一段比正常位置低，如图 1-35 所示。下凹损坏通常是由前端或后端的正面碰撞引起的。

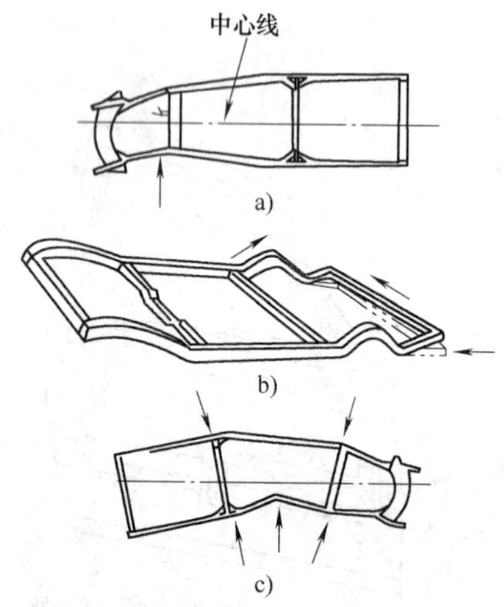

图 1-34　侧弯损坏的不同类型

a）侧面前部受冲击，前面发生侧弯　b）碰撞和侧弯都出现在后部　c）严重时前、后同时发生侧弯损坏

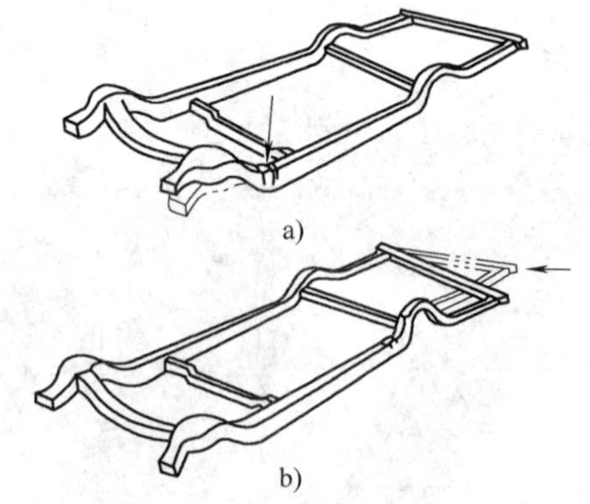

图 1-35　碰撞造成下凹

a）前部下凹常在发动机下部的车架上出现折皱凸痕
b）后部下凹与前部下凹的表现基本一致

下凹损坏的明显特征是翼子板和车门之间出现不规则裂纹，裂纹为下宽上窄，车门可能

被卡死。车架上可能产生许多微小的皱纹或扭结，油漆脱落。

（3）挤压　挤压造成车辆某一部分比正常尺寸短。挤压一般发生在发动机罩或尾箱上，如图1-36所示。

挤压会造成翼子板、发动机罩、车架各梁出现皱痕或严重的扭曲变形，车轮处的车架或车身还可能上翘，使悬架弹簧座变形。

（4）错移　错移是指车辆的一侧向前或向后移动，整个车架由长方形变成平行四边形。错移常常是由于车身角上受到碰撞而造成的，损伤的程度可能会比较严重，以致无法修复。其变形情况如图1-37所示。

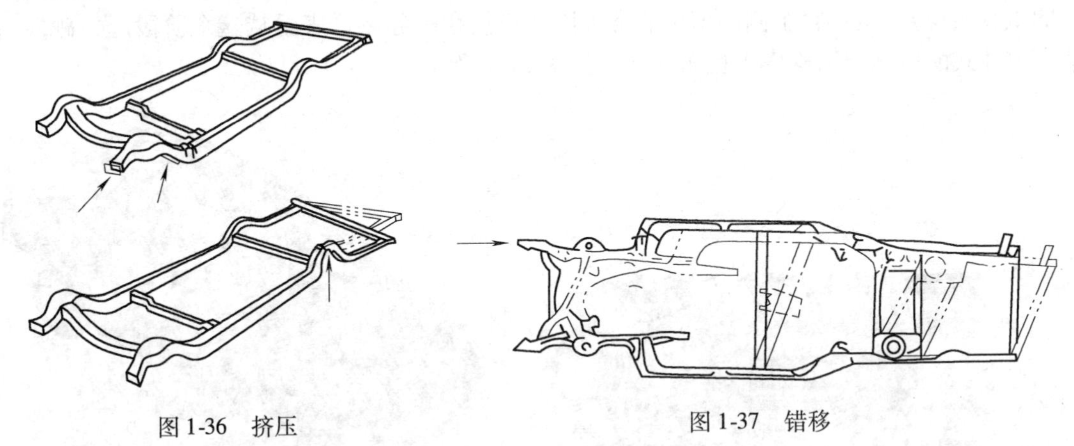

图1-36　挤压

图1-37　错移

（5）扭曲　扭曲是指车架的一角上翘，而其对顶的角则下折，如图1-38所示。扭曲通常由车头或车尾与路边石阶或路中央隔离栏碰撞而造成的。

通过观察可能发现薄金属板表面没有明显的损坏，但实际的损坏往往隐藏在其中。如果发现车辆一个角上翘，悬架变形，则应考虑是否有扭曲损坏，检查其他角是否下折。

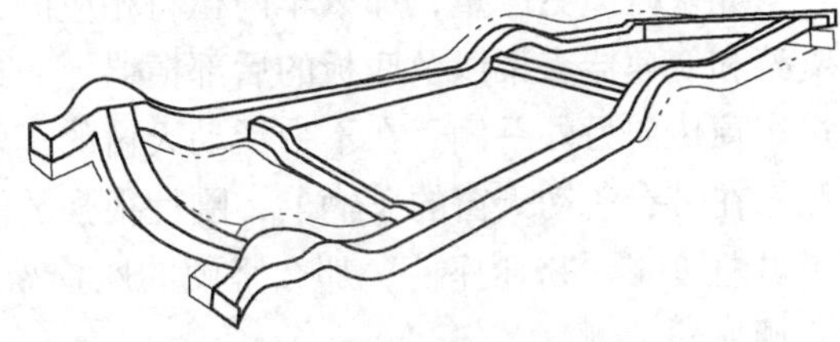

图1-38　车架扭曲

很多碰撞事故可能引起不止一种损伤，比如侧弯和下凹就可能同时发生。另外横梁也可能变形，特别是前部横梁，如在翻车事故中，由于发动机重量较大，滚翻时的离心力常把安装发动机的横梁拉弯。

2. 整体式车身的碰撞变形

（1）整体式车身碰撞时力的传递

1）整体式车身正面碰撞时力的传递路径。正面碰撞时，力通过保险杠支架传递到车辆内。固定在保险杠支架上的防撞部件继续将力传递到发动机支架上。前桥架梁与弹簧支座共同作用，可有目的地实现变形吸能。即使车辆的碰撞接触面很小，碰撞力也能通过保险杠横连杆、侧面防撞梁、前围和前桥架梁分散到车辆左右两侧。正面碰撞时力的传递路径如图1-39所示。

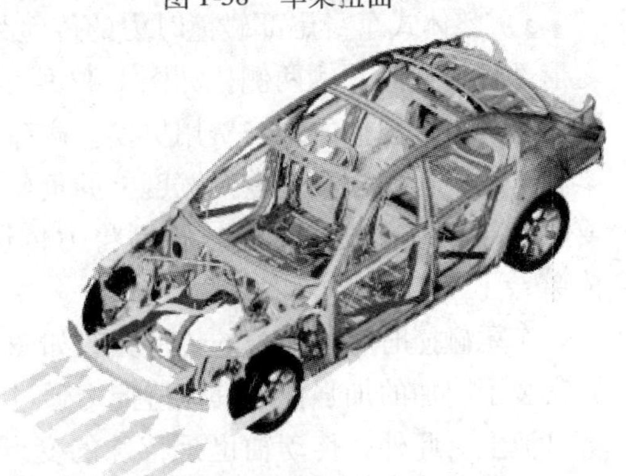

图1-39　正面碰撞时力的传递路径

同时碰撞力通过发动机支架继续分散到底板总成，通过发动机至前隔板加强件传递到变速器传动轴盖板，通过车轮传递到轮罩内车门槛加长件的变形吸能区以及 A 柱加强区域和侧框架，如图 1-40 所示。碰撞力通过弹簧支座和轮罩上的支架传递到侧框架也很重要。通过弹簧支座后的支架变形吸能区可以限制传递到 A 柱上的力，同时可以降低 A 柱附近车厢的负荷。

2）整体式车身侧面碰撞时力的传递路径。如果侧面碰撞时可移动障碍物撞到车辆上，那么碰撞力首先从侧面防撞保护件和车门锁传递到 A 柱、B 柱和 C 柱。继续变形时侧面防撞保护件的安全钩会钩在 B 柱和 C 柱上。此外，车门内板也会支撑在车门槛上（通过结构上的重叠实现）。这样整个侧围即可非常牢固地连接在一起。这表示从这个阶段起，碰撞力通过整体式的侧框架结构作用在车厢上，如图 1-41 所示。

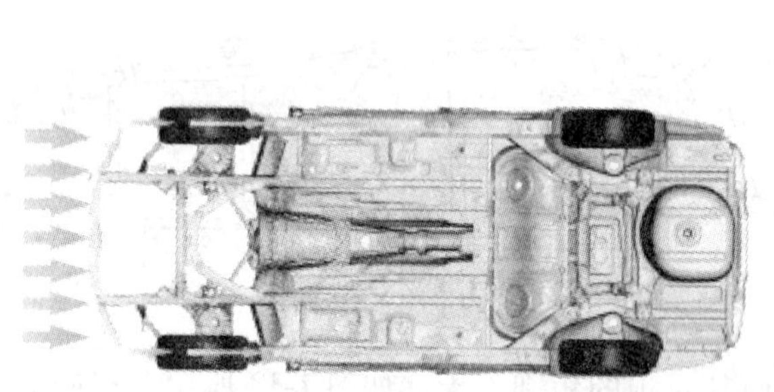

图 1-40　正面碰撞时底板上力的传递路径

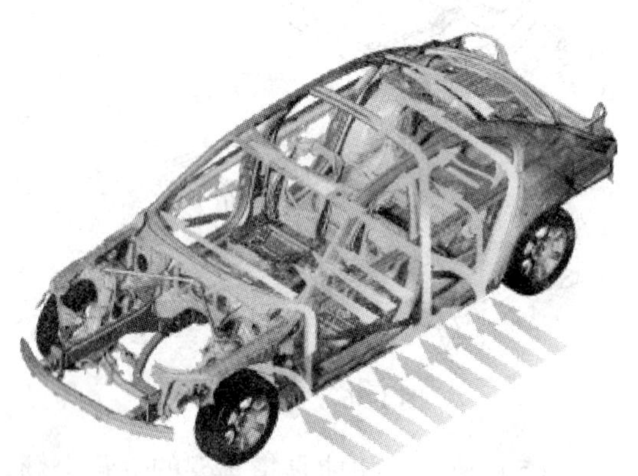

图 1-41　侧面碰撞时力的传递路径

如果碰撞更严重，那么车门槛将相应的力通过座椅横梁传递至变速器传动轴盖板的连接支架和变速器支架以及底板的后部横梁上，最后传递至车身的另一侧。与此同时，力也会通过车顶传向另外一侧。在不带活动天窗的车辆上，车顶弓形架的作用是将力传递至车辆另一侧；在带有活动天窗的车辆上，刚性很强的活动天窗框架可以将力继续传递到另外一侧。如果 B 柱变形后挤压座椅，那么坚硬的座椅架会将所出现的力通过变速器传动轴盖板传递到车辆另外一侧。

3）整体式车身尾部碰撞时力的传递路径。发生尾部碰撞时，碰撞力通过保险杠支架及变形部件传递到车辆两侧，如图 1-42 所示。碰撞速度低于约 15km/h 时，这些部件作为变形吸能区可以用较低的维修费用更换。碰撞速度较高时各纵梁才会出现变形现象。通过后桥架梁和车轮，作用在车辆整个宽度上的负荷由后部底板和整个车门槛承受。在上部区域，力主要由后部侧围吸收及传递。侧围将力传递至 C 柱和车顶，同时将一部分力通过车门向前传递。

车尾碰撞时底板上力的传递路径如图 1-43 所示。在侧框架和后桥架梁承受高负荷的区域安装了附加的加强件。其他碰撞力通过传动轴传递到发动机和变速器上，以及废气装置和蓄电池上。此外，传动轴也是特殊的变形吸能区。铝合金传动轴由中间轴承的锥形法兰吸能，钢性传动轴由反拉伸管吸能。由于后桥架梁前的燃油箱位置比较有利，所以车尾碰撞时一般不会造成燃油系统损坏。

图 1-42　整体式车身尾部碰撞时侧围内力的传递路径

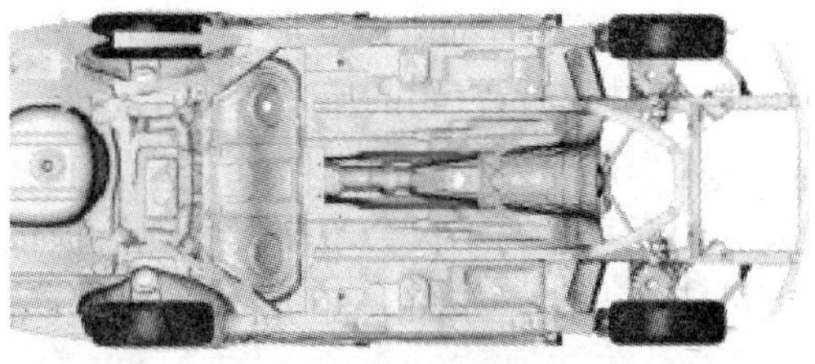

图 1-43　车尾碰撞时底板上力的传递路径

（2）车身前部碰撞变形　图 1-44 所示是一辆汽车发生前端碰撞时的变形情况。前端碰撞的冲击力取决于汽车的质量、速度、碰撞范围及碰撞物。碰撞程度比较轻时，保险杠会被向后推，前纵梁、保险杠支撑、前翼子板、散热器支座、散热器上支撑和机罩锁紧支撑等也会折曲。

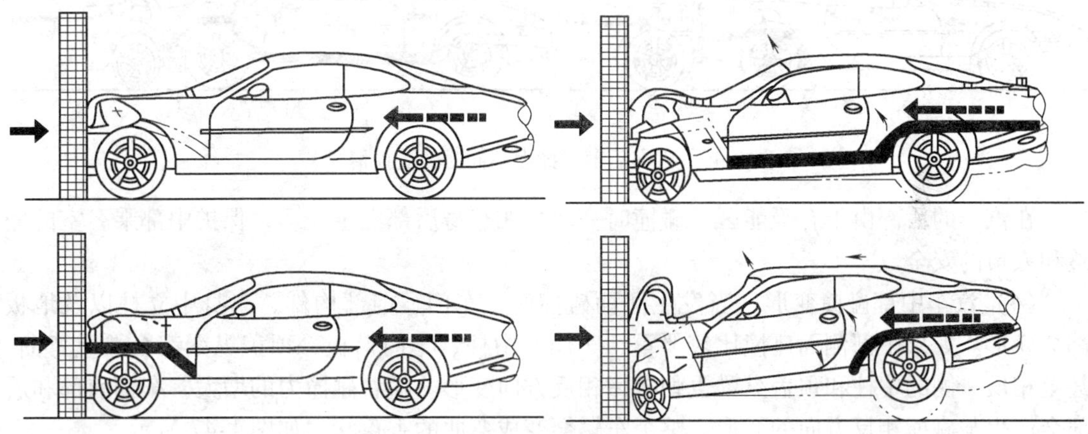

图 1-44　车身前部碰撞变形过程

如果碰撞的程度剧烈，那么前翼子板就会弯曲而触到前车门，发动机罩铰链会向上弯曲至前围上盖板，前纵梁也会折弯到前悬架横梁上并使其弯曲。如果碰撞力量足够大，前挡泥板及前车身立柱（特别是前门铰链上部装置）将会弯曲，并使车门松垮掉下。另外，前纵梁会发生折皱，前悬架构件、前围板和前车门平面也会弯曲。

如果从某一角度进行正面碰撞，前纵梁的连接点就会成为旋转中心。由于左面和右面的前侧构件是通过前横向构件连接在一起的，碰撞引起的振动就会从碰撞点一侧传递至另一侧的前部构件，并引起其变形，如图 1-45 所示。

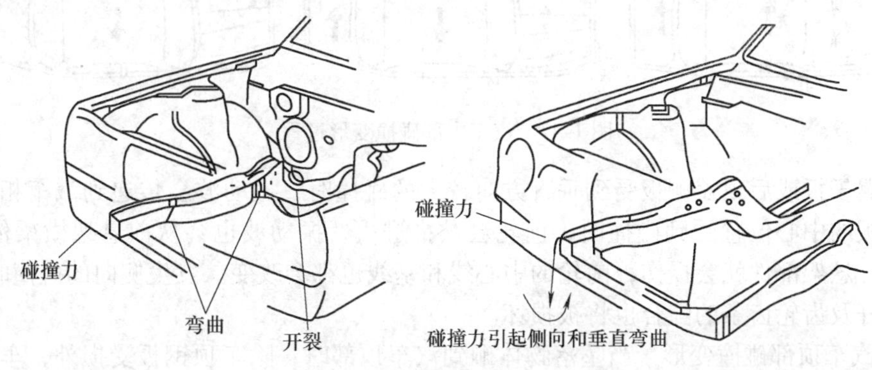

图 1-45　前纵梁的弯曲及断裂效应

（3）汽车后部碰撞变形　汽车后部碰撞时其受损程度取决于碰撞面的面积、碰撞时的车速、碰撞物及汽车的质量等因素。

如果碰撞力小，后保险杠、后地板、行李箱盖及行李箱地板可能会变形。如果碰撞力大，相互垂直的钢板会弯曲，后顶盖顶板会塌陷至顶板底面。而对于四门汽车，车身中立柱也可能会弯曲，如图1-46所示。

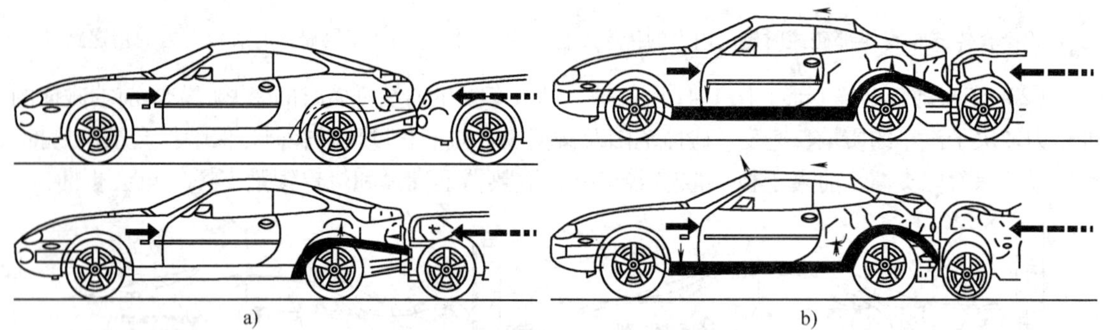

图1-46　汽车后部碰撞力不同时的受损情况

在汽车的后部由于有吸能区，碰撞时一般只在车身后部发生变形，保护中部乘客室的完整和人员的安全。

（4）汽车中部碰撞变形　当发生侧面碰撞时，车门、前部构件、车身中立柱以及地板都会变形。如果中部侧面碰撞比较严重，车门、中柱、车门槛板、顶盖纵梁都会严重弯曲，甚至相反一侧的中柱和顶盖纵梁也朝碰撞相反方向变形。随着碰撞力的增大，车辆前部和后部会产生与碰撞相反方向的变形，整个车辆会变成弯曲的香蕉状，如图1-47所示。

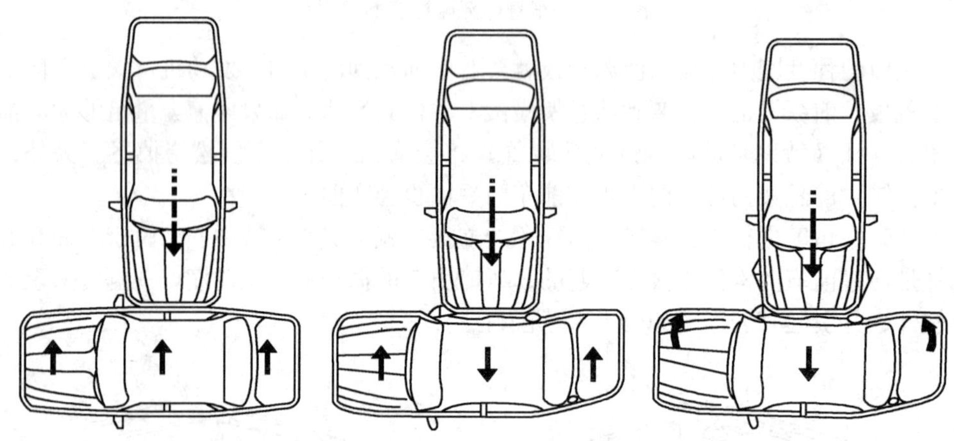

图1-47　汽车中部碰撞变形过程

当前翼子板或后顶盖侧板受到垂直方向较大的碰撞时，振动波会传递到汽车相反一侧。当前翼子板的中心位置受到碰撞时，前轮会被推进去，振动波也会从前悬架横梁传至前纵梁。这样，悬架部件就会损伤，前轮的中心线和基线也都会改变。发生侧向的碰撞时，转向装置的连杆及齿轮齿条的配合也将被损坏。

（5）汽车顶部碰撞变形　当坠落物体砸到汽车顶部时，除车顶钢板受损外，车顶纵梁、后顶盖侧板和车窗也可能同时被损伤。

在汽车发生翻滚时，车的顶部顶盖、立柱，车下部的悬架会严重损伤，悬架固定点的部件也会受到损伤，如图1-48所示。如果车身立柱和车顶钢板弯曲，那么相反一端的立柱同样也会损坏。由于汽车倾翻的形式不同，车身的前部及后部部件的损伤也不同。就这些情况而言，汽车损伤程度可通过车窗及车门的变形状况来确定。

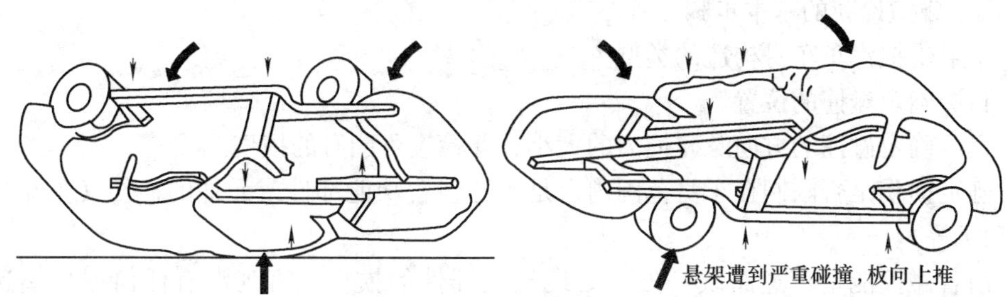

图1-48　汽车翻滚碰撞

五、车身损伤的诊断

1. 汽车碰撞损伤的修复程序

汽车碰撞损伤修复的主要过程通常是：矫正车身的弯曲、扭转、偏斜等变形部件，更换严重损伤的部件，以及调整装配车身部件等。在按程序修复之前，先要对碰撞损坏的车辆进行全面、细致的损伤评估。图1-49所示为车辆损伤的主要修复步骤。

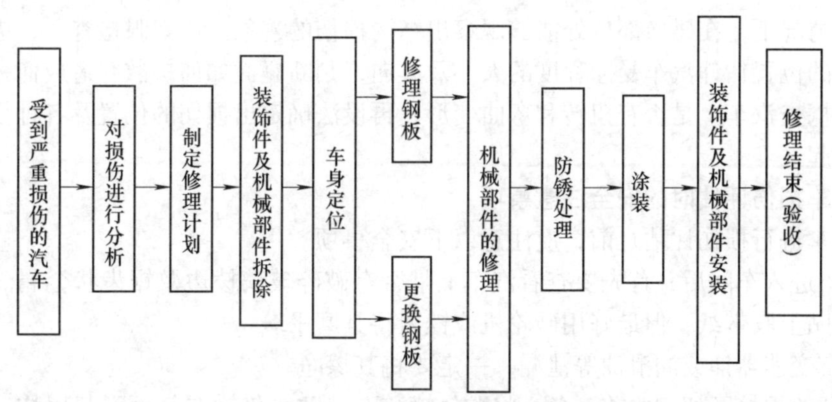

图1-49　车辆损伤的主要修复步骤

当损坏的汽车被送进车身修复车间时，有关修复的技术资料，如损伤情况评估、维修工艺和工作命令等文件也应一并送达车身维修人员手中，车身维修人员在按照这些书面指示进行车身修复时，也可能找到一些未被发现的损伤，或认为对某些损伤评估过低，这就需要对汽车的损伤情况重新评估。根据损伤评估决定修复方法之后，在诊断结果确定的基础上，就可以对车身进行修复了。

要彻底修复好一辆车，就要对其碰撞受损情况作出全面、准确的诊断，找出受损的严重程度、范围及受损部件，依此制定修复计划。一个有经验的车身维修人员一定会把大量的精力用在损伤评估上，因为一旦在修复中发现新的损伤情况，修复的方法及工序必将随之改变，这样会浪费大量的人力、物力和时间。因此，彻底的、精确的撞伤诊断是高质量、高效率修复的基础。

定损人员和车身维修人员在损伤诊断检查中，通过目测方式不会遗漏掉明显的损伤，但常会忽略损伤对于其他无关联系统的影响及发生在远离碰撞部位的损伤。因此，除用目测方式进行诊断外，还应该使用精确的工具及设备来测量、评估受损汽车，为后续的车身修复工作打下良好的基础。

2. 汽车碰撞诊断的基本步骤

1）了解受损汽车车身构造的类型。

2）目测确定碰撞的位置。

3）目测确定碰撞的方向及碰撞力的大小，并检查可能有的损伤。

4）确定损伤是否限制在车身范围内，是否还包含功能部件或元件的损伤（如车轮、悬架、发动机等）。

5）沿着碰撞能量传递路线一处一处地检查部件的损伤，直到没有任何损伤痕迹的位置。例如，通过检查车身外部板件的配合间隙来确定支柱是否损伤。

6）测量汽车的主要元件。对于小的碰撞，可以通过比较车身尺寸图表上的标定尺寸和汽车上的实际尺寸来检查，简单的测量检查可以用一个轨道式量规、定心量规来比较车身上的尺寸。对于比较复杂的车身损坏，除用定心量规等测量工具检查外，还需要用三维测量系统检查悬架和整个车身的损伤情况。

【技能学习】

大多数情况下，在碰撞部位处能够观察出结构损伤的迹象。用肉眼检查后，进行总体估测，从碰撞的位置估计汽车受撞程度的大小及方向，判断碰撞如何扩散并造成何种损伤。在估测中，先探查汽车上是否有扭转和弯曲变形，再设法确定出损伤的位置及各种损伤是否由同一碰撞引起。

一、汽车损伤评估时的安全注意事项

在对汽车进行损伤评估之前，应注意以下安全事项。

1）汽车进入车间后，首先要查看汽车上是否有破碎玻璃棱边及锯齿状金属。锯齿状的金属刃口要贴上胶带纸，但最好用砂轮机或锉刀将其磨平。

2）如有变速器油或润滑油等泄漏，一定要将其擦净。

3）在开始焊接及切割之前，务必将贮气罐移开，防止气罐漏气而引起爆炸。焊接前要断开车载电脑连接，防止焊接大电流而损坏电脑。

4）拆除电气系统时，先要卸下蓄电池负极电缆，切断电路，以免突然点燃易燃气体，同时也保护了电气系统。

5）在进行碰撞诊断时照明情况应良好。如果功能件或机械部件损伤，需在举升机或矫正台上进行细致的检查。

6）在车身修理车间进行诊断修复时，还应注意相关的安全规范。

二、操作流程

1. 目测评估注意要点

参见图 1-27 所示的圆锥图形法来分析整体式车身的碰撞损伤。

1）用肉眼检查后，进行总体估测，从碰撞的位置估计汽车受撞大小及方向，判断碰撞如何扩散并造成损伤。

2）在估测中，先探查汽车上是否有扭转和弯曲变形，再设法确定出损伤的位置及各种损伤是否由同一碰撞引起的。

3）要想找出汽车损伤，必须沿着碰撞力扩散的路径，按顺序一处一处地检查，确认出变形情况。

4）检查中要仔细观察板件连接点有没有错位断裂，加固材料（如加固件、盖板、加强肋、连接板）上有没有裂缝。

5）观察各板件的连接焊点有没有变形。

6）观察油漆层、内涂层及保护层有没有裂缝和剥落。

7）观察零件的棱角和边缘有没有异样等。

2. 损伤范围的确定

首先应了解汽车整个碰撞过程，如碰撞部位、碰撞方向、碰撞时的车速、碰撞的物体及碰撞次数等，这对车身损伤的判别非常有意义。

确定损伤范围时，应先找到最初遭受冲击的地方（也就是最初的损伤部位），可通过油漆的剥落程度及钣金的伤痕来判定。然后沿着碰撞力传播的方向系统地检查各部件的损伤，包括车身附件以及车身以外的其他总成和部件，如车轮、悬架、发动机等。

检查时要着重注意车身结构中的一些应力集中区域，如图1-50所示。这些部位是在车身设计中特别设置的。在碰撞力的作用下，它们会按预先设定的方式变形，吸收冲击能量，保持车厢的形状，保护车内人员的安全（被动安全）。

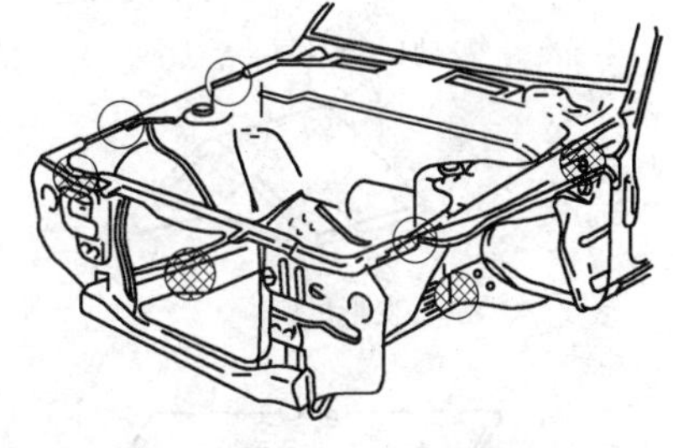

图1-50 碰撞后应力集中部位的变形

最后确定出车身上所有损伤的部件，以及它们之间的连接和装配关系。

3. 损伤程度和类型的确定

确定出车身上所有损伤部件后，应对损坏部位进行分析，以确定损伤程度和类型。车身构件的直观损坏靠目测就可看清楚，它可分为直接损伤和间接损伤两种类型。同时还应注意损伤部位的加工硬化。

（1）直接损伤 直接损伤是由碰撞物体与车身钢板受损部位直接接触而造成的，如图1-51所示。它通常以擦伤、划痕或断裂的形式出现。在所有损伤中，直接损伤通常只占一小部分，但在修理时却需要花费很多时间。

（2）间接损伤 间接损伤是由直接损伤引起的，主要有折损、挤缩等形式（见图1-51）。

大多数碰撞都会同时造成直接损伤和间接损伤，并且大部分都是间接损伤。各种构件所形成的间接损伤没有什么本质区别，所以可采用一些基本的方法来修理，只是由于受损部位的尺寸、硬度和位置不同，所用的修理工艺有所不同。

（3）加工硬化 只要使金属板塑性变形，就会产生加工硬化。当车身钢板在制造工厂加工成形时，以及当它受到损坏变形时，都会产生加工硬化。

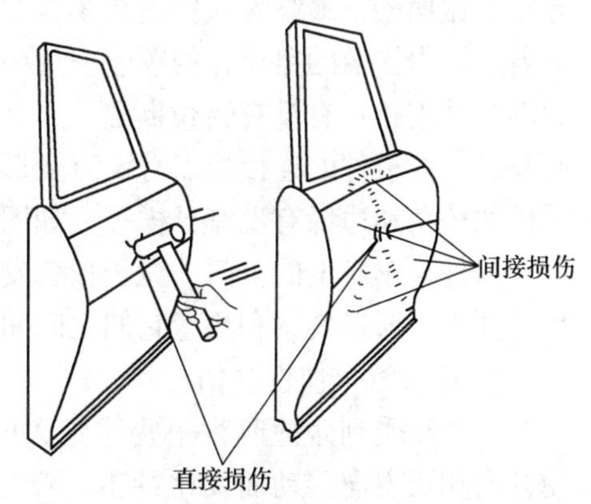

图1-51 直接损伤和间接损伤

如图 1-52 所示，如果此钢板受力稍微弯曲（弹性变形），外力消失后钢板可恢复到原来的形状。但如果外力较大，使弯曲超过了弹性极限，则钢板将产生折损（塑性变形）。在折损部位会出现加工硬化现象，此部位硬度较高。在对此折曲损伤进行修复时，应使折曲部位再次塑性变形，才能把钢板修复平整。如操作不当，不但原先的折曲没有平整，还会在原有折曲部位的旁边出现两处新的折损。

汽车上的钢板构件在受到碰撞时，发生的变形不会都是折损，有些部位只是弯曲状的弹性变形，如图 1-53 所示。折损部位会加重加工硬化的程度，并且其本身又是塑性变形，所以这些部位才是首先需要修整的，并且是修复作业中主要的修整对象。对于弯曲状弹性变形部位，当约束力消除后，钢板能够基本恢复到原来的形状。也就是说，当把一块钣金件上所有折损变形修复后，其他弹性变形部位会自动恢复。在钣金修理作业中，应充分利用这一特点，使整个修复作业既快速效果又好。所以在修复损伤之前，详细地了解这些部位，对于确定正确的修理方法起着非常重要的作用。

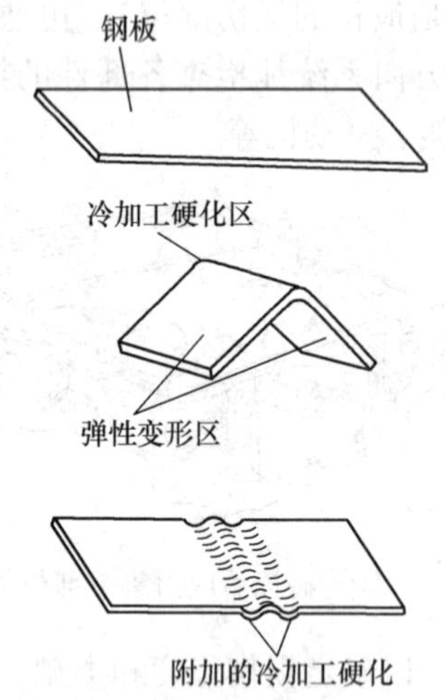

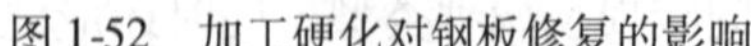

图 1-52　加工硬化对钢板修复的影响

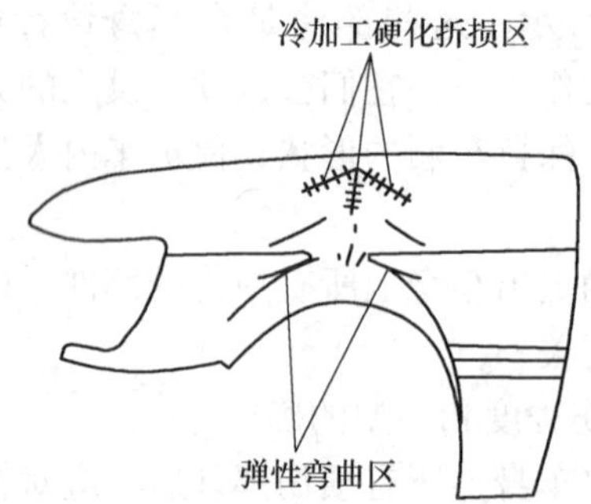

图 1-53　典型碰撞变形中的冷加工硬化折损区和弹性弯曲区

4. 车身上容易识别的损伤变形部位

在碰撞中碰撞力穿过车身刚性大的部件，如车身前立柱（A 柱）、车顶纵梁、地板纵梁等箱形截面梁，最终深入传递至车身部件内并损坏薄弱部件。因此，要找出汽车损伤，必须沿着碰撞力扩散的路径，按顺序一处一处地检查，最终确认出变形情况。检查中要特别仔细观察板件连接点有没有错位断裂，加固材料（如加固件、盖板、加强肋、连接板）上有没有裂缝，各板件的连接焊点有没有变形，油漆层、内涂层及保护层有没有裂缝和剥落，以及零件的棱角和边缘有没有异样等，如图 1-54 所示。这样，损伤部位就容易识别出来了。

另外，车身上的车门、翼子板、发动机罩、行李箱盖、车灯之间的配合间隙都有一定的尺寸要求，通过观察和测量它们之间间隙的变化可以判定发生了哪些变形。

5. 检查汽车惯性损伤

当汽车受到碰撞时，一些质量大的部件（如发动机）的惯性会转化成巨大的作用力，使其向相反方向移动而发生冲击，产生损伤，这就需要对固定件、周围部件及钢板进行检查。对于车架式车身，车身安装在橡胶隔离垫上以减小其惯性，但是剧烈的碰撞还是会引起

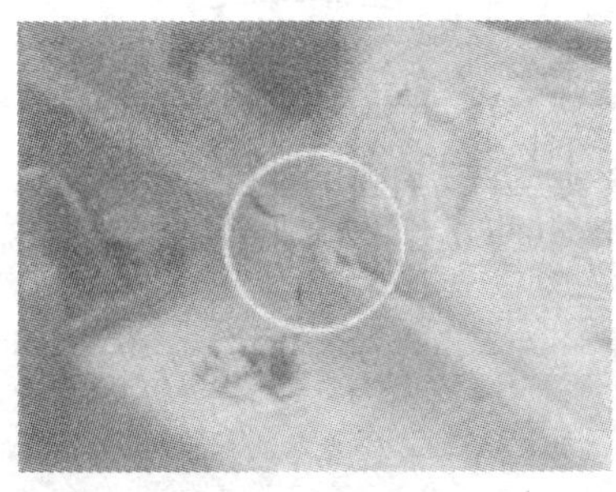
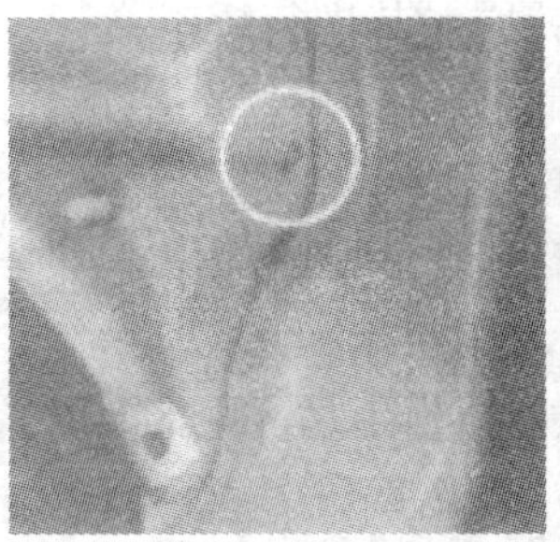
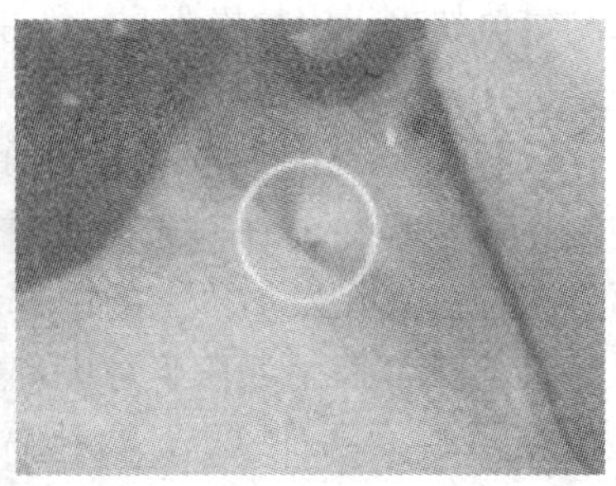

图 1-54　车身上容易识别损伤变形的部位

车身和车架的错位，破坏车身上的隔离件。

此外在碰撞中由于惯性的原因，仪表盘、转向盘、转向支柱和座位靠背将受到损伤。行李箱中的行李也可能成为引起行李箱地板、行李箱盖和后顶侧板损伤的另一个原因。

6. 检查结构件上的吸能区

1）首先打开发动机罩，检查前纵梁、挡泥板等部位的变形情况。

2）检查后纵梁、后挡泥板等部位的变形情况。

3）最后检查车身中部。在碰撞中要保证乘客室的结构完整，车门能够打开。

任务二　车身损伤的测量

【相关知识】

汽车车身损伤的测量是车身修理中不可缺少的一个重要环节，特别是现代采用承载式车身结构的轿车，发动机及底盘各总成都是直接或间接安装在车身上的。车身损伤如果修理得不彻底、不精确，势必对汽车使用时的安全性、稳定性、平顺性等造成影响。所以，精度是车身修理的首要问题，而精度的保证又是以对车身准确的测量为基础的。由此可见，测量在车身修理中占据着极其重要的地位，也是影响车身修理质量的关键。承载式车身修理中，通常允许误差不大于 ±3mm，有时甚至更小。

车身的测量往往贯穿于车身修理作业的全过程，一般可分为作业前、作业中和竣工后三个阶段。作业前的测量，旨在判别车身损伤状态，把握变形程度的大小，并为确定修理方案提供可靠依据。作业中的测量，有助于对修复过程的质量进行有效的控制。竣工后的测量，为验收和质量评估提供了可靠的数据。

一、车身测量的基准

车身修理中对变形的测量，实际上就是对车身及其构件的形状与位置偏差的检测。选择测量基准又是形状与位置偏差检测中十分重要的内容。

正确的车身检测是车身修理的基础。掌握车身测量的点、线、面三个基本要素，是高质量完成车身测量任务的关键。

1. 控制点

车身测量的控制点用于检测车身损伤及变形的程度。

车身设计与制造中设有多个控制点，检测时可以测量车身上各个控制点之间的尺寸，如果测量值超出规定的极限尺寸，就应对其进行矫正，使之达到技术标准的规定。

承载式车身的控制点如图1-55所示。第一个控制点通常是在前保险杠或前车身水箱支撑部位；第二个控制点在发动机室的中部，相当于前悬架支承点；第三个控制点在车身中部，相当于后车门框部位；第四个控制点在车身后横梁或后悬架支承点。

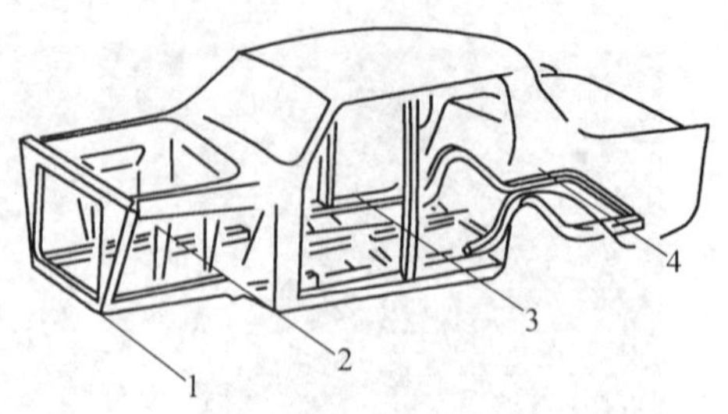

图1-55 承载式车身的控制点

对车身进行整体矫正时，可根据上述控制点的分布，将车身分为前、中、后三部分，如图1-56所示。这种划分方法主要基于车身壳体的刚度等级和损伤程度的强弱。

车身设计和制造是以这些控制点为组焊和加工的定位基准。这些控制点是在生产工艺上留下来的基准孔，也可以作为车身测量时的定位基准。此外，汽车各主要总成在车身上的装配连接部位，也必须作为控制点来对待。所以这些装配孔的位置都有严格的尺寸要求，这对汽车各项技术性能的发挥有着十分重要的影响。例如：汽车前悬架支承点的位置正确与否，会直接影响前轮定位角和汽车的轴距尺寸；发动机支承点与车身控制点的相对位置，则会影响到发动机和传动系统的正确装配，如有偏差，会造成异响，甚至引起零件损坏。

实际上，对控制点的测量就是对车身关键参数的检查与控制，并且这些参数又是有据可查的。一些车身测量设备就是根据控制点的原则制成的，是目前车身修理中比较实用和流行的测量原则。

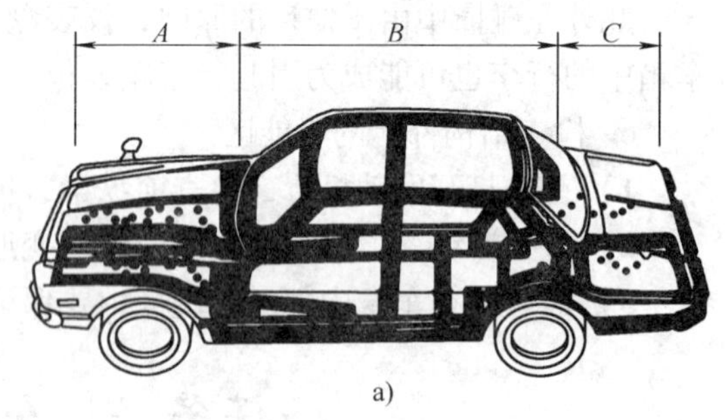

a)

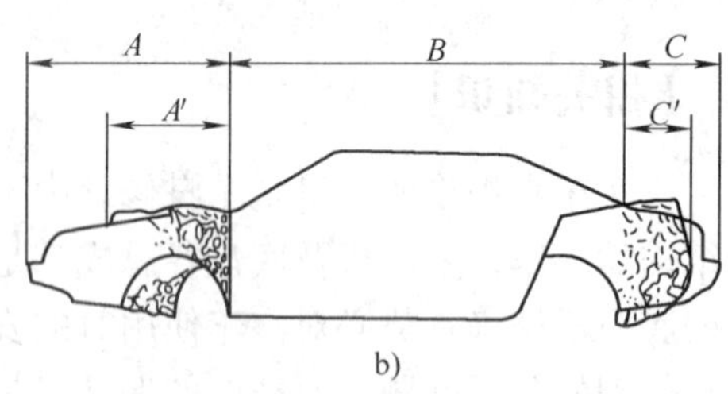

b)

图1-56 车身按吸收能量强弱进行的分段

a）车身壳体的强度等级 b）车身受冲击时的变形情况

2. 基准面

设计车身时，往往是先选定一个水平基准面，如图1-57所示，车身上各对称平行点所形成的线或面与之平行。车身图样上沿高度方向上所标注的尺寸，都是车身各部位与水平基准面间的距离，即基准面是所有高度尺寸的基准。在车身测量与修理中，同样可以利用基准面作为车身高度尺寸的测量基准。

实际测量中，当遇到要测量的部位不便于使用量具直接测量时，可以根据数据传递方法，将基准面上移或下移，这样不仅有利于测量仪器的使用，而且还可

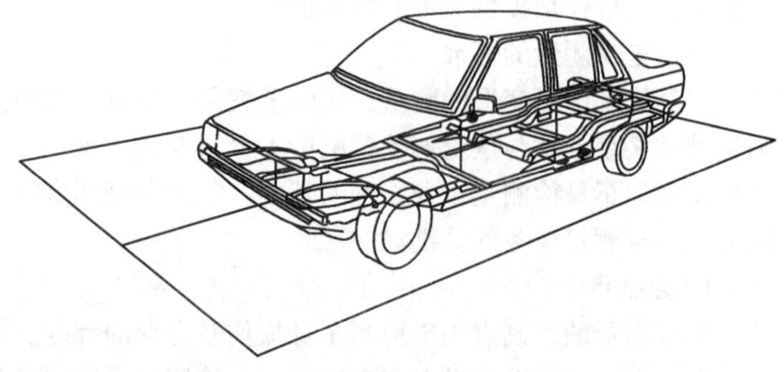
图1-57 基准面

以获得更加准确的测量结果。

使用某些测量系统寻找高度基准时，要在车身中部找到两对对称而且没有变形的测量点，通过测量一对测量点的高度，调整另一对测量点的高度，使两对测量点的实际测量值和标准数值的差相等。比如其中一对测量点的实际测量值与标准数值的差是50mm，然后调整另一对测量点的高度，使它的实际测量值和标准数值的差也是50mm，那么整个车身的测量基准面与标准基准面的差距就是50mm。我们在测量时只需要考虑测量点的实际测量数据与标准测量数据的差值是否在50mm±3mm内就可以了，而不用关心基准面在哪里。

由于测量基准面和车辆的基准面不一定相同，为了方便地找到测量基准面，一般的做法是用四个高度相同的主夹具，将车身的夹持部位完全落入主夹具钳口内，并且把夹具高度位置锁紧，就以此时的车辆高度作为测量高度基准，而不用找到真正的车辆高度基准。例如奔腾米桥式通用测量系统，在测量时把四个测量基准点的高度都调整到距某一平面176mm，那么这个平面就是测量的基准面和车辆的基准面。在测量高度时，不用再换算，直接的读数与标准值比较，误差在±3mm内就可以了。

3. 中心面

如图1-58所示，利用一个假想的具有空间概念的直线和平面，能够将车身沿宽度方向截为对称的两半，则这一直线和平面即为基准中心线和中心面。车身上各点通常是沿中心面对称分布的，因此所有宽度方向上的尺寸参数及测量，都是以该中心线或中心面为基准的。

实际测量中，当使用中心量规检查车身损伤时，若在不同测量断面上，中心量规的中心销在同一直线或平面上，可以认定车身无横向变形和损伤。反之，则说明偏移的中心量规所处的车身断面发生了横向变形或损伤。

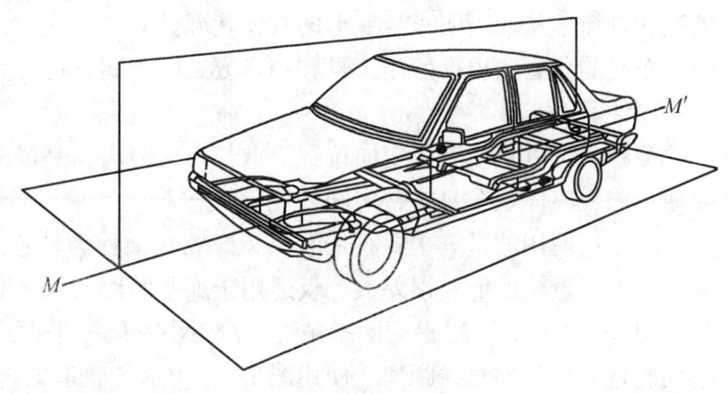

图1-58　中心面

修理车身变形和损伤时，应在纵向、横向两个截面上反复调整和校对，使车身表面各关键点（空间坐标）符合技术规定。

大多数车身都是对称设计的，但也要注意非对称部位的存在及其测量要求。选择可以补偿不对称性的中心量规，测量时先消除因不对称零件而造成的数据偏差后，再进行正常的测量。

使用通用测量系统找中心面时，要在车身中部没有变形的部位找到两个没有变形的测量孔，将底部测量头对准要测量的孔，通过尺上的宽度读数可以知道两个孔到中心线的宽度，调整米桥尺（有时可能需要调整车辆的中心面与测量系统中心面对齐），直到两个宽度读数相同并与标准数据一致。再找另外两个测量孔，重复以上操作。通过两对左右对称的测量点就能把车辆的中心面找到。

有些测量系统在找中心面时需要调整车辆或测量尺，把测量系统的中心面与车辆的中心面重合，以后测量得到的读数就是实际数值。有时要求测量系统的中心面与车辆的中心面平行即可，但要知道两个中心面的距离，测量点的宽度数值也要考虑这两个中心面距离的因素，否则可能读数错误。

4. 零平面

承载式车身是一个整体刚性框架，属于应力壳体式结构，整个车身都参与承载。对于一定载荷，车身会将其分散开来，分别作用于车身各个构件上。

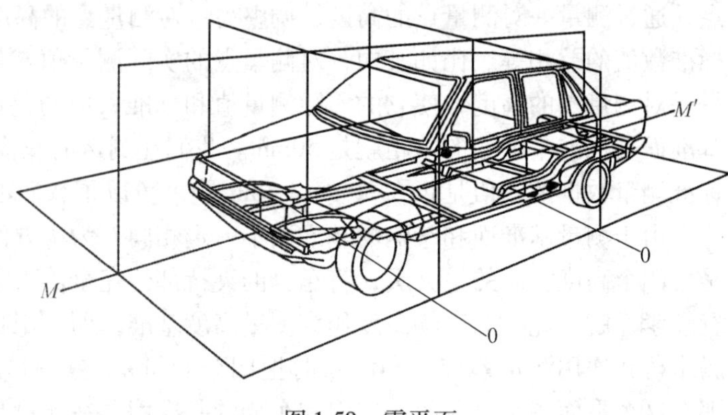

图 1-59 零平面

根据车身应力壳体式结构的变形特点和损伤规律，测量时可以将车身前、中、后三部分和左右对称部分的界面称为零平面，如图 1-59 所示。零平面的变形可以理解为最小。以车身中间段为例，当车辆发生碰撞时，损伤最轻的部位通常是车身中间段的对称中心面，如果依此为基准测量，就可以得到可靠的检查与测量结果。

二、车身测量的方法

对车身整体变形的测量，是依靠测量工具采集相关的技术数据，判定车身构件与基准之间的相对位置，并且以实际测得的状态参数为依据，进行数据的分析、比较，找出相对位置的变化规律，从而判明车身变形的具体状况。

车身测量方法根据使用工具和测量方式的不同，可分为以下三种。

1. 测距法

测距法可以直接获得定向位置上点与点的距离，是最简单、实用的一种测量方法。它主要通过测距离体现车身构件之间的位置状态。

测距法使用的量具主要是钢卷尺和杆规（又称为轨道式量规）。钢卷尺的使用方法简便易行，但测量精度低、误差大，仅适用于那些精度要求不高的场合。对钢卷尺头部进行处理后（见图 1-60），可以提高测量精度。测量不在同一平面或其间有障碍的点时，就很难用钢卷尺测量两点间的直线距离。使用图 1-61 所示的轨道式杆规，可以根据不同位置，将量脚探入测量点，应用起来非常方便、灵活。

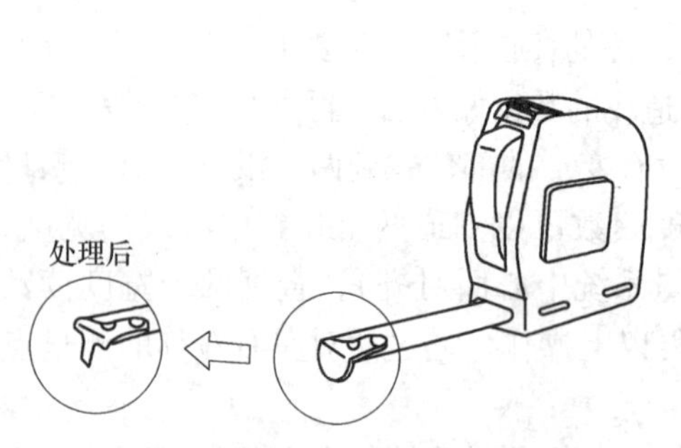

图 1-60 钢卷尺头部的加工处理

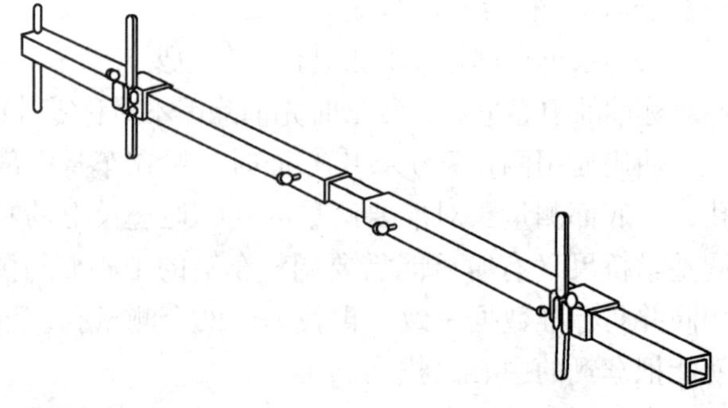
图 1-61 杆规

2. 定中规法

车身的许多变形，尤其是综合性变形，用测距法测量往往体现得不够直观。当车身或车架在汽车纵向轴线上的对称度发生变化时，就很难用测距法对变形作出准确判断。如果使用定中规法，就可以很好地解决这类测量问题。

定中规法主要使用的测量工具是中心量规。它可分为杆式和链式两种。

（1）杆式中心量规　在使用如图 1-62 所示的杆式中心量规时，应将量规（通常为 3 个或 4 个）悬挂在车架的基准孔上，其方法如图 1-63 所示。

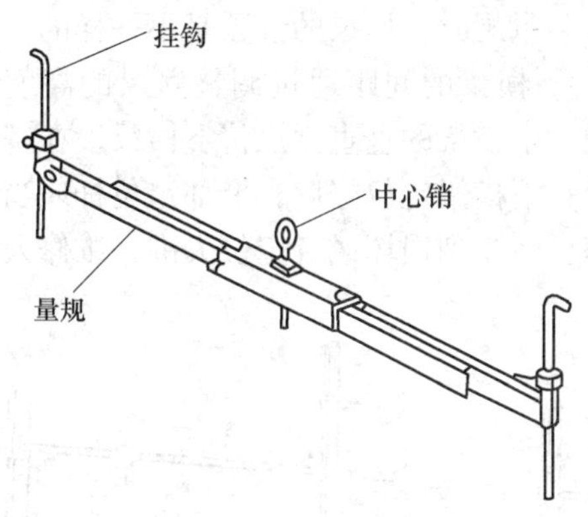

图 1-62　杆式中心量规

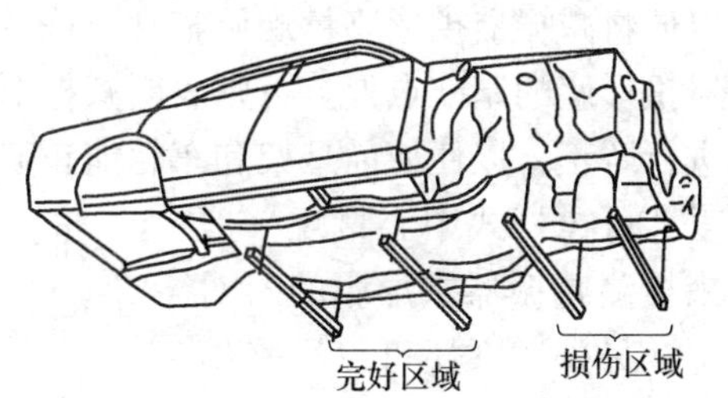

图 1-63　杆式中心量规的悬挂方法

通过检查中心销是否处于同一轴线上、量规杆是否互相平行，就可以很容易地判断出车身是否有弯曲、翘曲或扭曲变形。

（2）链式中心量规　如图 1-64 所示，链式中心量规一般悬挂在车身壳体的基准孔上，通过检查中心销、垂链及平行尺是否平行，以及中心销是否对中，就可以十分容易地判断出车身壳体是否有变形。

定中规法检查变形从理论上讲是精确的，但如果测量不当就很容易造成判断失误。特别是中心量规挂点（通常为基准孔）有损伤时，应先修复后才能利用。

（3）麦弗逊撑杆式中心量规　使用麦弗逊撑杆式中心量规（见图 1-65）可以测量出减振器拱形座或车身上部部件相对于中心线平面和基准面的不对中情况，它一般安装在减振器的拱形座上，利用减振器拱形座量规就能观察到上部车身的对中情况。

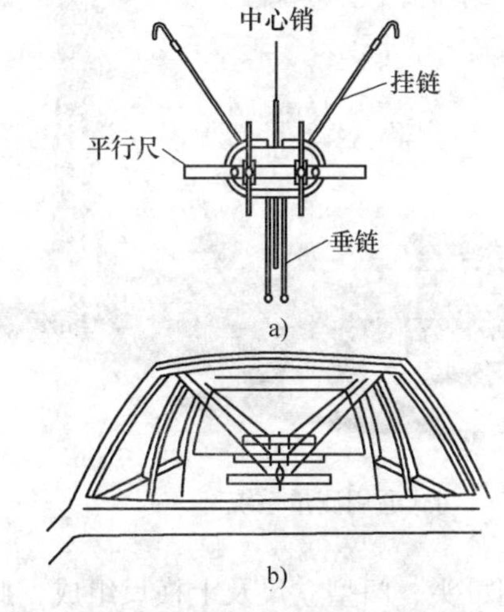

图 1-64　链式中心量规及车身壳体的检查

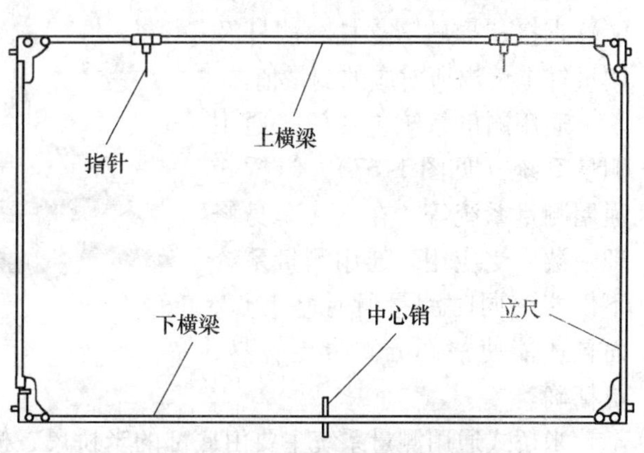

图 1-65　麦弗逊撑杆式中心量规

麦弗逊撑杆式中心量规有一根上横梁和一根下横梁。下横梁有一个中心销，上横杆上有两个测量指针，指针的作用是将量规安装到减振器拱形座或上部车身上。上横梁一般是从中心向外标定的。

测量指针有两种类型，即锥形和倒锥形。倒锥形指针带有槽门，便于在车身上安装（如在未拆卸螺栓头上安装）。指针一般用蝶形螺钉固定在套管上。指针的长度有很多种，适用于不同高度的测量。在使用不同高度的指针安装量规时，标尺的读数是不一样的。

在上、下横梁之间有两根垂直立尺连接，上、下横梁的间距通过调整立尺的高度来达到。借助标准车身数据，维修人员可以利用连接上、下横梁的垂直立尺将下横梁设在基准面内，以便将减振器拱形座量规调整到正确的尺寸。在下横梁定位好后，上部定位杆应当处于减振器拱形座的基准点处。否则表明减振器拱形座已经受到损坏或者定位失准，维修人员就需要进行矫正，以便使前悬架和车轮能正确定位。

麦弗逊撑杆式中心量规一般是用来检测减振器拱形座的不对中情况。另外，它还可以用来检测散热器支架、中立柱、车颈部和后侧围板等的不对中情况。

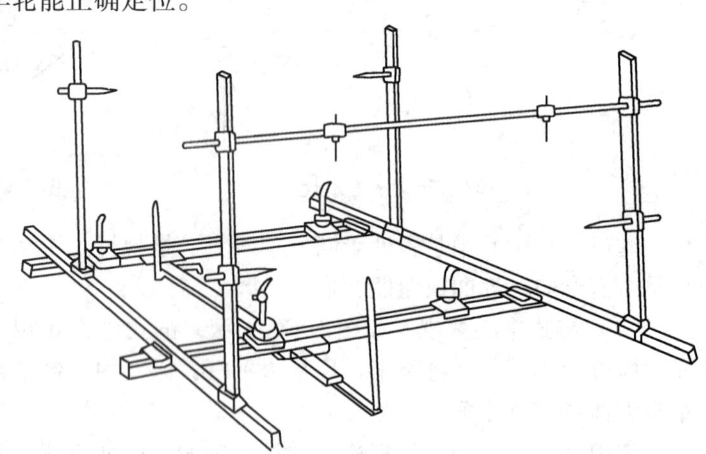

图 1-66　通用桥式测量架

3. 坐标法

（1）机械式测量系统　坐标法适用于对车身壳体表面的测量，尤其是像轿车那样的多曲面外形，使用如图 1-66 所示的通用桥式测量架，就可以比较容易地实现这方面的测量。

桥式测量架由导轨、移动式测量柱、测量杆和测量针等组成。测量过程中，可以根据需要，调整其与车身的相对位置。当测量针接触到车身表面时，就能够直接从导轨、立柱、测杆及测量针上读出所对应的测量值。

图 1-67　门式通用测量系统

通用测量系统包括门式通用测量系统（见图 1-67）、米桥式通用测量系统等。在现代车身修理中被广泛应用。通用测量系统不仅能够同时测量所有基准点，而且还能使一部分测量更容易，更精确。

米桥式通用测量系统主要由底部的米桥尺、横尺及测量头、门型立尺及上横尺组成，此外还有许多辅助测量头和用于安装各种用途量尺的固定器（如图 1-68 所示）。对于机械式测量系统，它的测量精度达到 ±1mm ~ ±1.5mm，才能作为一个合格的车身测量工具。

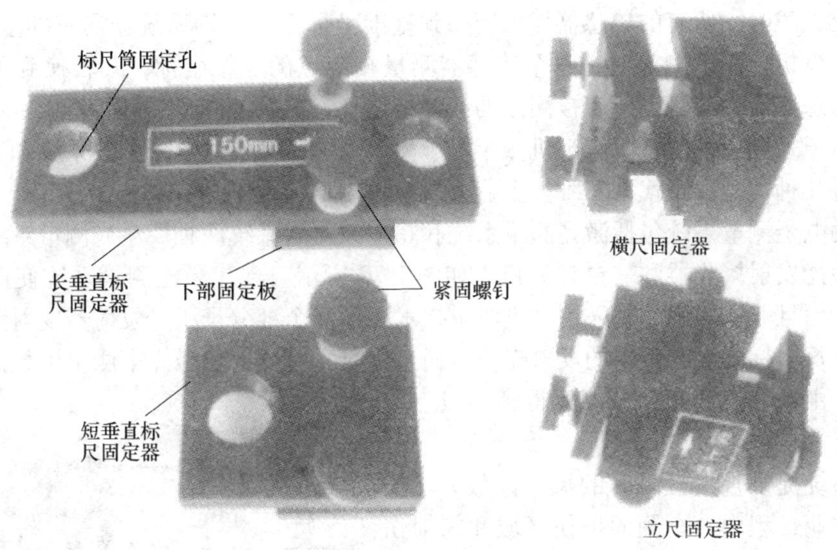

图 1-68　各种测量固定器

在测量时，首先建立起车辆和测量系统的基准，在测量桥或测量架上安装好横尺，将测量头安装在横尺上，就可以同时测量受损车辆上的多个基准点。基准点找好以后，利用安装在测量架上的测量头来测量车身上的各个测量点。根据每个车辆的标准数据，通过测量、对比数据的变化来判定车身部件是否变形，矫正工作是否准确，或者新更换部件的定位是否正确。

在实际测量操作过程中，修理人员首先要用测量头来测量基准点。通过各基准点实际测量数据与标准数据比较，就能很快地确定各个基准点所处的位置是否变形，如果车身上的基准点的数据超过 ±3mm 的公差，就必须对基准点先进行矫正。

（2）电子式测量系统　电子式测量系统使用计算机和专门的电子传感器来迅速、便捷地测量车身结构的损坏情况，性能好的电子式测量系统能够在车身拉伸矫正过程中给出实时的测量数据。

在测量系统的计算机数据库中，储存了大量的不同厂家、不同年代的车身数据，这些标准车身数据图可以随时被调出。系统可以自动地将实际的测量值与标准值进行比较，不用再去人工翻查印刷的数据手册或记录测量值，它们都在计算机屏幕上显示出来了。

典型的车身三维尺寸电子检测原理，如图 1-69 所示。该系统包括多个视觉传感器、

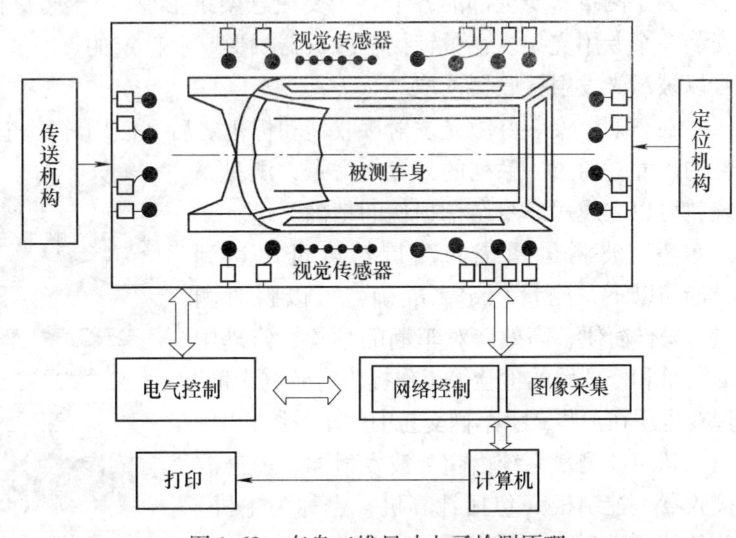

图 1-69　车身三维尺寸电子检测原理

全局校准、现场控制、测量软件等。每个视觉传感器是一个测量单元，对应车身上的一个被测点。系统组建时，所有的传感器均已统一到基准坐标系下（即系统全局校准），传感器由系统中的计算机控制。测量时，每个传感器测量相应点的三维坐标，并转换到基准坐标系中，全部传感器给出车身上所有被测点的测量结果，完成系统测量任务。

车身电子式测量系统主要有半机械半电子测量系统、半自动电子测量系统和全自动电子测量系统等几种类型。现代汽车维修企业大多使用全自动电子测量系统。

全自动电子测量系统包括激光测量系统和超声波测量系统两种。激光测量系统包括反射靶、一个激光发射接收器和一台计算机，如图 1-70 所示。现代激光测量系统使用起来相对比较容易，而且非常精确。它采用激光测量技术，由两个准分子激光发射器发射激光，投射到标靶上，每个标靶上有不同的反射光栅，通过接收光栅反射的激光束测量出数据，并传输给计算机，由计算机通过计算可以得到测量点的空间三维尺寸。

图 1-70　激光测量系统的标靶和激光发射器

激光系统提供直接且瞬时的尺寸读数。在拉伸和矫正作业过程中，车辆的损伤区域和未损伤区域中的基准点都可被持续监测。

将车辆装到矫正架上之后，在车辆的中部下面放置激光发射接收器，然后将激光发射接收器的电缆插到计算机上。调出被修车辆的车身数据尺寸图。车身数据尺寸图可能有一个、两个或多个视图，一些图表还给出了发动机罩下面和车身上部的尺寸。

按照计算机的提示选择合适数字的标靶、标杆和磁性安装头，并安装到车辆的测量点上。标靶和安装在测量孔上的磁性（或弹簧片）安装头通常存放在机柜里。磁性安装头（标靶座）将标靶固定在指定的位置或车辆的基准点上。弹簧片或可调节的安装头（标靶座）可以张大，便于安装在车身不同尺寸的孔上。

为了测量车身上部的各个点，要在悬架拱形座（挡泥板上冲压成形的减振器支座）上安装一个专用支架。在量针接触减振器拱形座上特定的点时，支架底部的标靶反射的激光就可以被激光发射接收器读取。

在车辆上安装好激光发射接收器和标靶之后，使用计算机对系统进行标定，然后读取车辆的尺寸，通过一系列的计算机命令，测量系统就可以完成对车身结构损伤的精确测量。

超声波测量系统的测量精度可以达到 ±1mm以下，测量稳定、准确，可以瞬时测量，操作简便、高效。对车辆的预检、修理中的测量和修理后的检验等工作提供有效的帮助，现在也用在一些二手车辆交易中的车身检验中。

超声波测量系统由超声波发射器、超声波接收器、控制柜（包括计算机，也称为主机）及各种测量头组成，如图 1-71 所示。

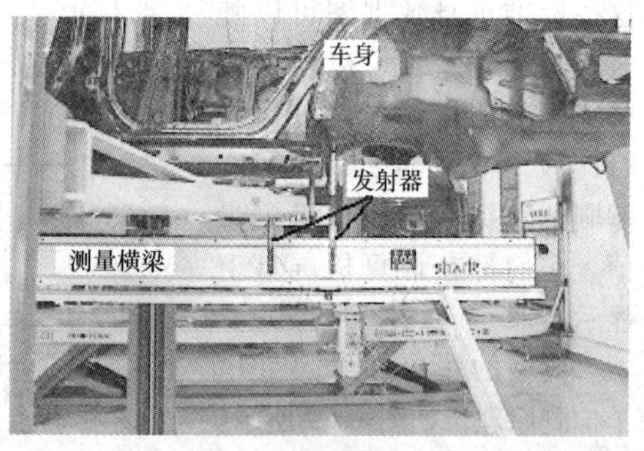

图 1-71　超声波测量系统

发射器通过孔探头、连接杆以及测量探头转接器（见图 1-72）等安装到车身测量点的测量孔或螺栓头上。接收器装置在测量横梁上，如图 1-73 所示。发射器发送超声波，由于声音是以等速传播的，接收器可快速、精确地测量声波在车辆上不同基准点之间传播所用的时间。计算机根据每个接收器的接收情况自动计算出每个测量点的三维数据。

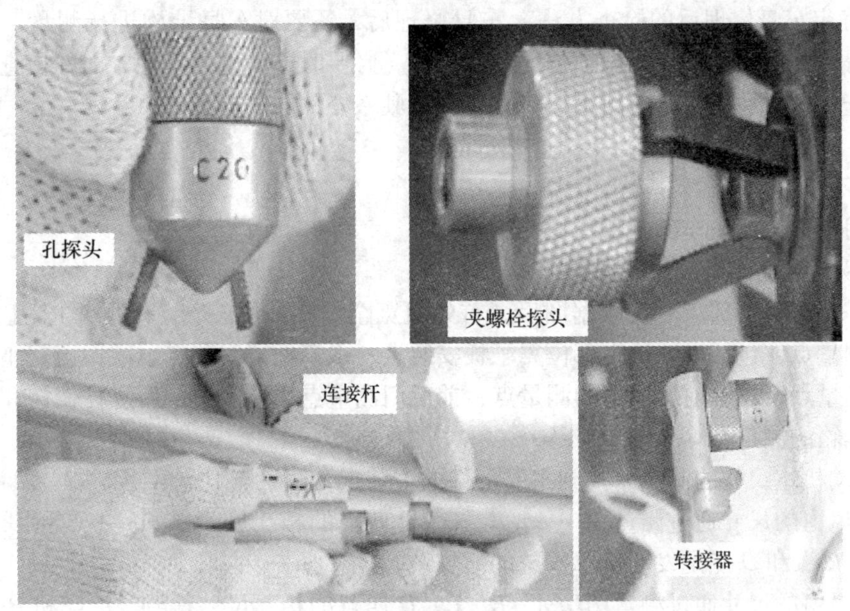

图 1-72　超声波测量探头及转换器

图 1-73　超声波接收横梁

三、确定修理方案

在对车身损伤做了准确判别的基础上，即可确定修理方案。其主要内容包括以下几方面：

（1）确定需要拆卸的构件　钣金修理过程中，有时需要拆下一些构件。某些构件拆下后修复更加方便，或是拆下需要更换的构件。

（2）确定需要更换的构件　损坏的车身构件是更换还是修复，判断的基本原则是：损坏以弯曲变形（弹性变形）为主就进行修复，以折曲变形（塑性变形）为主就进行更换。但在实际工作中，需考虑的因素还很多，如损伤的车身构件是否有配件，构件的修复费用与新件价格的比对，损伤构件在车身上的装配关系和精确度（例如车门在车身上装配的精确度是比较高的，若车门损坏严重就应选择更换)，车主的意愿等。

(3) 制定钣金修复的工作程序　这是修理方案中最为重要的一部分内容。在制定具体的修复工作程序时，要考虑作业者的能力和水平，以及可使用的工具和设备等情况，要结合实际，方便可行。

(4) 确定车身修理后的检查方法　车身修理后，还要对车身结构进行测量，确保车身变形全部得以修复。此外，根据损伤程度和部位，必要时还需进行其他方面的检查，如前轮定位的检查，密封性检查，转向系、传动系和行驶系统性能的检测等。

【技能学习】

一、用参数法测量车身上部尺寸

1. 识读车身上部点对点数据图

选择一个车身上部点对点数据图后，首先概览全图，如图 1-74 所示。图上主要显示车身上部的测量点，包括发动机室部位翼子板安装点、水箱框架安装点、减振器支座安装点和其他一些测量点，还有前后风窗的测量点，前后门测量点，前、中、后立柱铰链和门锁的测量点、行李箱的测量点等。

1) 发动机室尺寸的测量。找到主要部件的安装点，测量点对点数据。

2) 前风窗的尺寸通过测量图中 A、B、C、D 四点的相互尺寸得到，A 点和 B 点是车顶板的拐角，C 点和 D 点是发动机罩铰链的后安装孔。

3) 后风窗的尺寸通过测量图中 A、B、C、D 四点的相互尺寸得到，A 点和 B 点是车顶板的角，C 点和 D 点是行李箱定位焊裙边上的一条搭接缝隙。

4) 前门的尺寸通过测量图中 A、B、C、D 四点的相互尺寸得到，A 点表示风窗立柱上的搭接焊缝位置，B 点表示前柱铰链的上表面，C 点表示中柱门锁闩的上表面，D 点表示中柱门铰链的上表面。

5) 后门的尺寸通过测量图中 A、B 两点的尺寸得到，A 点表示后柱门锁闩的上表面，B 点表示中柱门铰链的上表面。

6) 中柱的尺寸通过测量图中 A、B 两点的尺寸得到，A、B 点都表示中柱门锁闩的上面固定螺栓的中心。

7) 后柱的尺寸通过测量图中 C、D 两点的尺寸得到，C、D 点都表示后柱门锁闩的上面固定螺栓的中心。

8) 行李箱的尺寸通过测量图中 A、B、C、D、E、F 六点的相互尺寸得到，A、B 点表示行李箱点焊裙边上的一条搭接缝隙，E、F 点表示行李箱后围板的角，D、E 点表示保险杠上部固定螺钉的中心。

2. 孔中心距的测量

(1) 使用卷尺测量

1) 用钢卷尺测量孔的中心距时，可从孔的边缘上测量，以便于读数，如图 1-75a 所示。

2) 当两孔的直径相等并且孔本身没有变形时，才能以孔的边缘间距代替中心距，如图 1-75b 所示。

3) 当两孔的直径不同时（如图 1-75c 所示），其中心距按如下方法计算：

$$A = B + (R - r) \text{ 或 } A = (B - C)/2$$

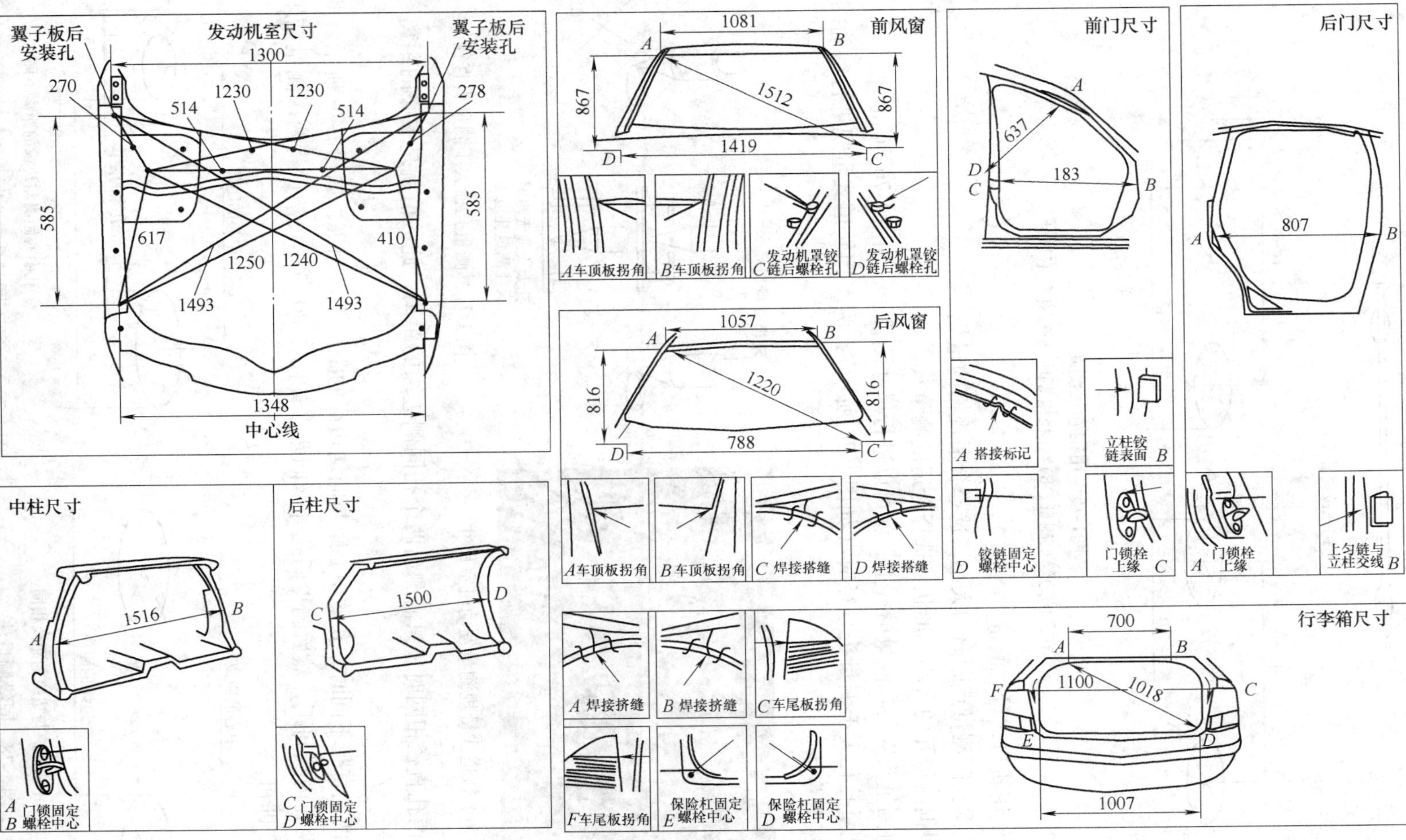

图1-74 车身上部点对点数据图

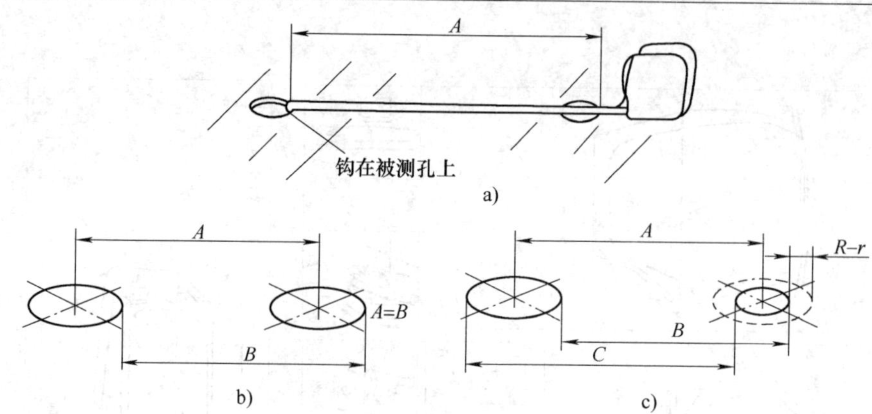

图1-75 用钢卷尺测距
a）在孔的边缘上测量 b）孔径相等时 c）孔径不等时

（2）使用轨道式量规测量

1）根据实际测量点距离的大小，选择合适规格的量规。

2）根据测量孔的大小、形状，选择合适的测量头。

3）将测量头安装在测量横杠上，就可以进行尺寸测量了，如图1-76所示。

4）测量孔径大于测量头直径时（如图1-77所示），为了用轨道式量规进行精确测量，就需用边缘测量法。

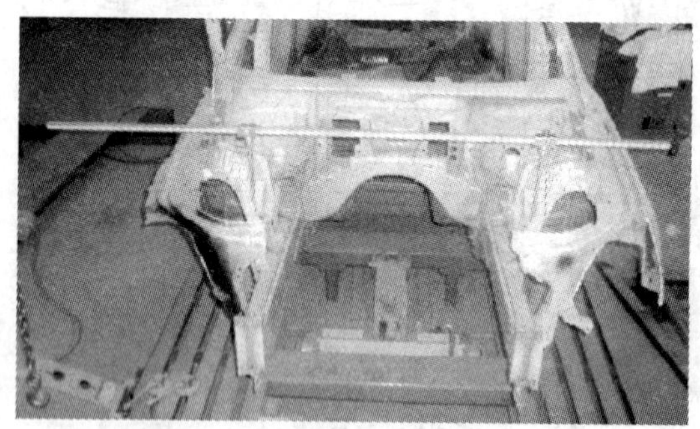

图1-76 轨道式量规测量发动机室尺寸

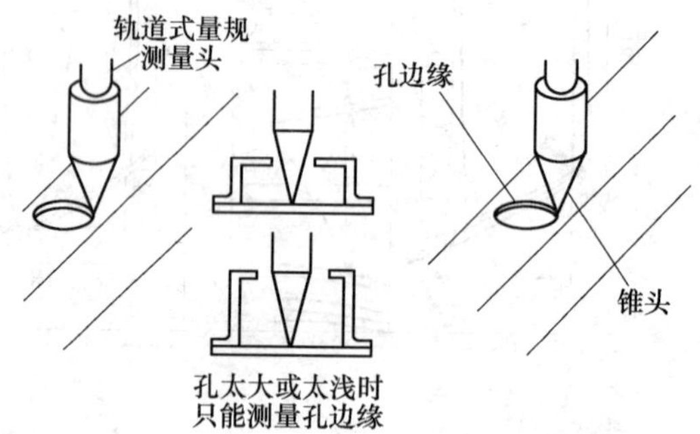

图1-77 测量孔径大于测量头直径

① 当两孔直径相同时，只需测出两个孔同侧边缘的距离，此数值就是中心的距离，如图1-78所示。

② 当两孔直径不同时，孔的中心距与同侧边缘的距离不再相等，如图1-79所示。此时要先测得两孔内缘间距，然后测得两孔外缘间距，如图1-80所示，然后将两次测量结果相加再除以2即可。

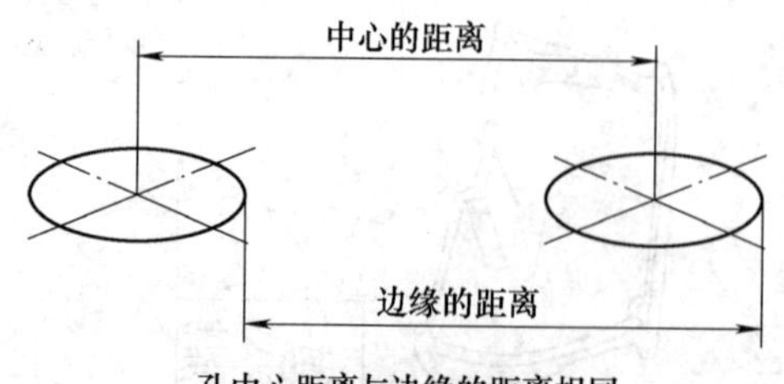

图1-78 同缘测量法

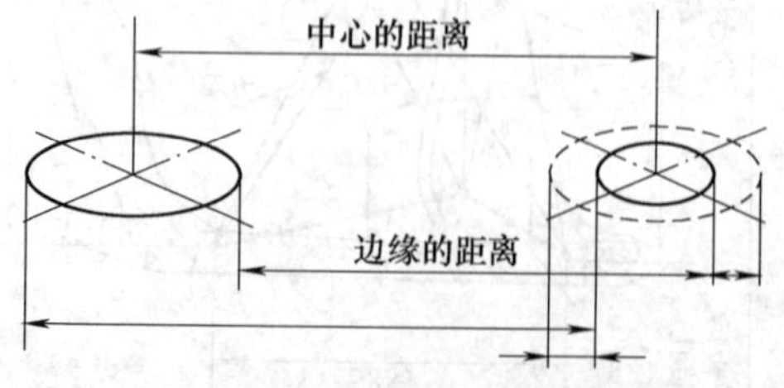

图1-79 孔径不同时孔中心距与同侧边缘距离的关系

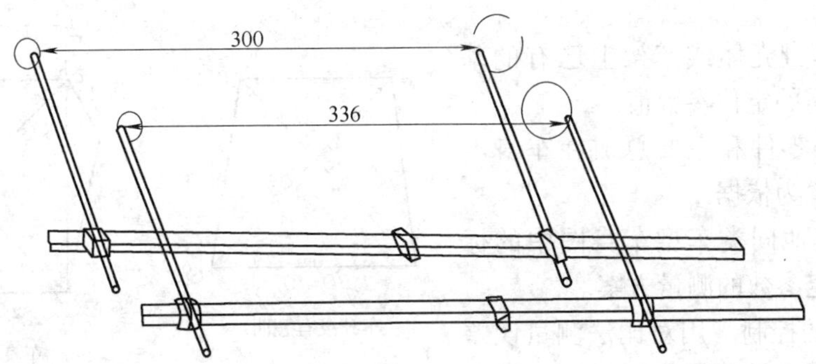

图 1-80　两孔直径不同时的测量

例如，如果测得其内缘间距为 300mm，外缘间距为 336mm，则孔中心距为（300mm + 336mm）÷2 = 318mm。

（3）车身上部尺寸的测量

1）根据汽车制造厂商提供的车身尺寸数据图，找到车身上部最重要控制点的位置和尺寸规格。

2）使用卷尺或杆规测量这些点之间的尺寸。

3）对照标准数据，检验测量部分车身是否有变形。

注意：

1）检验汽车前端尺寸时，轨道式量规测量的最佳位置是悬架及机械元件上的安装点。

2）每一尺寸应该对照另外的两个基准点进行检验，其中至少有一个基准点要进行对角线测量。

3）通常测量的尺寸越长，其精确度越高。例如，测量从车颈（前车身与中车身的交界处称为车颈）下端至发动机底座前部之间的尺寸要比测量车颈下端至另一侧车颈下端的尺寸更加精确，因为它是在汽车较大范围内测得的一个较长尺寸。

二、用对比测量法判断车身变形情况

1. 尺寸对称部位的测量（如发动机室、前后窗框、后备箱等处）

1）找到车身测量点，如图 1-81 所示。

2）利用卷尺或杆规沿对角线测量。

3）对比两次测量数值，判断车身的变形情况，如图 1-82 所示。

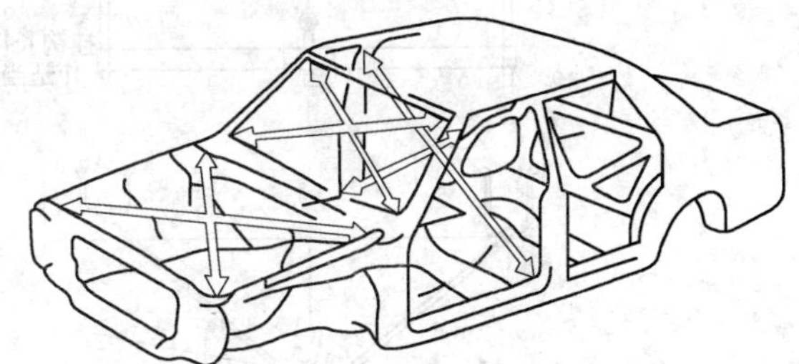

图 1-81　车身上的测量点

2. 尺寸不对称部位的对比测量

1）当损伤部位的尺寸不对称，比如左侧门框变形时。可以通过测量，与右侧良好尺寸进行对比，从而判断受损部位的变形情况。

2）如果两侧都发生变形，可以通过测量，与和受损车身尺寸一样的良好车身尺寸进行对比，来判断受损部位的变形情况。

3. 运用对比法时应注意的问题

（1）数据的选取　由于对比法需要操作者根据情况量取有关数据，所以选择哪些测量点、数据链作为车身定位参数的依据标准，是一个值得研究的问题。对此，应遵循以下原则：

1）利用车身壳体或车架上已有的基准孔，找出所需的定位参数值。

2）以基础零件和主要总成在车身上的正确装配位置为依据。

3）比照其他同类车型车身图中的标示方法，来确定参数的测量方案。

（2）误差的控制　用对比法测量误差可靠性较差，要求尽可能将测量误差限制在最小范围内，以防止因累计误差的增加而影响最终的修复质量。在操作时应注意以下几点：

1）选择便于使用的测量工具（如测距尺）。

2）不能以损伤的基准孔作为测量依据。

3）参数值最好一次性测得，应尽量避免分段量取。

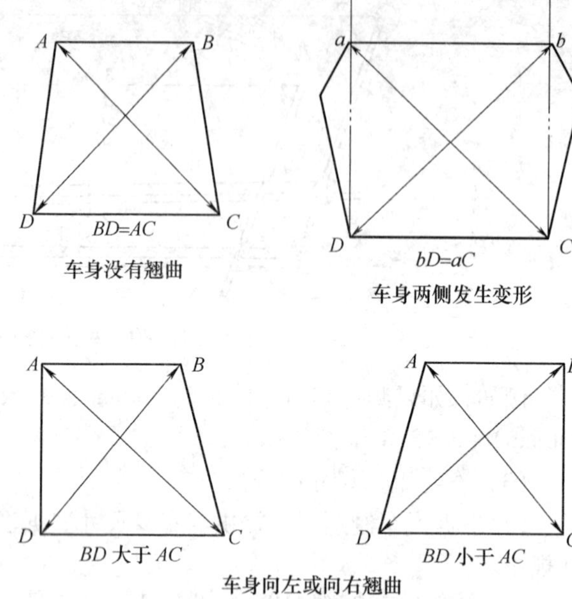

图 1-82　沿对角线测量

三、使用中心量规检查车身变形

1）根据车身结构和尺寸，选择合适型号的中心规。

2）将车身举升到适宜操作的高度。

3）将四个中心量规分别安置在汽车最前端、最后端、前轮的后部和后轮的前部。

4）调整每一个横臂相对于量规所附着的车身结构，使二者达到平行，如图 1-83 所示。

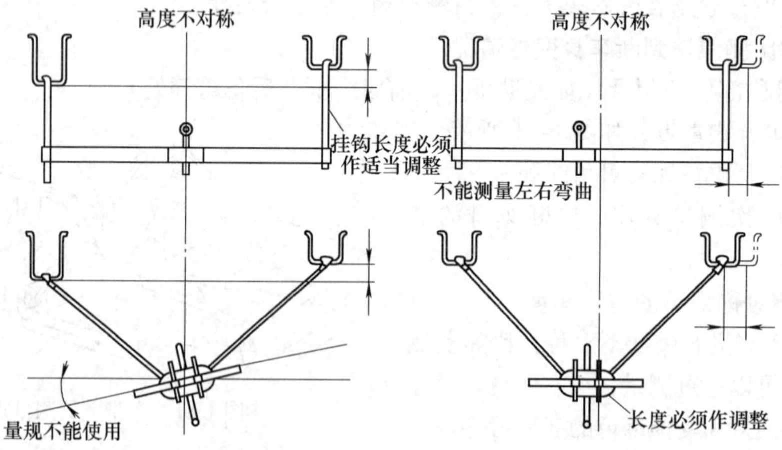

图 1-83　对量规的悬挂作适当调整

5）观察分析测量结果。

① 如果量规没有任何偏斜的迹象（如图 1-84a 所示），则可判定车身没有变形损伤。

② 当量规杆不平行时（如图 1-84b 所示），则说明车身产生扭曲变形。

③ 当中心销发生左右方向的偏离时（如图 1-84c 所示），说明车身左右方向上有弯曲。

④ 当中心销发生上下方向的偏离时（如图 1-84d 所示），说明车身上下方向有弯曲。

⑤ 另外，挤缩和菱形变形可以通过对基准点距离和对角线长度的测量来进行判定。

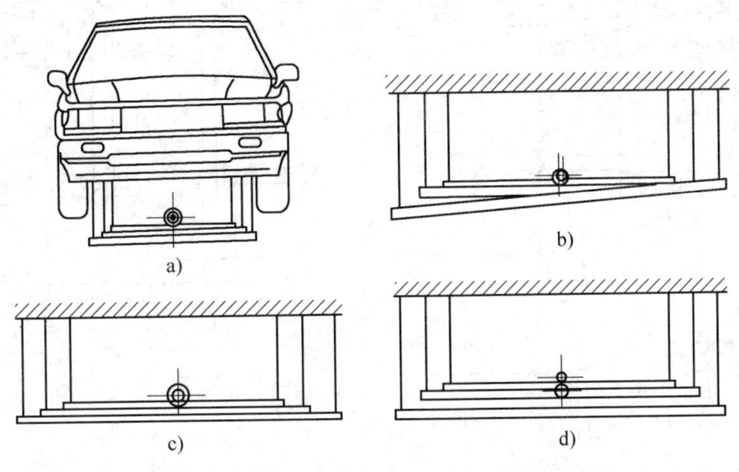

图 1-84 利用杆式中心量规检查车身变形

四、用坐标法测量车身的变形

1. 车身三维数据图的识读

各汽车公司的汽车都有车身数据，有些车身测量维修设备公司也通过测量来获得数据。不同的维修设备公司和厂家提供的数据格式可能不同，但要表达的内容基本是一致的，都要提供出车身主要结构件、板件（车门、发动机罩、行李箱盖、翼子板等）的安装位置，机械部件（发动机、悬架、转向系统等）的安装尺寸。

不同公司提供的数据图在形式上可能有所不同，但是基本的数据信息是相同的，都要反映出车身上测量点的长、宽、高的三维数据。下面以几种常见的数据图为例来解读车身数据图中的内容。

（1） 车身底部数据图

1）以俯视图和侧视图表示的车身底部数据图。图 1-85 所示是汽车车身底部的尺寸图，图的上半部分是俯视图，下半部分是侧视图，用一条虚线隔开。图的左侧部分代表车身的前部，右侧部分代表车身的后部。要想读取数据，首先要找到图中长、宽、高的三个基准。

① 宽度数据。在俯视图中间位置有一条贯穿左右的线，这条线就是中心线，它把车身一分为二。在俯视图上的黑点表示车身上的测量点，一般的测量点是左右对称的。两个黑点之间的距离有数据显示，单位是 mm（有些数据图还会在括号内标出英制数据，单位是 in），每个测量点到中心线的宽度数据是图上标出的数据值的 1/2。

② 高度数据。在侧视图的下方有一条较粗的黑线，这条线就是车身高度的基准线（面）。线的下方有从 A 至 R 的字母，表示车身测量点的名称，每个字母表示的测量点一般在俯视图上部显示两个左右对称的测量点。俯视图上每个点到高度基准线都有数据表示，这些数据就是测量点的高度值。

③ 长度数据。在高度基准线的字母 K 和 O 的下方各有一个小黑三角，表示 K 和 O 是长度方向的零点。从 K 点向上有一条线延伸至俯视图，在虚线的下方位置可以看出汽车前部

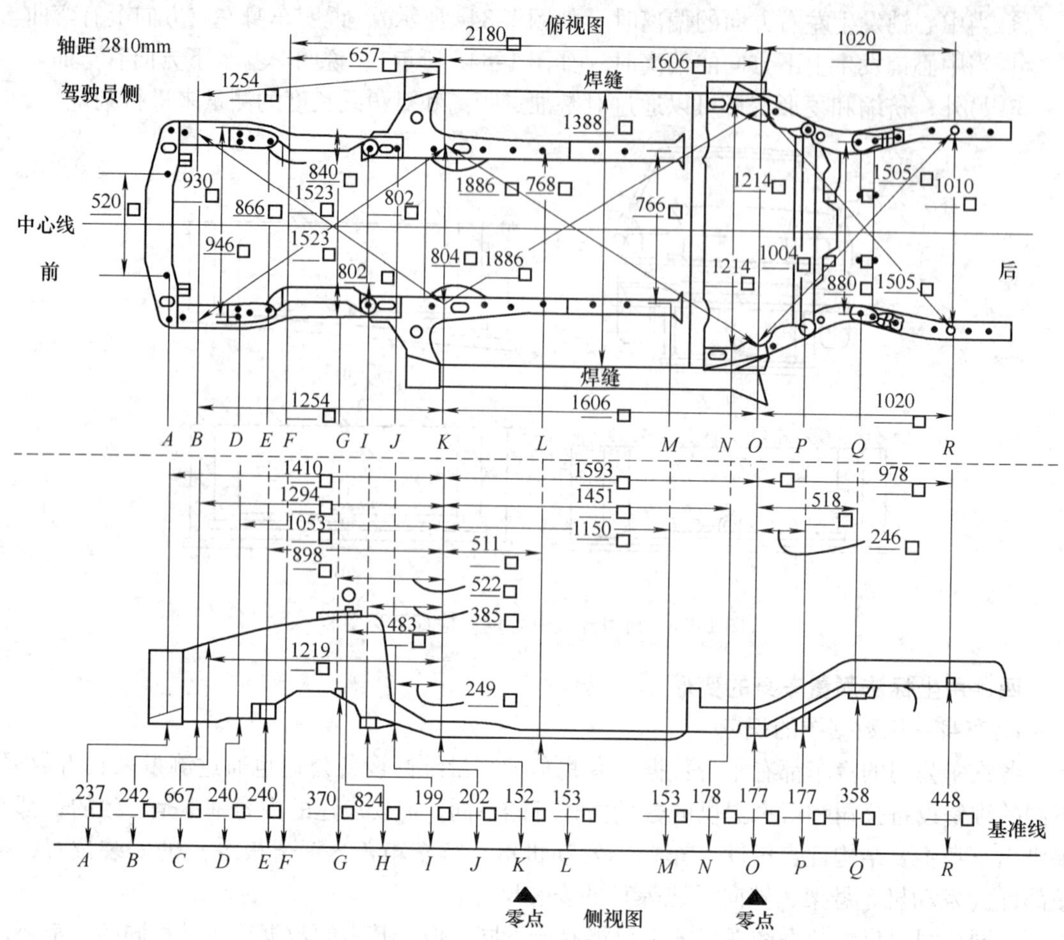

图 1-85　利用俯视图和侧视图来表示的车身底部数据图

每个测量点到 *K* 点的长度数据显示。从 *O* 点向上有一条线延伸至俯视图，在虚线的下方位置可以看出汽车后部每个测量点到 *O* 点的长度数据显示。长度基准点有两个，*K* 点是车身前部测量点的长度基准，*O* 点是车身后部测量点的长度基准。

例如要找 *A* 点的长、宽、高的尺寸，首先要在图中找出 *A* 测量点在俯视图和侧视图上的表示位置，从俯视图中可以找出左、右 *A* 点之间的距离是 520mm，*A* 点至中心线的宽度值是前述距离的一半，即 260mm。从侧视图的高度基准线可以找出 *A* 点的高度值为 237mm。从 *A* 点和 *K* 点向上的延伸线可以找出长度值为 1410mm。

要使用这种数据图配合测量系统进行测量时，首先要把测量系统宽度的基准调整到与车辆的宽度基准一致或平行，然后调整车辆的高度，让车辆的高度基准与测量系统的高度基准平行，长度基准就在车身下部的基准孔位置。找到基准后，可以使用各种测量头对车身进行三维测量了。

2）只用俯视图表示的车身底部数据图。图 1-86 中只用俯视图来表达三维数据。左侧为发动机室数据图，右侧为车身底部数据图，同样要找到图中表示基准的长、宽、高三个基准。图的左侧部分代表车身的前部，右侧部分代表车身的后部。

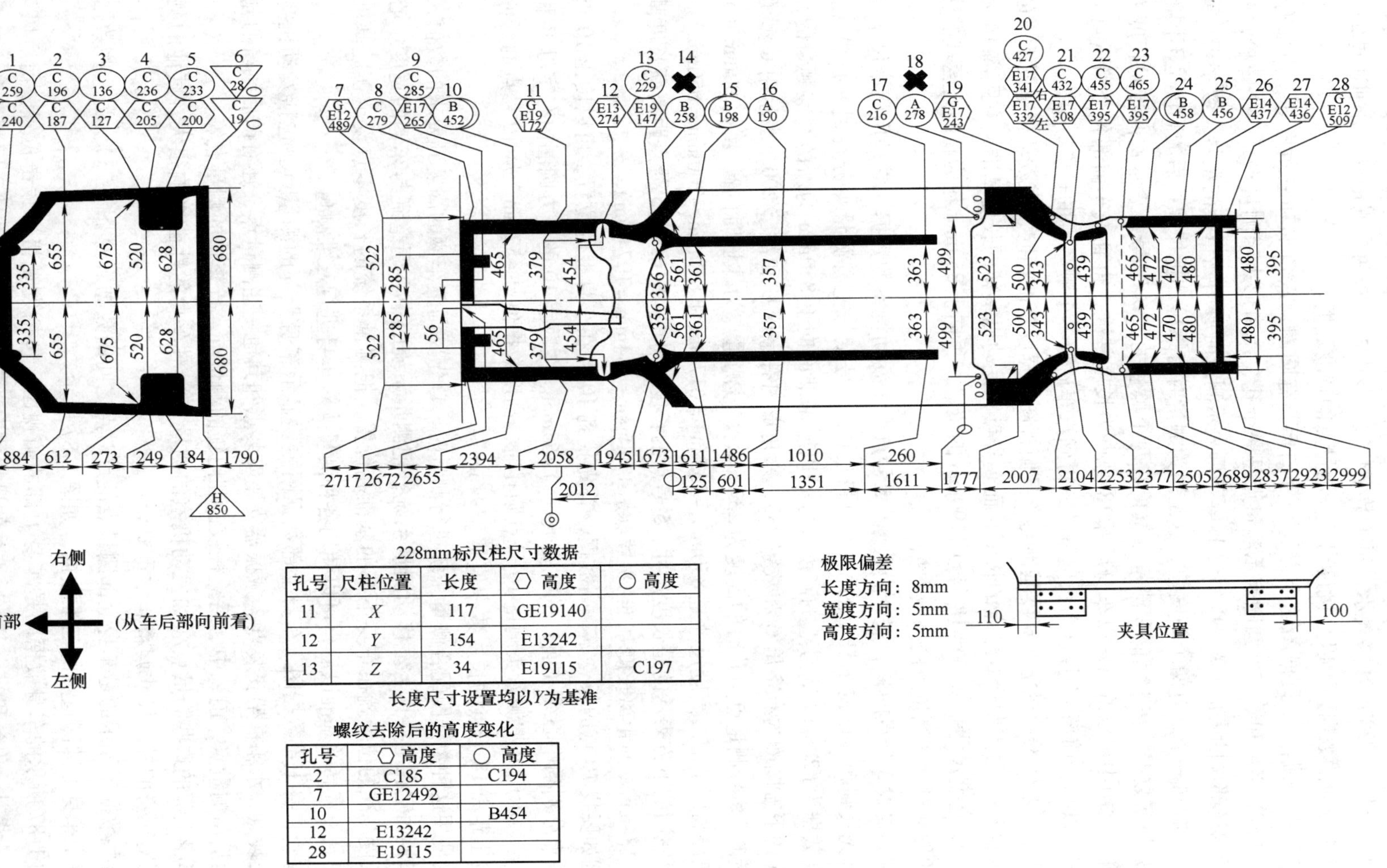

228mm标尺柱尺寸数据

孔号	尺柱位置	长度	⬡ 高度	○ 高度
11	*X*	117	GE19140	
12	*Y*	154	E13242	
13	*Z*	34	E19115	C197

长度尺寸设置均以*Y*为基准

螺纹去除后的高度变化

孔号	⬡ 高度	○ 高度
2	C185	C194
7	GE12492	
10		B454
12	E13242	
28	E19115	

图 1-86　只用俯视图来表达的车身底部数据图

① 宽度数据。在俯视图的中心部位有一条线把车身一分为二，这条线就是中心线。车身的测量点用 1 ~28 的数字表示，每个数字代表车身上左、右两个测量点。分别通过每个测量点到中心面的数据，可以直接读出任一测量点的宽度数据。

② 高度数据。在数据图的上方有一排图标，有圆圈、六角形和三角形等，内部有 A、B、C 和 E 等字母和数字。圆圈表示测量点是一个孔，六角形表示测量点是一个螺栓，三角形表示测量部件的表面。A、B、C、E 等字母表示测量时所用测量头的型号。数字表示高度数值，有时同一个点有两个高度值，这是因为测量时有螺栓和拆掉螺栓后的高度是不同的。

③ 长度数据。在 14 和 18 测量点位置有两个黑色的“×”号，表示这两点是长度方向的基准。从图中可以看出，以车身后部 18 号点为长度基准，得到汽车前部各个测量点的长度数值；以车身前部 14 号点为长度基准，得到汽车后部各个测量点的长度数值。

数据图左侧发动机室的宽度基准与车身俯视图的宽度基准相同，在发动机室图下方的数字是表示 1 ~5 号点距离 6 号点的长度，而 6 号点为发动机室新的长度基准，它距离 18 号点 1790mm。高度尺寸是从距离 18 号点 1790mm 的位置，再向上 850mm 作为新的高度基准测量得到的发动机室各测量点的高度数据。

例如要找 5 号点的长、宽、高数据，5 号点属于发动机室的数据，它是用门型尺架测量的。首先找到 5 号点在车身上的位置，可以读出 5 号点的左右测量点分别到中心线（面）的宽度数据为 628mm。5 号点的高度尺寸是以原基准面向上 850mm 为新的基准测量的，在数字 5 的下方圆圈内有字母 C 和数字 233，六角形内有字母 C 和数字 200，表示用 C 型测量头测量时，5 号测量点是孔时的高度为 233mm，5 号测量点为螺栓时的高度为 200mm（5 号点距离原高度基准的高度尺寸是 850mm - 233mm = 617mm 和 850mm - 200mm = 650mm）。在发动机室图的下方表示的是长度尺寸，5 号点的长度尺寸是 184mm（5 号点距离新长度基准 6 号点 184mm，而距离长度基准 18 号点是 1790mm + 184mm = 1974mm）。

例如要找 10 点的长、宽、高数据，首先找到 10 点在车身上的位置，可以读出 10 点左右测量点分别到中心线（面）的宽度数据为 465mm。在数字 10 的下方圆圈内有字母 B 和数字 452，表示用 B 型测量头测量 10 号点圆孔时，高度数据值是 452mm。从 10 号点的延伸线可以找出距离 18 号点的长度数据值是 2394mm。

要使用这种数据图配合测量系统进行测量时，首先要调整车辆的高度到要求的数值，然后把车辆固定在主夹具上。移动测量系统，把测量系统的中心调整到与车辆的宽度中心一致。长度基准的位置就在车身下部的基准孔位置，把测量系统的长度零点设定在此基准孔上。找到长宽高的基准以后，可以使用各种测量头对车身进行三维测量。

（2）车身上部数据图　车身上部数据图主要显示车身上部的测量点。包括发动机室翼子板安装点、水箱框架安装点、减振器支座安装点和其他一些测量点，还有前后风窗的测量点，前后门测量点，前、中、后立柱铰链和门锁的测量点，行李箱的测量点等。

车身上部的这些测量点（如发动机室的测量点）对车身的性能影响很大，其他的测量点数据对车身的外观尺寸调整非常重要。

有些数据图显示的是车身上部测量点的点对点之间的数据（见图 1-73）。另一些数据是显示每个车身上部测量点的三维数据，如图 1-87 所示。

图 1-87 所示的车身数据图是车身上部的俯视图，包括发动机罩铰链位置、前后风窗、前后门、背门、角窗和前、中、后立柱的尺寸数据，它是通过给出上述不同测量点的三维数

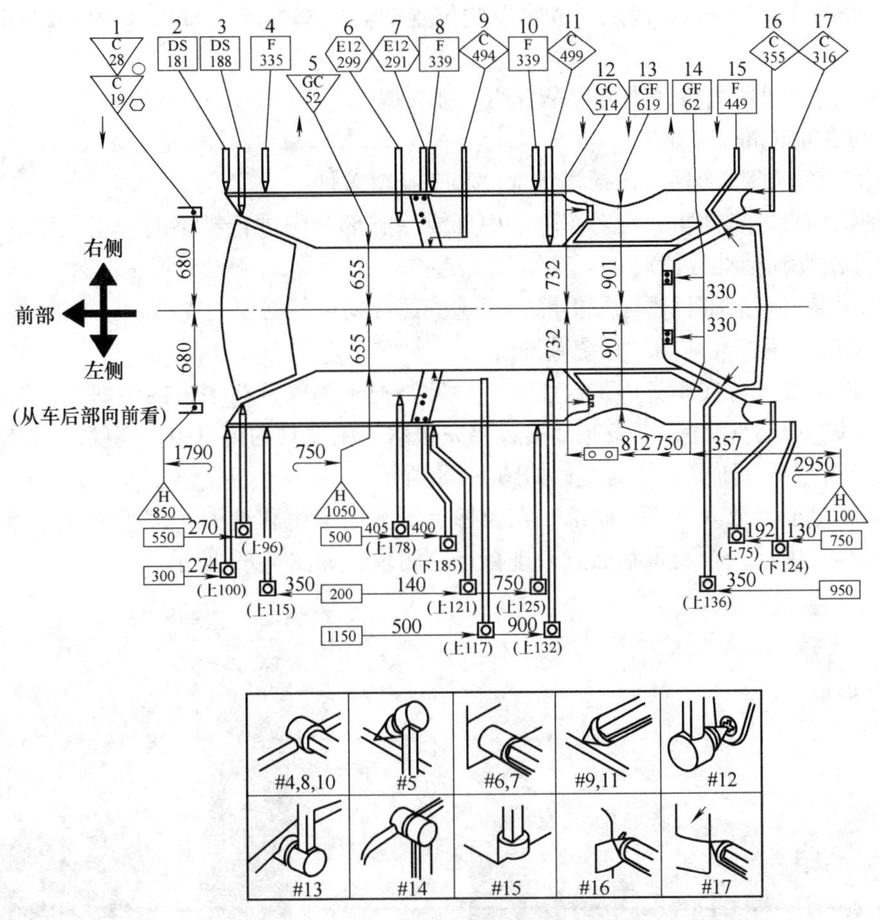

图 1-87　车身上部测量点的三维数据

据来表达的。图的左侧表示汽车前方。读图时要先找到图中表示基准的长、宽、高三个基准。

1）宽度基准中心面。在俯视图的中心部位有一条线把车身一分为二，这条线就是中心线（面）。车身上的测量点用 1 ~ 17 的数字表示，每个数字代表车身上左、右两个测量点。通过每个测量点到中心面显示的数据可以直接读出宽度数据。

2）高度基准面。在数据图的上方有一排图标，有六角形、正方形、三角形和菱形等，内部有 C、E、F、DS、GF、GC 等字母和数字。六角形表示测量点是一个螺栓，正方形表示测量部件的表面，三角形表示平面，棱形表示折点，数据图下部的三角形表示测量的基准位置的变化情况。C、E、F、DS 等字母表示测量时所用测量头的型号，G 表示要用 G 型测量头与其他测量头配合使用。数字表示高度数值。

例如要找 1 号点的长、宽、高数据。首先找到 1 号点在车身上的位置，可以读出 1 号点左、右到中心线（面）的宽度数据为 680mm。在数字 1 的下方有两个倒三角和圆圈内六角标志，内有字母 C 和数字 28 和 19，表示用 C 型测量头测量 1 号圆孔时，高度数据值是 28mm，用 C 型测量头测量 1 号螺栓时，高度数据值是 19mm。在 1 号点的延伸线下部有标有 1790 的弯箭头和内部有 H 和 850 三角形标志，表示 1 号点的长度是图 1-86 中 18 点前方

1790mm。850 表示 1 号点的高度尺寸是以此位置的高度基准向上 850mm 为新的高度基准测得的。

2. 用龙门式通用测量系统测量车身的三维数据

（1）测量前的准备工作

1）拆下必要的损坏件，包括机械部件和车身覆盖件。

2）如果损坏非常严重，则对车辆的中部或基础部分先进行粗略的矫正，然后将中部基准点的尺寸恢复到标准数值。

3）如果某些机械部件不需要拆除，对这些部件要进行必要的支撑。

（2）调整车辆基准与测量系统基准

1）事故车被安置在车身矫正仪上时，尽量要把车辆放置在平台的中部。调整四个主夹具的位置和钳口开合程度，车身底部裙边要完全落入主夹具的钳口中。高度的基准按照要求调整到这套测量系统所要求的高度，如图 1-88 所示。

2）把测量横尺放入到车身底部，在长梯上安装固定座和量头（按照图样选择合适的量头），选择车身中部四个测量基准点来进行定位测量，如图 1-89 所示。

图 1-88　调整基准高度

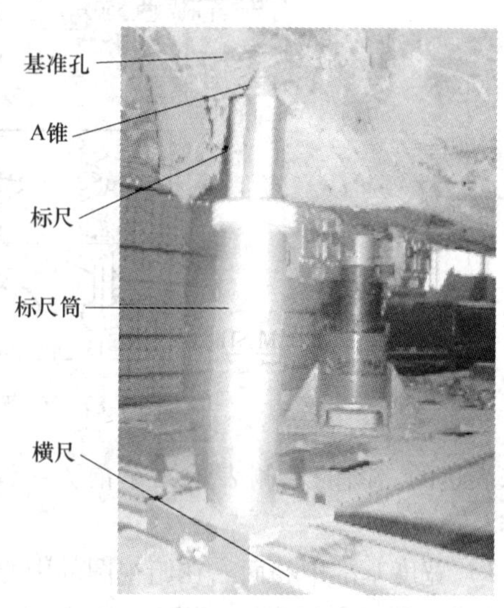

图 1-89　安装基准点测量标尺

3）测量车身中部前、后基准点的宽度尺寸，调整车身横向位置，使得前、后两边基准点的宽度尺寸相等，这时说明测量系统的中心线和车辆的中心线是重合的，如图 1-90 所示。

图 1-90　通过左、右基准找到宽度中心

4）根据车辆的损坏情况选择长度方向的基准点（见图 1-91）。如果汽车是前部碰撞就选择后面的基准点作为长度基准点；如果汽车是后部碰撞就选择前面的基准点作为长度基准

点；如果汽车中部发生碰撞，就需要先对车辆中部进行整修，直到中部四个基准点有三个尺寸是准确的，然后按照前后损坏的情况选择前面或后面的基准点作为长度基准点。

5）将底部测量横尺安装到矫正台上，在底部横尺的两端安装测量高度的立尺，然后在立尺上安装测量车身上部尺寸的量规，以及测量车身侧面尺寸的刚性量规。龙门式通用测量系统组装完成后就可以进行车身尺寸的测量了，如图1-92所示。

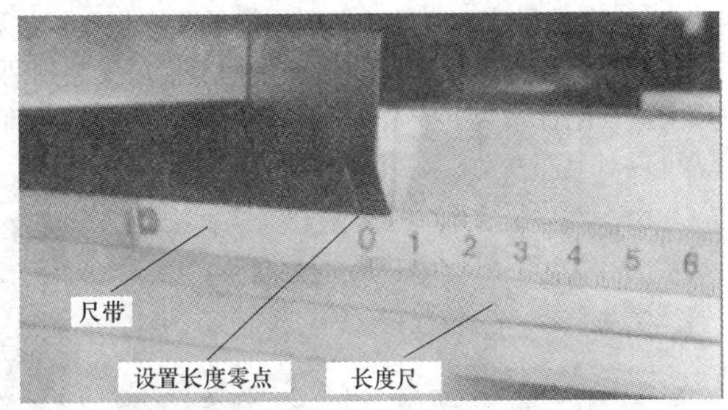

图1-91　设定长度方向的基准点

（3）测量

1）根据车辆的损坏情况确定要测量的点。在车身上找出要测量的点后，在图样上找出相应的标准数据。根据标准数据图的提示，在机柜内选择正确的量杆和量头，安装在中心线杆（横尺）上，量头与要测量的测量点配合。在测量车身底部尺寸时，量头的选择正确与否非常重要，选择错误的量头，那么测量的高度数据尺寸将是错误的，如图1-93所示。

图1-92　组装完成后的龙门式车身测量系统

图1-93　测量车身底部尺寸

2）车身底部测量点的测量。通过移动标尺固定座上的孔去读取矫正台上的长度尺寸数据，如图1-94所示。宽度数据从测量横尺上读出，从不同高度的量杆上读出高度数据。那么测量点的三维数据就出来了，与标准数据对比就可以知道数据的偏差。

图1-94　读出长度数据

3）侧面数据的测量。根据图样的要求把立尺放置在底部测量横尺上，设置好立尺的长度基准。在立尺上安装刚性量规的安装座，把刚性量规安装好，标尺安装在刚性量规上，标尺筒安装在长标尺上，然后再根据图样要求选择合适的测量探头，对侧面测量点或测量面进行数据测量和对比测量，如图 1-95 所示。

4）上部尺寸的测量。根据图样的要求把立尺放置在底部测量横尺上，设置好立尺的长度基准。调整上横尺高度的基准，把上横尺安装到两个立尺上，然后把刚性量规安装在上横尺上。在刚性量规上安装标尺座，选择合适的标尺筒、标尺柱和量头，然后安装在标尺座上就可以对上部发动机室或行李箱的尺寸进行测量了，如图 1-96 所示。

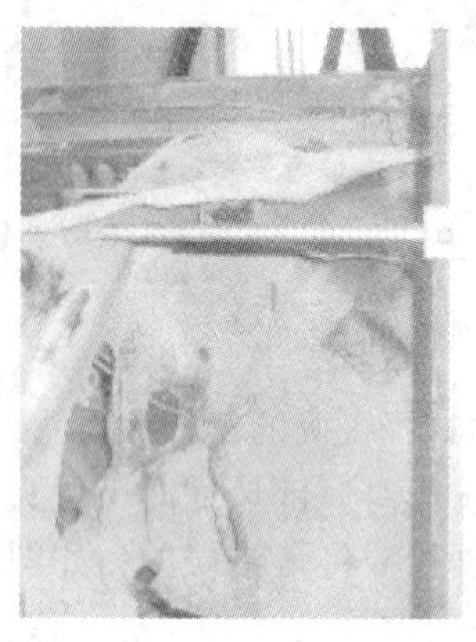

图 1-95 侧面数据的测量

图 1-96 上部尺寸的测量

3. 用电子测量系统测量车身三维数据

（1）超声波测量系统的操作

1）安放测量横梁。将车辆举升到一定高度，将测量横梁安放到车身下部，要求车身下部的最低点距离横梁下平面在 30 ~ 40cm 之间，如图 1-97 所示。并且最好使测量横梁的前方与车辆前方一致，横梁支架要牢固，车辆举升位置要稳定。

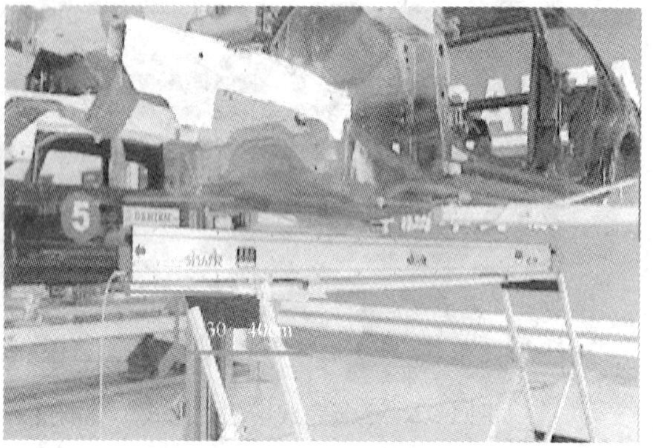

图 1-97 安放测量横梁

2）系统连接。将测量横梁与计算机相连，要求电源采用稳压电源。

① 开机进入系统界面，选择语言的种类。为了方便各国的使用者，系统内安装了包括汉语在内的多种主要语言种类。

② 选择车型。首先记录用户信息，包括车辆的信息和车主的信息，这些信息可以与后面测量的结果一起存储，便于以后再次查询。再根据事故车的类型选择汽车公司、汽车品牌、生产年代，从数据系统内调出符合的车型数据图。

③ 选择测量基准。超声波测量系统在使用时，大大简化了操作过程。由于每个超声波发射器有两个发射源，接收装置也有多个，系统可以自动计算出宽度和高度的基准，不用再去人工调整。根据车辆的损坏情况来选择长度基准，如图 1-98 所示。若汽车前部发生碰撞，则选择后面的基准点作为长度基准；若汽车的后部发生碰撞，则选择前面的基准点作为长度基准；如果车身中部发生碰撞，则要对车身中部进行整修，直到车身中部四个基准点至少有

三个点的尺寸被恢复。

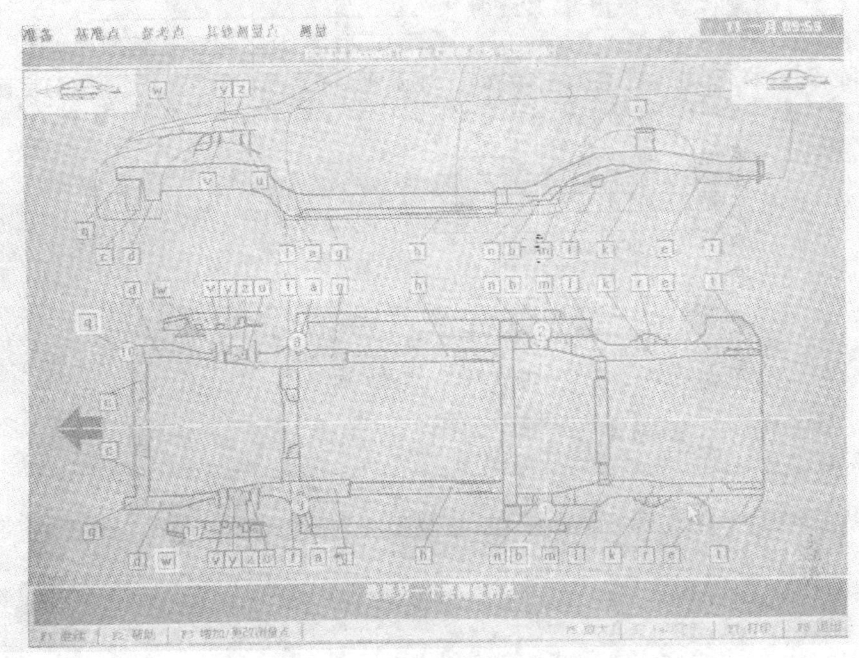

图 1-98　长度基准的选择界面

④ 测量点传感器的安装。根据车身的损坏情况来选择车身上哪些点需要测量，需要测量的点按照计算机的提示选择合适的安装头。计算机还可以显示测量点的位置图片，把传感器通过合适的安装头连接到车身上，传感器的连接线连接到选定的接口上，如图 1-99 所示。

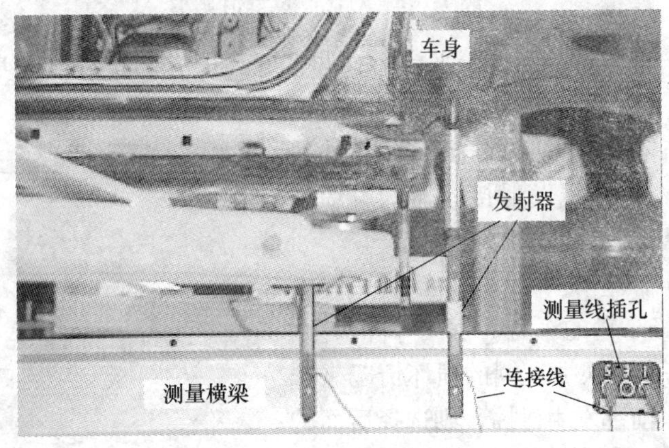

图 1-99　发射器安装与连接

3）选择测量模式。系统根据车身悬架是否拆卸设置了有悬架模式和无悬架模式，根据实际情况选定。

4）基准点的测量。计算机根据需要能自动把基准点的测量数值显示出来，如图 1-100 所示。包括测量点的实际数值、标准数值和两者差值，如图 1-101 所示。

（2）红外线测量系统的操作

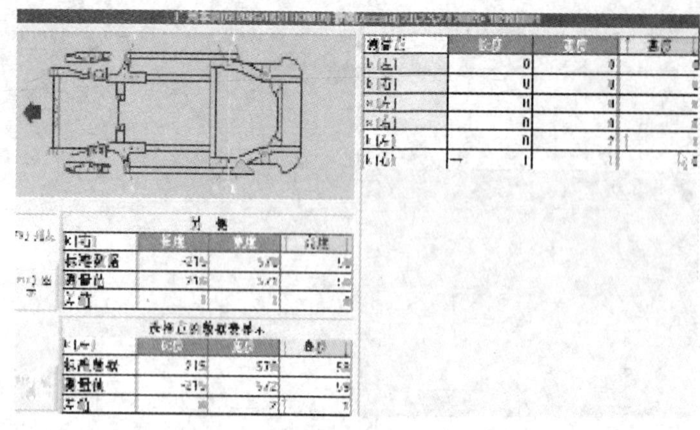

图 1-100　测量界面

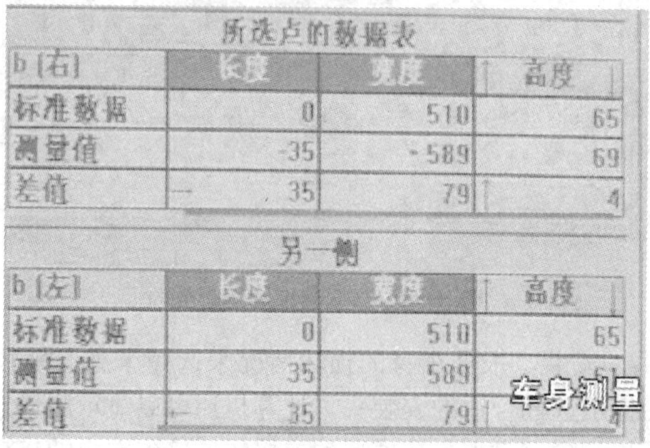

所选点的数据表

b [右]	长度	宽度	高度
标准数据	0	510	65
测量值	-35	-589	69
差值	35	79	4

另一侧

b [左]	长度	宽度	高度
标准数据	0	510	65
测量值	35	589	6[illegible]
差值	35	79	4

车身测量

图 1-101　对比测量数值显示

1）安装车身。将车身装到校正平台上，调整好高度并固定好。车身最好安装在矫正平台的中部。

2）连接系统。在车身中部下面放置红外线发射接收器，然后将红外线发射接收器的电缆插到电脑上，如图 1-102 所示。

图 1-102　连接红外线接收发射器

3）打开计算机，进入车身测量界面。输入车型信息，调出被修车辆的车身数据尺寸图。

4）选择测量基准。根据车辆的损坏情况来选择长度基准。若汽车前部发生碰撞，则选择后面的基准点作为长度基准；若汽车的后部发生碰撞，则选择前面的基准点作为长度基准；如果车身中部发生碰撞，则要对车身中部进行整修，直到车身中部四个基准点至少有三个点的尺寸被恢复。

5）按照计算机的提示选择数字合适的标靶，如图 1-103 所示。

6）选择合适的标杆和磁性安装头，如图 1-104 所示。

图 1-103　选择标靶

图 1-104　选择标杆和磁性安装头

7）红外线测量系统的标靶和红外线发射器的位置如图 1-105 所示（如果对车身结构不是很清楚，可使用计算机提供的测量点的实物参考图，如图 1-106 所示）。

图 1-105　红外线测量系统的标靶和红外线发射器

图 1-106　测量点的实物参考图

注意：

① 由于车身测量点大部分是左右对称的，在安装标靶的时候，习惯于将单号标靶安装在车身左侧，将双号标靶安装在车身右侧的测量点上。

② 为了测量车身上部的各个点，要在悬架拱形座（挡泥板上冲压成形的减振器支座）上安装一个专用支架。在量针接触减振器拱形座上特定的点时，支架底部的标靶反射的红外线就可以被红外线发射接收器读取。

8）测量。安装好红外线发射接收器和标靶之后，使用计算机对系统进行标定，然后再读取车身的尺寸，通过一系列的计算机命令，测量系统就可以完成对结构损伤的精确测量。

① 基准点的测量。计算机根据需要能自动地把基准点的测量数值显示出来，包括测量点的实际数值、标准数值和两者差值，如图 1-107 所示。

② 其他点的测量。基准点尺寸测量完成以后，进行其他点的测量。首先选择需要测量的点，根据提示选择合适探头。将测量探头安装到测量点上进行测量。同样也会把测量点的实际数值、标准数值和两者差值显示出来，如图 1-108 所示。

9）车身测量完成后，可以将测量的数据进行存储及打印。

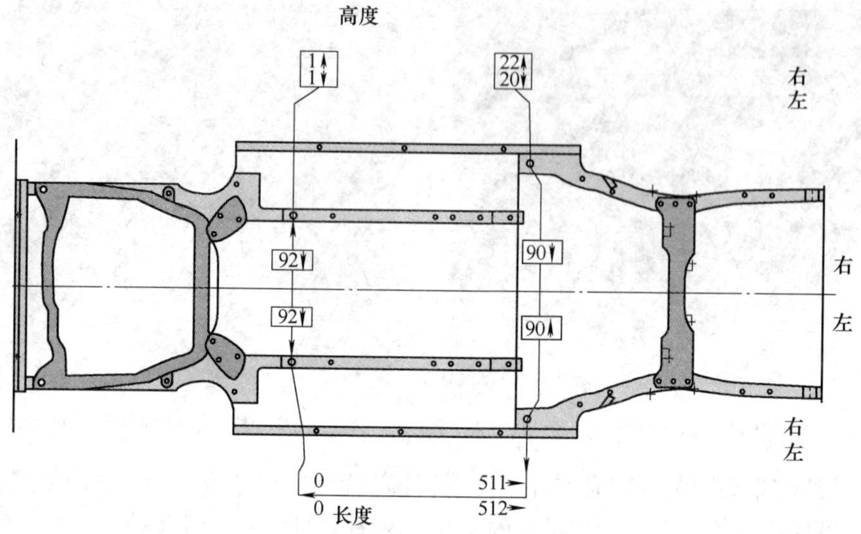

图 1-107　基准点的测量

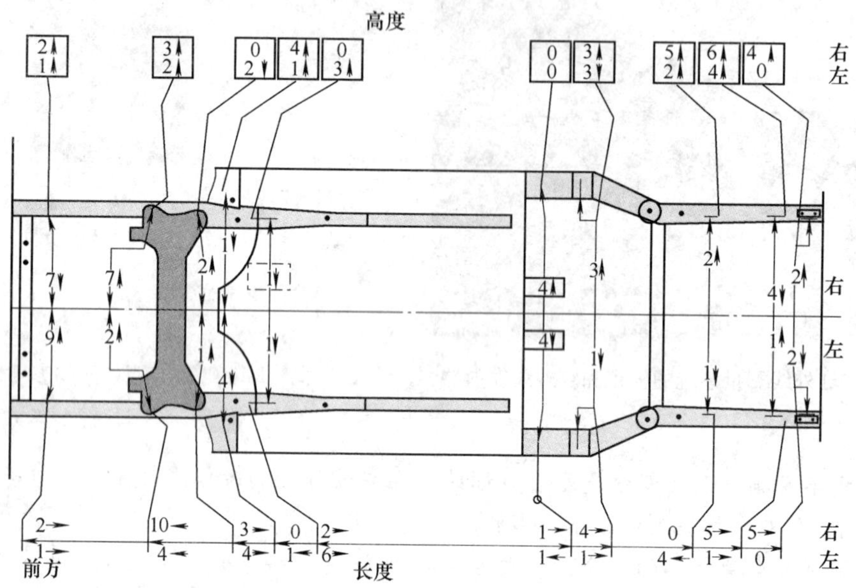

图 1-108　车身其他点的测量

项目二　车身钣金件修理基本技能

任务一　板件的手工制作

【相关知识】

一、车身用钢板

1. 车身用钢板的性质

（1）塑性　车身的质量约67%为钢板的质量。金属大都具有可塑性，即在超过弹性极限的外力作用下屈服而产生永久变形。塑性可分为延性及展性两种，延性可使金属拉成细丝，展性可使金属展成薄片。

在车身修理过程中，利用钢板的可塑性对板材进行矫正或复位，可以说是车身钣金作业的基本原则。

（2）弹性　金属板经弯曲而变形，再恢复原状的力就是弹力。例如，车身的钣金面将其抑制力除去后，有恢复原来形状的倾向，这就是弹性。

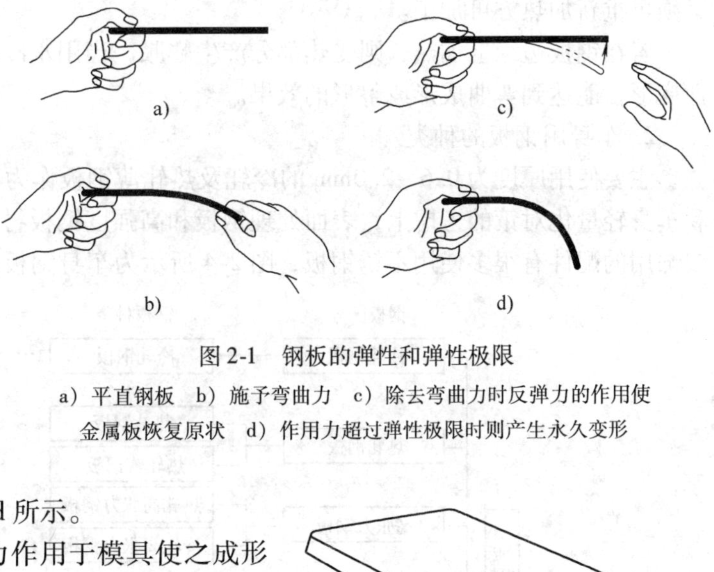

金属的弹性有一定的范围，若外力超过限制范围则失去弹性而获得永久变形。例如，弯曲的金属板将其所加的外力（弯曲力）除去，而不能完全地恢复原状，这时就超过了弹性极限，如图2-1d所示。

图2-1　钢板的弹性和弹性极限

a）平直钢板　b）施予弯曲力　c）除去弯曲力时反弹力的作用使金属板恢复原状　d）作用力超过弹性极限时则产生永久变形

车身钣金是以冲压的作用力作用于模具使之成形的，当有应力残留在钣金零件上时，则称其为残余应力。例如，将发动机盖板的缘角部切断时，切断后的两个断面多少有些收缩或反方向展开的现象，如图2-2所示。这就是因为当初的冲压成形工序所留下的残余应力的影响。

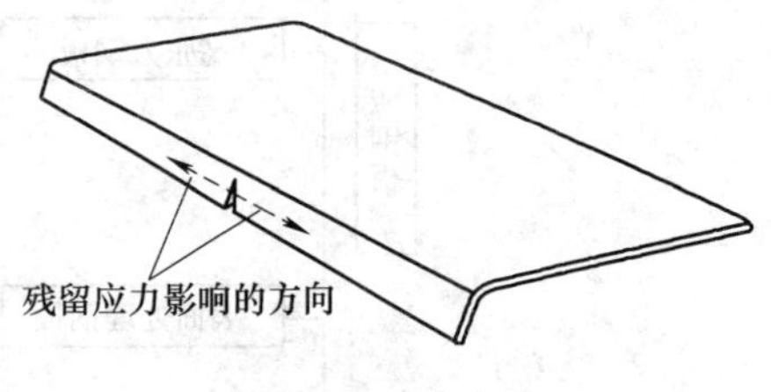

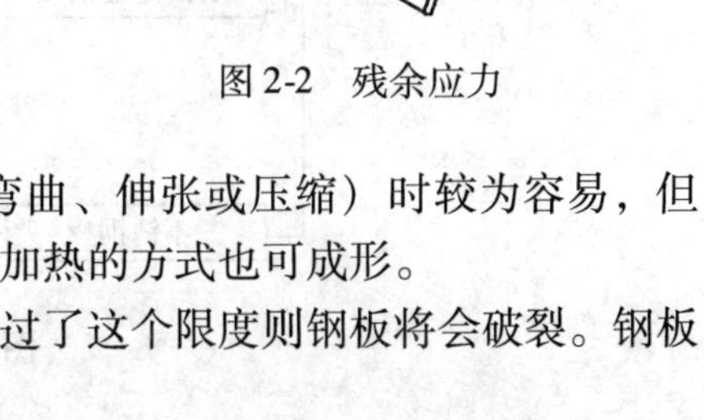

图2-2　残余应力

（3）加工硬化　金属钢板以加热的方式来成形（弯曲、伸张或压缩）时较为容易，但是在加热以外的条件下也可以成形，也就是钢板不使用加热的方式也可成形。

钢板在常温状态下加工的可能性有一定的限度，超过了这个限度则钢板将会破裂。钢板在常温条件下加工，在近于限度状态下加工作业时，随着加工程度的增加，材料会渐渐变硬，使加工困难，这个作用称为加工硬化。

加工硬化作用的实例是将平钢板折曲，再将其折回时则留下当初折曲部分的形状，也会在其最初折曲部的两端产生两处新的曲折。这就是钢板的折曲处形成的加工硬化，其结果是使加工硬化部位的强度高于折曲处以外的部分，如图 2-3 所示。

加工硬化是车身钣金零件冲压成形过程中常发生的现象，在车身钣金打造过程中，因不断地施加外力使钢板产生塑性变形，因而容易造成加工硬化。若以气焊火焰加热进行退火处理，温度到 650℃左右后让其慢慢冷却，即可恢复它的加工性。

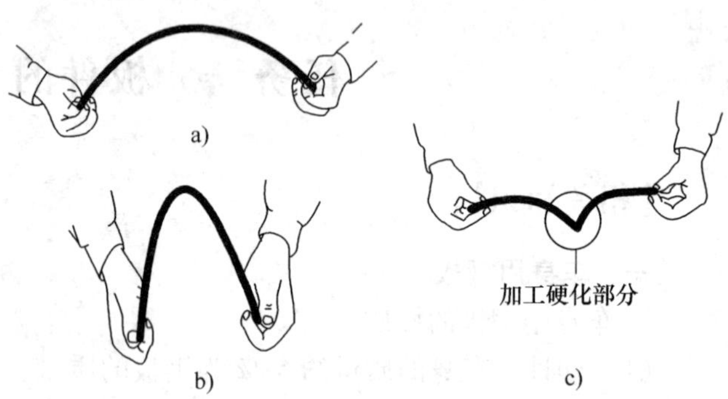

图 2-3　加工硬化

a）将平钢板折曲　b）进一步将平钢板折曲　c）将折曲后的钢板反向折曲时，则留下当初折曲部分的形状，即加工硬化的部分

（4）热变形　普通钢材当加热温度为 800 ~ 1000℃时即可开始变形，直到温度降至 650℃，但是温度再降至 400 ~ 200℃时，钢材即发生青热脆化，比常温时缺乏延展性，无法继续加工，必须再重新加热方可加工。

若在钢板边缘上加热，则受热部分产生膨胀，当用水冷却时，因温度迅速降低而产生塑性变形，能达到弯曲成形或整形的效果。

2. 车身用钢板的种类

主要使用厚度为 0.6 ~ 2.0mm 的冷轧及热轧薄钢板作为车身用钢板。近年来在防止锈蚀和车身轻量化对策的考虑上，表面处理钢板和高强度钢板材料的使用有显著增加的趋势，而装饰用的配件有很多使用不锈钢板，图 2-4 所示为车身钢板的种类。

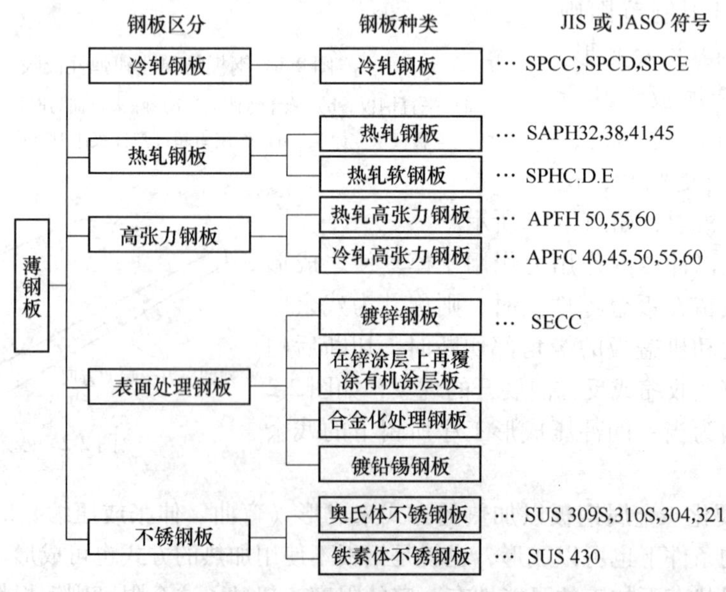

图 2-4　车身用钢板的种类

（1）热轧软钢板　高温轧延后制成的钢板称为热轧软钢板。热轧软钢板是由含碳量少的钢锭，以热轧加工制成。热轧软钢板用在外观不需要很美观的部分，分为一般用、深冲用及深度深冲用3种。热轧软钢板的机械性质和用途见表2-1。

表2-1　热轧软钢板的机械性质和用途

种类	符号	抗拉试验								用途实例
		抗拉强度/MPa	伸长率（%）							
			厚度为1.0~1.2mm	厚度为1.2~1.6mm	厚度为1.6~2.0mm	厚度为2.0~2.5mm	厚度为2.5~3.2mm	厚度为3.2~4.0mm	厚度为>4.0mm	
1种	SPHC	2.8以上	25以上	27以上	29以上	29以上	29以上	31以上	31以上	后轴壳
2种	SPHD	2.8以上	—	30以上	32以上	33以上	35以上	37以上	39以上	悬架、变速箱壳
3种	SPHE	2.8以上	—	31以上	33以上	35以上	37以上	39以上	41以上	行李箱盖铰链

（2）冷轧软钢板　热轧软钢板再经常温轧延及调质处理后，称为冷轧软钢板或磨光钢板。冷轧软钢板比热轧软钢板的加工性能优良且表面美观，所以大都用在汽车车身、机械零件、电器等表面需要平滑美观的构造物品上，用途很广泛。冷轧软钢板的机械性质和用途见表2-2。

表2-2　冷轧软钢板的机械性质和用途

种类	符号	抗拉强度/MPa	伸长率（%）						用途实例
		>0.25mm	0.25~0.40mm	0.40~0.60mm	0.60~1.0mm	1.0~1.6mm	1.6~3.5mm	>3.5mm	
1种	SPCC	2.8以上	32以上	34以上	36以上	37以上	38以上	39以上	车底板
2种	SPCD	2.8以上	34以上	36以上	38以上	39以上	40以上	41以上	车门外板
3种	SPCE	2.8以上	36以上	38以上	40以上	41以上	42以上	43以上	前轮盖，车门内板

（3）高强度钢板　高强度钢板的抗拉强度达6MPa以上，破坏强度是普通软钢板的2~3倍。高强度钢板种类很多，如高强度低合金钢（HSLA）、高抗拉强度钢（HSS）、超高强度钢等，受关注的是复合组织钢板（dualphase steel）。这种钢板比其他高张力钢板的屈服强度低，具有较大的延性，所以加工成形性良好，近年来新型车比较大的车型中在外板部分也使用了复合组织钢板。例如，日产新型胜利轿车每辆有10~15 kg的使用量，新青鸟910型轿车的内板和外板采用了约40kg的高强度钢板。预计以后每辆汽车高强度钢板的平均使用量将超过200kg。图2-5所示为现代车身中高强度钢板的应用实例。

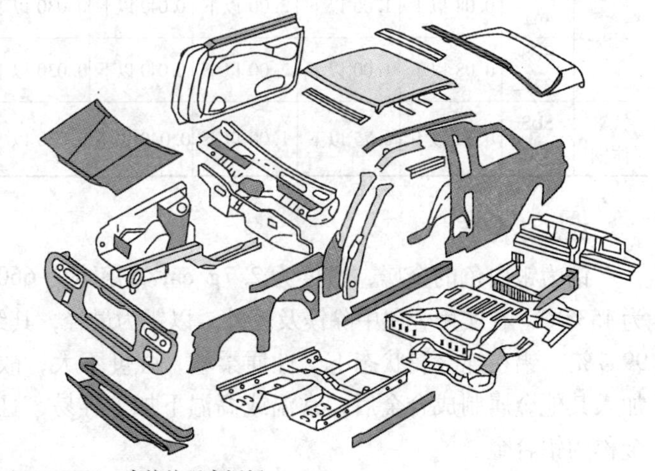

图2-5　现代车身中高强度钢板的应用实例

（4）表面处理钢板　表面处理钢板是指在表面施以锌、铝等金属镀层处理的钢板，以及喷涂锌粉漆并施以烘烤处理的涂装处理钢板等，包括镀锌钢板、镀铅锡钢板、镀铝钢板、锌粉漆涂装处理钢板等。表2-3所列为使用在车身上的表面处理钢板。

表2-3　使用在车身上的表面处理钢板

名　　称		特　　征	使用部位
镀层钢板	熔锌镀锌板（单面、双面）	1. 镀层表面粗糙 2. 涂装密着性问题	1. 下护板、车顶的内衬板、车门等 2. 车身底部
	合金化处理钢板	1. 电阻焊接性及涂料密着性良好 2. 加工成形受限制	
	电镀镀锌板	1. 电镀层膜厚均一 2. 镀层膜厚可调整	
	镀铅锡钢板	1. 冲床加工的成形性优良 2. 焊接性良好	汽油箱
	镀铝钢板	高温情况下耐蚀性强	消音器、排气管等排气的相关零件
涂装处理钢板（锌粉漆）		具有较佳的防蚀性及加工性	下护板、车顶的内衬板、车门框等

（5）不锈钢板　不锈钢板是在碳钢中添加铬或者是铬和镍，经热轧和冷轧所制成的钣金材料，极富耐蚀性，外观光滑美观，为银白色。

不锈钢板的化学成分和用途见表2-4。

表2-4　不锈钢板的化学成分和用途

分类	符号	化学成分（%）								用途
		C	Si	Mn	P	S	Ni	Cr	其他	
奥氏体钢	SUS 309S	0.08以下	1.00以下	2.00以下	0.040以下	0.030以下	12.00～15.00	22.00～24.00	—	进气、排气岐管
	SUS 310S	0.08以下	1.50以下	2.00以下	0.040以下	0.030以下	19.00～22.00	24.00～26.00	—	进气、排气岐管
	SUS 304	0.08以下	1.00以下	2.00以下	0.040以下	0.030以下	8.00～10.50	18.00～20.00	—	车窗饰条、车轮饰盖
	SUS 321	0.08以下	1.00以下	2.00以下	0.040以下	0.030以下	9.00～13.00	17.00～19.00	—	触媒容器、排气管
铁素体钢	SUS 430	0.12以下	0.75以下	1.00以下	0.040以下	0.030以下	—	16.00～18.00	—	—

二、铝合金

铝为银白色的金属，密度为2.7g/cm^3，熔点为660.4℃，而铁的密度为7.8g/cm^3，熔点为1535℃。在实用金属中除镁及铋外，以铝为最轻，其纯度可高达99.99%，通常为98.0%～99.7%。铝在纯金属状态下，性质柔软，强度不大，故不适宜单独作为构造用材料。但是，加入其他金属制成合金后，常温或高温下加工容易，且可获得相当优良的力学性能，此种合金称为铝合金。

以前铝合金仅应用在汽车的发动机、轮毂等部位，但现在一些新型的车身上也开始应用铝合金。最初铝合金只应用于车身外部装饰件，现在车身结构件也可以全部用铝合金来制造。例如奥迪A6、别克GL8、标致307和欧宝维特C等发动机罩都是用铝合金制造的；雷诺 Laguna ii 的发动机罩、车顶和车门板是用铝合金制造的；奥迪 A2（见图2-6）、A8，捷豹的 XJ，以及宝马 5 系列用铝合金来制造车身结构件和外部板件。

铝合金材料主要分为硅铝合金和铝镁合金。铝镁合金无法通过热处理工艺硬化，而硅铝合金在按规定进行热处理时其强度几乎能增加一倍。在设计部件时可以利用这个特性增加强度，但是需要额外使用热处理炉，这样成本就会明显提高。在成形过程中某些应力状态下铝镁合金有形成滑移带的趋势，这一点妨碍了其在外部面板部件中的使用。硅铝合金就没有这个缺点。如宝马 5 系列的减振器支座就是用铝镁合金制造的。车身中的铝合金依照其在车身中的功能要求，可分为铸造件、冲压件、压铸件。车身板件大部分使用压铸件。

图 2-6　奥迪 A2 全铝车身

【技能学习】

一、安全与卫生

1）操作前必须穿戴好工作服。

2）进行敲打操作时，要戴好耳塞等保护用品。

3）小心锤头不要砸到手上。

4）经常关注锤头是否松动。

二、操作流程

1. 划线

通常将 V 形块或方箱放在平板上，再将工件靠在 V 形块或方箱上，然后用划线工具进行划线，如图 2-7 所示。

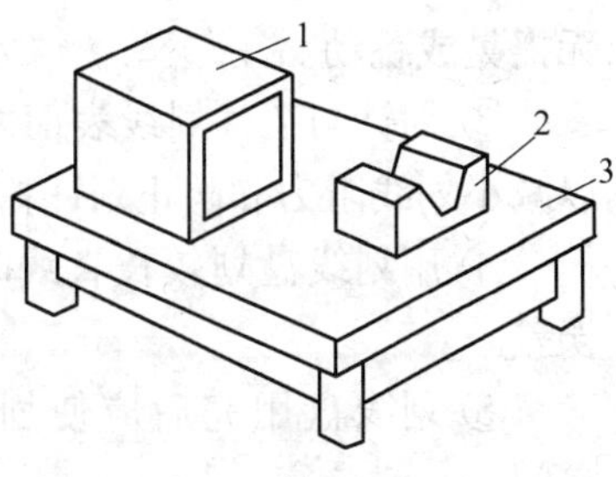

图 2-7　划线工具

1—方箱　2—V 形块　3—划线平板

注意：

1）平板工作表面应经常保持清洁。

2）工件和工具在平板上要轻拿轻放，不可损伤其工作面。

3）用后擦拭干净，并涂上防锈油。

（1）划直线

1）用金属直尺和划针划直线

① 首先用金属直尺量取尺寸并测量工件。

注意：量取尺寸读数时应使视线垂直于测量处，否则会产生误差。

② 然后可用金属直尺作为划直线时的导向工具，用划针来进行划线，如图 2-8 所示。

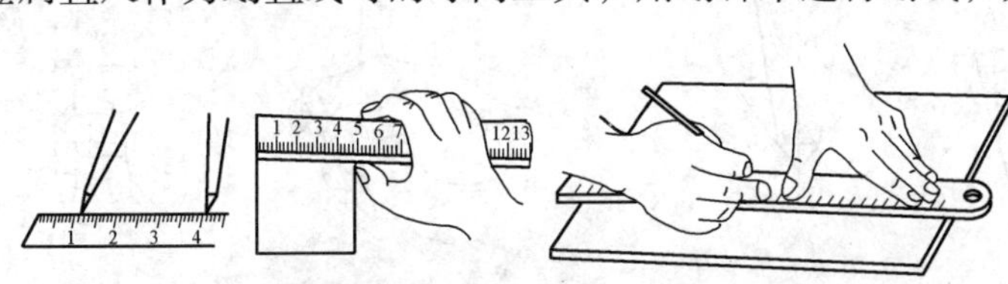

图 2-8　金属直尺划直线

③ 使用划针时，应使针尖与金属直尺或样板底边接触，并向外倾斜15°~20°，向划线方向倾斜30°~60°，如图2-9所示。

④ 用均匀的压力使针尖沿金属直尺或样板移动，划出线来，划线粗细不得超过0.5mm。

注意：针尖要保持尖锐，划线时要尽量做到一次划成，使划出的线条既清晰又准确。划线时若针尖没有紧靠金属直尺或样板的底边，容易造成划线误差。

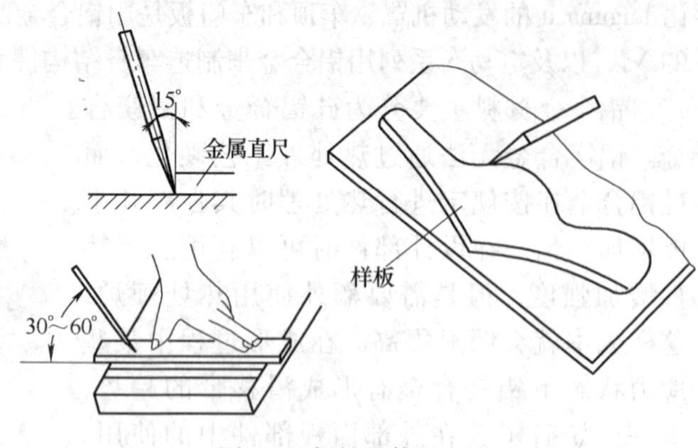

图2-9　划针的使用方法

2）用划线盘划直线。

① 用划线盘进行划线时，划针应尽量处于水平位置，不要倾斜太大，划针伸出部分应尽量短些，并要牢固夹紧，以免划线时产生振动和尺寸变动，如图2-10所示。

② 划线盘在划线移动时，底座底面始终要与划线平板平面贴紧，无摇晃或跳动。

③ 划针与工件划线表面之间保持40°~60°夹角（沿划线方向），以减小划线阻力和防止划针扎入工件表面。

④ 用划线盘划较长直线时，应采用分段连接划法，以减小划线误差。

⑤ 划线盘用完后应使划针处于直立状态，以保证安全和节省空间。

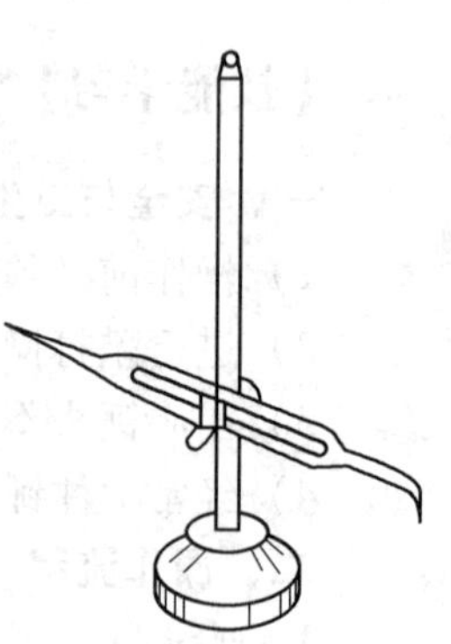
图2-10　划线盘

（2）划曲线

1）用样冲定中心点。

① 用于加强界线标记时样冲的顶尖角度大约为40°，用于钻孔定中心时约为60°，如图2-11所示。

② 打样冲孔时，要把冲尖对准中心点，斜着放上去。在锤打时，要把样冲竖直，握牢样冲，用锤轻轻敲击，如图2-12所示。

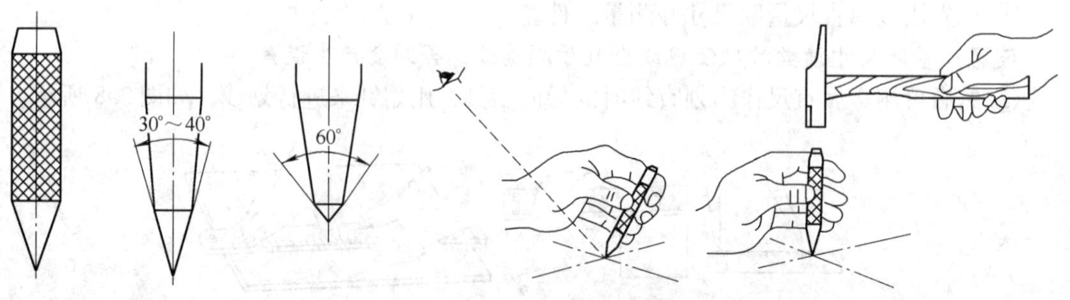

图2-11　样冲顶尖角度　　图2-12　冲点方法

注意：

a. 敲打位置要准确，中点不可偏离线条。

b. 在曲线上冲点距离要小些，在直线上冲点距离可大些。在线条的交叉转折处必须冲点。

c. 在薄壁上或光滑表面上冲点要浅些，在粗糙表面上要深些。

2）用划规划曲线。

① 划圆弧线时，为了使划规尖脚移取的尺寸准确，应在金属直尺上重复移取几次，这样可以看出误差的大小，如图 2-13 所示。

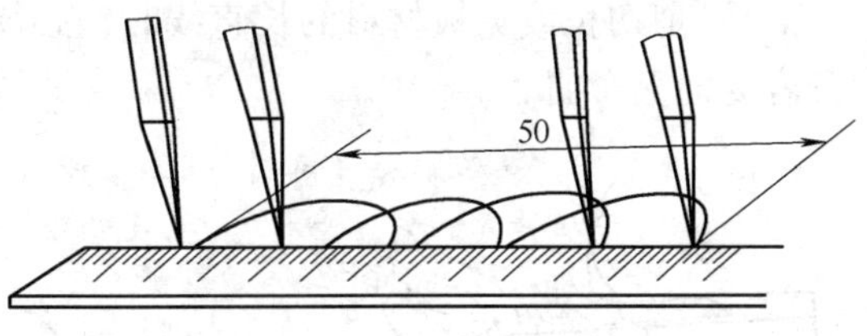

图 2-13　划规开档位置的调整

② 划圆时，掌心压住圆规顶端，使规尖扎入金属表面或样冲孔中。划圆周线时，常常正、反各划半个圆周线而形成一个整圆，如图 2-14 所示。

③ 如果圆弧的中心点在工件的边缘上，可借助于辅助支座进行划线，如图 2-15 所示。

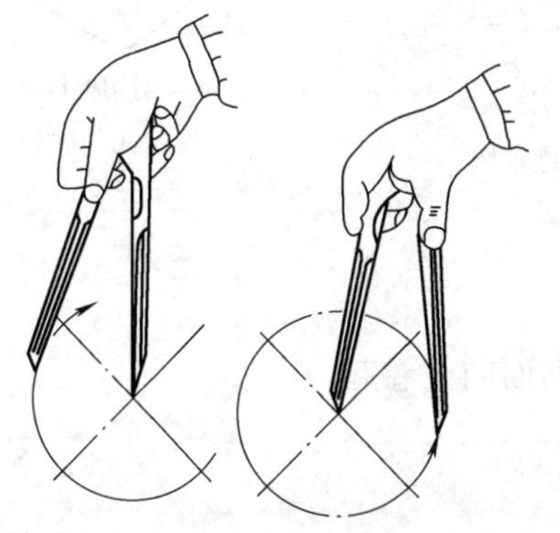

图 2-14　划圆

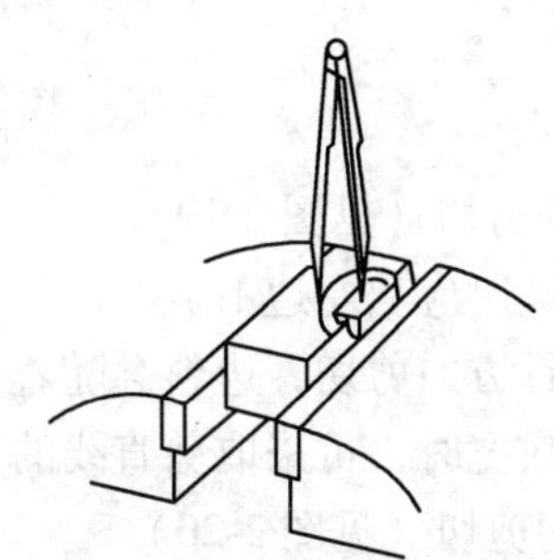

图 2-15　中心点在工件边缘的划法

④ 如果圆弧中心点在工件之外，可将一块打样冲孔的延长板夹在工件上，再进行划线，如图 2-16 所示。如果中心点圆弧线不在同一个平面上，可先将尖脚划规的两个尖脚调成一样长并且平行，量取尺寸，然后把一只尖脚伸长（或缩短）来抵消高度差，再去划弧线，如图 2-17 所示。否则，划出的弧必过大。

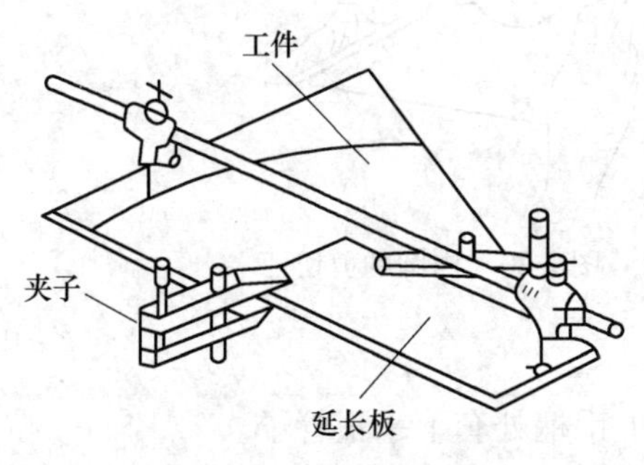

图 2-16　中心点在工件之外

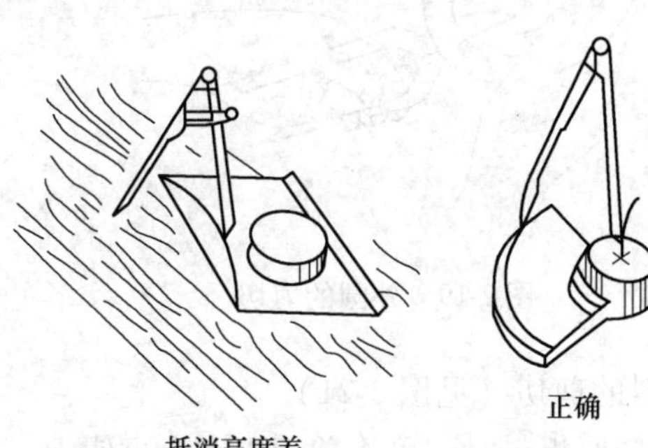

图 2-17　中心点与圆弧线不在同一平面

2. 板件剪切

（1）直线的剪切（见图 2-18）

1）剪切短料直线时，被剪去的那部分一般都放在剪刀的右面。

2）左手拿板料，右手握住剪刀的末端。

3）剪切时，剪刀要张开大约 2/3 切削刃长。上下两刀片间不能有空隙，否则剪下的材料边上会有毛刺。

4）剪切长或宽板材料的长直线时，必须将被剪去的部分放在左面，这样使被剪去的部分容易向上弯曲。

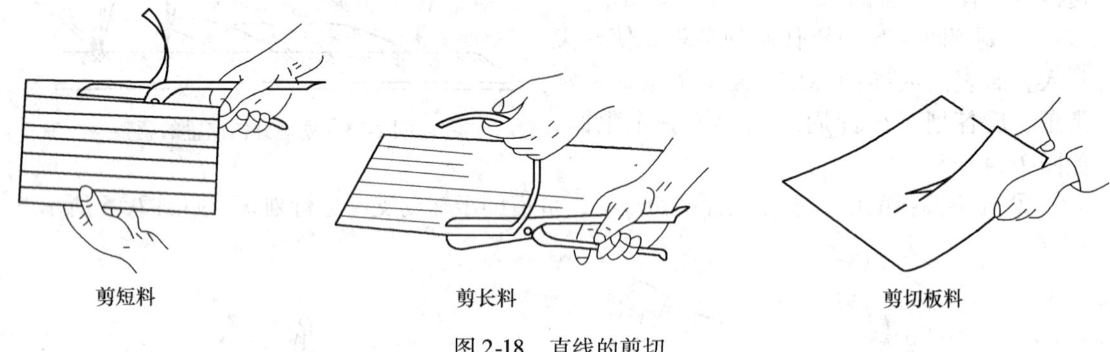

图 2-18　直线的剪切

（2）外圆的剪切（见图 2-19）

1）剪切外圆时应从左边下剪。

2）按顺时针方向剪切，边料会随着剪刀的移动而向上卷起。

3）若边料较宽时，可采取剪直线的方法。

（3）内圆的剪切（见图 2-20）

1）剪切内圆时，应从右边下剪。

2）按逆时针方向剪切，边料会随着剪刀的移动向上卷起。

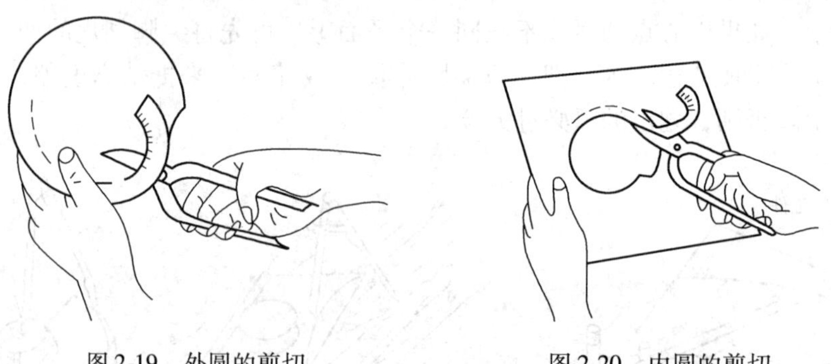
图 2-19　外圆的剪切　　图 2-20　内圆的剪切

（4）厚料的剪切（见图 2-21）

1）剪切较厚板料时，可将剪刀夹在台虎钳上，在上手柄处套上一根管子。

2）右手握住管子，左手拿住板料进行剪切。

3）也可由两人操作，一人敲，另一人持剪刀和板料。

图 2-21　厚料的剪切

a）在台虎钳上用剪刀剪切厚料　b）用敲击法剪切厚料

3. 钣金件手工成形

（1）板件弯曲

1）弯直角件。

① 弯折前，根据零件形状划线下料，并在弯折处画出折弯线。一般折弯线画在折角内侧。

② 将板料夹持在台虎钳上，使折弯线恰好与钳口衬铁对齐，夹持力度合适。

③ 当弯折工件在钳口以上较长或板料较薄时，应用左手压住工件上部，用木锤在靠近弯曲部位轻轻敲打成形，如图 2-22 所示。

④ 若板料在钳口以上部分较短，可用硬木垫在弯角处，再用力敲打硬木，如图 2-23 所示。

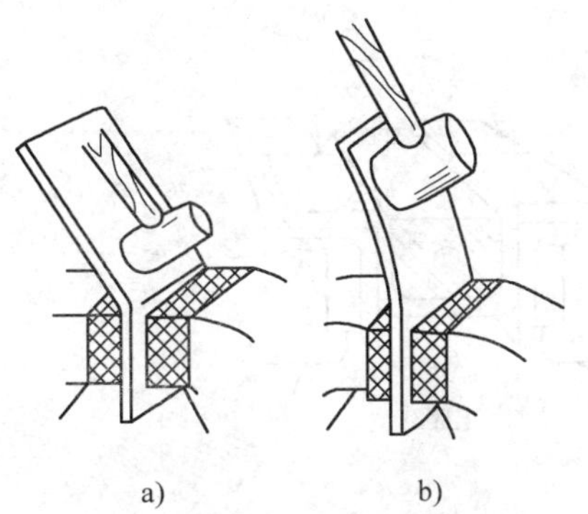

图 2-22　弯钳口上段较长时的操作

a）正确　b）错误

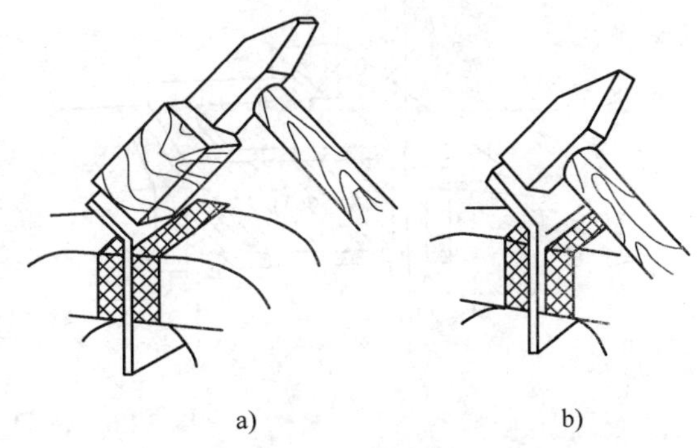

图 2-23　弯钳口上段较短时的操作

a）正确　b）错误

⑤ 如果钳口宽度较零件宽度小，可借助夹持工具完成，如图 2-24 所示。

2）弯 S 形件（见图 2-25）。

① 按划线夹入角铁衬里，弯成 a 角。

② 方衬垫放入 a 角里，对准划线夹入角铁衬垫弯成 b 角。

3）弯⎍形件（见图 2-26）。

① 先将板件弯成 a 角。

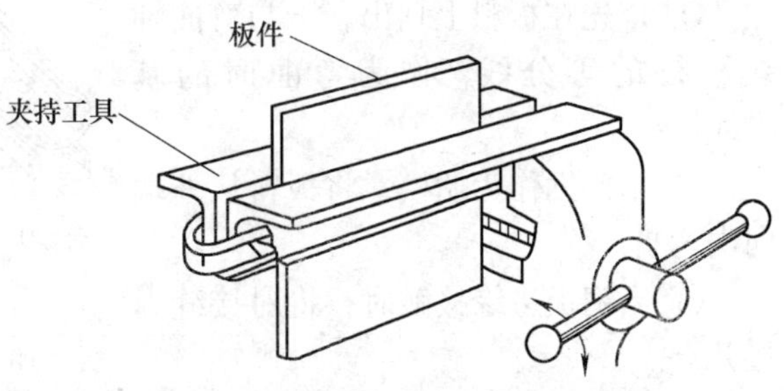

图 2-24　用角铁夹持弯直角

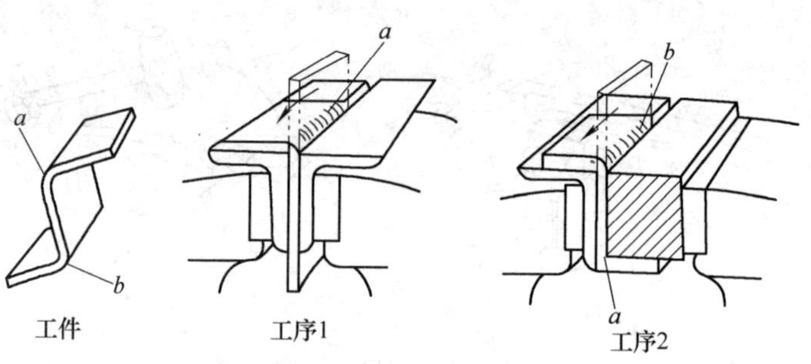

图 2-25　弯 S 形件

② 再用衬垫弯成 b 角。

③ 最后完成 c 角，完成⎍⎍形件的制作。

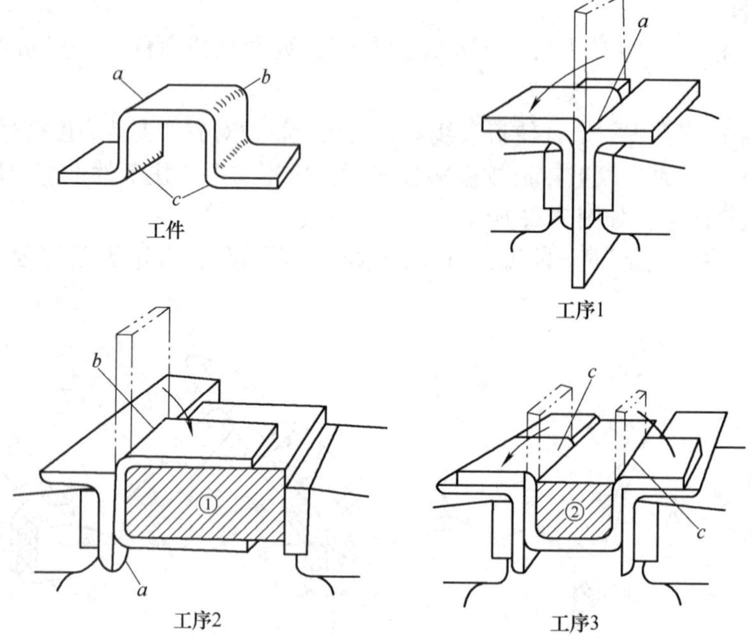

图 2-26　弯⎍⎍形件

工序 1：弯成 a 角　工序 2：用衬垫① 弯成 b 角　工序 3：用衬垫② 弯成 c 角

4）弯曲圆弧形件（见图 2-27）。

① 首先在板料上划出若干与弯曲轴线平行的等分线，作为弯曲时的基准线。

② 用槽钢作为胎模，将板料从外端向内弯折。

③ 当钢板边缘接触时，将对接缝焊接几点。

④ 将零件在圆钢管上敲打成形，再

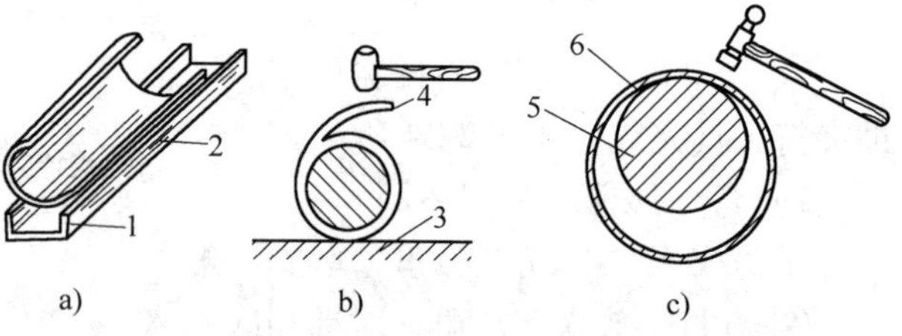

图 2-27　弯曲圆弧形件

a）在槽钢上弯曲　b）在铁砧上弯曲　c）在圆钢上整圆

1—槽钢　2、4、6—坯料　3—铁砧　5—圆钢将接缝焊牢。

5）弯曲复杂形状工件（见图2-28）。

① 一手持垫铁在工件背面垫托，垫铁的边缘要对准弯折线。

② 另一手持锤子从正面弯折线处敲击，边敲击边移动垫铁，循序渐进，使工件边缘逐渐形成弯曲。

（2）板件打薄放边（见图2-29）

1）将板材弯折成直角形状。

2）敲打一边，使其边缘变薄，面积增大，导致角材弯曲成形。

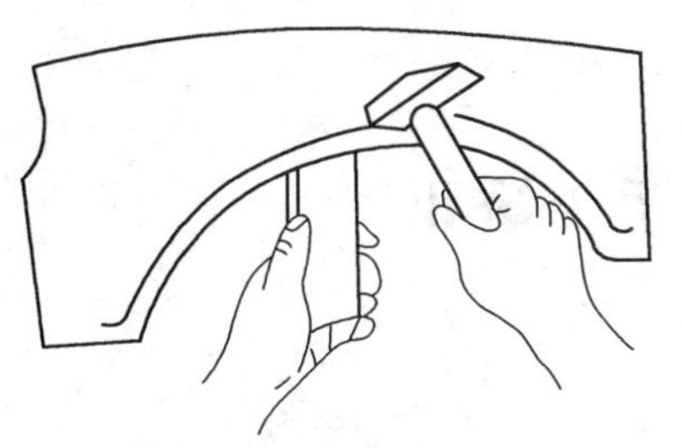

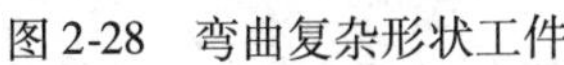

图2-28　弯曲复杂形状工件

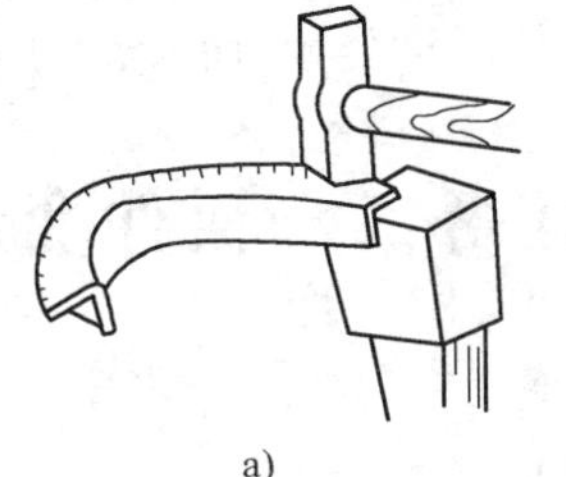

a)

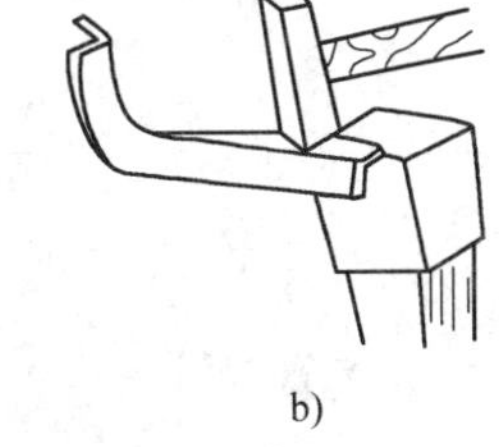

b)

图2-29　板件打薄放边
a）正确　b）错误

注意：

① 角材底面必须与铁砧表面贴平，否则会产生翘曲现象。

② 锤击点应均匀并呈放射线状。

③ 锤击面积占锤击边面积的3/4左右，且不得敲打角材弯角处。

④ 锤击时，材料可能会产生冷作硬化现象，应及时退火。

⑤ 另外，随时用样板或量具检查外形，防止弯曲过大。

（3）板件卷边

1）夹丝卷边。

① 先在卷边部位画出两条卷边线，如图2-30a所示。

② 将板料放在平台上，使卷边部分的1/2伸出平台，左手压住板料，右手用木锤敲击，使伸出部分向下弯曲成85°左右，如图2-30b、c所示。

③ 将板料慢慢向外伸，随时敲击伸出部分，但不能敲击过猛，直到伸出平台的长度为L_2，此时板料边缘应敲击成图2-30d所示的形状。

④ 将板料翻转，使卷边朝上，均匀敲打卷边向里扣，使卷边部分逐渐成圆弧形，如图2-30e所示。

⑤ 根据板件的使用要求确定夹丝卷边用铁丝的尺寸。一般铁丝的直径应为板料厚度的4～6倍。然后放入铁丝，一边放，一边扣，如图2-30f所示。

⑥ 翻转板料，使接口抵住平台缘角，敲击使接口靠紧，如图2-30g所示。

2）空心卷边。

① 成形过程与夹丝卷边基本一致，只是不用放入铁丝。

② 手工空心卷边，在卷合过程中应轻而均匀地敲打，避免将卷边打扁。

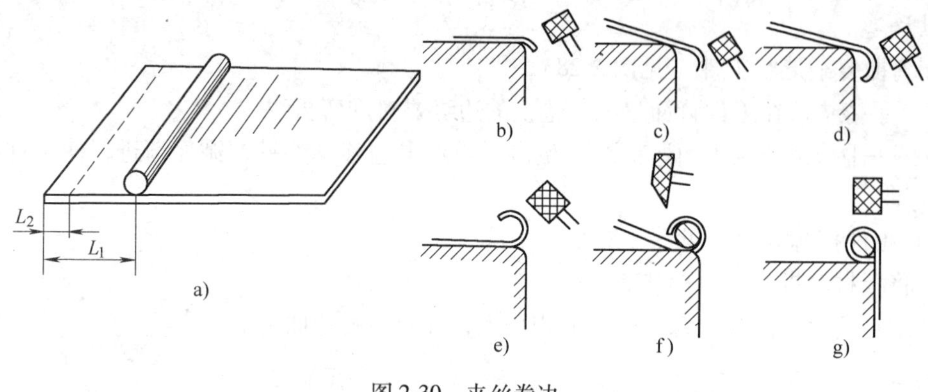

图 2-30　夹丝卷边

任务二　板件变形的手工矫正

【相关知识】

一、车身钣金加工工具

车身修理作业的主要项目为凹凸变形的修正作业，这需要各种手工工具及其他矫正机器等工具。

1. 锤子

车身维修中使用多种规格和样式的锤子（如图 2-31 所示），分别用于金属加工中的校正和粗加工、精加工以及其他特殊用途。

粗加工包括重新定位和校直汽车车身、零部件的内部形状或车身加强件，把车身已经撞瘪的部分重新敲平。精加工一般指敲平粗加工后遗留的小凹坑，使表面平整。

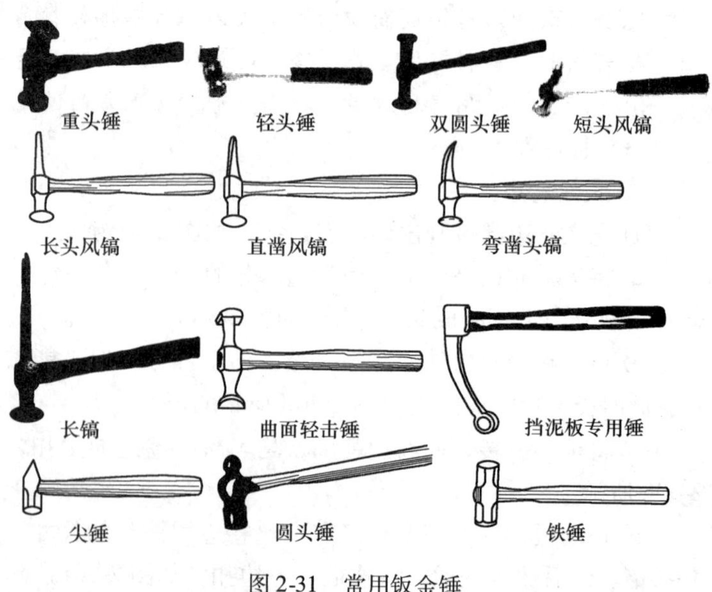

图 2-31　常用钣金锤

（1）重头锤　金属粗加工时，重头锤用来平整金属表面，敲平焊点和焊缝，粗平非常皱的金属面，以及初步校正质量较重的金属板。

（2）轻头锤　轻头锤的尺寸和形状与重头锤一样，但质量较轻，一般用来进行金属精加工、在车门处折边等。

（3）双圆头锤　双圆头锤是轻型锤的一种，在车身维修中，一般用来粗加工挡泥板、车门或柱杆顶部等，以及敲平车门的折边和矫正定位夹等。

（4）短头风镐　短头风镐用来进行金属表面的精加工，敲平粗加工后遗留的小凹坑，从而使表面平整。风镐一头为圆形，另一头为尖形，用在如前挡泥板等操作不方便的部位，进行轻度的凿和金属加工以及收缩金属面。

（5）长头风镐　长头风镐的一头为长的圆形尖头，另一头为圆形平头，主要用来进行薄钢板粗加工后的校正工作和精加工时凿平局部的小凹点等工作。长头风镐禁止在金属粗加工中使用。

（6）直凿风镐　直凿风镐用来修理挡泥板，复原轮缘、饰条、前照灯内框和发动机盖等，特别是在车身板件安装和条形结构件的焊接过程中，手工修整板件的边缘和做凸缘时常用到该工具。

（7）弯凿头镐　弯凿头镐用来对车轮轮缘、装饰件、挡泥板凸缘和柱杆顶部外缘等处的有棱角区域进行校正和精加工。还可以用来弄平那些被车身的支撑件或框架构件所遮挡的凹陷。

（8）长镐　长镐的尖形头非常长，常用来加工挡泥板、车门和后顶盖侧板上的凸起。

（9）曲面轻击锤　曲面轻击锤用来拉直和校正一些凹陷曲面，例如挡泥板、前照灯、车门和后顶盖侧板的凹陷等。

（10）挡泥板专用锤　挡泥板专用锤专门用来粗加工某些高隆起的金属面，例如挡泥板；还可以用来加工那些只有长的锤头才能达到的加强件；也可以与重型斧锤和大铁锤配合使用，粗加工车门槛板、轮罩、围板、后顶盖侧板和严重撞伤的保险杠横梁等。

（11）尖锤　尖锤的圆形锤面用在粗加工和校正工作中，大力度锤击修理区。尖头锤可以用来校正直角的车架元件、保险杠、保险杠托架等直条状结构件。

（12）圆头锤（球头锤）　圆头锤有多种质量和尺寸规格。球形锤头用来敲击和校正金属部件，以及敲平铆钉的头部。圆形平面锤头可以用来进行所有的手工钣金加工。

（13）铁锤　铁锤的质量和体积大，常用来进行大强度的钣金加工，例如用来校正和拉直质量较大的车身内部结构，以及校正车架、横梁、重型车身和保险杆支撑、支架等。

2. 拍板

拍板通常用厚为3～5mm，宽度不小于40mm，长度不小于400mm的钢板制成。校正时用拍板在板料上拍打，使板料凸起部分受压变短，同时张紧部分受压伸长，从而达到矫正的目的，如图2-32所示。

图2-32　拍板的使用

3. 垫铁

垫铁由高强度钢制成，像铁砧一样，用在粗加工和锤击加工中，可以用手握持，顶在被敲击金属板的背面。当从板件正面用锤敲击时，垫铁会产生一个反弹力。每次敲击后，应重新定位。这样，通过锤和垫铁的配合工作使凸起的部位下降，使低凹的部位隆起。

由于板件的结构和形状不同，所以需要采用多种形状的垫铁（见图2-33）。每一种形状的垫铁只适用于某些特定形状的工作件。常见的垫铁有高隆起、中隆起、低隆起、平凸起以及几种隆起组合在一起的组合垫铁。

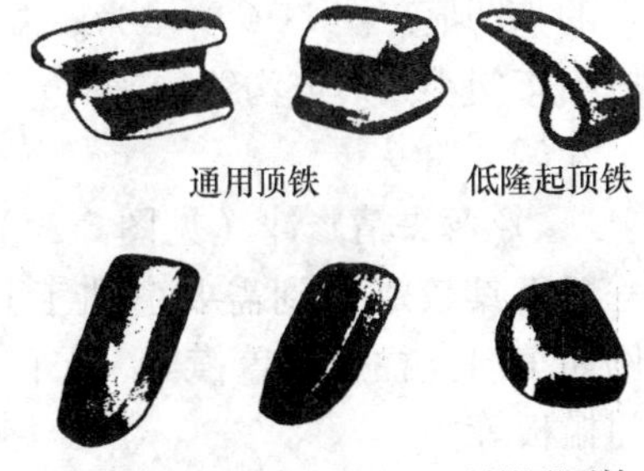

图2-33　常用垫铁

（1）通用垫铁　通用垫铁有多种隆起，可以用来粗加工挡泥板的隆起部分和车身的不同曲面，校正挡泥板凸缘、装饰条和轮缘，收缩平的金属面和隆起的金属面，修正焊接区等。

（2）低隆起垫铁　因为低隆起垫铁的质量大，而且很容易控制在平面金属板上，所以常用来使金属板减薄和使薄的金属板收缩。可以用来对车门内侧、发动机罩、挡泥板的平面和隆起面以及柱杆顶部进行钣金加工。

（3）足跟形垫铁　足跟形垫铁用来在板件上形成较大形状的凸起，校正高隆起或低隆起的金属板、长形结构件和平面板件。

（4）足尖形垫铁　足尖形垫铁是一种专门设计的组合平面垫铁，用来收缩车门板、挡泥板裙板、柱杆顶部和汽车各种盖板，也可以用来在挡泥板的底部形成卷边和凸缘。该垫铁特别适合于粗加工金属板件，因为它的一个面非常平而另外一面微微隆起。但是，使用该垫铁时，不应过度锤击。

工作时，所选用垫铁隆起的直径应比加工件的隆起直径略小，以具有铁锤的三倍重量为宜。垫铁的工作面应保持光滑、干净，不要存在油污、涂料以及毛刺，否则会降低加工质量。

4. 撬镐和冲头

当损坏的车身板件已经经过校正、拉直等粗加工后，表面仍存在一些小的不规则麻点或小凹点，而用常规的工具（如镐锤）不能去除时，就应选用撬镐和冲头进行精加工。

（1）撬镐　撬镐适用于钣金面的内侧等狭窄而垫铁不易伸入的部位，它可以伸入狭小的空间内，撬起小的凹痕和沟缝。

1）小弧度撬镐（见图 2-34）。小弧度撬镐端部为一个小弧度的镐头，U 形端为把手。用在车门、车门槛板和后顶盖侧板等处。使用时，把撬镐通过板件上的孔穿入结构内部，使镐头对准板件上小的凹点，在把手上用力撬即可。

2）大弧度撬镐（见图 2-35）。大弧度撬镐与小弧度撬镐形状相似，但镐头长。用在需要较长镐头才能达到凹痕的情况下。

图 2-34　小弧度撬镐　　图 2-35　大弧度撬镐

撬镐常用于消除车门、侧围板和其他封闭断面上的小凹痕。图 2-36 所示为撬镐伸入车门面板后面，撬出车门小凹痕或沟缝的实例。

（2）冲头

1）弯头精修冲（见图 2-37）。弯头精修冲用在一般工具较难达到需要弯曲工具才能触及的地方，例如车门立柱、顶盖横梁、车门板的外侧部位和车门槛板等。

2）钩头精修冲（见图 2-38）。钩头精修冲用于可以在板件损坏部位附近打孔，使钩头精修冲塞入的情况。也可以用来把车门窗框处的板件和后备箱板件凹陷的地方撬起。

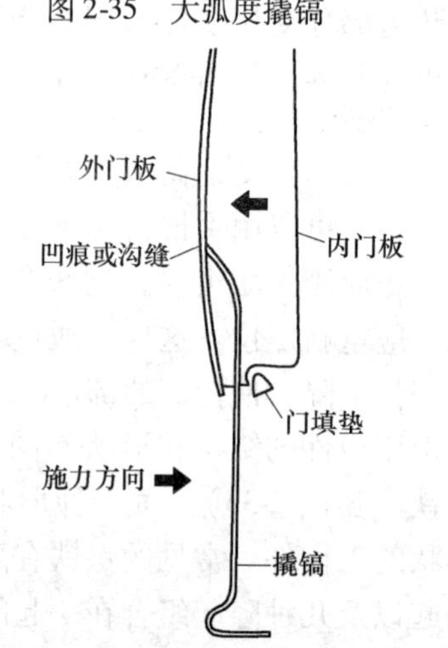

图 2-36　用撬镐修复车门面板

图 2-37　弯头精修冲

图 2-38　钩头精修冲

5. 修平刀

修平刀主要用于修平表面。修平刀可以把敲打力分布到一个较大的区域上，从而迅速把隆起处敲平，并且不损坏板件的其他部位。操作时与锤子配合使用。把修平刀直接放在隆起表面处，用锤子敲打修平刀即可，如图 2-39 所示。其平直表面把敲打力分布在宽的表面上，可使表面的皱折和凸起修平。修平刀也可以敲平操作空间有限部位的小凹痕。可以在结构的内、外板件之间，操作空间有限而不能选用普通垫铁的情况下，用作垫铁。

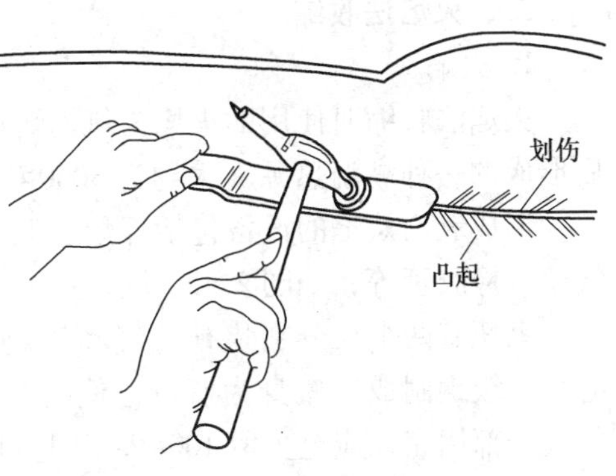

图 2-39　修平刀的使用

修平刀通常可以分为三类，即专用修平刀、冲击修平刀和成形修平刀。

修平刀的工作面应保持光滑和清洁。为防止在油漆面上留下痕迹，可以在修平刀和加工板件表面贴上胶带或明胶，然后进行操作。

6. 嵌缝凿

嵌缝凿如图 2-40 所示，可以与球头锤配合使用，在车身板件和车架上重新成形凸缘、凸起、直线边缘和弯折等。

图 2-40　嵌缝凿

7. 车身锉刀

车身锉刀是用来修整锤子、垫铁、修平刀等钣金工具作业留下来的凹凸不平痕迹的专用钣金工具。它与锉削金属件的一般锉刀是有区别的。车身锉刀只与凸起金属材料接触，适用于对加工后较粗糙的表面进行光洁处理作业。另外，车身锉刀还可以检验钣金平面是否修复平整。在撞伤板件已经被粗加工后，可轻轻地使用车身锉刀，目的不是锉掉金属，而是通过锉痕找出不平整处的位置，显露出板件上需要再加以敲击的小的凸点和凹点，以便使用锤子和垫铁修复使其平整。经锉削加工后，再进行砂轮的最终打磨，就可以完成金属精加工的全部工作。图 2-41 所示为常用的车身锉刀。

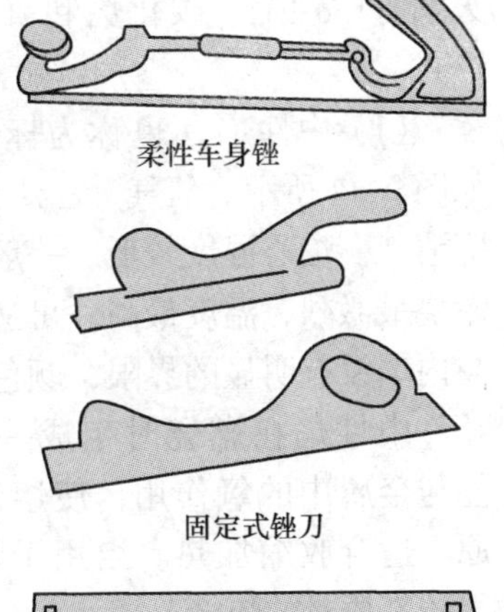

图 2-41　常用的车身锉刀

（1）柔性车身锉　撞伤板件粗加工和校正工作完毕后，可以用柔性车身锉使板件上任何需要加工的凹凸点显露出来。无论板面是平面还是凹凸面，柔性把柄都可以调整锉片的弯曲度，让锉片的形状更好地配合板面的形状。但是不要让锉片过度弯曲，防止把锉片折断。调整锉片前，应首先松开把柄上的固定螺钉，调整完毕后，再拧紧它。

（2）固定式锉刀　固定式锉刀是锉平金属板的理想工具。

（3）弧形锉　弧形锉也称为曲面锉，用来修整尖的隆起面、折边和装饰条的平直程度。

注意：禁止使用锉刀撬或击打，因为锉刀所用的钢较硬，非常容易被击碎。

二、火焰法收缩

1. 火焰

火焰法收缩时使用的火焰为氧乙炔焰，是将乙炔和氧气在一个腔内混合，在喷嘴处点燃后形成的一种高温热源（大约为3000℃）。

形成氧乙炔焰的设备包括焊炬、调节器、回火防止器、气瓶及橡胶管等，如图2-42所示。

钢瓶有两个，分别装有氧气和乙炔气体。氧气瓶由无缝高等级钢制成，瓶身为蓝色，使用时应注意不要将瓶中氧气全部用完，应至少留100kPa以上的氧气压力，保证安全，利于除尘和充气；乙炔瓶用较薄的钢板焊接而成，瓶身为白色且瓶径较粗，其工作压力是14.7MPa。

调节器是将气瓶输出的高压经调节后输出恒定的低压，因此也称之为减压器。氧气调节器的承受压力较高，安装螺纹为右旋。乙炔调节器的承受压力较低，安装螺纹为左旋。

图2-42　氧乙炔焰发生设备

焊炬（见图2-43）是将气瓶内流出的氧气和乙炔在焊炬体内以适当的比例混合并产生火焰。

氧乙炔焰的火焰由焰心、内焰、外焰组成，根据两种气体的比例不同，产生不同配比的火焰有着不同的用途。火焰有中性焰、碳化焰和氧化焰三种形式。

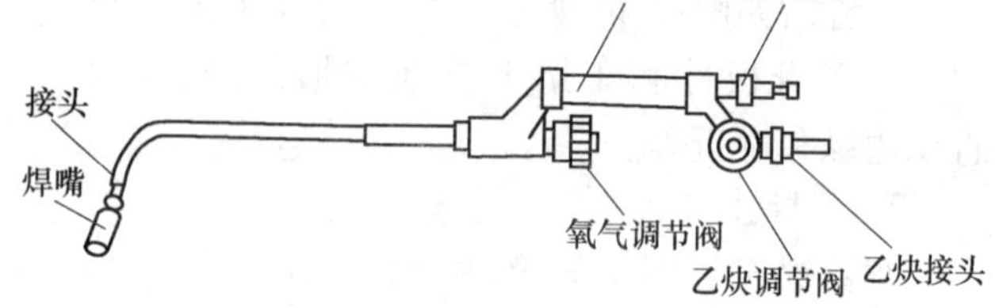

图2-43　焊炬

（1）中性焰（也称为标准火）　如图2-44所示。氧气、乙炔比例为1∶1（按体积计算）。焰心呈尖锥形，色白而明亮，轮廓清楚。焰心温度较低，一般为800～1200℃。内焰呈蓝白色，内焰处在焰心前2～4mm处，燃烧最激烈，温度最高，可达3000～3200℃，这个区域最适合焊接。外焰处在内焰的外部，与内焰没有明显的界限，颜色从淡紫色逐渐向橙黄色变化，温度只有1200～2500℃左右。

中性焰在燃烧时生成一氧化碳及氢气，能与金属中的氧作用，使熔池中的氧化铁还原，适合收缩加热。当用于焊接时，能够获得较高质量的焊缝。

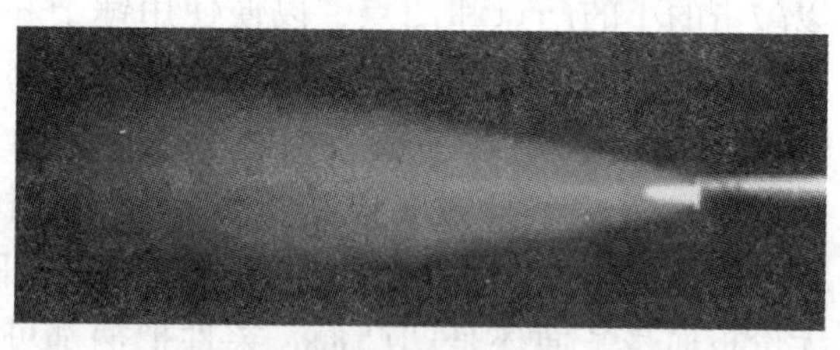

图2-44　中性焰

（2）碳化焰（也称还原焰）　如图2-45所示。碳化焰氧气的含量少于乙炔。焰心较长，呈蓝白色。内焰呈淡蓝色，它的长度与碳化焰内乙炔的含量有关。外焰带有橘红色。碳化焰三层火焰之间没有明显轮廓。碳化焰的最高温度为2700～3000℃。

图2-45 碳化焰

火焰中过剩的乙炔可分解为氢和碳，氢使钢产生白点，碳则熔化到金属中使焊件的含碳量提高。碳化焰不能用于焊接低碳钢及低合金钢，可用于焊接高碳钢、中高合金钢、铸铁、铝和铝合金等材料。

（3）氧化焰 如图2-46所示，氧化焰中氧气的含量多于乙炔，整个火焰具有氧化性。焰心短而尖，内焰很短，几乎看不到，外焰呈蓝色，火焰挺直，燃烧时发出急剧的“嘶嘶”声。氧化焰的长度取决于氧气的压力和火焰中氧气的比例。氧气的比例越大，则整个火焰就越短，噪声也就越大。氧化焰的最高温度可达3100～3400℃左右。

图2-46 氧化焰

过多的氧和铁发生作用生成氧化铁，使钢的性质变坏、脆化，熔池的沸腾现象也会比较严重。一般材料的焊接绝不能采用氧化焰。但可用于焊接黄铜和锡青铜。气割时，通常使用氧化馅。

2. 火焰法收缩的原理

火焰法收缩是利用金属热胀冷缩这一性质来达到收缩目标的。如图2-47所示，当利用火焰对钢板迅速加热时，受热点及其周围就会以此为核心向外膨胀，并延伸至一定的范围。距受热点越近，金属的延伸、膨胀就越大；反之，则延伸、膨胀越小。由于受热点周围的金属仍然处于冷硬状态下，于是就限制了膨胀的扩展，并形成了方向的固定，而加热点的金属很软，所以会有过多的金属趋向于加热点，从而引起此点金属垂直扩张变厚。延伸量也被受热点金属的膨胀变厚所代替。

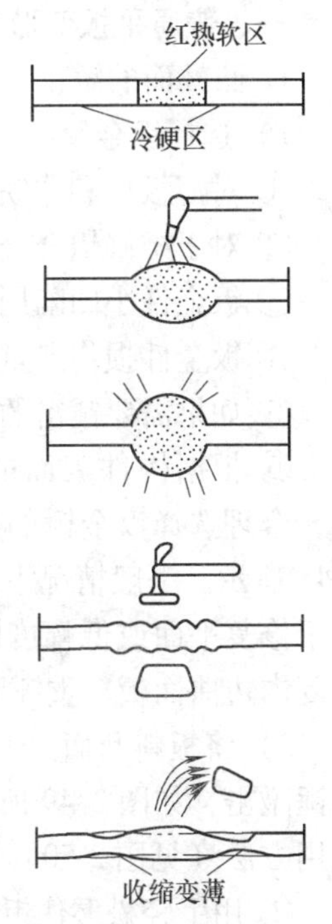

图2-47 火焰法收缩的原理

在此状态下，如对受热点及其周围的金属进行轻轻的锻打，垂直方向膨胀的金属就会被压缩并固定下来，材料的内应力也因此被消除。如果尽快使红热区冷却，受热点及其周围的板料就会收缩，局部表面积将比受热前小一些，金属内部也会伴随着产生拉伸载荷，由此可以获得更大的收缩量。达到对板类构件膨胀、隆起收缩的目的。

火焰法延展特别适用于需要较大延展量的厚钢板。

三、维修方案制定原则

根据评估的结果制定维修方案，确定哪些零件需要维修，哪些零件需要更换，结构件损伤采用什么样的维修工艺等。

（1）车漆未受损伤的修复方案 只要车漆未受损伤，大多数情况下都可以采用凹陷修复技术。

（2）车身覆盖件损伤的修复方案　车身覆盖件损伤以维修为主，但是发生以下几种情况时，必须更换：

1）影响行车安全，比如玻璃裂纹。

2）承受力的部分损坏严重，比如板件的安装、连接部位。

3）维修工时过长的损伤，更换零件要合算。

4）损伤无法修复的板件，必须更换。

（3）车身结构件变形修复方案　如果车身结构发生了变形，肯定覆盖件也会受到不同程度的损伤。修复时要先修复结构件，再修复覆盖件。

1）车身前部结构件损伤修复。损伤不严重时进行拉伸维修，损伤严重的要在连接部位整块更换。

2）车身中部结构件损伤修复。制定车身中部结构件损伤修复方案时一定要慎重。当损伤严重影响中部车身刚性的时候，要更换车身。

3）车身后部结构件损伤修复方法与前部相似。

【技能学习】

一、普通平板变形的手工矫正

1. 凸鼓面的矫正

1）选择钣金锤。

① 对薄板件和非铁金属工件选用铜锤、木锤或硬质橡胶锤进行锤击。

② 对于维修铝合金件，要选用橡胶锤、木锤或规定材质的锤子。

③ 钣金件小凹陷用风镐（鹤嘴锤）逐个轻微敲击。

④ 钣金件损伤严重时，先用体积较大的锤整形，再用小锤修整。

⑤ 如果需要锤击的力量较大，可以使用头部有夹心的锤子。

⑥ 根据构件表面的形状、钣件的厚度以及变形的大小，合理选择钣金锤的尺寸和锤顶曲面的隆起高度，如图2-48所示。一般情况下，平面或稍许弯曲曲面的钣金锤适合于修复平面或低幅度隆起的表面。凹形或球形锤则适合修复内边曲面板。重锤则适用于粗加工或厚板构件的修复。

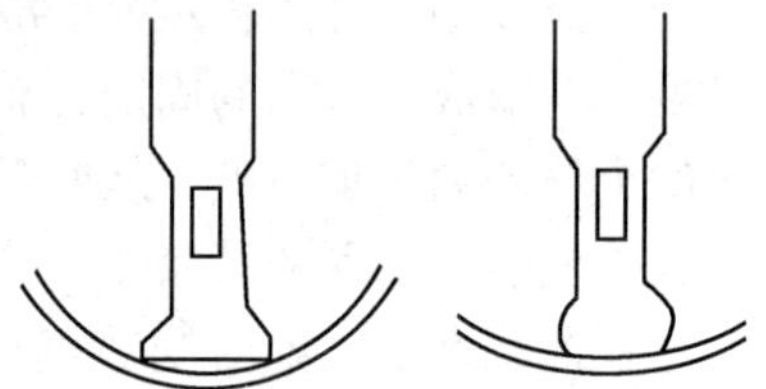

图2-48　钣金锤的合理选用

2）将板料凸面向上放在平台上，一手按住板料，一手持锤敲击，如图2-49所示。使用钣金锤时，注意其正确的使用方法（见图2-50）。

① 用手轻松握住钣金锤手柄的端部（相当于手柄全长的1/4位置）。

② 锤柄下面的食指和中指应适当放松，小指和无名指则应相对紧一些，使之形成一个支点，拇指用于控制锤柄向下运动的力度。

③ 通过依靠手腕的动作来挥动锤子，并利用钣金锤敲击零件时产生的回弹力沿一个圆形的运动轨迹来敲击，这样能更好地控制锤子。

注意：使用钣金锤时，禁止像钉钉子那样让锤子沿直线轨迹运动，也不可使用手臂或肩部的力量。

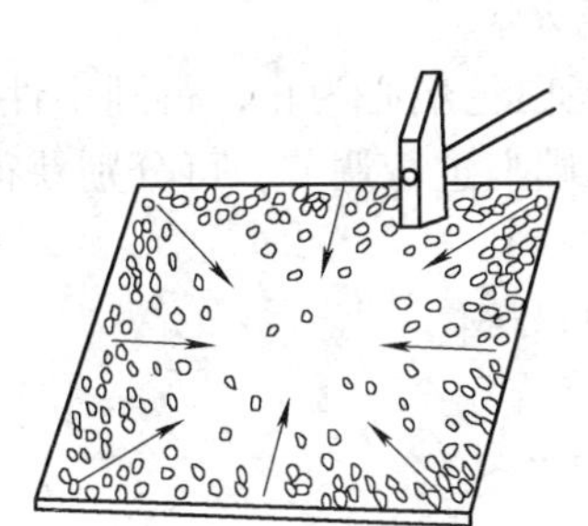

图 2-49　凸鼓面的矫正

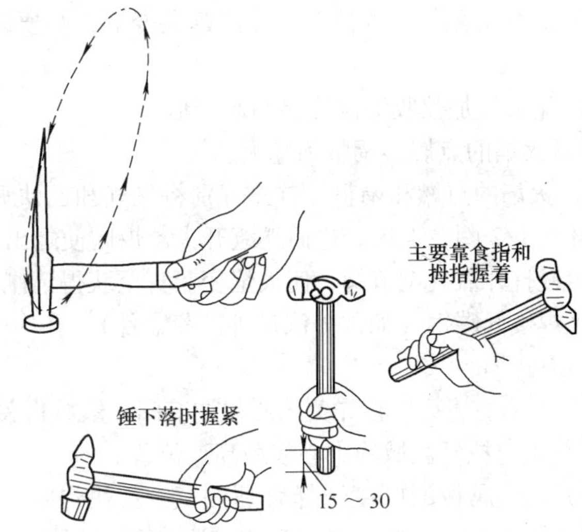

图 2-50　钣金锤的正确使用

④ 控制好敲击频率。以每分钟 100 ~ 120 次的频率施行轻微敲击。

⑤ 遵循“先大后小、先强后弱”的原则。

3）板料基本矫正后，再用木锤进行一次调整性敲击，以使整个组织舒展均匀。

注意： 敲击应由板料四周边缘开始，逐渐向凸鼓面中心靠拢。敲击时，边缘处击力要重，击点密度要大。越向凸面中心，击力逐渐减小，击点密度逐渐变稀。

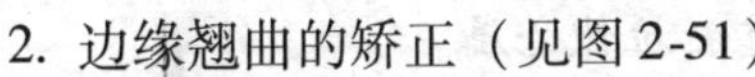

2. 边缘翘曲的矫正（见图 2-51）

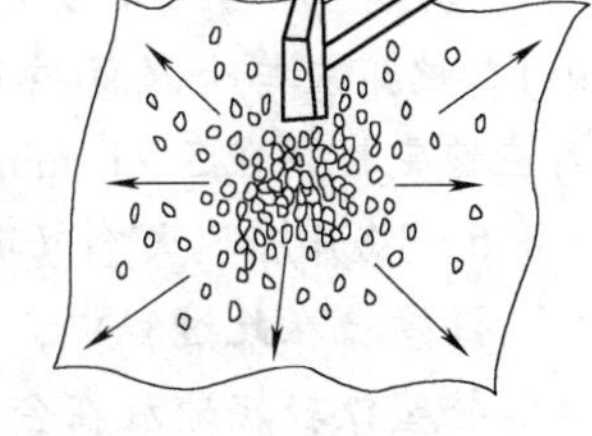

图 2-51　边缘翘曲的矫正

1）将板料置于平台上，一手按住板料，一手持锤敲击。

2）板料基本矫正后，再用木锤进行一次调整性敲击，以使整个组织舒展均匀。

注意： 应由板料中间开始敲击，击点逐渐向四周边缘扩散，由密变疏。敲击时，中间击力要重，逐渐向四周变弱。

3. 对角翘曲的矫正

矫正敲击要先沿着没有翘曲的对角线开始敲击，依次向两侧伸展，使其延伸而达到矫正效果，如图 2-52 所示。

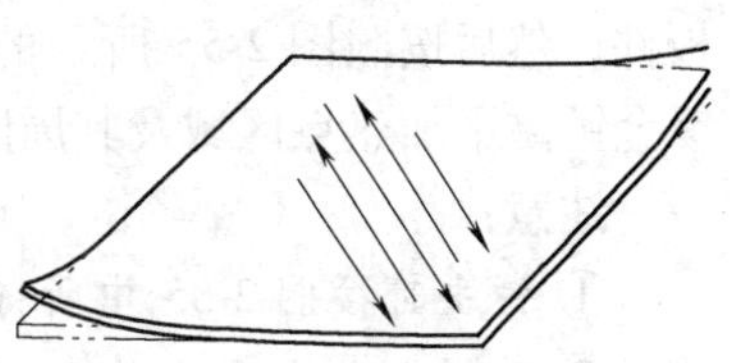

图 2-52　对角翘曲的矫正

二、钣件凹凸变形的手工整形

1. 用手锤与垫铁修整小范围局部凸起（见图 2-53）

1）选择合适的手锤和垫铁。

2）垫铁贴紧凸起的反面，使锤子与垫铁中心对正（即正托法），用手锤敲击凸起部位，直到完全修复变形。操作时注意以下要点：

① 选择垫铁的形状要与曲面的曲率相一致。

② 敲击时力量要轻巧、均匀，频率控制在每秒 2 次左右。

③ 握锤的手不宜过紧，以手腕的力量敲击。

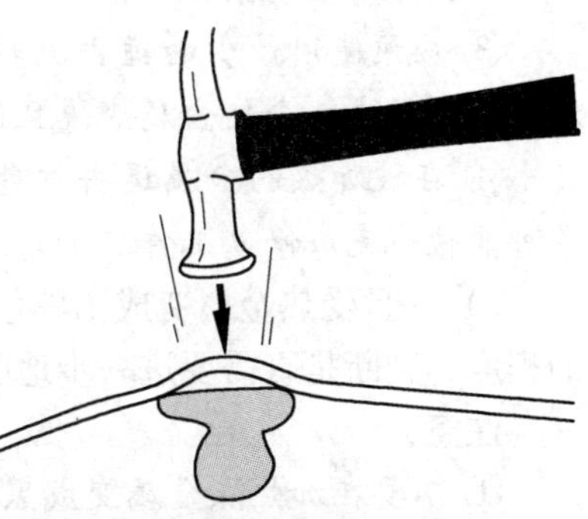

图 2-53　局部凸起的整形

④ 正托法敲平容易使金属造成延展变形，必要时要进行收缩操作，以消除金属的延伸变形。

2. 用火焰加热收缩法修整凸起变形

1）火焰的点燃、调整和熄灭。

① 火焰的点燃和调整　首先分别将氧气和乙炔调节器调节到适当的压力。将乙炔调节阀打开约 1/2 圈，点火，进而继续开大乙炔阀使之出现红黄色火焰。

缓慢打开氧气调节阀，使火焰变蓝直至获得清晰鲜明的亮白色焰心为止，得到中性焰，可用来焊接低碳钢（如部分汽车外部覆盖件）。在中性焰的基础上进行调节，可分别获得碳化焰、氧化焰。

② 火焰的熄灭　首先关闭乙炔调节阀，然后再关闭氧气调节阀。

2）确定拉延区域的中心或最高点位置。

3）按金属板的厚度选择合适的氧—乙炔焊嘴（使用 1 号或 2 号喷嘴），点火后将其调整到中性焰。

4）缓慢加热收缩区最高点直到金属开始发红，然后缓慢地沿着圆周方向向外移动，如图 2-54 所示，直到整个受热部位都变成鲜红色。

注意：加热点不要超过 18mm^2（一个硬币大小）。焰炬应与金属保持足够远，焰心到金属的距离应稳定控制在 5 ~ 10mm，以免金属过热或烧出孔。

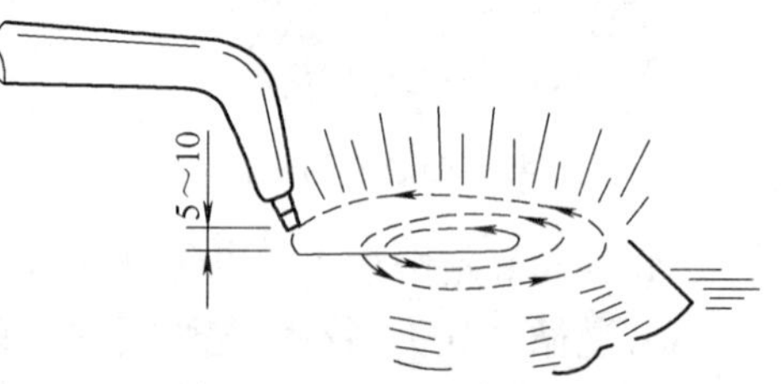

图 2-54　焊炬的移动和距离

5）移开加热火焰（或熄火），用修平锤快速、准确地敲击拱起区域，使此点凹陷下来。

注意：在此过程中，不需要用垫铁支撑金属，除非金属发生塌陷。如果需要支撑金属，只能将垫铁轻轻地放在金属的下面。绝不能重敲，以免重新拉伸金属。

6）完成上述粗略整形后，应用钣金垫铁或修平刀直接插入到加热区域的下方，并施加轻微的压力顶住板件，然后按照图 2-55 所示的方法，在板件的上部用钣金锤敲平加热点区域及其周围皱褶和波峰。

注意：

① 锤击时按图 2-55 中所标出的顺序号进行。

② 落锤点在波峰处并且快速地向着加热点中心区域滑动，边滑动边敲击，锤击的力量不要过大。

③ 应该使用最少的锤击次数，因为在这个区域施加过多的锤击，会使金属变薄且使金属重新被拉延。

④ 在被加热的金属退去红色而变为黑色之前，应尽可能快地完成修复工作。

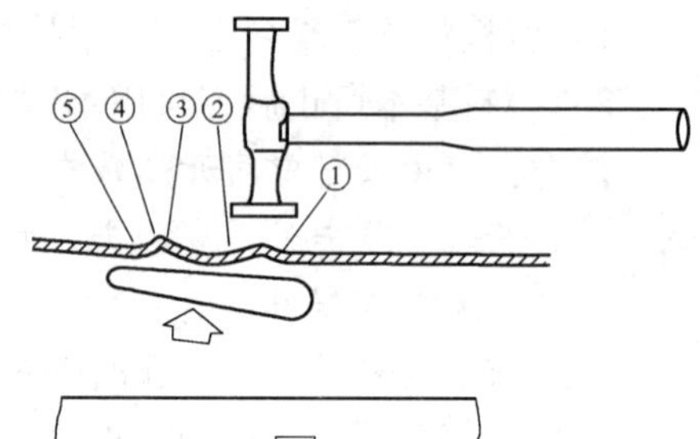

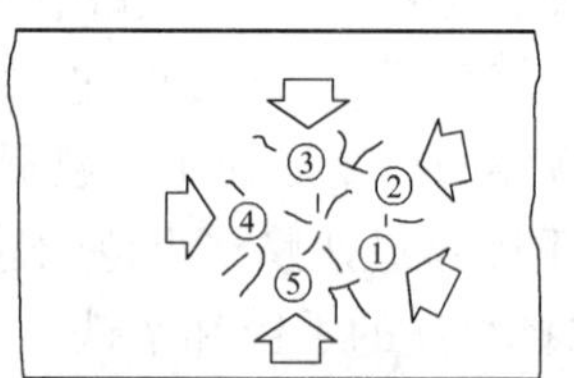

图 2-55　敲平加热点的顺序

7）一旦受热金属变成了黑色，应使用浸水的抹布或海绵来将其冷却。观察变形处收缩的程度，判断是否需要进一步地收缩。

注意：

① 不要在加热点金属变成黑色之前就去冷却，否则金属会产生晶化并变硬，从而使最后的整形工作变得困难，而且也有可能会导致金属的开裂。

② 火焰法加热对同一点最好是一次性的，加热点的大小也应控制在一定范围内。加热温度一般应控制在500℃以内，相当于钢板受热点变为橘红色。当构件的板料较厚且需要大面积收缩时，方可适当加热到700～750℃，相当于钢板受热点变为黄色或浅黄色。但是由于高强度钢在车身上的广泛应用，给经验法判断火焰加热温度带来一定的困难，因为不同厂家生产的高强度钢其加热的临界温度是不同的。如果能够查出金属材料的性能及其加热临界温度则可用热蜡笔更加精确地控制金属板的加热温度。使用时先按加热温度要求选择符合控制要求的蜡笔，在金属板的加热区域画上蜡笔标记。当使用火焰加热至蜡笔上所标明的指定温度时，热蜡笔记号便会熔化，此时应立即停止加热。

8）如果已经收缩过的点的周围金属还凸起，就应该对剩余的凸出点进行重复收缩操作，直到所有凸出的点都被修理到所需要的水平。这个过程被称为顺序收缩，一般用在修理受到拉延的大的平板件上。如图2-56所示，用焊炬加热，先让延伸区的最高点收缩，然后再让下一个最高点收缩，依此类推，直到整个部位都缩回到原来的位置。

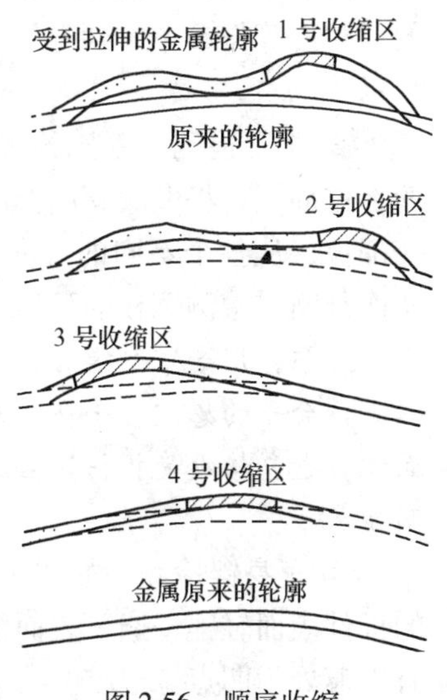

图2-56　顺序收缩

注意：

① 在进行顺序收缩操作时，加热点应尽可能地小，而且分布要广泛，以便在不同的加热点之间能留有足够多的坚硬的金属。因为收缩过程中使用的热量会使金属板件有些变弱，应使加热点被充足的坚硬的金属分开。

② 一般使用一系列轻微的收缩要比采用一次大的收缩效果好，因为在这个过程中金属仍然会保持其稳定性和张紧度，而且也能将热量积聚和金属的扭曲减到最低程度。

③ 如果热量积聚不能完全消除，可以采用阻止热量向损伤区域外扩散的办法。例如：用湿抹布包围受损金属区域，阻止热量向未受损区域的金属扩散，并吸收过多的热量。抹布会很快变干，在整个操作过程中必须保证抹布是湿的，尤其是当热量积聚非常严重的时候。

④ 如果在对剩余的拉延金属进行收缩时，已经收缩过的部分金属发生了凹陷，那么应该使用垫铁和修平锤对这些部分金属重新进行修复。

⑤ 当对冠形区域金属进行校正和整形时，会遇到很多小的拉延区（比周围金属不高于1.5mm）。修整时加热点不用加热到变成樱桃红色，只需加热到蓝色，而且加热点要很小，根据金属拉延的数量以及板件的厚度保持其直径大约为3～6mm。然后立即用修平锤将每个加热点敲下来，对其冷却。修整过程中应该使用最快的速度进行敲击。

如果采用电加热，其操作更加简单。如图2-57所示，将电热棒（碳棒）通电加热后，可直接在待收缩钢板上回转划动，使膨胀、隆起的金属受热。然后冷却加热点。板类构件的伸展、膨胀处就会收缩，从而变形和内应力得到消除，达到修复的目的。

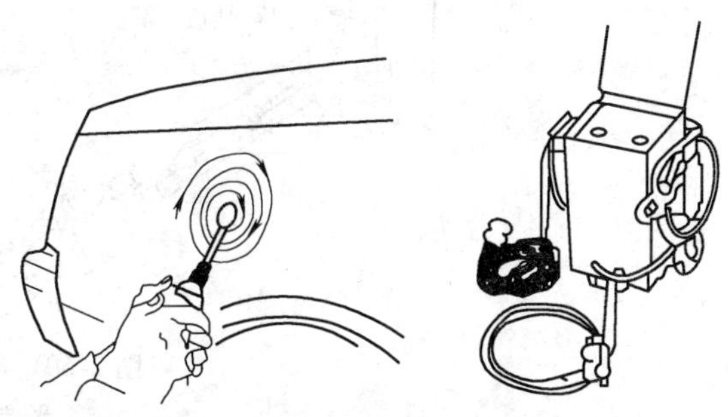
图2-57　电热法收缩工具与电热棒加热

9）用火焰法对车身板类构件进行收缩操

作后，金属表面就难免显得不光滑，这就需要用敲平法（精平）对收缩过的部位进行精细的修整。对构件尺寸、形状与位置误差等，也要进行一次最后的检查与校正。

注意：在对金属进行敲打和打磨操作时应格外小心，因为在整个收缩区域内，金属的厚度是不同的，过重的修锉和打磨经常会造成薄的区域穿孔。

10）维修效果检查。可以采用下列的一种或几种方法进行维修效果检查。

① 目视检测。目视检测是利用钢板漆面光线的反射来判断损伤变形部位和范围。用眼睛从各个不同的方向、角度去观察修复部位，通过车身线条、板件的平整度等作参考，判定是否将变形修复，如图 2-58 所示。

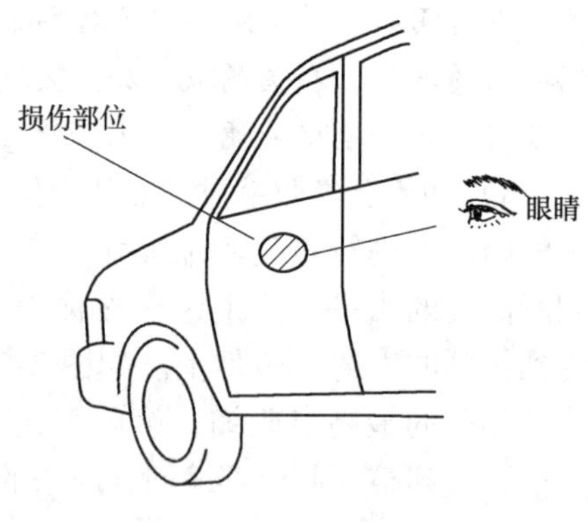

图 2-58　目视检测

② 手感检测。手感检测修复程度前，应在受损的部位周围，将旧漆膜制作出羽状边。将手掌放在损伤部位，从各个不同的方向、角度反复移动、触摸，从而判断、检测钢板的弧形和平整度。

注意：用手掌触摸时，不要施加力量于手上，专心去体会手的感觉。手在反复移动时，必须覆盖大的面积，也包括没受损伤的区域。触摸时如果佩戴线手套或者在手掌下垫块布，手的感觉会更明显。

③ 车身锉检测。如图 2-59 所示，用锉刀在修整后的板件表面轻锉一遍，表面留有锉痕的地方为凸点，没有锉痕处为凹点。

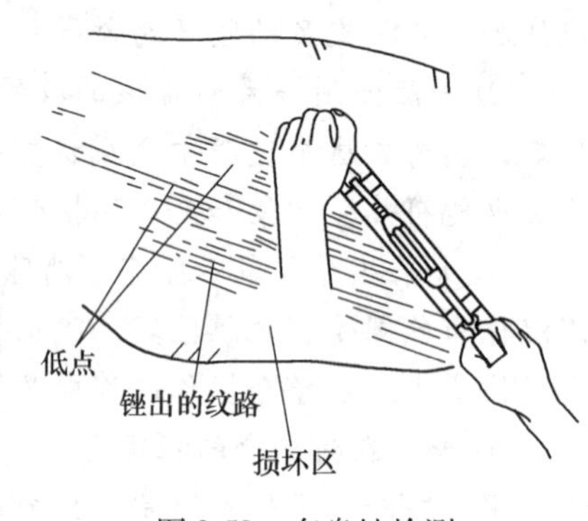

图 2-59　车身锉检测

注意：使用钣金锉进行锉削时，注意其正确的使用方法。当锉一个很平坦的部位时，将锉刀与推进方向成 30°角水平地推，也可将锉刀平放，沿着 30°斜角的方向推进，如图 2-60 所示。在隆起的金属板上，应将锉平放，并沿着变平的隆起处平推，或者沿着凸起处最平坦的方向平放，以 30°或更小的角度向一边推，如图 2-61 所示。

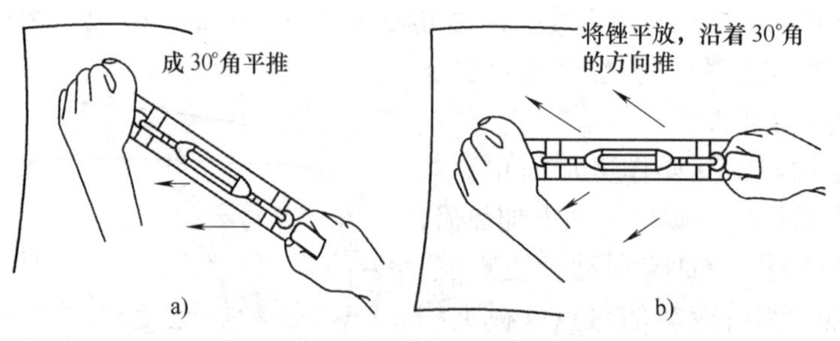

图 2-60　锉平坦的部位

a）平推　b）斜推

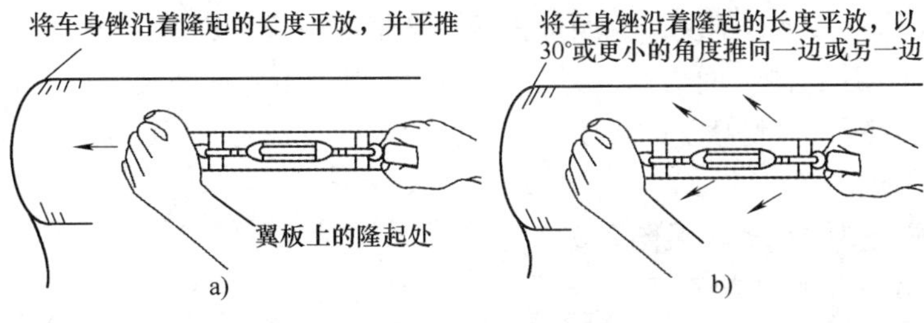

图 2-61　锉隆起的部位

a）平推　b）斜推

④ 样板检测。首先进行取样。将样板放在与受损部位相对应的另一侧，通过推动塑料板使之与钢板完全吻合，形状保持不变，如图 2-62 所示（如果车身两侧同时受损，可以从没有受损的型号相同的车辆面板上进行取样）。然后将样板放在受损的部位，通过观察成形后的样板与钢板是否吻合，判断损伤部位的形状与曲面是否修复到位，如图 2-63 所示。

图 2-62　面板取样

图 2-63　样板检测

⑤ 金属直尺的检测。先将金属直尺放置于没受损的面板上，测量金属直尺与面板之间的间隙，再将金属直尺放置于受损的部位，通过受损部位与没受损部位间隙之间的差异，判断面板形状与曲面的损坏情况或修复程度，如图 2-64 所示。

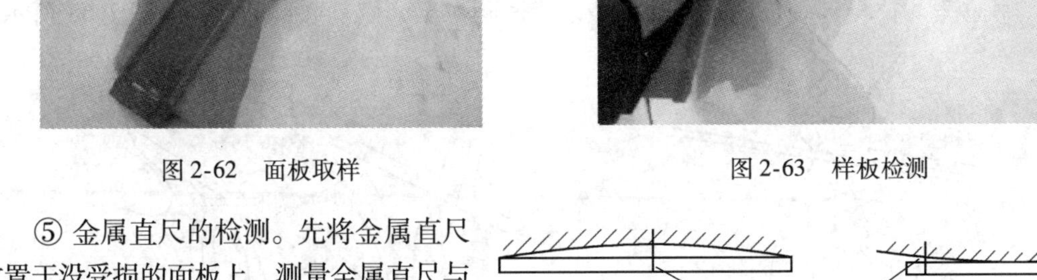

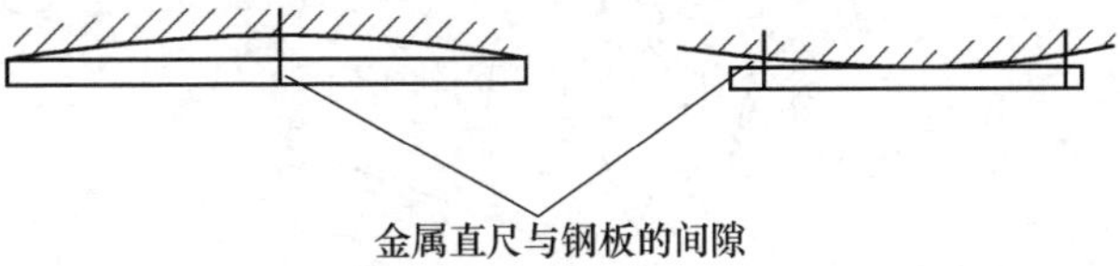

图 2-64　金属直尺的检测

⑥ 钢卷尺测量。检测面板边缘、轮弧等部位的受损情况和修复程度时，可在面板内部找出没有变形且两侧相对称的基准点，测量出没受损一侧基准点到面板边缘、轮弧等部位的数据，再测量出受损一侧基准点到面板边缘、轮弧等部位的数据，两组数据进行对比以检测面板的损坏情况或修复程度。

⑦ 龙门式机械测量尺的检测。首先确定车辆基准点、零平面和中心线，将龙门式机械尺推动到适当位置，使用没受损一侧的探头测量出面板上部任意几点的三维数据，如图 2-65 所示，将受损一侧的探头按照这些数据进行设置，

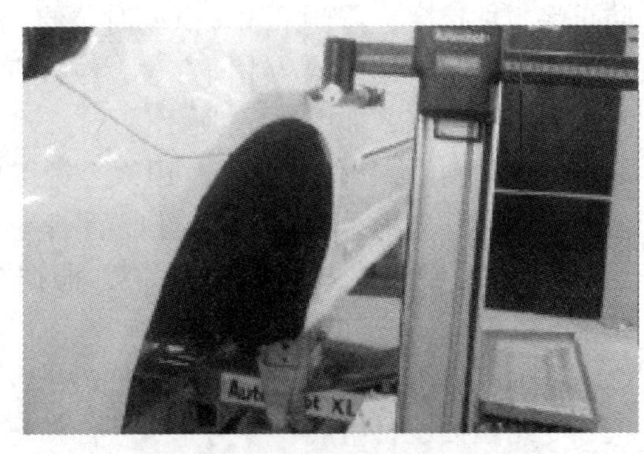

图 2-65　龙门式机械测量尺的检测

观察探头与受损部位的吻合情况，判断面板的损坏情况或修复程度。

⑧ 零部件对比法检测　面板修复过程中，应将相关零部件安装上去，检查相关部位的配合情况，以便判断、检测修复的程度。

3. 局部凹陷的整形

(1) 手锤配合垫铁修复（见图 2-66）

1）选择合适的手锤和垫铁。

2）垫铁应放在稍偏于锤击的地方。

3）用手锤敲击凹凸不平的表面的较高部位，直到变形修复。注意敲击时由外围逐渐向中心区域过渡。

4）检查修复效果，视需要进行精平。

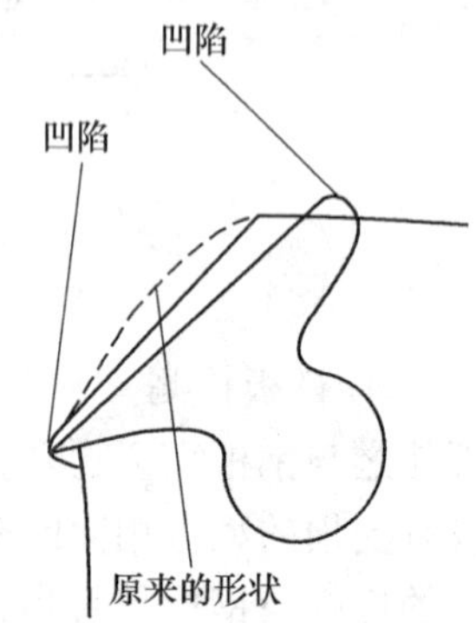

图 2-66　局部凹陷的整形

(2) 利用撞锤拉拔修复

1）用打磨机将需要拉拔处的车身涂层清除掉，露出钢铁。在受损零件的边缘位置同样处理一块，用大力钳将整形机的搭铁线接好。

注意： 在打磨涂层的时候，一定不要过分地打磨金属，只要露出金属能导电即可。

2）接好车身外形修复机，将功能挡位选择在“焊垫圈”位置。通过试焊法调整好焊接参数。

3）在钣金表面凹陷最严重的部位焊接一定数量的垫圈，如图 2-67 所示。

4）用撞锤（拉杆）钩住垫圈进行拉伸，将凹陷拉出，恢复大致形状，如图 2-68 所示。

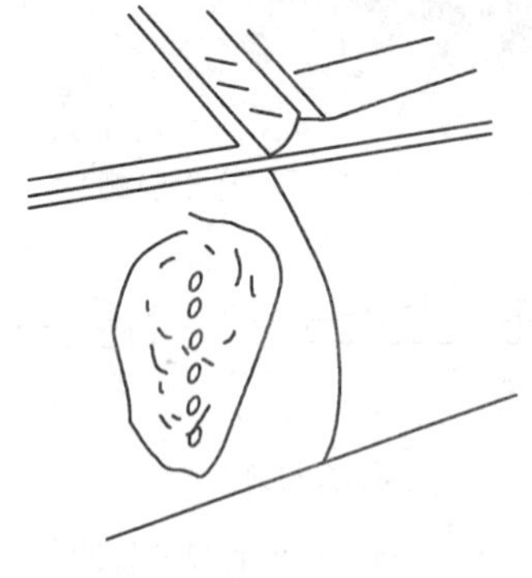
图 2-67　焊接垫圈

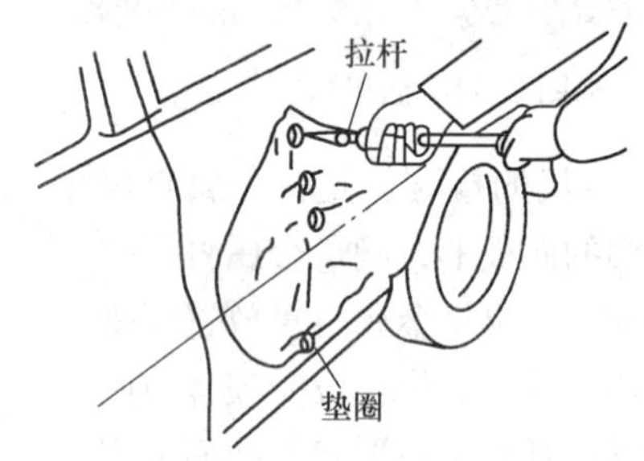

图 2-68　拉拔

5）当板件变形严重，需要的拉伸力很大时，为防止将板件拉穿，需要采用多点同时拉伸。在损伤部位焊一排垫圈，用钢棒从中间穿过，拉拔钢棒，使车身变形得到修复，如图 2-69 所示。

6）保持拉力拉住拉拔器，用钣金锤敲打凸起部位，释放板件应力，将损伤部位修复平整。

7）除掉垫圈，检查修复效果，根据需要进行精平。

(3) 快速拉拔系统修复　快速拉拔系统由电焊机和专用拉拔设备组成，专为车身板件损坏的快速修

图 2-69　多点同时拉伸

复而设计。如一辆汽车前车门受损，如图 2-70 所示，其修复方法如下：

1）将内饰、玻璃等部位保护好。

2）在受损部位，按受力方向用磨机将涂层打磨掉，露出金属。将电焊机搭铁线接好，通过试焊法设置好焊接参数。

3）由于板件变形较大，应该使用加长型的拉拔器进行修复。在板件上焊一定数量的垫圈，使用拉拔器进行拉拔，如图 2-71 所示。

图 2-70　受损的前车门

图 2-71　拉拔

4）当变形部位基本被拉出后，保持住拉力，用钣金锤敲击小的突起部位，并将板件内部的应力消除掉。

5）如果还有凹陷没有被拉出，再使用点拉拔的方式将小的凹陷修复，如图 2-72 所示。

图 2-72　局部修复

6）变形修复后，去除垫圈，用打磨机将焊点磨平，检查修复效果。

4. 大范围凹陷的整形（见图 2-73）

1）用火焰将凹面中间部位加热至粉红色的炽热状态。

2）在中间部位下侧以垫铁顶起，从而使原来凹陷部位得到初步复位。

3）用锤子和垫铁相互配合将四周变高的部分逐渐敲平，恢复原来的几何形状。

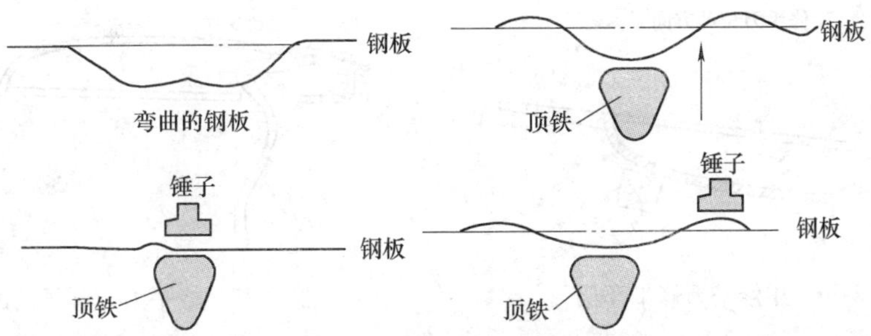

图 2-73　大范围凹陷的整形

4）检查修复效果，根据需要进行精平。

5. 大曲率表面的整形（见图 2-74）

1）用火焰加热。

2）用垫铁初步顶起。

3）用手锤配合垫铁敲平，直到恢复原来的外形。

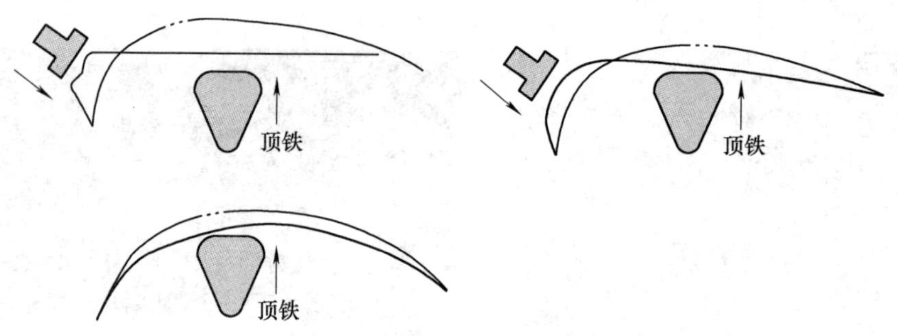

图 2-74　大曲率表面的整形

4）检查修复效果，根据需要进行精平。

6. 小凹陷的整形

用鹤嘴锤的尖头把凹陷处从里往外锤平，如图 2-75 所示。

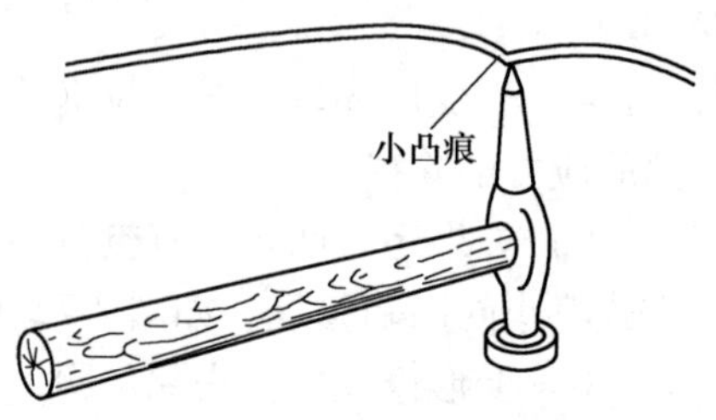

图 2-75　小凹陷的整形

7. 特殊部位变形的整形

对于难以放入垫铁的弧形凹陷（如车门、发动机罩、行李箱盖等），可以使用修平刀配合锤子修整，也可以使用撬镐（冲头）配合锤子进行修整。

（1）修平刀配合锤子修整

1）如图 2-76 所示，用两块木块支撑住板件（车门），使板件外侧的面板与地面悬空。

2）按图 2-77 所示的方法用修平刀撬动，将向内凹的部分撬回到正常位置。

3）将修平刀插入并抵住凹陷部位，用木槌或尼龙锤进行正托或偏托敲击，如图 2-77 所示，借助修平刀和手锤将车门面板修复。

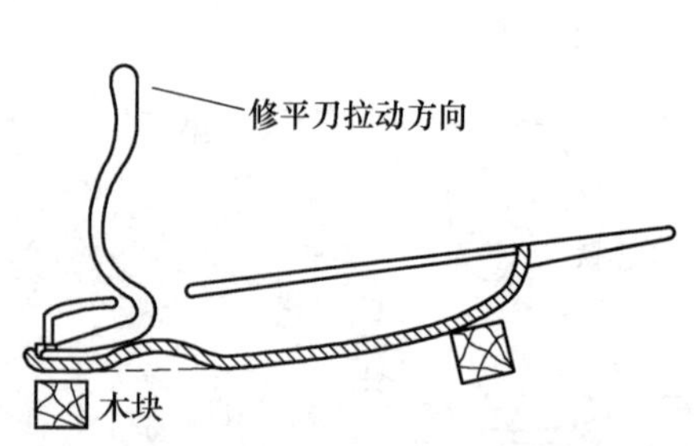

图 2-76　用修平刀修平车门

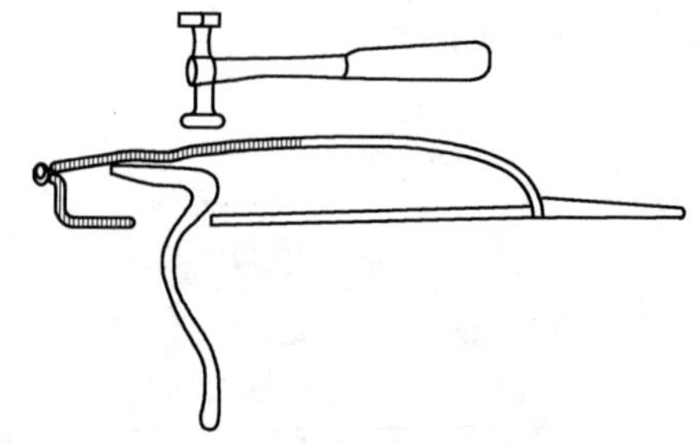

图 2-77　修平刀与锤子的配合

注意：运用修平刀进行修平操作时，应十分注意锤击力度的控制。受修平刀支点选择方面的影响，其端面与变形部位的顶贴力量不易控制。与垫铁法相比，修平刀法的敲击力度要相对小一些，在轻轻锤击的过程中还应特别注意顶贴位置和敲击部位的变化情况。应用修平刀时还应注意支点的选择，要避免以车身的某些薄弱环节作为支撑，不得已时应垫上木块以免造成支点变形。无论采取哪一种办法，都应遵循“敲高顶低”的原则，并注意随时调整顶点和锤点的位置。

（2）撬镐（冲头）配合锤子修整

1）用冲头在内部结构件适当部位上冲出孔，以利于使用撬镐和在敲平中调整接触部位。

2）将撬镐或冲头直接插入到板件下部，通过撬镐的头部将大小合适的突出点撬起，如图2-78所示。

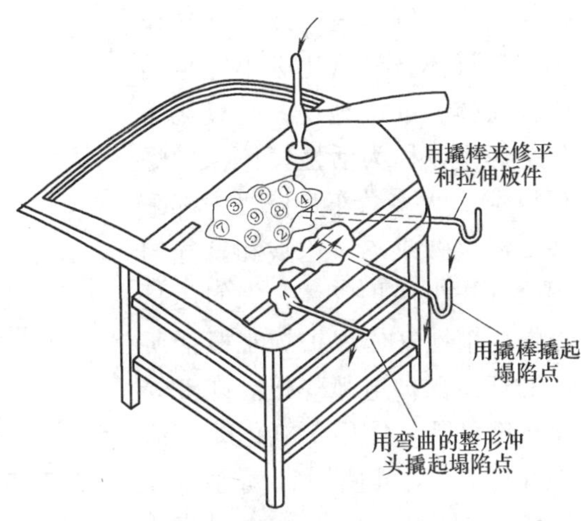

图2-78　撬镐（冲头）配合锤子修整车门板变形

任务三　车身钣金件的焊接

【相关知识】

焊接是对焊件进行局部或整体加热，使焊件产生塑性变形、熔化形成焊件间的原子结合，从而实现永久连接的工艺方法。车身组件多由钢板或型钢构成，焊接方法有二氧化碳保护焊、气焊、手工电弧焊、点焊及钎焊等，与其他连接方法相似，焊接具有节省钢材、操作简单、密封性能好等优点。

由于现代车身特别是轿车车身大多采用薄钢板、铝合金板及高强度钢板，采用气焊及手工电弧焊时易产生各种各样的缺陷。故这两种焊接方法在车身实际焊接修复中的应用越来越少。本任务只介绍常用的惰性气体保护焊和点焊。

一、惰性气体保护焊

现代车身中的纵梁、横梁、立柱等结构件都是应用高强度钢或超高强度钢制造的，惰性气体保护焊（MIG）在焊接整体式车身上的高强度钢板方面比其他常规焊接方法更适合，当今汽车上使用的新型高强度钢不能用氧乙炔焰或电弧焊进行焊接，而广泛应用惰性气体保护焊。

1. 惰性气体保护焊的原理

惰性气体保护焊使用一根焊丝，焊丝以一定的速度自动进给，在板件和焊丝之间出现电弧，电弧产生的热量使焊丝和板件熔化，将板件熔合连接在一起，这就是惰性气体保护焊的焊接过程，如图2-79所示。

在焊接过程中，惰性气体对焊接部位进行保护，以免熔融的板件受到空气的氧化。惰性气体的种类由需要焊接的板件决定，钢材都用二氧化碳（CO_2）或二氧化碳和氩气的混合气作为保护气体。而对于铝材，则根据铝合金的种类和材料的厚度，分别采用氩气或氩、氦混合气体进行保护。如果在氩气中加入4%～5%的氧气作为保护气，就可以焊接不锈钢。

惰性气体保护焊有时又称作二氧化碳保护焊。其实惰性气体保护焊（MIG）采用完全的惰性气体（例如氩气或氦气）作为保护气体。二氧化碳不完全是惰性气体，准确地说，二氧化碳保护焊应该称为活性气体保护焊（MAG）。大多数车身修复中都采用二氧化碳或二氧化碳和氩气的混合气作为保护气体，人们还是习惯用惰性气体保护焊来概括所有的气体保护电弧焊接。许多焊接机都是既可使用二氧化碳（活性气体），又可使用氩气（惰性气体），只需更换气瓶和调节器就可以了。

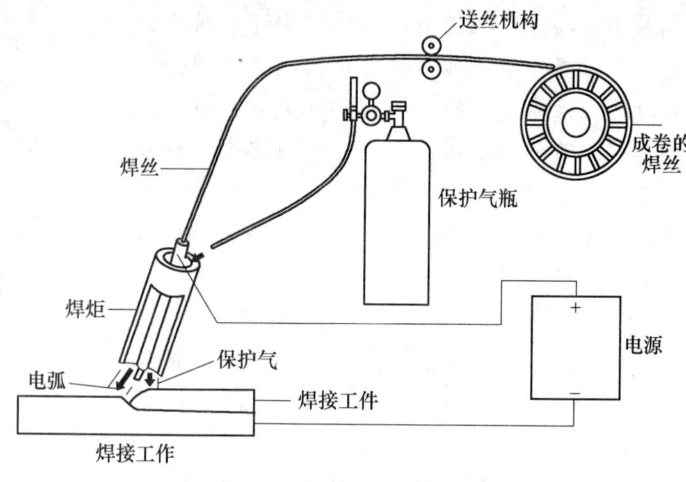

图 2-79　惰性气体保护焊基本原理

2. 惰性气体保护焊焊接的工作过程

1）焊丝在焊接部位经过瞬间的短路、回烧并产生电弧，如图 2-80 所示。

2）每一次工作循环中都产生一次短路电弧，并从焊丝的端部将微小的一滴液体转移到熔化的焊接部位。

3）在焊丝周围有一层气体保护层，它的作用是防止大气的危害并稳定电弧。

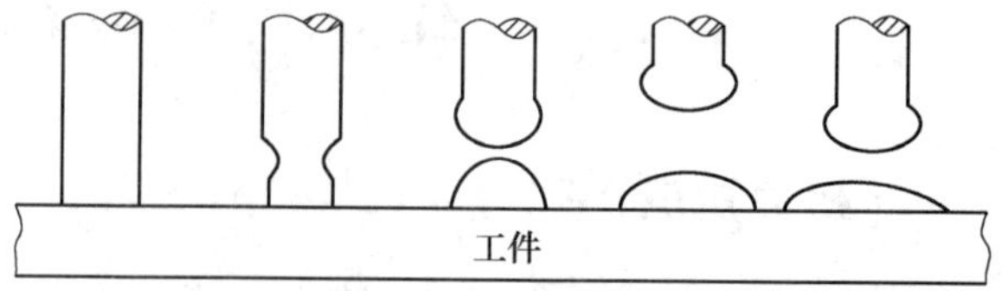

图 2-80　惰性气体保护焊焊丝回烧过程

4）连续进给的焊丝与板件接触而形成短路，电阻热使焊丝和焊接部位受热。

5）随着加热的继续进行，焊丝开始熔化、变细并产生收缩。

6）随收缩部位电阻热的增加将加速该处的受热。

7）熔化的收缩部位烧毁，在焊件上形成一个熔池并产生电弧。

8）电弧燃烧使熔池变平且焊丝伸出长度变小。

9）当焊丝和焊件之间的距离达到最大值时，焊丝开始冷却并重新送丝，并接近焊件。

10）焊丝的端部又开始升温，其温度足以使熔池变平，但还不能够阻止焊丝重新接触焊件。因此，电弧熄灭，焊丝送进再次形成短路，上述过程又重新进行。

11）这种自动循环产生的频率为 50～200 次/s。

3. 惰性气体保护焊焊接设备

图 2-81 所示的惰性气体保护焊设备，主要由焊机、送丝机构和各种附件组成。

（1）减压表　带有流速调节的减压表能显示气瓶内剩余气体的压力，还能显示所用气体的流量，如图 2-82 所示。如果是二氧化碳减压表，在减压阀的后面还有加热器，因为气瓶内二氧化碳是以液态的形式储存的，挥发成气态时会吸热将管路冷却，严重的可能结冰，影响焊接质量。在使用过程中，二氧化碳减压表的压力值是基本不变的，当液态的二氧化碳用完时，压力表的指示值会变小，这时候就需要马上充气了。

（2）送丝装置　送丝装置可对送丝的速度进行控制，压紧手柄拧紧送丝速度加快，反之变慢。根据送丝主动轮数量可分为单轮送丝机构（见图 2-83）和双轮送丝机构（见图 2-84）。

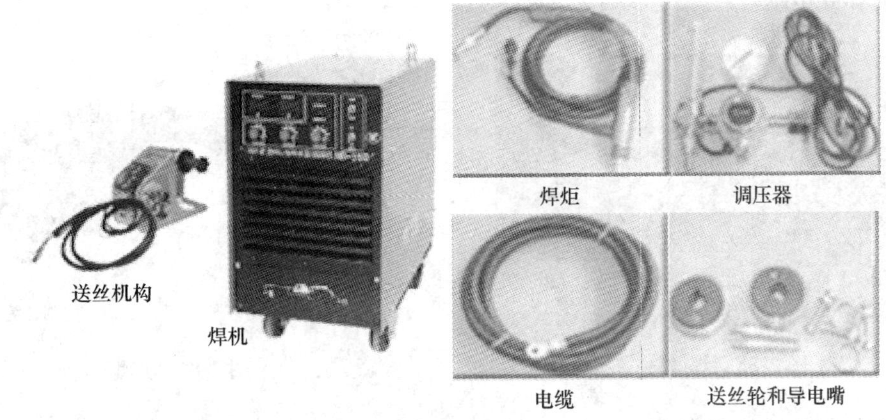

图2-81　惰性气体保护焊设备

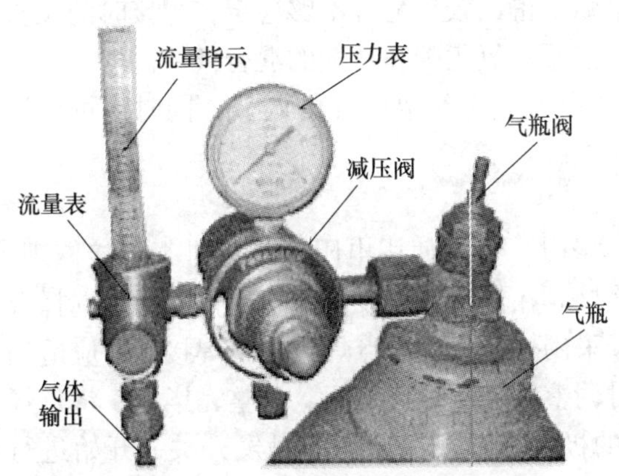

图2-82　二氧化碳减压表

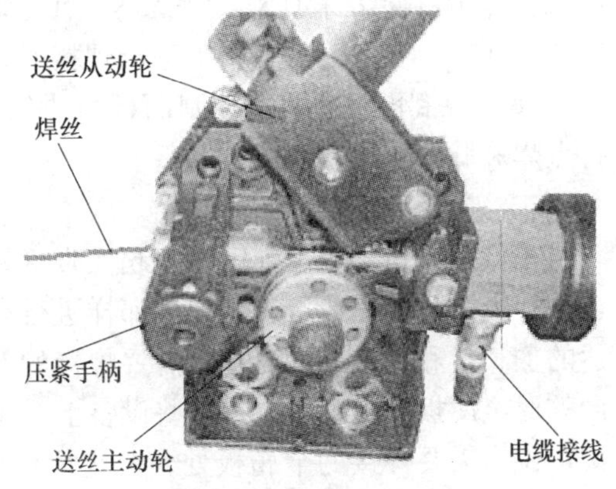

图2-83　单轮送丝机构

(3) 焊丝（见图2-85）　车身修理中使用的焊丝种类是AWS-70S-6，使用焊丝的直径为0.6～0.8mm。目前使用最多的是直径为0.6mm的焊丝，以前是一种特制的焊丝，现在可以很容易买到。直径很细的焊丝可以在弱电流、低电压条件下使用，这就使进入板件的热量大为减少。

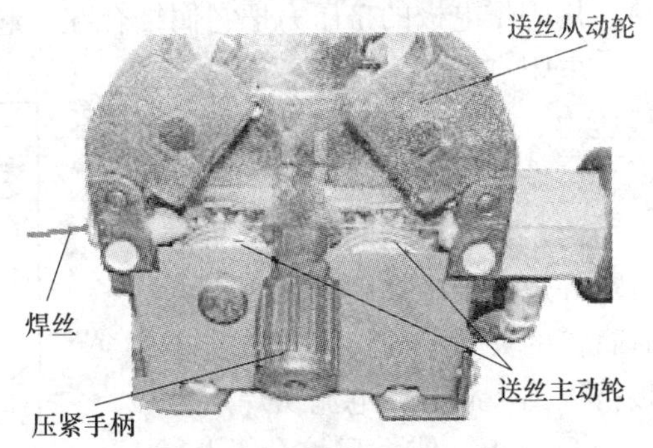

图2-84　双轮送丝机构

(4) 焊机　焊机的核心是变压器，它把220V或380V的电压变成只有10V左右的低电压，同时电流会变得很大。由于焊接对电源的要求，所以必须使用具有稳定电压的电源。用于汽车车身修理的电源比一般工业焊机的要求要高，焊接薄金属板时的输出电流、输出电压要稳定，否则会影响焊接质量。

(5) 电缆和搭铁接线装置　焊接的部位要与搭铁接线连接形成电流回路。

(6) 焊炬　如图2-86所示，将焊丝引导至焊接部位，在焊炬上有起动开关，焊炬前部主要有喷嘴和导电嘴。

图 2-85　焊丝

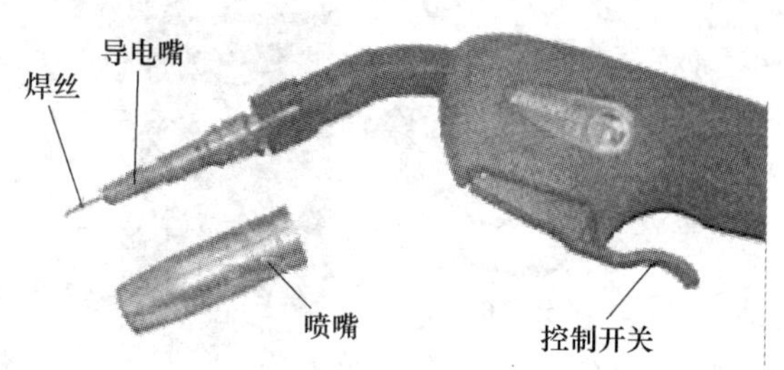

图 2-86　焊炬

（7）保护气体　修理车身时，焊接一般用二氧化碳或二氧化碳和氩气（Ar）的混合气来进行保护，氩气和二氧化碳的体积比为3∶1，这种混合气体通常被称为 C—25 气体。采用气体保护可使熔深加大。但是，二氧化碳使电弧变得比较粗糙且不够稳定，焊接时的飞溅增加。所以，在较薄的材料上进行焊接时，最好使用二氧化碳和氩气的混合气体。

（8）控制面板　通过控制面板可进行电压、电流、送丝速度等的调节，同时还可以进行点焊和脉冲点焊功能的控制。

二、电阻点焊

在修理大量采用高强度钢和超高强度钢的车身时，要求使用电阻点焊机进行焊接修理。这种焊接方式像制造厂进行焊接那样进行点焊连接。在使用点焊设备时，操作者必须选择合适的加长臂和电极，以便达到需要焊接的部位。采用挤压式电阻点焊机进行焊接时，应适当调整对金属板的夹紧力。在一些设备上，可同时调整电流和焊接时间。调整完毕后，将点焊机定位在需要焊接的金属板处，一定要使电极的极性彼此相反，然后触发开关，开始进行点焊。

电阻点焊是利用低电压、高强度的电流流过夹紧在一起的两块金属板时产生的大量电阻热，用焊炬电极的挤压力把它们结合在一起的，如图 2-87 所示。

电阻点焊的三个主要参数为电极压力、焊接电流和加压时间。

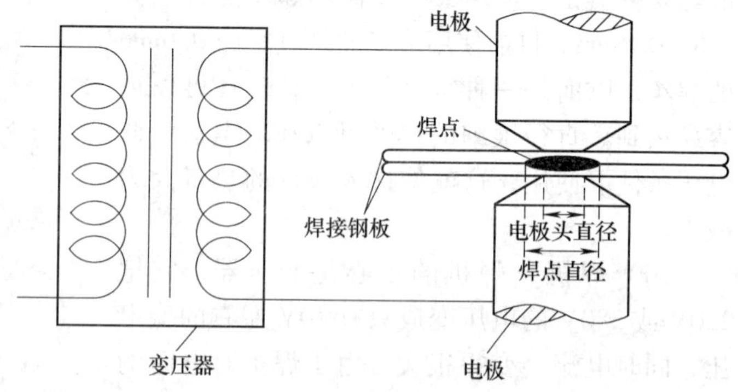

图 2-87　电阻点焊原理

1. 电极压力

两个金属板之间的焊接机械强度与焊炬电极施加在金属板上的力有直接的关系。当焊炬电极将金属板挤压到一起时，电流从焊炬电极流入金属板，使金属熔化并熔合。焊炬电极的压力太小、电流过大都会产生焊接溅出物，导致焊接强度降低。焊炬电极压力太大会引起焊点过小，并降低焊接部位的机械强度，如图 2-88 所示。焊炬电极压力过高会使电极头压入被焊金属软化的部位过深，导致焊接质量降低。

2. 焊接电流

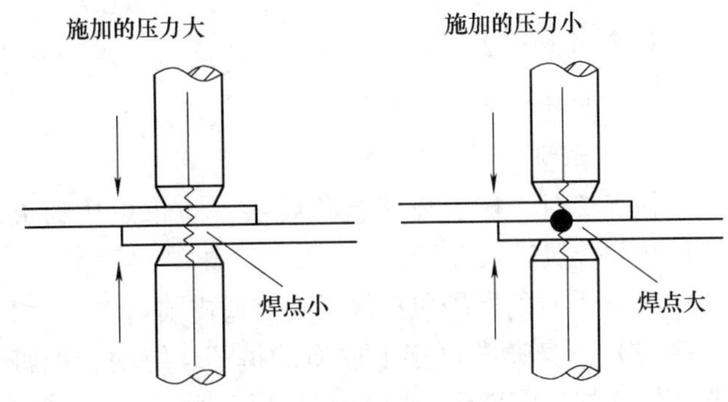

图 2-88　焊接压力对焊点的影响

给金属板加压后，一股很强的电流流过焊炬电极，然后流入两个金属板件。在金属板的接合处电阻值最大，电阻热使温度迅速上升（见图 2-89a）。如果电流不断流过，金属便熔化并熔合在一起（见图 2-89b）。电流太大或压力太小，将会产生内部溅出物。如果适当减小电流或增加压力，便可使焊接溅出物减少到最小值。焊接电流和施加在点焊部位的压力对焊接质量都有直接的影响。

一般通过焊点部位的颜色变化就可以判断电流的大小。图 2-90a 表示焊接电流正常时焊点中间电极触头接触部分的颜色不会发生变化，与未焊接之前的颜色相同；图 2-90b 表示焊接电流大时焊点中间电极触头接触部分的颜色变深呈蓝色。

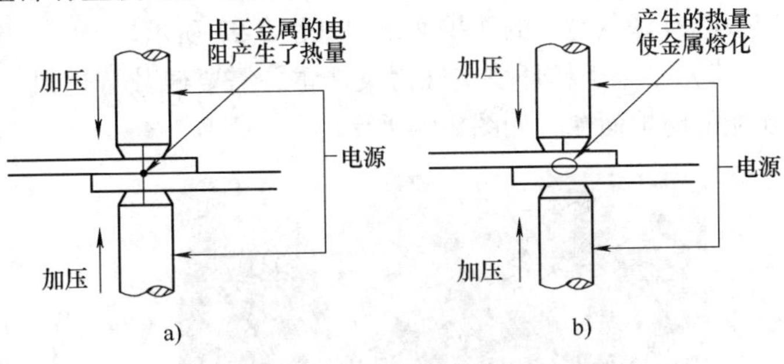

图 2-89　焊接电流对焊点的影响

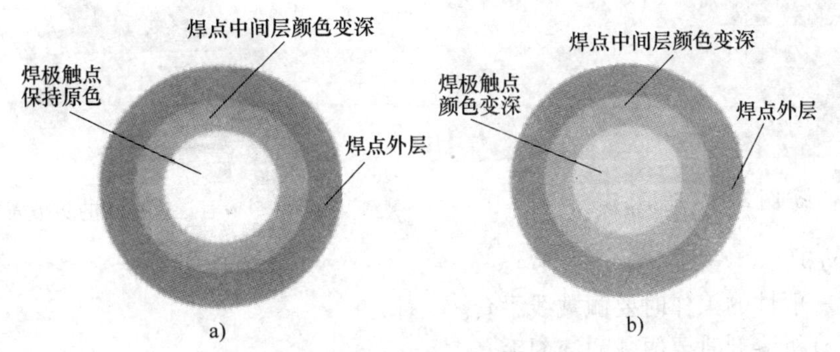

图 2-90　焊接电流影响焊点颜色的变化

a）电流正常　b）电流过大

3. 加压时间

电流停止后，焊接部位熔化的金属开始冷却，凝固的金属形成了圆而平的焊点，如图 2-91 所示。焊点施加的压力合适，会使焊点的结构非常紧密，有很高的机械强度。加压时间是一个非常重要的因素。如果时间太短，会使金属熔合不够紧密，焊接操作时的加压时间一般不少于焊机说明书上的规定值。

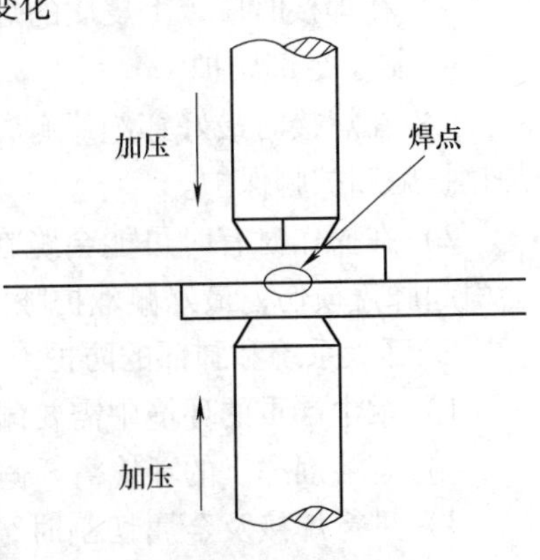

图 2-91　焊接时间

【技能学习】

一、劳动安全

1. 工作服

在焊接时，裤长要能盖住鞋头，防止炽热的火花或熔化的金属进入鞋子。

（1）上身的保护包括焊工夹克或皮围裙。

（2）下身通常可穿上皮质的裤子、绑腿、护脚来防止熔化的金属烧穿衣物，如图2-92所示。

图2-92　焊接时要穿着专用焊接工作服

2. 面部防护用品

1）在进行保护焊、等离子切割或氧乙炔焊操作时应佩戴有深色镜片的防护面罩，如图2-93所示。

2）如果工作环境空气污染严重，需要佩戴有送风功能的防护面罩，如图2-94所示。

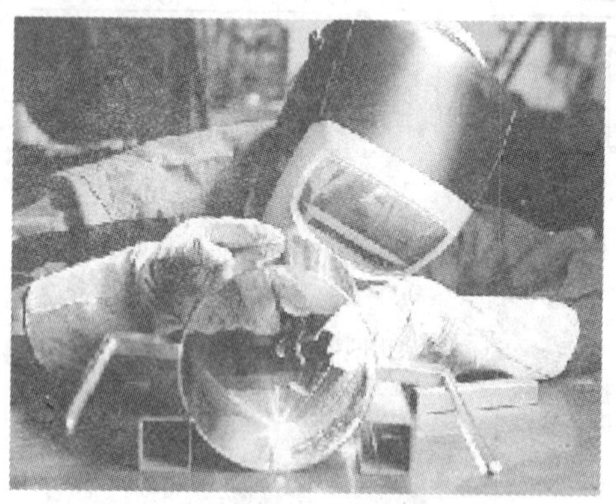

图2-93　防护面罩

图2-94　有送风功能的防护面罩

3. 手部防护

1）进行一般性的工作时要佩戴线手套。

2）接触有机溶剂时要佩戴耐溶剂手套。

3）在焊接时应戴上皮质的焊接手套。

4. 腿、足部防护

1）在焊接时最好穿绝缘鞋，在腿部和脚部最好有焊接护腿和护脚保护。

2）在操作时有时可能会跪在地上操作，时间长了会引起膝盖损伤，最好佩戴护膝。

5. 呼吸系统和肺部的防护

1）烟尘严重的环境中需要佩戴防尘口罩。

2）有溶剂挥发的环境需要佩戴防毒面具。

3）进行焊接及金属切割时，需要佩戴焊接用防护口罩，如图2-95所示。

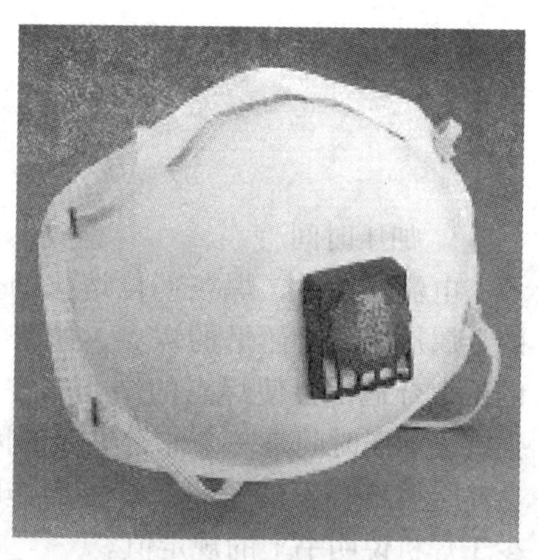

图2-95　焊接用防护口罩

二、惰性气体保护焊

1. 焊机的安装

（1）连接电线　按照焊机说明书的规定，将惰性气体保护焊焊机的电缆与电源相连接。

1）直流电源的连接方式一般为直流反向极性连接，即焊丝为正极，工件为负极。采用这种连接时，焊接熔深最大。

2）如果需要焊接的材料非常薄，应以正向极性连接方式进行焊接，焊丝为负极而工件为正极。焊接时在焊丝上产生更多的热量，工件上的焊接熔深较浅，飞溅严重。

（2）连接保护气

1）保护气的种类由需要焊接的板件决定。

① 钢材都用二氧化碳或二氧化碳和氩气的混合气作为保护气体。

② 对于铝材，则根据铝合金的种类和材料的厚度，分别采用氩气或氩、氦混合气进行保护。

③ 如果在氩气中加入4%～5%的氧气作为保护气，就可以焊接不锈钢。

2）用链条或带子将气瓶固定在底座上，使气瓶和惰性气体保护焊机连接在一起。也可将气瓶安装在墙壁、柱子等处。

3）安装减压表，给加热器通电。

（3）安装焊丝

1）车身修理中使用的焊丝种类是AWS-70S-6，使用焊丝的直径为0.6～0.8mm。使用最多的是直径为0.6mm的焊丝。

2）按照设备说明书的规定安装并调整送丝装置中的各个元件。

① 确保送丝轮轴槽、焊丝导向装置、送丝管和焊炬的导电嘴的尺寸都与所使用的焊丝的尺寸相一致。

② 用手将焊丝送进约300mm，保证焊丝能够顺利地通过送丝管和焊炬。

③ 对送丝的速度进行控制，压紧手柄拧紧送丝加快，反之变慢。

注意：送丝轮的压力要合适。压力过大焊丝会变形，在送丝管内产生螺旋效应，导致送丝不稳定；压力过小，焊丝在喷嘴受阻而不能进给。

2. 焊接参数的调整

（1）焊接电流的调整　表2-5所列为不同板厚和不同粗细的焊丝所需要的焊接电流。

表2-5　焊接电流的调整

焊丝直径/mm	金属板厚/mm						
	0.6	0.8	1.0	1.2	1.4	1.6	1.8
0.6	20～30A	30～40A	40～50A	50～60A			
0.8			40～50A	50～60A	60～90A	100～120A	
1.0					60～90A	100～120A	120～150A

（2）电弧电压的调整

1）随着焊接电流的增加，电弧电压也应相应加大。

2）短路过渡时，电压为16～24V；粗滴过渡时，电压应为25～45V。

3）电压过高或过低，都会影响电弧的稳定性和引起飞溅增加。

4）电弧电压过高时，电弧的长度增大，焊接熔深减小，焊缝呈扁平状。

5）电弧电压过低时，电弧的长度减小，焊接熔深增加，焊缝呈狭窄的圆拱状。

不同焊接电压的焊接效果如图 2-96 所示。

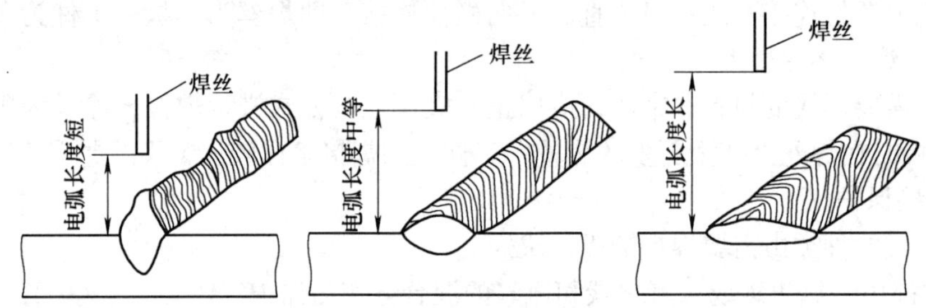

图 2-96 不同焊接电压的焊接效果

（3）焊炬喷嘴的调整

1）距离调整方法如下：

① 调整导电嘴到喷嘴的距离大约为 3mm。

② 焊丝伸出喷嘴的距离大约为焊丝直径的 10～20 倍，一般在 5～8mm 之间较合适。如果焊丝伸出长度过大，可以用偏嘴钳剪断，如图 2-97 所示。

2）喷嘴溅出物的处理。如果溅出物粘附于喷嘴的端部，应用一个合适的工具（例如锉刀）清除掉导电嘴上的溅出物，然后检查焊丝是否能够平稳地送出。

3）导电嘴的检查。坏了的导电嘴应及时更换，以确保产生稳定的电弧。为了得到平稳的气流和电弧，应适当拧紧导电嘴。

（4）焊接时焊炬角度的调整　焊炬角度都应在 10°～15°之间，如图 2-98 所示。

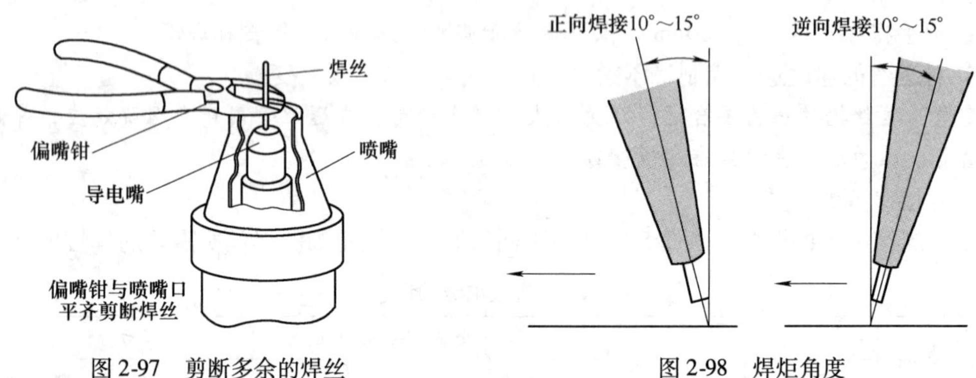

图 2-97 剪断多余的焊丝　　图 2-98 焊炬角度

（5）保护气体流量的调整

1）根据喷嘴和板件之间的距离、焊接电流、焊接速度以及焊接环境（焊接部位附近的空气流动）来调整保护气体的流量。

2）通常焊接电流在 200A 以下时，气体流量选用 10～15L/min；焊接电流大于 200A 时，气体流量选用 15～25L/min。

3）在使用过程中，二氧化碳减压表的压力值是基本不变的。只有当液态的二氧化碳用完，压力表的指示值会变小，提示需要马上充气。

（6）焊接速度的调整　一般来说，焊接速度由工件的厚度、焊接电压两种因素决定。

表 2-6 所列为不同厚度的板件焊接时的焊接速度。

表 2-6　焊接速度的调节

板件厚度/mm	焊接速度/(m/min)
0.6~0.8	1.1~1.2
1.0	1.0
1.2	0.9~1.0
1.6	0.8~0.85

注意：如果焊炬的移动速度快，熔深和熔宽都会减小，而且焊缝会变成圆拱形。当焊炬移动速度进一步加快时，将会产生咬边。而焊接速度过低则会产生许多烧穿孔。

3. 焊接操作

（1）连续焊（见图 2-99）

1）焊炬缓慢、稳定地向前运动，形成连续的焊缝。

2）操作中保持焊炬的稳定进给，以免产生晃动，可得到高度和宽度恒定的焊缝，而且焊缝上带有许多均匀、细密的焊波。

图 2-99　连续焊

3）采用正向焊接时，连续、匀速地移动焊炬，并经常观察焊缝。如果不能正常进行焊接，可能是焊丝太长。焊丝过长，金属的焊接熔深将会减小。

4）为了得到适当的焊接熔深，提高焊接质量，应使焊炬靠近板件。

（2）塞焊

1）进行塞焊前，应在上面的板件上打孔。一般来说 1mm 厚的钢板上钻直径为 5mm 的孔即可，如图 2-100 所示。

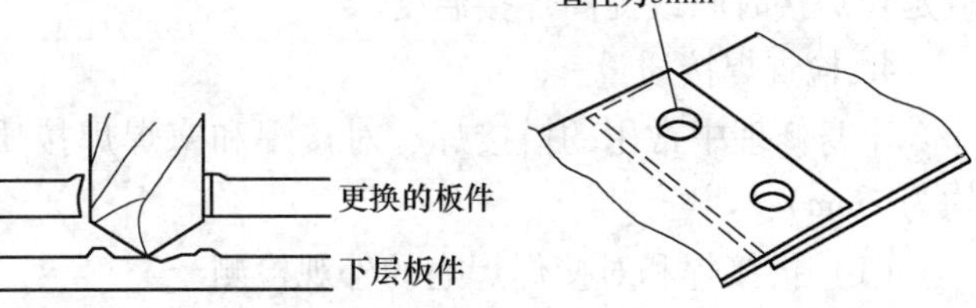

图 2-100　在上层金属板上钻孔

注意：焊接不同厚度的金属板时，应将较薄的金属板放在上面。

2）当需要将两层以上的金属板焊接在一起时，应在最下层的金属板以上的每一层金属板上钻一个孔。并且要求每一层金属板的塞焊孔直径应小于其上层金属板塞焊孔的直径。

3）夹紧装置必须位于焊接位置的附近，保证板件非常牢固地固定在一起。还要求板件间不要有太明显的缝隙。

4）焊接时，焊炬和被焊接的表面保持一定的角度，将焊丝放入孔内。短暂地触发电弧，然后断开触发器，反复多次，直到熔融金属填满该孔并凝固，将所有板件焊接在一起，如图 2-101 所示。

5）一定要让焊接深入到下面的金属板。金属板下面的半球形隆起表明有适当的焊接熔深，如图 2-102 所示。

6）进行多点塞焊时，焊接过的部位应该自然冷却，然后才可以焊接相邻部位。

7）间断的塞焊会在金属表面上产生一层氧化物薄膜，形成气泡。如果发生这种情况，用钢丝刷来清除氧化物薄膜。

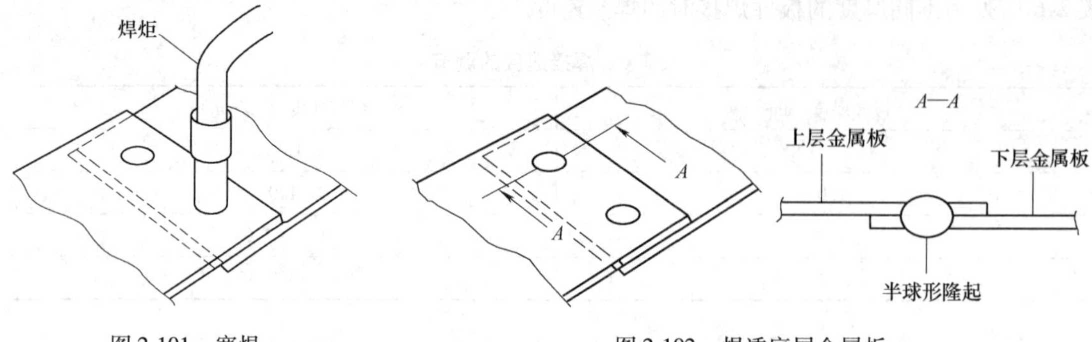

图 2-101　塞焊　　　　图 2-102　焊透底层金属板

8）在进行一个孔的焊点塞焊时要求一次完成，避免二次焊接。

（3）定位焊（见图 2-103）

1）当对厚度不同的金属板进行定位焊时，应将较轻的金属板焊接到较重的金属板上。

2）对点焊参数进行调整时，最好借助于金属样品。

3）当送丝定时脉冲被触发时，电弧引入被焊的两块金属板，将两层金属板熔化熔合焊接在一起。

4）每完成一次定位焊，都应断开触发器，然后再将触发器合上，以便进行下一次定位焊。

图 2-103　定位焊

5）为了检验定位焊的质量，可将焊接在一起的两个样品拉开。高质量的焊接接头会在底层的试样上裂开一个小孔。如果焊接接头很容易被拉开，则应延长焊接时间或提高焊接温度。

4. 检查焊接质量

车身修理中常用的搭接焊、对接焊和塞焊焊接质量的检验标准如下（试验板件的厚度均为 1mm）：

（1）搭接焊和对接焊焊疤的外观检测

1）工件正面。最短长度为 25mm，最长长度为 38mm；最小宽度为 5mm，最大宽度为 10mm。

2）工件背面。焊疤宽度为 0 ~ 5mm。

3）夹缝宽度。对接焊工件夹缝宽度是工件厚度的 2 ~ 3 倍。

（2）塞焊焊疤的外观检测

1）工件正面。焊疤直径最小为 10mm，直径最大为 13mm。

2）工件背面。焊疤直径为 0 ~ 10mm。

3）焊疤。焊疤不允许有孔洞或熔渣等缺陷。

（3）焊件焊疤高度检测标准　焊件正面焊疤最大高度不超过 3mm，焊件背面焊疤最大高度不超过 1.5mm。

（4）搭接焊和对接焊焊疤破坏性的实验检测

1）对接焊撕裂破坏后工件上必须有与焊疤长度相等的豁口。

2）搭接焊撕裂破坏后工件上必须有不小于焊疤直径的孔，如图 2-104 所示。

图 2-104　搭接焊撕裂试验后的效果

5. 惰性气体保护焊的焊接缺陷及原因

（1）气孔和凹坑（见图 2-105）　气孔和凹坑是由于气体进入焊接金属中所产生的。产生的原因有板件上有锈迹或污物；焊丝上有锈迹或水分；保护不当、喷嘴堵塞、焊丝弯曲或气体流量过小；焊接时冷却速度过快；电弧过长；焊丝规格不正确；气体被不适当封闭；焊接表面不干净等。

（2）咬边（见图 2-106）　咬边是由于过分熔化板件而形成一个凹坑，它使板件的横截面积减小，严重降低了焊接部位的强度。产生的原因有电弧太长；焊炬角度不正确；焊接速度太快；电流太大；焊炬送进太快；焊炬角度不稳定等。

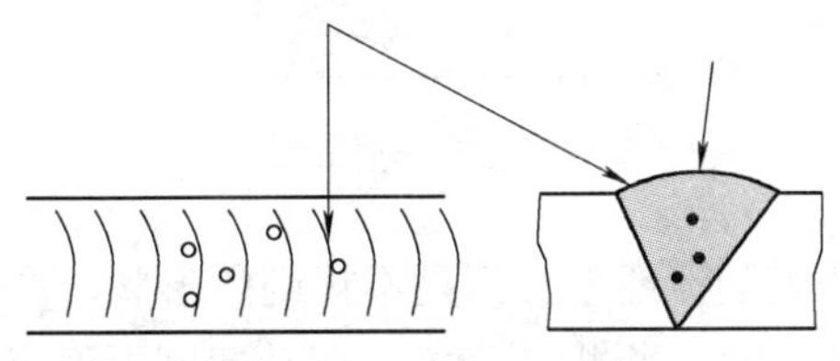
图 2-105　气孔和凹坑

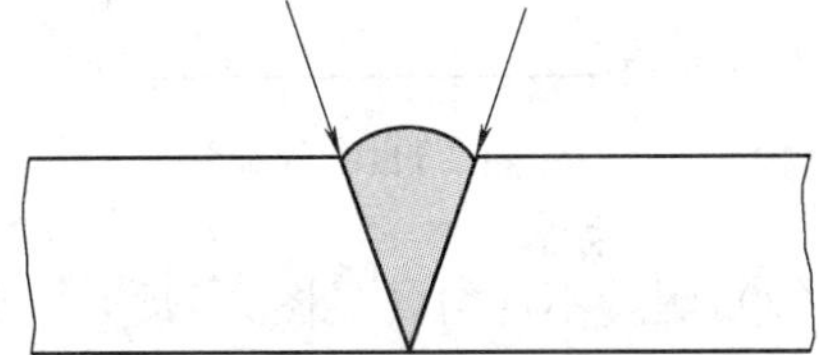
图 2-106　咬边

（3）不正确熔化（见图 2-107）　不正确熔化是发生在板件与焊接金属之间，或发生在两种熔敷金属之间的不熔化现象。产生的原因有焊炬送进太快；电压过低；焊接部位不干净等。

（4）焊瘤（见图 2-108）　焊瘤在角焊中比对接焊中更容易产生，焊瘤会引起应力集中而导致过早腐蚀。产生的原因有焊接速度太慢；电弧太短；焊炬进给太慢；电流太小等。

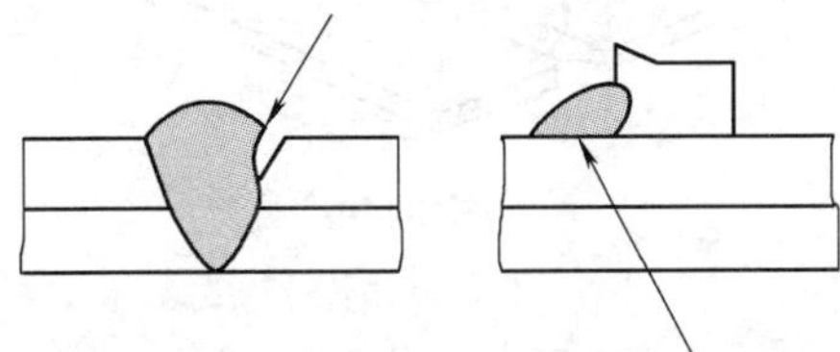
图 2-107　不正确熔化

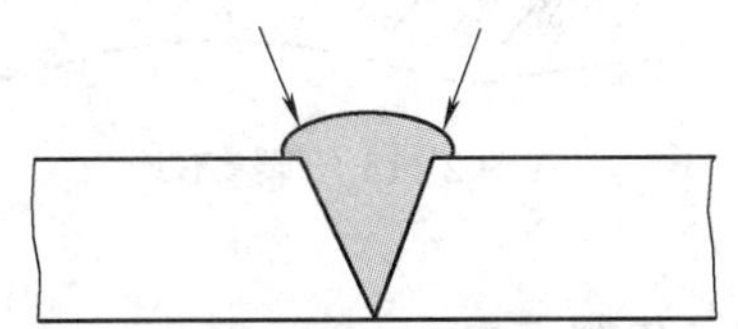
图 2-108　焊瘤

（5）熔深不足（见图 2-109）　熔深不足是由于金属板熔敷不足而产生的。产生的原因有电流太小，电弧过短；焊丝端部没有对准两层金属板的对接位置；槽口太小等。

（6）焊接溅出物太多（见图 2-110）　焊接溅出物太多会在焊缝的两边形成许多斑点和凸起。形成的原因有电弧过长；板件金属有锈迹；焊炬角度太大等。

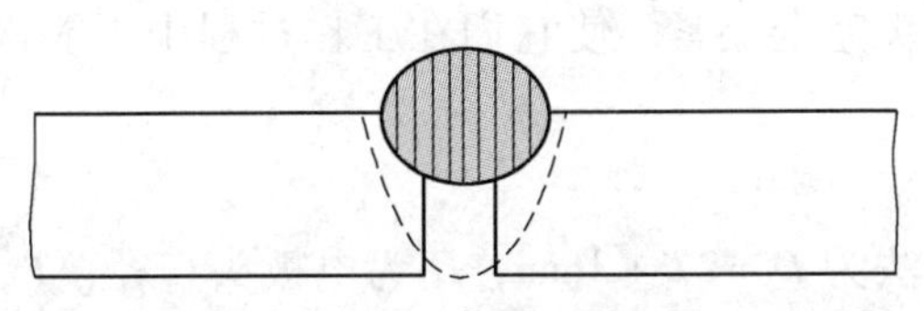
图 2-109　熔深不足

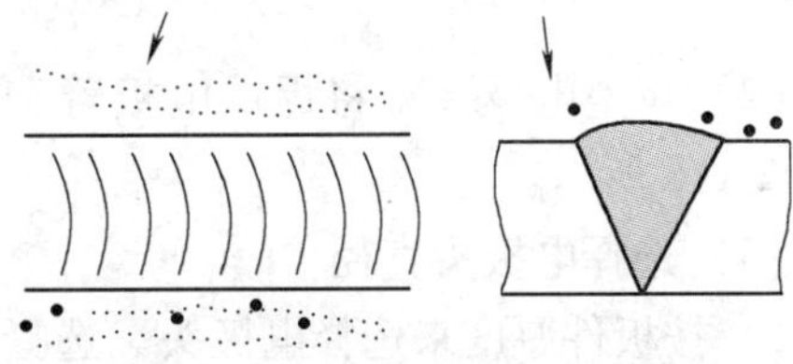
图 2-110　焊接溅出物太多

(7) 焊缝浅（见图2-111）　进行角焊时，在焊缝处容易产生溅出物，而且此处焊缝浅。产生的原因有电流太大、焊丝规格不正确等。

(8) 垂直裂纹（见图2-112）　垂直裂纹通常只发生在焊缝顶部表面。产生的原因主要是焊缝表面有污物（油漆、油、锈斑）。

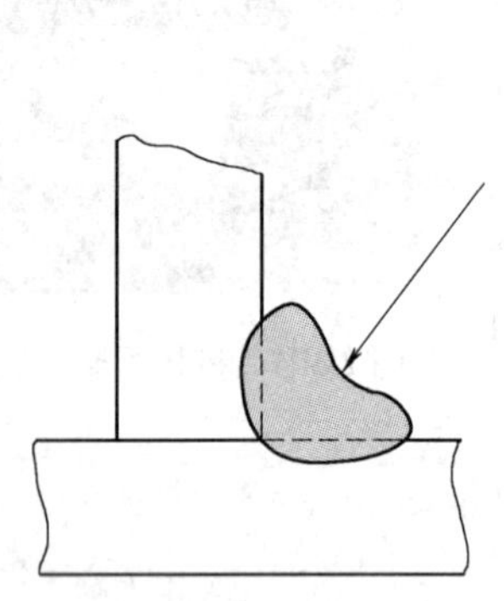

图2-111　焊缝浅

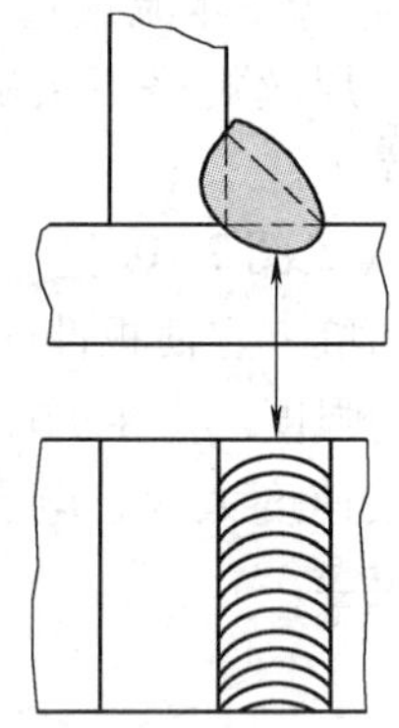

图2-112　垂直裂纹

(9) 焊缝不均匀（见图2-113）　焊缝不是均匀的流线型，而是不规则的形状。产生的原因有焊炬嘴口损坏或变形，焊丝通过嘴口时发生摆动；焊炬不稳定；移动速度不稳定等。

(10) 烧穿（见图2-114）　烧穿的焊缝内有许多孔。产生的原因有焊接电流太大；两块金属之间的坡口太宽；焊炬移动速度太慢；焊炬到板件之间的距离太短等。

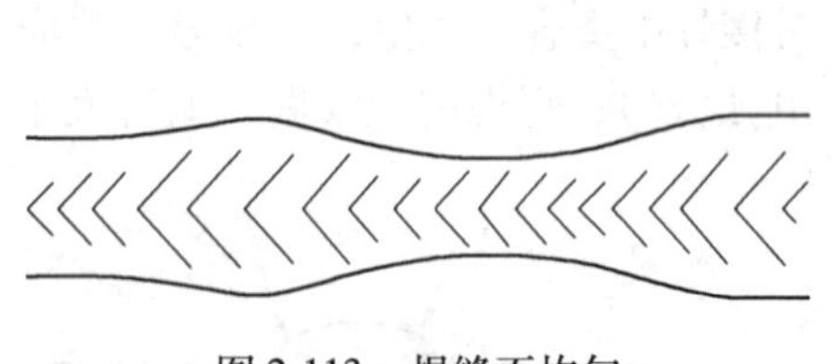

图2-113　焊缝不均匀

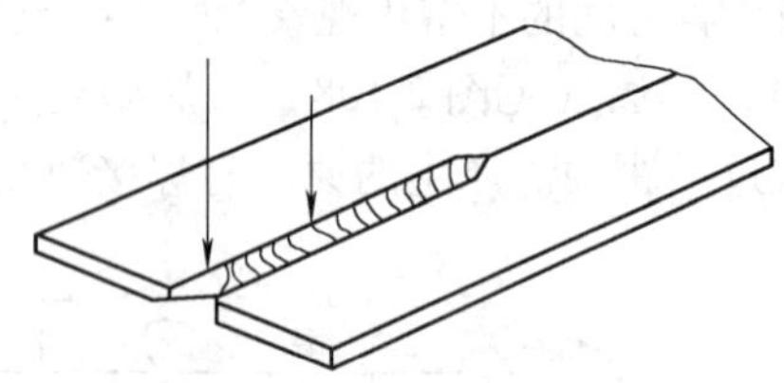

图2-114　烧穿

三、电阻点焊

1. 电阻点焊机的组装

在进行操作前，请按下列步骤对电阻点焊机进行检查和调整。

(1) 选择电极臂

1) 根据需要焊接的车身部位来选择电极臂，如图2-115所示。

2) 电极臂选择的原则是多个电极臂都可以焊接某一个部位时，尽量选择最短的电极臂。

(2) 调整电极臂　将焊炬电极臂和电极头完全上紧，使它们在工作过程中不能松开，如图2-116所示。

(3) 选择电极头直径

1) 按板件厚度来选择电极头。选择的方法为 $D=2T+3\text{mm}$，D 为电极头直径，T 为板件厚度，如图2-117所示。

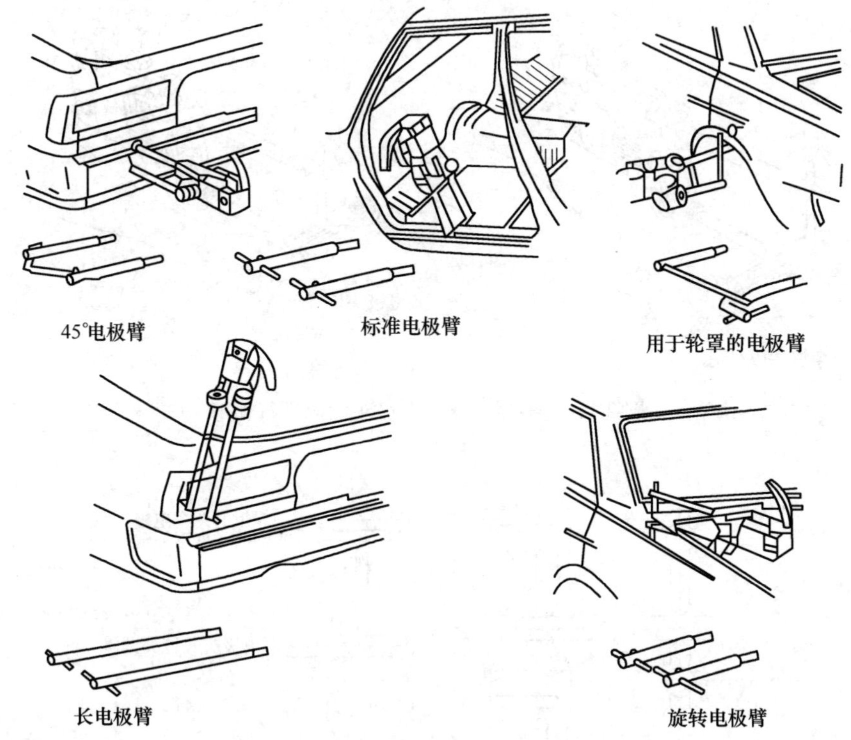

图 2-115　根据不同部位选择不同的电极臂

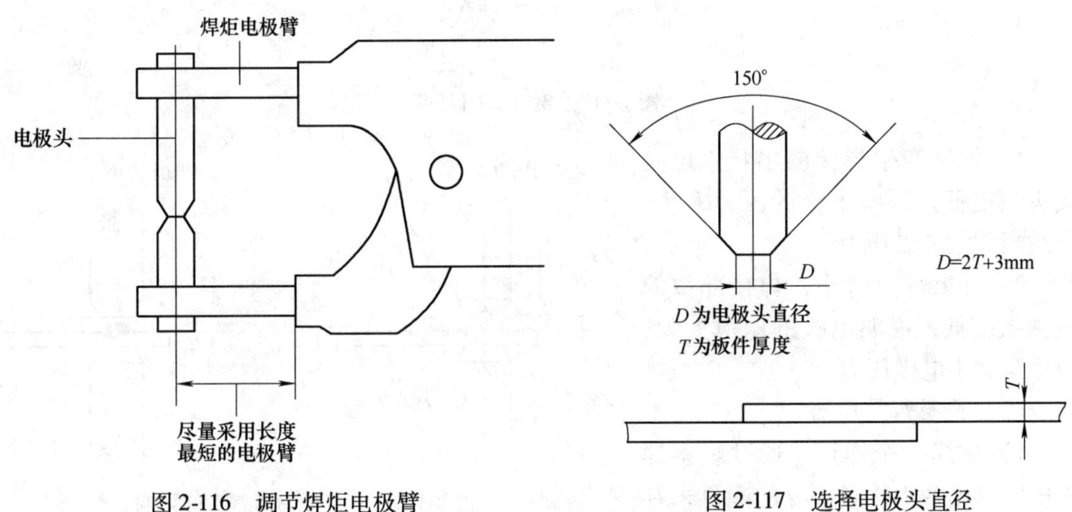

图 2-116　调节焊炬电极臂

图 2-117　选择电极头直径

2）如果电极头端部损坏，要用电极头端部清理专用工具进行整形，如图 2-118 所示。

（4）电极头的对准

1）将上、下两个电极头对准在同一条轴线上，如图 2-119 所示。

2）如果电极头对准状况不好，将引起加压不充分，造成电流过小，导致焊接部位的强度降低。

2. 焊接参数的调整

（1）调整电极压力（见图 2-120）

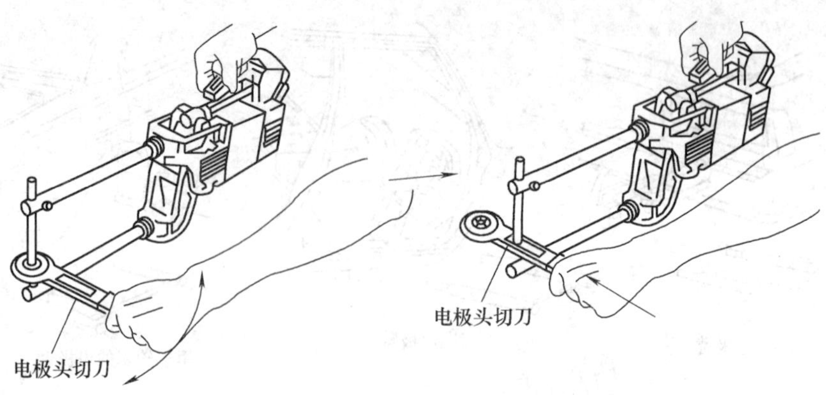

图 2-118　专用工具对电极头端部进行整形

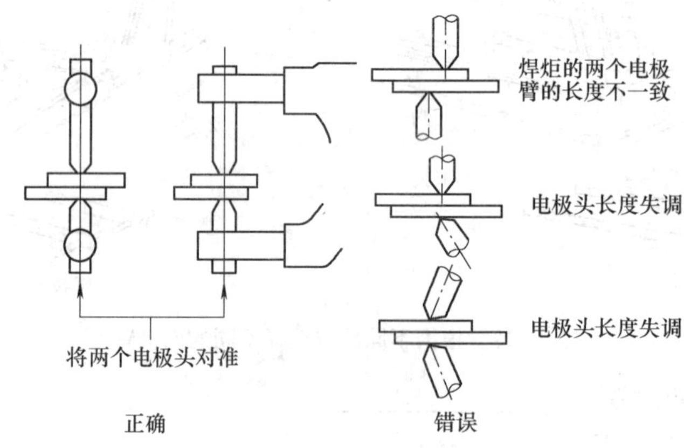

图 2-119　电极头的对准

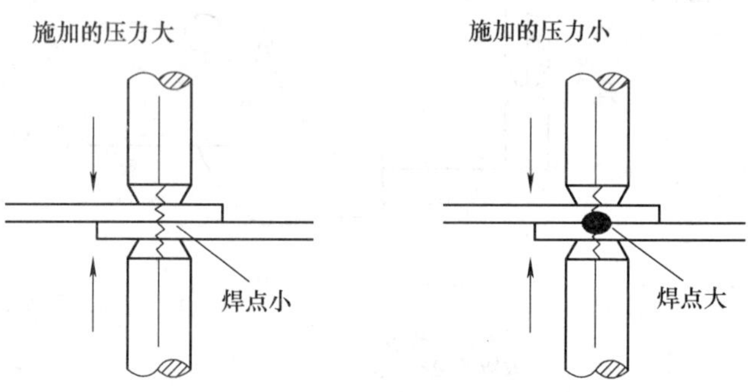

图 2-120　焊接压力对焊点的影响

1）如果产生焊接溅出物，焊接接头强度低，说明电极的压力太小。应适当调大电极压力。

2）如果焊点过小，焊接部位的机械强度低，说明电极的压力太大，应适当调小电极压力。

（2）调整焊接电流

1）试焊一个焊点，通过观察焊点中间电极触头接触部分的颜色来判断焊接电流的大小。焊接电流正常时，焊点中间电极触头接触部分的颜色不会发生变化，与未焊接之前的颜色相同；焊接电流大时焊点中间电极触头接触部分的颜色变深呈蓝色。

2）在实际操作中，正常焊完第一个焊点后，要把第二个焊点的电流调大一些，得到两个焊接强度一致的焊点，如图 2-121 所示。

（3）调整加压时间　加压时间一般不少于焊机说明书上的规定值。

注意：对车身上的防锈钢板进行焊接时，应将焊接普通钢板的电流提高 10% ~20%，以弥补电流的损失。一定要将防锈钢材和普通钢材区别开。

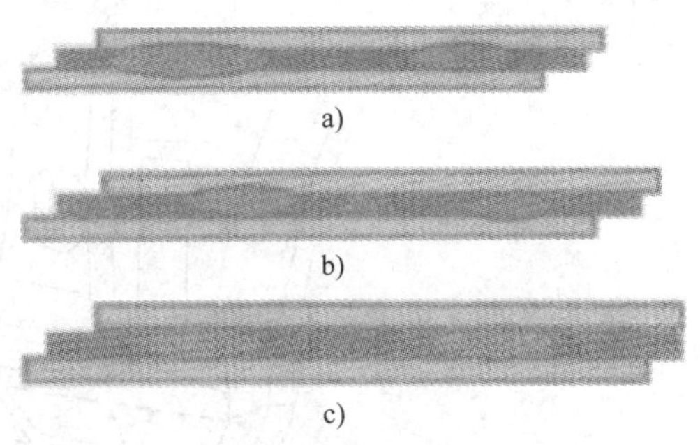

图 2-121　焊接电流的调整

a）第一点电流过大　b）焊接电流变小

c）焊接电流调整后

3. 点焊操作

（1）清洁工件焊接表面　用砂纸从焊接的表面上清除掉油漆层、锈斑、灰尘等污染物。因为它们会减小电流而使焊接质量降低，如图 2-122 所示。

（2）工件焊接表面的防锈处理　在需要焊接的金属板表面上涂一层导电系数较高的防锈底漆。必须将防锈底漆均匀地涂在所有裸露的金属板上，如图 2-123 所示。

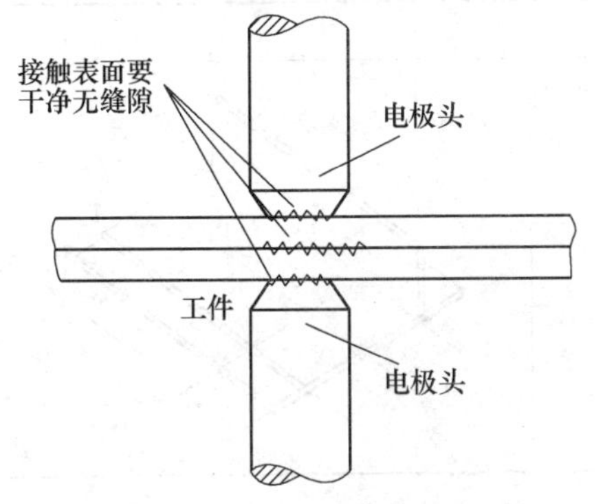

图 2-122　工件表面的清洁处理

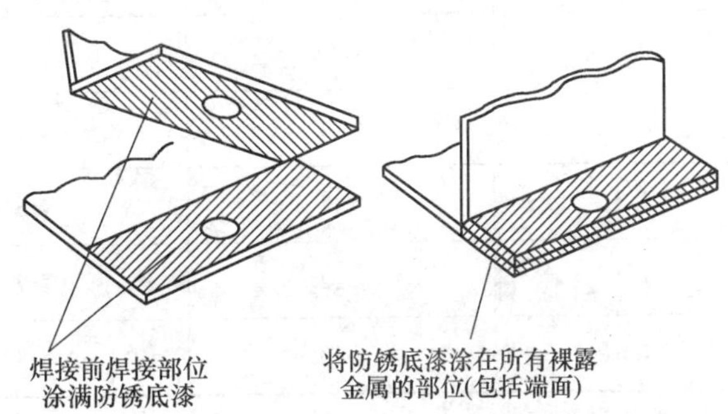

图 2-123　工件表面的防锈处理

（3）调整工件焊接表面的间隙

1）焊接前要将两个金属板表面整平，以消除间隙。

2）用大力钳将两者夹紧。两个焊接表面之间的任何间隙都会影响电流的通过，如图 2-124 所示。

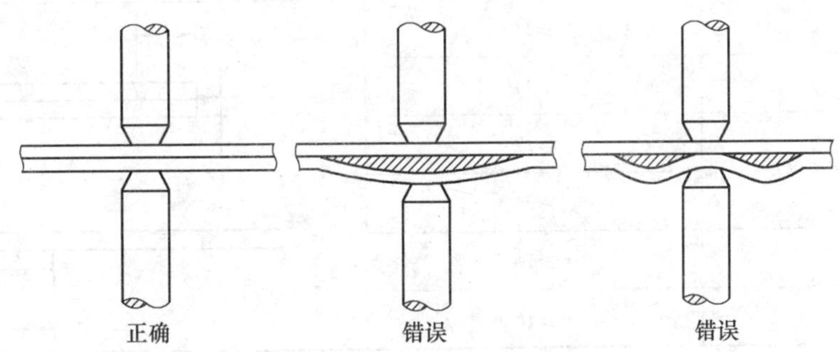

图 2-124　调整焊接表面的间隙

（4）确定焊点数量　和制造厂的点焊相比，修理中进行点焊时，应将焊点数量增加 30%，如图 2-125 所示。因为修理用的电阻点焊机功率一般小于制造厂的点焊机功率。

（5）确定最小焊接间距　电阻点焊时焊接间距一般可按照表 2-7 来选取。两层金属板之间的结合力随着焊接间距的缩小而增大。但如果再进一步缩小间距，结合力将不再增大，焊接强度会下降。

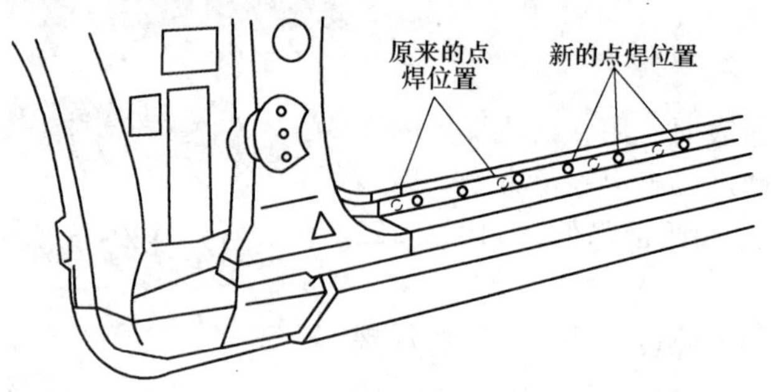

图 2-125　焊点数量

表 2-7　焊接的最小间距

板材厚度/mm	焊点间距 S/mm	边缘距离 P/mm
0.4	≥11	≥5
0.8	≥14	≥5
1.0	≥17	≥6
1.2	≥22	≥7
1.6	≥30	≥8

（6）焊点到金属板的边缘和端部的距离　在靠近金属板端部的地方进行焊接时，焊点到金属板端部的距离应符合表 2-8 中的规定值。如果距离过小，将会降低焊接强度并引起金属板变形。

表 2-8　焊点到金属板的边缘和端部的最小距离

板材厚度 t/mm	最小距离 l/mm
0.4	≥11
0.8	≥11
1.0	≥12
1.2	≥24
1.6	≥16
2.0	≥16

（7）点焊的顺序

1）不要只沿着一个方向连续地进行焊接操作，应按图 2-126 所示的正确顺序进行焊接。

2）当电极头发热并改变颜色时，应停止焊接使其冷却。

3）不要对角落的板件半径部位进行焊接，对这个部位进行焊接将产生应力集中而导致开裂，如图 2-127 所示。车身上需要注意的部位有前支柱和中支柱的顶部角落；后顶侧板的

图 2-126　焊接顺序

前上方角落；前、后车窗角落。

4. 点焊操作注意事项

进行点焊操作时，要做到以下几点：

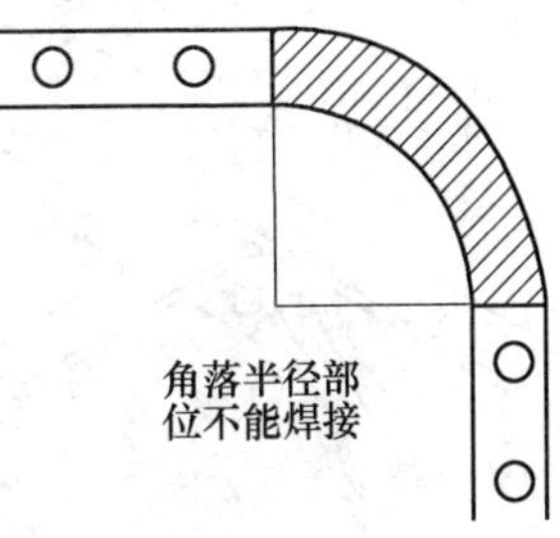

图 2-127　角落半径部位

1）尽量采用双面点焊的方法。对于无法进行双面点焊的部位，可采用气体保护焊焊接中的塞焊法来焊接，不能用单面点焊来焊接结构性板件。

2）电极和金属板之间的夹角应呈 90°，如图 2-128 所示。如果这个角度不正确，电流会减小，会降低焊接接头的强度。

3）当三层或更多层的金属重叠在一起时，应进行两次点焊或加大焊接电流，如图 2-129 所示。

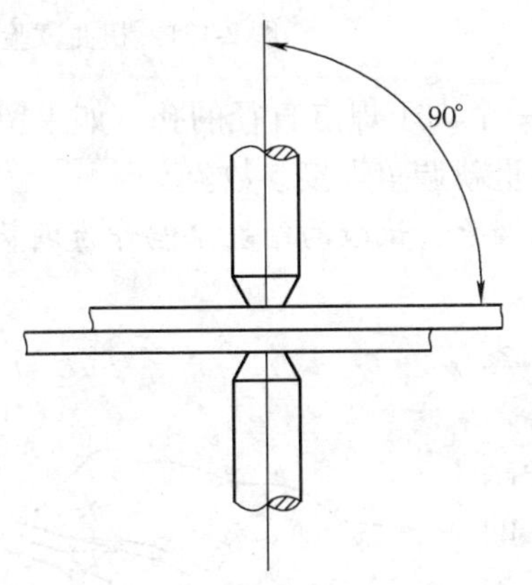

图 2-128　电极和金属板之间的夹角

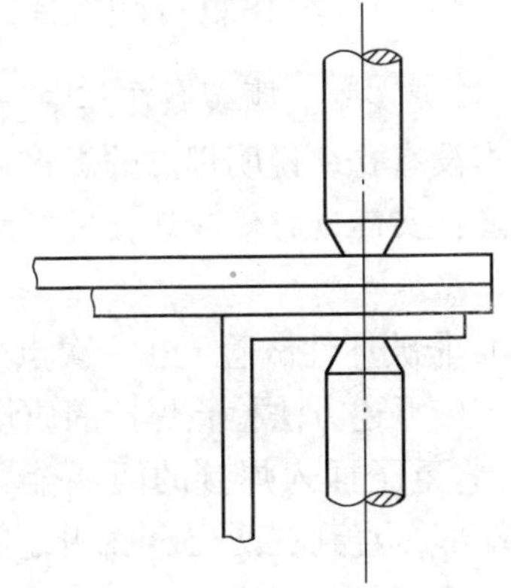
图 2-129　多层金属的电焊

5. 点焊焊接质量的检验

（1）外观检验　除用肉眼看和手摸来检验焊接处的表面粗糙度外，还有下列项目需要检验：

1）焊接位置。焊点的位置应在板件边缘的中心，不可超过边缘，还要避免在原有焊接过的焊点位置进行焊接。

2）焊点的数量。焊点的数量应大于汽车制造厂焊点数量的 1.3 倍。例如，原来在制造厂点焊的焊点数量为 4，4 的 1.3 倍大约为 5，因此修理时至少有 5 个新的修理焊点。

3）焊点间距。修理时的焊接间距应略小于汽车制造厂的焊接间距，焊点应均匀分布。间距的最小值，以不产生分流电流为原则。

4）压痕（电极头压痕）。焊接表面的压痕深度不能超过金属板厚度的一半，不能产生焊孔。

5）气孔。不能用肉眼看见气孔。

6）溅出物。用手套在焊接表面擦过时，不应被绊住。

（2）破坏性试验　取一块和需要焊接的金属板同样材料、同样厚度的试验工件。进行点焊焊接，然后将焊点处分开。根据焊接处是否整齐地断开，可以判断出焊接质量的好坏，如图 2-130 所示。

1）扭曲试验。扭曲后在其中一片焊片上留下一个与焊点直径相同的孔，如图 2-131 所示。如果孔过小或根本就没有孔，说明焊点的焊接强度太低，需要重新调整焊接参数。

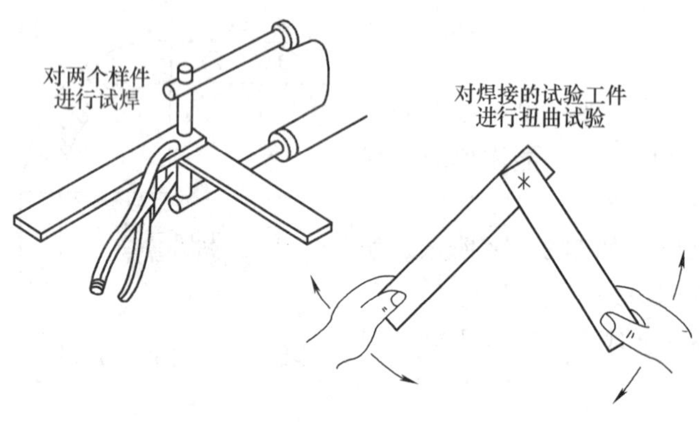

图 2-130　破坏性试验

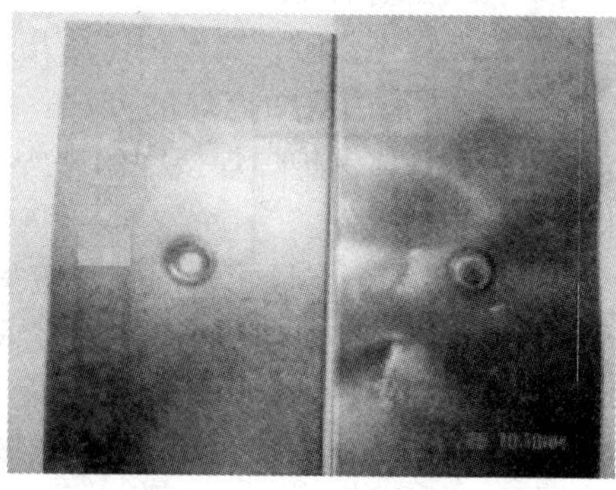
图 2-131　扭曲试验

2）撕裂实验。撕裂后在其中一个焊片上留有一个大于焊点直径的孔，如果留下的孔过小或根本没有孔，说明焊点的焊接强度太低，需要重新调整焊接参数。

注意：实际进行修理焊接时不能用这种方法来检验，试验的结果只能作为调整焊接参数的参考依据。

（3）非破坏性试验　在一次点焊完成后，可用錾子和锤子按下述方法检验焊接的质量：

1）将錾子插入焊接的两层金属板之间，并轻敲錾子的端部，直到在两层金属板之间形成 2 ~ 3mm 的间隙（当金属板的厚度大约为 1mm 时）。如果这时焊点部位仍保持正常而没有分开，则说明所进行的焊接是成功的，如图 2-132 所示。

2）如果两层金属板的厚度不同，操作时两层金属板之间的间隙限制在 1. 5 ~ 2mm 的范围内。如果进一步凿开金属板，将会变成破坏性试验。

3）检验完毕后，一定要将金属板上的变形处修好。

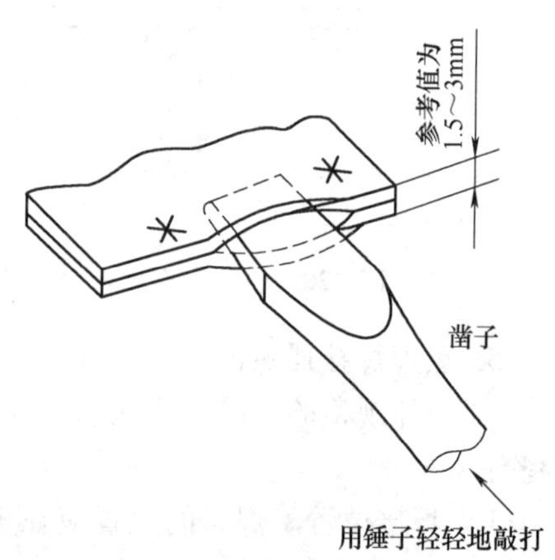

图 2-132　非破坏性试验

任务四　车身外覆盖件的更换

【相关知识】

车身上一些外覆盖板件和结构件受到一定程度的损伤，可以对其进行钣金加工处理，来消除金属板上的凸起、凹坑和折皱。对于一些损坏严重、锈蚀严重的板件，如果无法修复，便只能进行更换了。

一、常用板件分割工具

在修理厂大量应用的是气动工具，因为电动工具质量大、体积大，所以应用比较少。而气动工具质量轻、体积小，可减轻工人的劳动强度。气动工具一般采用调速机（高速控制机构）控制，可使工具更为安全。

(1) 气动磨削工具　如图 2-133 所示，主要用于金属磨削、切割，油漆层的去除和腻子的研磨等工作。

(2) 气动切割锯　车身维修中常用的是往复式切割锯，如图 2-134 所示，用于金属（钢板、铝板）结构件、外部面板的分割。

图 2-133　气动磨削工具

(3) 气动錾子　如图 2-135 所示，气动錾子用于快速粗切割作业，可节省大量时间。气动錾子还能破开咬死的减振器螺母，以及去除焊接溅出物和破碎焊点。

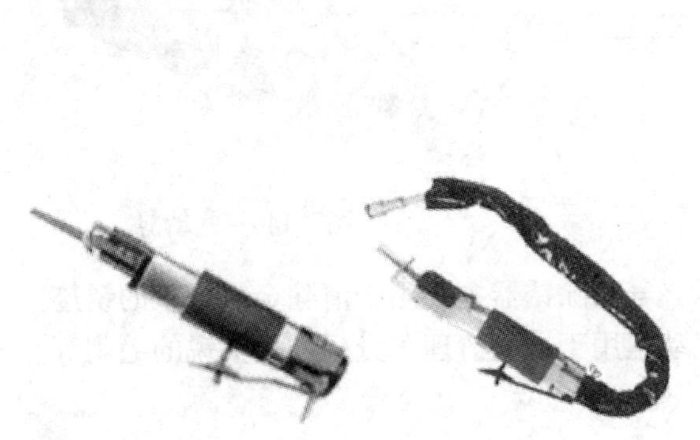

图 2-134　气动切割锯

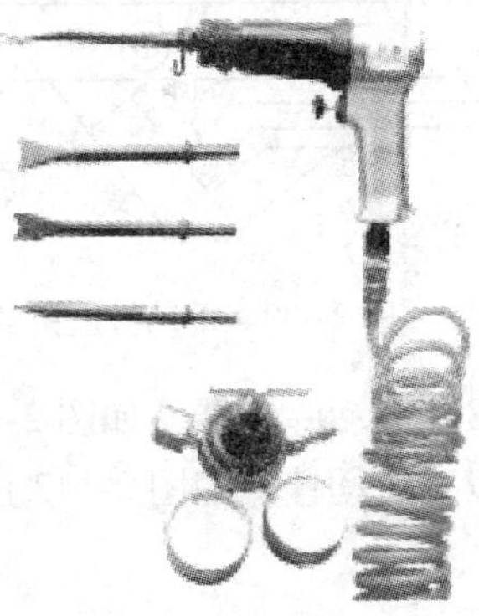

图 2-135　气动錾子

(4) 焊点钻　如图 2-136 所示，焊点钻可以进行车身电阻点焊焊点的去除以分离工件。它有进度限位装置，可保证在分离板件的同时不会损伤下层板。

在板件中钻掉许多焊点可能是很慢的，使用自身具有夹紧装置的焊点钻进行工作就变得很容易了。手的压力迫使特殊的圆形钻头进入焊点，而且钻头有行程限制，在钻透第一层焊板后不会损伤下面的板件，如图 2-137 所示。

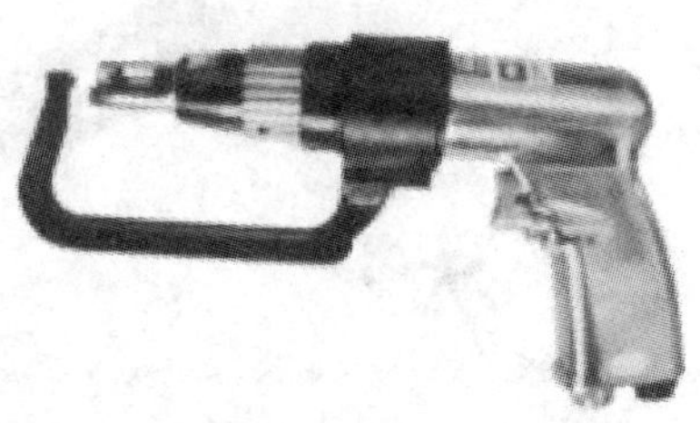

图 2-136　焊点钻

（5）打孔器　打孔器有气动打孔器和手动打孔器之分，如图2-138所示。它用于车身板件塞焊时在新板件上进行打孔。

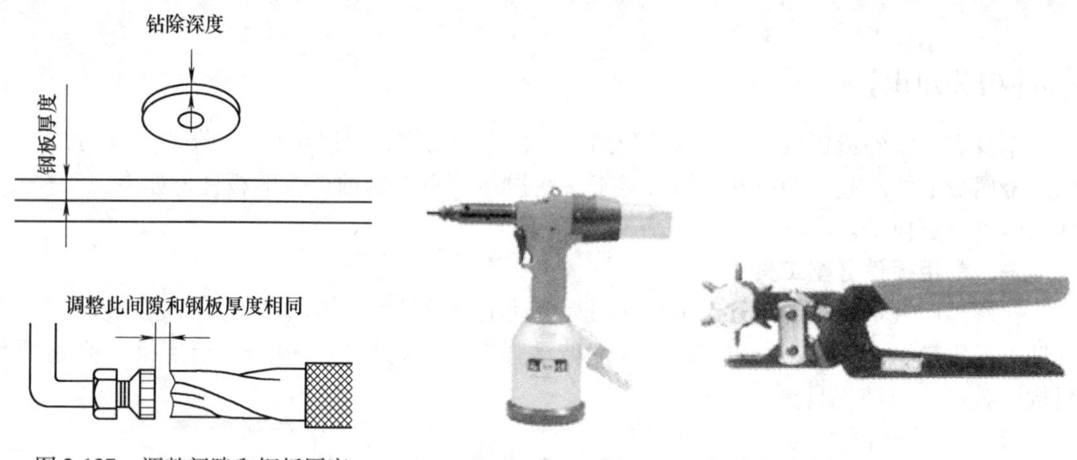

图2-137　调整间隙和钢板厚度

图2-138　气动和手动打孔器

（6）折边钳　如图2-139所示，折边钳主要用于车身板件搭接焊缝的折边或车门等内外板的折边成形。

（7）气动剪　如图2-140所示，气动剪可用于切断、修整和剪切外形，或剪切塑料、白铁皮、铝和其他金属板（包括各种规格的轧制钢板）。

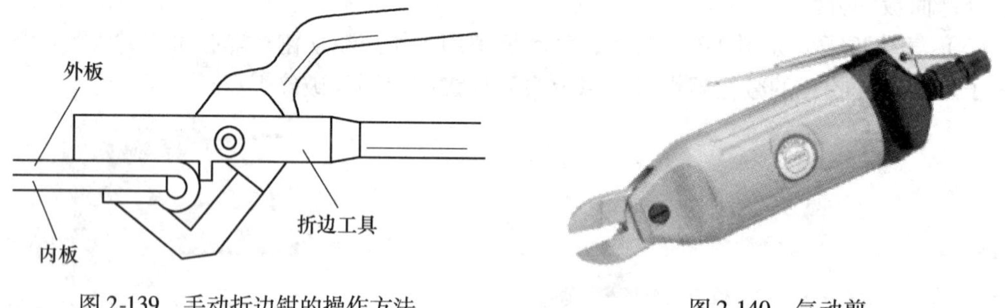

图2-139　手动折边钳的操作方法

图2-140　气动剪

（8）气动除锈器　如图2-141所示，气动除锈器主要用于清除金属板上的锈迹。

（9）气动锉　如图2-142所示，气动锉用于快速清理车身板件上尖锐的毛刺等。

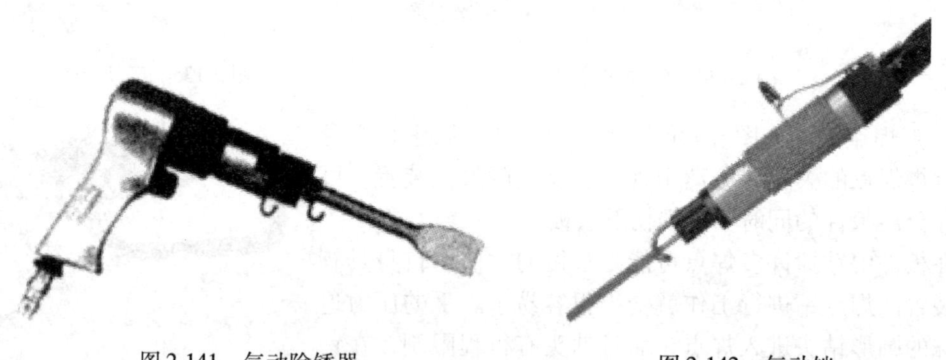

图2-141　气动除锈器

图2-142　气动锉

二、等离子切割机

1. 等离子切割机的工作特点

在现代汽车中，大量应用高强度钢和超高强度钢，这类钢材的硬度、强度非常大，用切割锯、切割钻切割时效率不高，而使用氧乙炔焰切割时会产生大量的热，从而破坏金属内部的结构，也不能够使用。

等离子切割机是用等离子弧来切割金属的。等离子弧是一种压缩电弧，通过磁收缩方式获得，弧柱电流本身产生的磁场对弧柱有压缩作用（磁收缩效应）。电流密度越大，磁收缩作用越强。由于弧柱断面被压缩得很小，因而能量集中（能量密度可达 100～1000kW/cm²），温度高（弧柱中心温度近 20000～30000℃），焰流速度大（可达到 300m/s 以上）。

等离子弧柱的温度远远超过所有金属和非金属的熔点。瞬间能加热和熔化被切割的金属，却不会使金属板过热。并借助内部或外部的高速气流吹走熔化的材料，直到等离子气流束穿透板件而形成切割口。因此等离子弧切割过程不是依靠氧化反应，而是依靠熔化来切割材料，因此比氧切割方法使用范围更广，能够切割绝大部分金属和非金属材料。

2. 等离子切割机的组成

等离子切割机外形如图 2-143 所示。专门用于切割较薄金属的切割机只需有关闭/接通开关和一个待用指示灯，当切割机具备切割条件时，该指示灯显示。较复杂的等离子切割设备还包括一个安装在内部的空气压缩机、可调节的输出控制装置，以及机载的冷却剂和其他装置。等离子切割电弧一般不采用陡降外特性的直流电源。切割用电源的输出空载电压一般大于 150V。根据不同电流等级和工作气体来选定空载电压。电流等级越大，选用的切割电源空载电压就越高，等离子切割机的开路电压有时能很高（250～300V），所以割炬和内部接线的绝缘很重要。

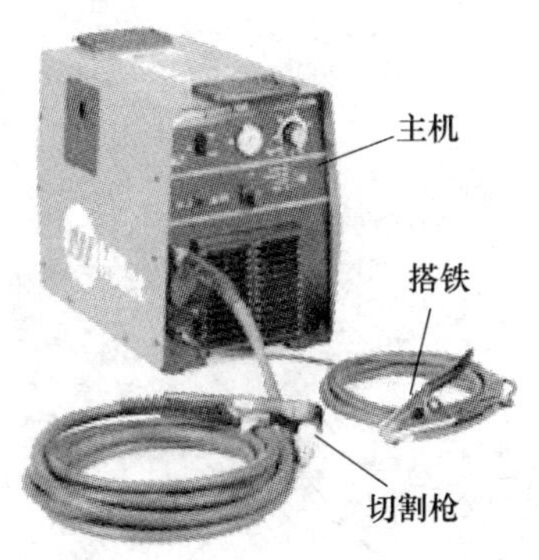

图 2-143　等离子切割机

有些切割机上还装有一个可供操作人员改变电流状态的开关。当切割裸露的金属或带油漆的金属时，通过此开关可选择不同的电流。切割带有油漆或生锈的金属时，最好用连续的高频电弧切入不导电的金属表层，然后继续用这种电弧切割；而切割裸露的金属时，只需以高频电弧作为触发电弧，当切割枪开始切割后，用直流电弧使切割继续进行下去。切割裸露的金属时，对电极和喷嘴的损耗较小。

切割汽车车身零部件的切割枪是小型、便于操作的，如图 2-144 所示。它能在零部件比较密集的部位工作。切割枪上的两个关键部件是喷嘴和电极，是等离子切割机中的易损件。喷嘴和电极的损坏都将影响切割的质量，它们在每次切割中都略有损耗，而且如果压缩空气中有水分或切割过厚的材料、操作者水平太低都将使它们过早地损坏。

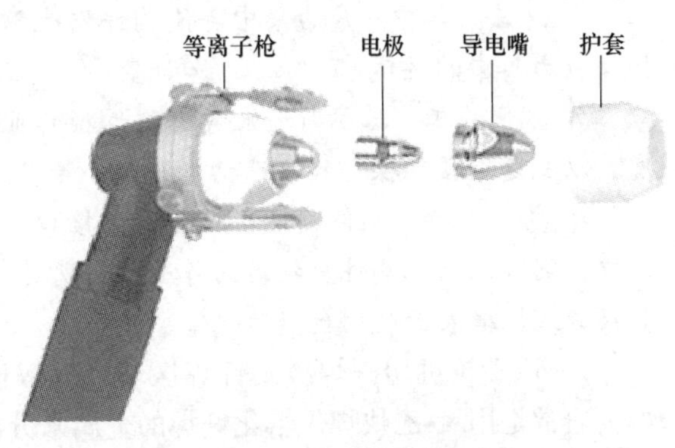

图 2-144　等离子切割枪

电极又称为“嵌条”，用金属套管将它

固定在所需要的位置上。电极通常由锆和钨制成，这两种金属的硬度高、使用寿命长。在切割厚度超过5mm 的钢板时，钨电极适用于除空气以外的其他气体，例如氩气、氮气或氢气。不过在碰撞修理中很少使用这几种气体。现在车身修理中使用的电极一般是锆电极。

等离子切割机由机内或机外空气压缩机供应压缩空气，也可以采用压缩空气气瓶供气。空气要求干燥、清洁。为了减少污染，在气路上应安装过滤器。空气压力一般应为 0.3 ~ 5MPa，气压过高或过低都将降低切割质量，损坏电极或喷嘴，并降低切割机的切割能力。

【技能学习】

一、车顶的更换

如图 2-145 所示，汽车发生严重撞击或翻车时，会造成车顶塌陷、扭曲或拱曲等不同程度的损伤，对其进行修复的方法如下：

1）拆除车顶板、内饰件以及相关零部件。

2）用风动锯切割车顶，如图 2-146 所示。

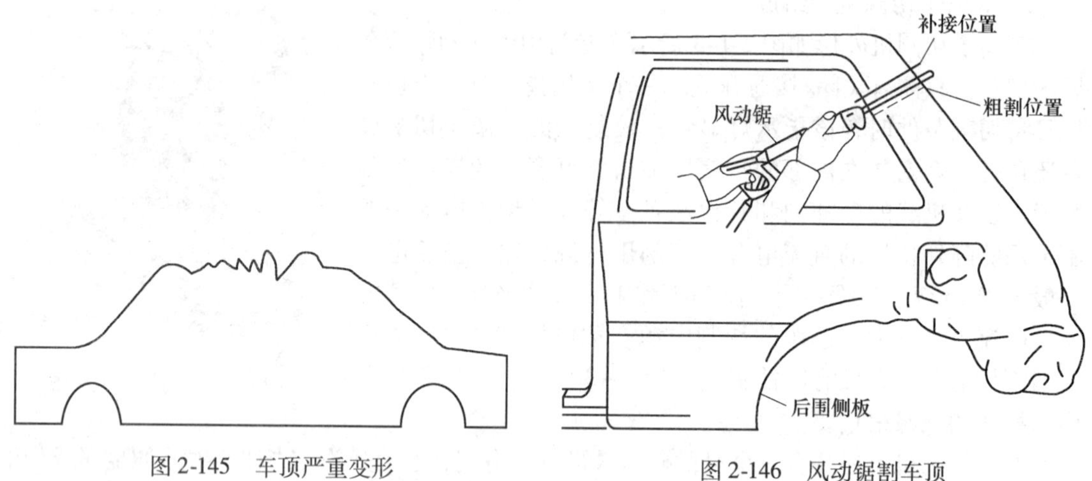

图 2-145　车顶严重变形　　图 2-146　风动锯割车顶

注意： 切割车顶时应遵照以下原则：

① 避重就轻。要求切口的位置一定要避开构件的强度支撑点，选择那些不起重要作用的位置切割，尽可能躲开一些备板、加强肋等位置。

② 无应力集中。应力集中会使构件发生意想不到的损坏，切口的位置应尽量避开车身构件应力集中的区域。

③ 方便施工。选位时还应考虑到切换作业的难易程度，拆装的关联件的多少与难易程度，以及是否便于操作和可选切口的大小等。

④ 易于修整。构件割换后还需要对接口、焊缝等进行修整。若按修整工作量大小选择切口，则可以简化构件更换后的作业。若所选择的切口位于车身内、外装饰的覆盖范围内，其接口或焊缝表面处理就能简化。

3）用砂轮机切割焊缝及钎焊区域，拆解构件。一般车身车顶与车身支柱的连接是钎焊，通常是用氧-乙炔焊炬熔化钎焊的金属来分离钎焊区域。

① 首先用氧-乙炔焊炬使油漆软化，用钢丝刷或刮刀将油漆除掉，如图 2-147 所示。

② 加热钎焊焊料，直到开始熔化呈糊状，再快速将其刷掉，如图2-148所示。注意不要使周围的金属薄板过热。

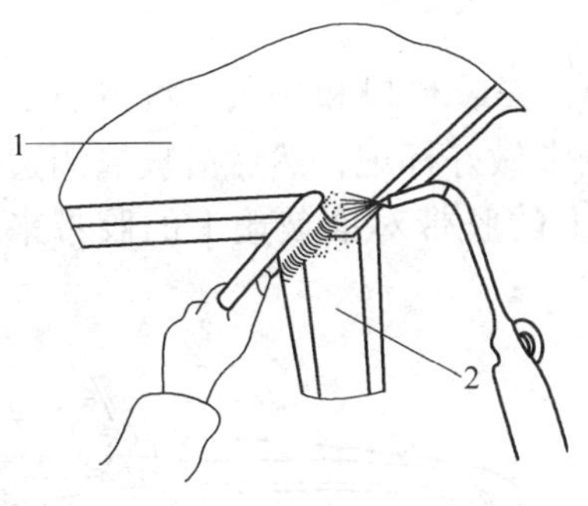

图2-147　钎焊区域清除油漆

1—车顶　2—支柱

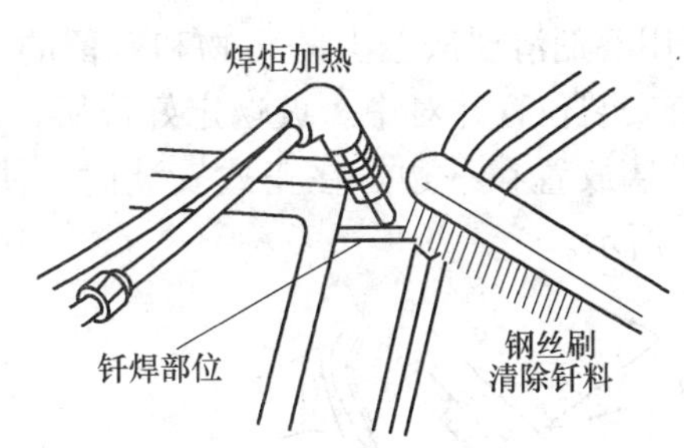

图2-148　清除钎焊焊料

③ 用一字螺钉旋具在两块板件之间插入，将板件分离，如图2-149所示。

④ 若确定连接是电弧钎焊，便可采用调整砂轮机切除钎焊，如图2-150所示，然后将车顶与车围连接处切除，更换板件。

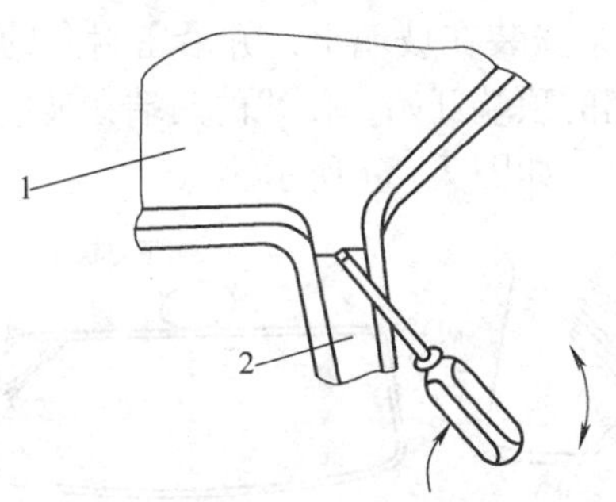

图2-149　分离板件

1—车顶　2—立柱

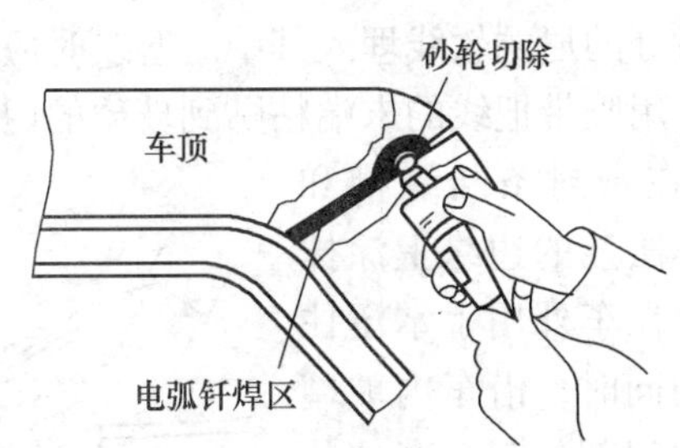

图2-150　砂轮机切除连接板件

4）将更换的车顶置于车上，并对正位置，然后用夹钳固定，临时将其点焊在该位置。

5）检查车身所有框架部位的尺寸和形状。所有尺寸和形状均准确后，将车顶牢固地焊接在该位置上。

6）安装车顶加强梁、压条、车顶板、内饰件等。

二、风窗玻璃的更换

1. 密封条固定的车窗玻璃的拆装

密封条法在旧式汽车上使用的较为普遍，在新型汽车上也有使用。密封条上开有沟槽，用来装夹玻璃和钢板翻边固定，有的还装有外装饰条，如图2-151所示。

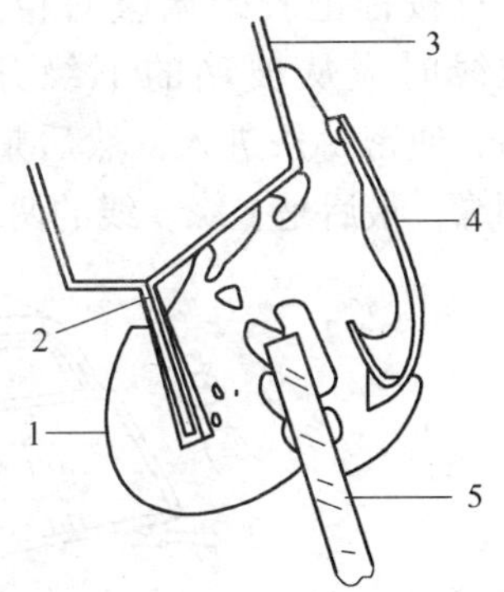

图2-151　密封条固定的车窗玻璃

1—密封条　2—压焊法兰　3—车顶盖板　4—外装饰条　5—玻璃

（1）拆卸

1）拆下周围的装饰件和后视镜，在车窗玻璃和车窗框的中心做标记，如图2-152所示。

2）拆除刮水臂。用专用工具拆下内外装饰条。用专用工具撬开密封条，使其与压焊法兰分离，慢慢将风窗玻璃取下。

拆卸玻璃时一定要小心，防止玻璃发生大弧度的扭曲和振动而造成玻璃的损坏。

（2）安装

1）用溶剂清理法兰上的污物和残留的密封胶，安装垫块和垫条。将玻璃安放到垫块上，检查安装位置并对中。玻璃定好位后，用纸胶带做好标记，然后沿玻璃周边将胶带切断，把玻璃放置在一边。在正式安装时，使窗框上的胶带对准玻璃上的胶带来定位，如图 2-153 所示。

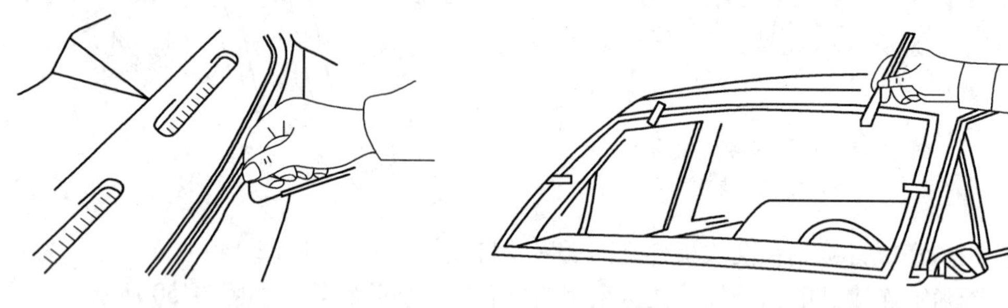

图 2-152　做中心标记　　　　图 2-153　用胶带做定位标记

2）将玻璃的边缘和密封条清理干净。把密封条安装在玻璃上，并沿密封条的凸缘槽将预先准备好的尼龙软线埋入其中。塞线时应从玻璃的顶端开始，使线的两端在玻璃的下缘中部汇合，用胶带把线的末端粘贴到玻璃的内表面上，如图 2-154 所示。

3）在密封条凸缘槽和窗口压焊法兰的边缘上涂抹肥皂水。在车外用手掌压住密封条的同时，沿车内玻璃下部的中间部位起，牵拉装玻璃用的尼龙作业线，风窗玻璃随之被镶装在车身的压焊法兰上，如图 2-155 所示。注意按标记胶带调整对位。拉线时应从玻璃的下缘开始，使密封条进入，然后是侧缘，最后是上缘。线的两端要同时拉，否则玻璃容易破裂。

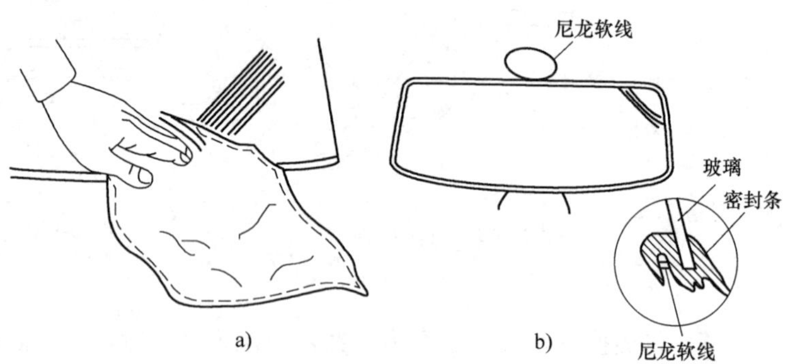

图 2-154　准备玻璃

a）清洁玻璃　b）装上密封条并埋入软线

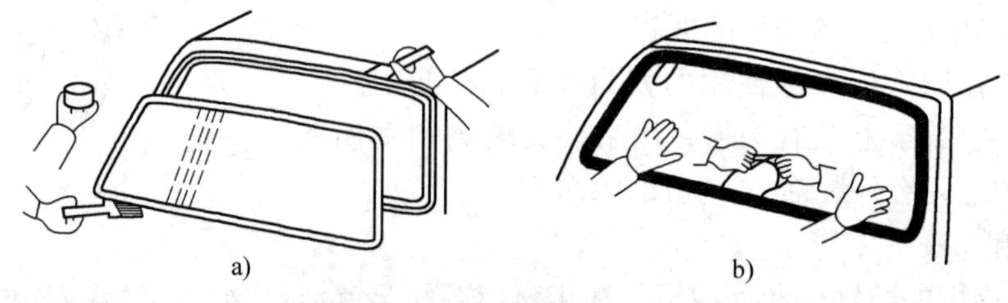

图 2-155　安装玻璃

a）边缘涂上肥皂水　b）牵拉尼龙线

为使橡胶条、玻璃、窗口三者之间贴合紧密，在镶装过程中可用手掌从外部轻轻拍打玻璃。确认安装合格后，密封条周围贴上胶带纸，防止涂胶过程中或密封胶挤出后弄脏玻璃和车身油漆，如图2-156所示。

图2-156　确保玻璃安装合格

a）用手掌从外部轻轻拍打玻璃　b）沿密封条周围贴上胶带纸

4）在橡胶条、玻璃、车身三者之间加注密封剂，如图2-157所示。

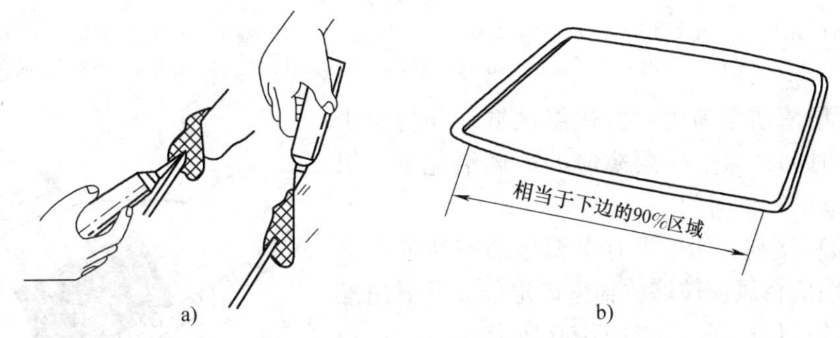

图2-157　加注密封剂

a）沿密封条两边加注密封剂　b）不加密封剂的区域

2. 用胶粘法固定的车窗玻璃的拆装

（1）拆卸

1）首先拆除玻璃嵌条和所有应拆除的元件。

2）切割粘接剂，切割时必须使用专用的工具和保护措施，如图2-158所示为钢丝切割系统，用于割断粘接剂。

将卷盘固定在玻璃的内侧。切割时先用钢丝牵引头将原来的粘接剂钻透，将切割钢丝穿过并固定在卷盘上。通过钢丝将粘接剂割断，如图2-159所示。粘接剂条应尽可能沿着车窗玻璃周围被切下。车身开口处以及重复使用时，在车窗玻璃上的残余粘接剂被切下的厚度约为0.5mm。

（2）安装

1）玻璃安装前的准备。

① 为了保证长期的防腐蚀功能，务必按照维修说明对损坏的油漆膜进行修补。

② 用酒精清洁车身开口处粘接区域时，至少保持1min的干燥时间（在涂覆残余粘接条时，至少保持15min）；将油漆活化剂涂覆到油漆和残余粘接剂上时，至少保持1min的干燥时间（在涂覆残余粘接剂时，至少保持10min）。

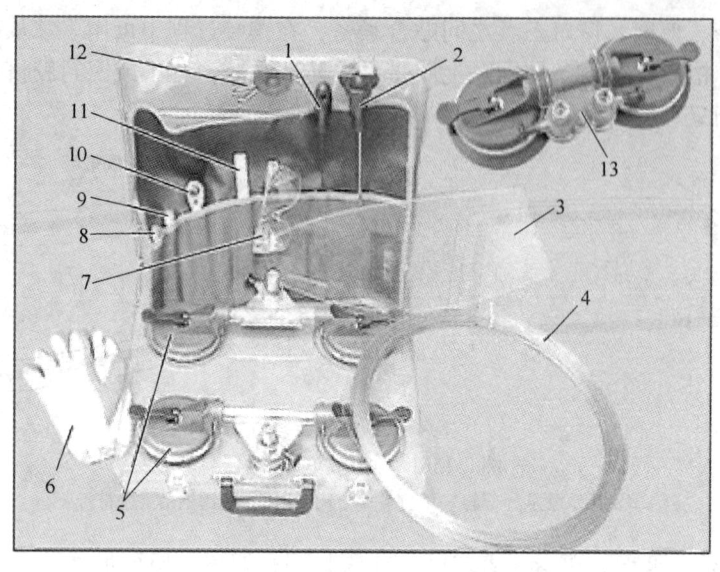

图 2-158　钢丝切割系统

1—钢丝牵引头　2—抛物面凿子　3—塑料垫圈　4—切割钢丝卷　5—卷盘　6—防护手套　7—防护眼镜　8—加长件（短）　9—加长件（长）　10—转换棘轮　11—塑料楔　12—牵引针　13—双槽卷盘

③ 用酒精清洁车窗内侧的边缘区域，保持至少1min的干燥时间；涂上一层薄薄的玻璃活化剂，保持至少10min的干燥时间。

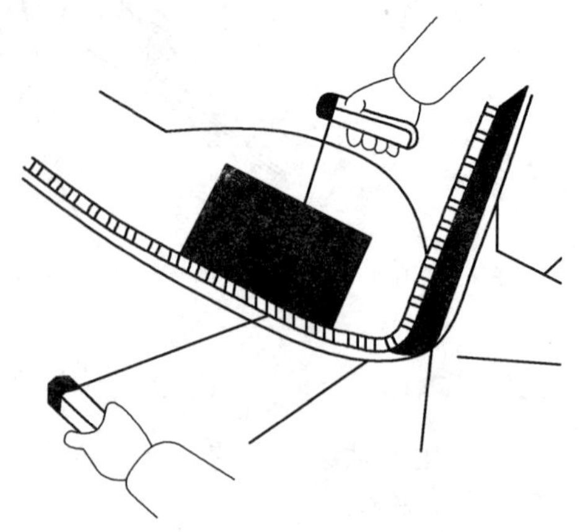

图 2-159　用钢丝切割粘接剂

2）涂覆粘接剂。如果没有车窗玻璃安装的标准尺寸，涂胶前应将风窗玻璃放到窗口定位，并做出准确安装位置的定位标记，如图 2-160 所示。

将粘接剂筒装入粘接剂枪中，拆下封口，并将粘接剂的两个组分挤出。均匀地刮去粘接剂组分，并装上混合管。压出约50mm的试验粘接剂条。如果是热粘接，则应注意在试验条中是否有气泡产生，如果没有气泡，则应立即将粘接剂涂覆到粘接面上。在涂覆粘接剂条时，中断时间不得超过5s，并保持粘接剂筒垂直于粘接面。用刮刀将粘接剂涂在粘接面上，涂层厚度约为2mm（根据粘接缝隙确定），如图 2-161 所示。用纸张或抹布清除多余的粘接剂。

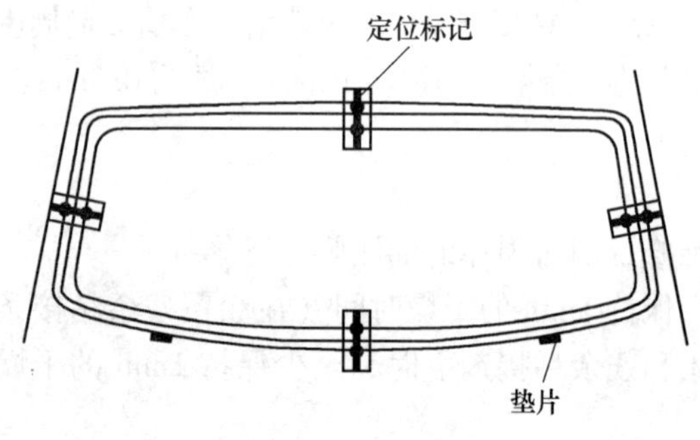

图 2-160　做定位标记

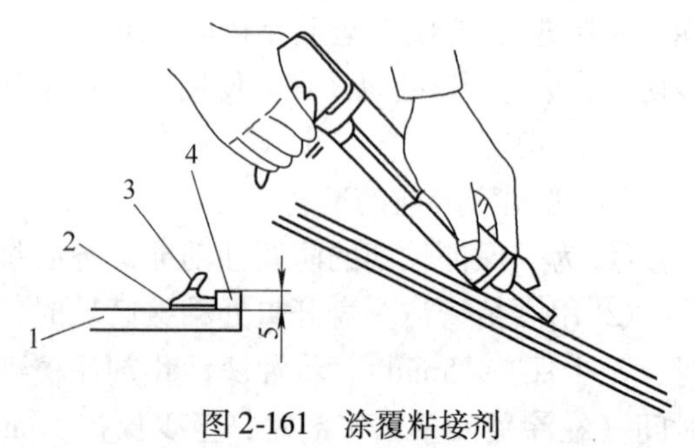

图 2-161　涂覆粘接剂

1—玻璃　2—胶带　3—挡水圈　4—粘接剂

在涂覆了粘接剂后，应检查后部的粘接剂筒上是否有一个粘接剂组分排出。如果有，则应停止粘接过程。清洁新零件，使用新的粘接剂筒。混合后粘接剂的使用期约为2h，只有在1h内没有粘接剂流过混合器的情况下，才需要更换混合器。

3）安装玻璃。塑料胶粘带的粘接区域必须保证无油脂、无尘。首先安装橡胶密封带，同时注意中点标记。接着按照以下说明，用两个吸力装置小心地装上玻璃，如图2-162所示。

① 上部在距车顶边缘距离为A处安装（对于没有严格要求安装尺寸的车型，只需对准标记即可）。

② 侧面均匀矫正。

③ 下部装入并安装上。

④ 向上推，直至达到与车顶边缘的距离为A时停止。

⑤ 用塑料胶带固定。

⑥ 压住下部，直到橡胶密封带均匀贴紧为止。

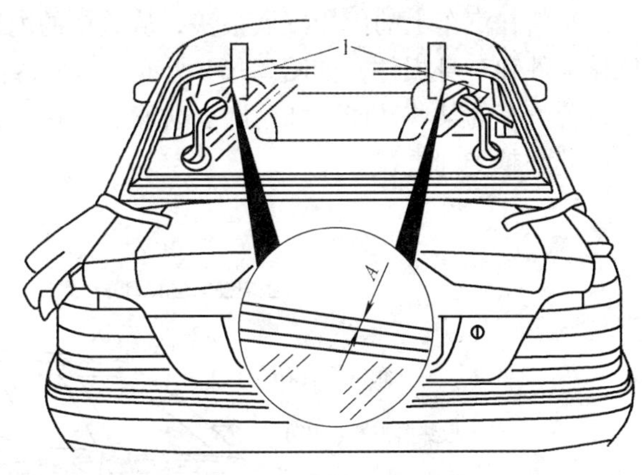

图2-162　安装玻璃

1—塑料胶带　A—距车顶边缘的距离

后窗位置必须比车顶外蒙皮低，只有这样才能阻挡风噪声。将专用工具根据不同的尺寸（A）固定在车身中部，并检查后窗的高度差，如图2-163所示。

后窗玻璃高度差（A）为

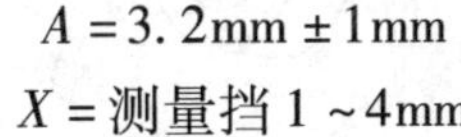

$$A = 3.2\text{mm} \pm 1\text{mm}$$

$$X = \text{测量挡 } 1 \sim 4\text{mm}$$

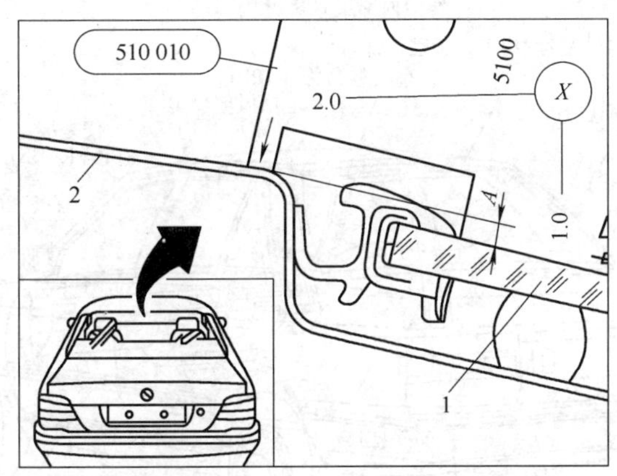

图2-163　对后窗上部进行预压紧

1—风窗玻璃　2—车顶　A—高度差　X—测量挡

4）密封性能试验　待粘接剂基本硬化后，再进行水密封性能试验。如有渗漏，可使用粘接剂进一步加以密封。

任务五　车身塑料件的修理

【相关知识】

一、塑料

塑料在汽车上的应用发展很快，从最初的内饰件和小机件，发展到可替代金属制造各种机械配件和车身板件，如图2-164所示。用塑料替代金属，既可获得汽车轻量化的效果，又可改善汽车的某些性能，如耐磨、防腐、避振、减小噪声等。随着汽车工业的发展，塑料的应用越来越受到重视。

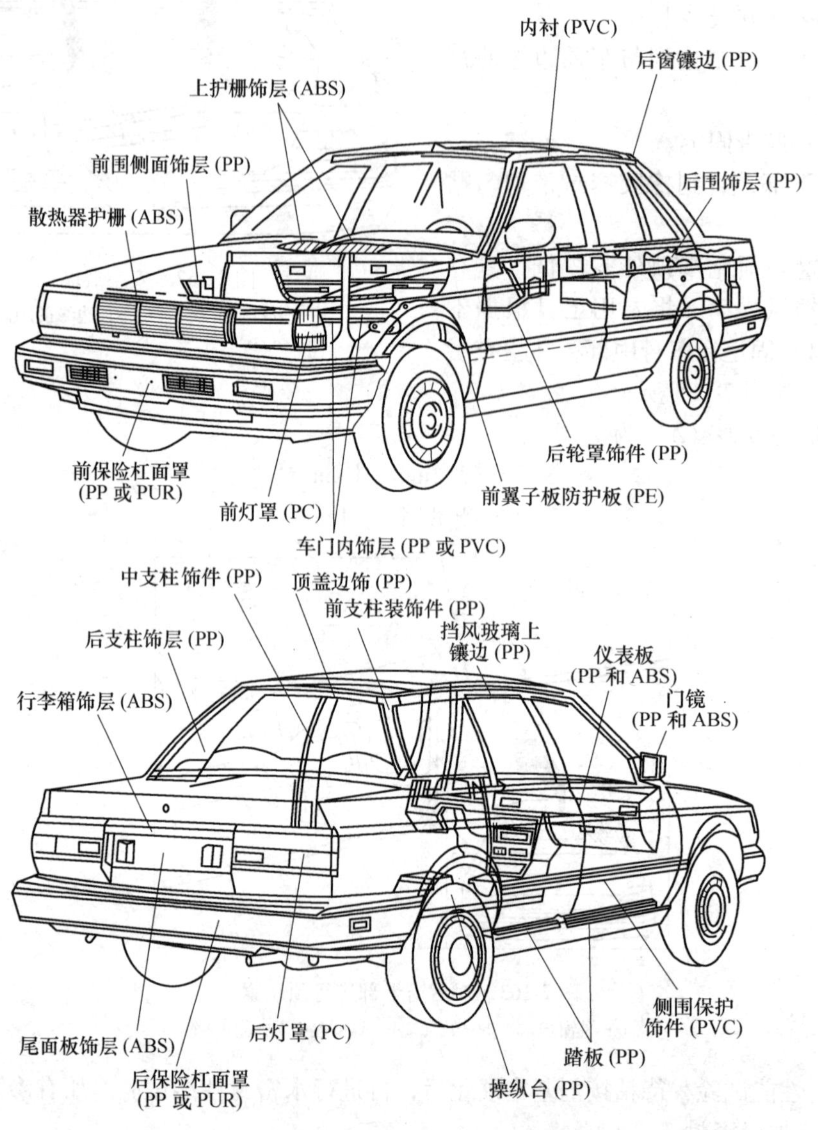

图2-164　塑料在汽车上的应用

1. 塑料的组成

塑料是以合成树脂为基体，加入某些添加剂制成的高分子材料。它在一定温度、一定压力下可以塑造成各种形状的部件。

(1) 合成树脂 合成树脂是塑料的主要成分，它的种类、性质及加入量的多少对塑料的性能起到很大的作用，大部分塑料是以所加树脂的名称来命名的。工程上常用的合成树脂有酚醛树脂、环氧树脂、氨基树脂、有机硅树脂和聚氯乙烯、聚苯乙烯等。

(2) 添加剂 加入添加剂是为了改善塑料的性能，扩大其使用范围。添加剂包括填料、增塑剂、稳定剂、固化剂和着色剂等。填料主要起到强化作用，同时也能改善或提高塑料的某些性能，如加入云母、石棉粉、氧化硅等可以增加塑料的电绝缘性、耐热性、硬度和耐磨性。增塑剂用于提高塑料的可塑性与柔软性。稳定剂可以提高塑料在光和热作用下的稳定性，以延缓老化。固化剂可以促使塑料在加工过程中硬化。着色剂可以使塑料制品的色彩鲜艳、美观。

2. 塑料的主要特性

塑料具有许多优良的物理、化学性能，主要有以下几点：

(1) 质量轻 塑料的相对密度一般只有 1.0 ~ 2.0g/cm^3，可以大幅度减轻汽车的质量，降低油耗。

(2) 化学稳定性好 一般的塑料对酸、碱、盐和有机溶剂都有良好的耐腐蚀性。

(3) 比强度高 比强度是指单位质量的强度。尽管塑料的强度要比金属低，但塑料密度小、质量轻。以等质量相比，其比强度要高。

(4) 电绝缘性好 大多数塑料有良好的电绝缘性，汽车电器零件广泛采用塑料作为其绝缘体。

(5) 耐磨、减磨性好 大多数塑料的摩擦因数较小，耐磨性好，能在半干摩擦甚至无润滑条件下良好地工作。

(6) 吸振性和消声性好 采用塑料轴承和塑料齿轮的机械，在高速运转时，可平稳地转动，大大减小噪声，降低振动。

塑料也有不少缺点，与钢材相比其力学性能较低；耐热性较差（一般只能在 100℃以下长期工作）；导热性差；容易吸水，吸水后性能恶化。此外，塑料还有易老化、易燃烧，温度变化时尺寸稳定性差等缺点。

3. 常用工程塑料

工程塑料主要指综合性能（包括力学性能、耐热性、耐寒性、耐蚀性和绝缘性能等）良好的各种塑料。它们是制造工程结构用零部件、工业容器和设备等的一类新型结构材料。由于工程塑料的高强度（>500MPa）、高弹性模量和高耐热性（>150℃），使其具有很好的经济效益，所以工程塑料的发展相当快，应用也十分广泛。

常用的工程塑料分为热塑性工程塑料和热固性工程塑料两类。

(1) 热塑性工程塑料 热塑性工程塑料在成型前即处于高分子状态。加热时，材料会软化并熔融，可塑造成型，冷却后即成型并保持既得形状。而且这个过程具有重复性。这类塑料的优点是加工成型简单，具有较高的力学性能。缺点是耐热性和刚性比较差。

在工业生产中，热塑性工程塑料在数量上占绝对优势，大约占总塑料产量的 80% 左右。常用的热塑性工程塑料有以下几种：

1）聚乙烯（PE）、聚丙烯（PP）塑料。PE 与 PP 均属于聚烯烃塑料，具有相对密度小、耐溶剂性和耐水性好、介电常数小、电绝缘性高等特点，是目前最重要的通用塑料，其产量历年来居世界塑料工业之首。

2）聚氯乙烯（PVC）塑料。PVC 有硬质和软质之分。前者强度、硬度高，耐蚀性、耐油性、耐水性好，阻燃性好，常用于制造塑料管、塑料板；后者强度、硬度低，耐蚀性较差，易老化，但气密性好，多用于制造薄膜、软管等。

3）聚四氟乙烯（PTFE）。PTFE 属于氟塑料，被誉为“塑料王”，具有非常优良的高低温性能，可长期在 -180 ~ 240℃之间使用，并具有极高的耐蚀性，任何强酸、强碱、强氧化剂都对它不起作用。它的摩擦因数极低，是优良的减摩、自润滑材料。这种材料常用于制造各种机械的减摩密封圈、化工耐蚀零件、活塞环、轴承及医疗代用血管、人工心脏等。

4）聚甲基丙烯酸甲酯（PMMA）。PMMA 俗称有机玻璃。分为透明、半透明或有色、无色等品种。有机玻璃的强度、韧性与硬质聚氯乙烯差不多，透光率可达 92%，可耐稀酸、碱，不易老化，但表面硬度低，易擦伤，较脆。有机玻璃广泛用于航空、汽车、仪表、光学等工业中，多用于制造有一定透明度要求的零件，如可用来制作风挡、舷窗、透明管道、仪器仪表护罩、外壳等。

5）ABS 塑料。ABS 具有良好的耐热、耐蚀性和一定的表面硬度，有较高的刚性，良好的加工工艺性能和着色性。ABS 在塑料中的品种最多，可分为一般用品种、耐热品种、电镀用品种和透明品种等。与其他塑料相比，ABS 具有良好的综合力学性能，刚性好，耐寒性强，加工性能好，表面光洁，制品表面还可以电镀。因此，ABS 塑料的用途很广，可用来制造轴承、齿轮、叶片、叶轮、设备外壳、管道、容器和仪器仪表零件等，在汽车上发挥着其他材料不可替代的作用。

此外，还有聚苯乙烯（PS）、聚酰胺（PA，俗称尼龙）、聚甲醛（POM）、聚碳酸酯（PC）等工程塑料。近年开发的氟塑料、PSF 塑料等的性能明显有所提高，如优良的耐蚀性、耐热性、绝缘性和耐磨性等，是性能较好的高级工程塑料。

（2）热固性工程塑料　热固性工程塑料是把相对分子质量在 1000 以下的一次树脂加热融化，浇入模中加热，使一次树脂连接而成高分子树脂的成型品。其特点是初加热时软化，可塑造成型，但固化后再加热时将不再软化，也不溶于溶剂。这类塑料有酚醛、环氧、氨基、不饱和聚酯等。它们具有耐热性高，受压不易变形等优点。缺点是力学性能差，但可加入填料来提高其强度。常用的热固性工程塑料有以下几种：

1）酚醛塑料（PF）。酚醛塑料是由酚类和醛类材料在酸或碱催化剂的作用下，经合成反应，制成酚醛树脂，再根据不同性能要求，加入各种添加剂而制得的塑料。常用的酚醛树脂是由苯酚和甲醛为原料制成的，其性质可根据制备工艺的不同分为热塑性和热固性两类。热固性酚醛塑料通常以压塑粉（俗称胶木粉）为填料制成，经压制而成的电器开关、插座、灯头等，不仅绝缘性好，而且有较好的耐热性，较高的硬度、钢性和一定的强度；以纸片、棉布、玻璃布等为填料制成的层压酚醛塑料，具有强度高、耐冲击性好以及耐磨性优良等特点，常用以制造受力要求较高的机械零件，如仪表齿轮、轴承、汽车制动片、内燃机曲轴带轮等。

2）氨基塑料（UF）。氨基塑料是以氨基化合物（如尿素或三聚氰胺）与甲醛缩聚反应制成氨基树脂，然后加入添加剂而制成氨基塑料，其中最常用的是脲醛塑料。用脲醛塑料压塑粉压制的各种制品，有较高的表面硬度，颜色鲜艳而且有光泽，又有良好的绝缘性，俗称“电玉”。常见的制品有仪表外壳、电话机外壳、开关、插座等。

3）环氧塑料（EP）。环氧塑料是由环氧树脂加入固化剂（如乙二胺、顺丁烯二酸酐）后形成的热固性塑料。一般以铸型的方式成型。它的强度高、韧性好，并具有良好的化学稳定性、绝缘性及耐热耐寒性，长期使用温度为 -80 ~ 150℃，成型工艺性好，但具有某些毒性。环氧塑料可制作塑料模具、船体、电子零部件等。

4. 塑料在汽车上的应用

塑料在汽车中的应用按照用途可分为内饰件用塑料、工程塑料和外装件用塑料。

（1）汽车内饰件用塑料　汽车内饰件用塑料要求具备吸振性能好、手感好、耐用性好等特点，以满足安全、舒适、美观的目的。内饰件用塑料品种主要有聚氨酯（PU）、聚氯乙烯（PVC）、聚丙烯（PP）和 ABS 等。它们用于制作坐垫、仪表板、扶手、头枕、门内衬板、顶棚衬里、地毯、控制箱、转向盘等内饰件塑料制品。

（2）汽车用工程塑料　在汽车上，汽车用工程塑料主要用于制作结构件，这就要求塑料具有足够的强度、抗蠕变特性以及尺寸稳定性。随着现代塑料工业的发展，工程塑料已能够满足上述的技术要求。汽车上常用的工程塑料有聚丙烯（PP）、聚乙烯（PE）、聚苯烯、ABS、聚酰胺、聚甲醛、聚碳酸酯、酚醛树脂等。

采用工程塑料取代金属制造汽车配件，可以直接取得汽车轻量化的效果，还可以改善汽车某些方面的性能，如防腐、防锈蚀、减振、控制噪声、耐磨等。例如在汽车上，采用聚乙烯（PE）制造汽油箱。聚乙烯油箱与金属油箱相比，优点为长期稳定性良好、冲撞时不发生火花，因此不会发生燃烧爆炸；设计自由度大，可充分利用空间；质量轻，较金属油箱可减轻重量 1/3 ~ 1/2；耐腐蚀性好；成型工艺简单，价廉。

（3）汽车的外装件用塑料　汽车的外装件及结构件包括传动轴、车架、发动机罩等，要求具备高强度性能，因此多采用纤维增强塑料复合材料制造。

汽车用主要塑料的名称、变形温度及使用场合见表 2-9。

表 2-9　汽车用主要塑料的名称、变形温度及使用场合

塑料名称（符号）	变形温度/℃	使用场合
聚氨酯（PU） ＊热固型泡沫塑料 热塑性塑料	 80 60	为汽车的主要内饰材料 用于制造汽车座垫、汽车仪表板、扶手、头枕等缓冲材料 用于制造汽车保险杠、仪表板、挡泥板、前端部、发动机罩等大型部件
聚氯乙烯塑料（PVC）	55 ~ 75	在汽车上的用量约占汽车用塑料总量的 20% ~ 30%，主要用于制造各种表皮材料和电线包皮。如聚氯乙烯人造革用于汽车座垫、车门内板及其他装饰覆盖件上，聚氯乙烯地毯则用于货车驾驶室等部件
聚丙烯塑料（PP）	50 ~ 110	聚丙烯主要用于通风采暖系、发动机的某些配件以及外装件，如汽车转向盘、仪表板、前后保险杠、加速踏板、蓄电池壳、空气过滤器、冷却风扇、风扇护罩、散热器格栅、转向机套管、分电器盖、灯壳、电线覆皮等
聚乙烯（PE）	40 ~ 82	用于制造汽油箱、挡泥板、转向盘、各种液体储罐、车厢内饰件以及衬板等
ABS 树脂（ABS）	70 ~ 107	散热器护栅、驾驶室仪表盘、控制箱、装饰类、灯壳、嵌条类

（续）

塑料名称（符号）	变形温度/℃	使用场合
丙烯树脂（PMMA）	70～98	灯玻璃类
聚酰胺（尼龙 PA）	80～182	用于制造燃油过滤器、空气过滤器、机油过滤器、正时齿轮、水泵壳、水泵叶轮、风扇、制动液罐、动力转向液罐、雨刷器齿轮、前大灯壳、百叶窗、轴承保持架、保险丝盒、速度表齿轮等
聚甲醛（POM）		用于制造各种阀门，如排水阀门、空调器阀门；各种叶轮，如水泵叶轮、暖风器叶轮、油泵轮；轴套及衬套，如行星齿轮和半轴垫片、钢板弹簧吊耳衬套；轴承保持架等机能结构件，各种电器开关及电器仪表上的小齿轮，各种手柄及门销等
聚碳酸酯（PC）	140	保险杠、刻度板、加热器底板
*聚酯树脂（UP）	60～205	挡泥板、车身装饰件、轮毂防尘罩、加热装置、驾驶室仪表板
酚醛塑料（PE）		制动衬片、离合器摩擦片、分电器盖
饱和聚酯 对苯二甲酸丁醇酯（PBT）、聚对苯二甲酸乙二醇酯（PET）		后窗通风格栅、车尾板通风栅、前挡泥板延伸部分、灯座、车牌支架等车身部件，分电器盖、点火线圈架、开关、插座等电器零件，冷却风扇，雨刷器杆、油泵叶轮和壳体、镜架、各种手柄等机能结构件

注：标“*”的为热固性塑料。

二、复合材料

复合材料是由两种或两种以上的物理、化学性质不同的物质经一定方法合成而得到的一种新的多相固体材料。它不仅具有各组成材料的优点，还具有比单一材料更优良的综合性能。如碳纤维的比强度、比模量很高，但脆性较大。如果与柔软的树脂基体复合，便可获得兼有树脂与碳纤维二者所长的树脂基复合材料。多数金属较坚韧，但不耐高温，而陶瓷耐高温却又较脆，若将二者复合，制成复合材料，这种新材料即为金属陶瓷复合材料。由上可知，“复合”已成为改善材料性能的一种手段。因此，复合材料的发展迅速，在各个领域的应用也越来越多。

1. 复合材料的分类

复合材料种类繁多，分类方法也不尽相同。原则上讲，复合材料可以由金属材料、高分子材料和陶瓷材料中任两种或几种制备而成。常见复合材料的分类方法归纳如图 2-165 所示。

一般情况下，用来表示复合材料的形式是斜线上表示增强材料，斜线下表示基体材料，如碳纤维/环氧复合材料，其增强材料为碳纤维，基体材料为环氧树脂。目前使用最多的是纤维增强复合材料。

2. 复合材料的性能特点

（1）高的比强度和比模量　高比强度和比模量是复合材料最突出的特点。比强度、比模量高对要求减轻自重和高速运转的结构和零件是非常重要的，碳纤维增强环氧树脂复合材料的比强度是钢的 7 倍、比模量是钢的 4 倍。常用金属材料和复合材料的性能比较见表 2-10。

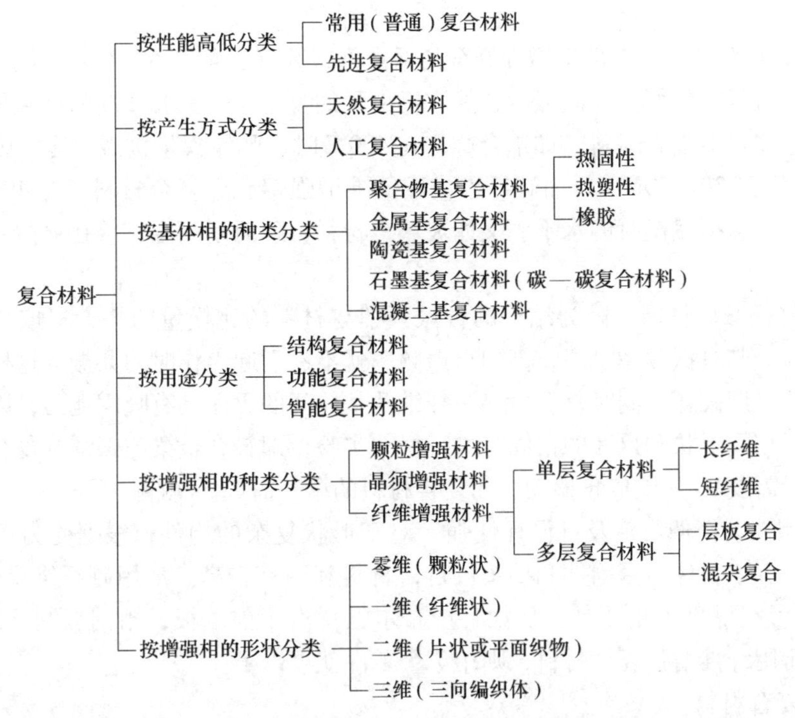

图 2-165　常见复合材料的分类方法

表 2-10　常用金属材料和复合材料的性能比较

类　别	材　料	密度/(g·cm^{-3})	抗拉强度/MPa	弹性模量/GPa	比强度/10^6m	比模量/10^6m
金属材料	钢	7.8	1030	210	1.3	2.7
	铝	2.8	470	75	1.7	2.6
	钛	4.5	960	114	2.1	2.5
复合材料	玻璃钢	2.0	1060	40	5.3	2.1
	硼纤维/铝	2.65	1000	200	3.8	7.5
	硼纤维/环氧树脂	2.1	1380	210	6.6	10
	高强碳纤/环氧树脂	1.45	1500	140	10.3	2.1
	高模碳纤/环氧树脂	1.6	1070	240	6.7	15
	有机纤维 PRD/环氧树脂	1.4	1400	80	10.0	5.7
	SiC 纤维/环氧树脂	2.2	1090	102	5.0	4.6

(2) 良好的抗疲劳性能　由于纤维复合材料对缺口、应力集中敏感性小，而且纤维和基体界面能够阻止和改变裂纹扩展方向，因此复合材料有较高的疲劳极限。碳纤维复合材料的疲劳极限可达抗拉强度的 70% ~80%，而一般金属材料的疲劳极限只有抗拉强度的 40% ~50%。

(3) 良好的破断安全性能　纤维复合材料中有大量独立的纤维，平均每平方厘米面积上有几千到几万根纤维。当纤维复合材料构件由于超载或其他原因使少数纤维断裂时，载荷就会重新分配到其他未破断的纤维上，因而构件不会在短期内发生突然破坏，故破断安全性好。

（4）优良的高温性能　由于增强纤维的熔点都很高（一般都在2000℃以上），而且在高温条件下仍然可保持较好的高温强度，故它们增强的复合材料具有较高的高温强度和弹性模量，特别是金属基体复合材料。如铝合金，在400℃时，弹性模量接近于零，强度值也从室温的500MPa降到30～50MPa，而碳纤维或硼纤维增强铝合金复合材料，在400℃时强度和弹性模量几乎可保持室温时的水平。又如玻璃钢材料可瞬时耐高温，故在火箭发动机上用作耐烧蚀材料。

（5）良好的减震性能　因为结构的自振频率与材料的比模量的平方根成正比，而复合材料比模量高，其自振频率也高，高的自振频率就不易引起工作时的共振，这样就可避免因共振而产生的早期破坏。同时复合材料中纤维及基体间的界面具有吸震能力，因此它的振动阻尼很高。对相同形状和尺寸的梁同时进行振动实验，即轻合金梁与碳纤维复合材料的梁同时起振，前者需要9s才能停止振动，而复合材料的梁只需2.5s就静止了。

（6）成型工艺简便灵活及可设计性强　对于形状复杂的构件，根据受力情况可以一次整体成型，减少了零件、紧固件和接头数目，材料利用率较高。如用硼纤维增强复合材料，1000t的原料可获得800t的零件。例如日产布尔巴特汽车前端板，用钢板制造时由20多个零件组成，而用纤维增强复合材料，则用7个零件就可以了。

3. 常用复合材料

（1）纤维增强复合材料　纤维增强复合材料中承受载荷的主要是增强相纤维，而增强相纤维处于基体之中，彼此隔离，其表面受到基体的保护，因而不易遭受损伤。塑性和韧性较好的基体能阻止裂纹的扩展，并对纤维起到粘接的作用，复合材料的强度因而得到很大的提高。纤维种类很多，但用作现代复合材料的纤维主要是指高强度、高模量的玻璃纤维、碳纤维、石墨纤维、硼纤维等。

1）玻璃纤维增强复合材料。玻璃纤维增强复合材料是由玻璃纤维与热固性树脂或热塑性树脂复合的材料，通常又称为玻璃钢。它是20世纪40年代发展起来的第一代复合材料。由于具有强度高、价格低、来源丰富、工艺性能好等特点，至今仍广泛应用在国民经济各部门中。玻璃钢可分为热塑性和热固性两类。

① 热塑性玻璃钢。热塑性玻璃钢是以玻璃纤维为增强剂和以热塑性树脂为粘接剂制成的复合材料。制成玻璃纤维的玻璃主要为二氧化硅和其他氧化物的共熔体，并以极快的速度抽拉成细丝状玻璃，直径一般为5～9μm，玻璃纤维柔软如丝，比玻璃的强度和韧性高得多。而且纤维越细，强度越高，其抗拉强度可高达1000～3000MPa，比高强度钢还高出两倍，耐热性高（250℃以下力学性能变化不大），化学稳定性好。主要缺点是脆性较大。但若与合成树脂复合在一起，便能形成具有较佳性能的玻璃钢。应用较多的热塑性树脂是尼龙、聚烯烃类、聚苯乙烯类、热塑性聚酯和聚碳酸酯五种，但尼龙的增强效果最好。常见热塑性玻璃钢的性能和用途见表2-11。

热塑性玻璃钢与热塑性塑料相比，基本材料相同时，强度和疲劳性能可提高2～3倍以上，冲击韧度提高2～4倍，蠕变极限提高2～5倍，达到或超过了某些金属的强度。例如40%玻璃纤维增强尼龙的强度超过了铝合金而接近于镁合金的强度，因此可以用来取代这些金属。

表 2-11　常见热塑性玻璃钢的性能和用途

材　　料	密度/($g\cdot cm^{-3}$)	抗拉强度/MPa	弯曲模量/10^2MPa	特性和用途
尼龙 66 玻璃钢	1.37	182	91	刚度、强度、减摩性好，用作轴承、轴承架、齿轮等精密件、电工件、汽车仪表、前后灯等
ABS 玻璃钢	1.28	101	77	化工装置、管道、容器等
聚苯乙烯玻璃钢	1.28	95	91	汽车内装、收音机机壳、空调叶片等
聚碳酸酯玻璃钢	1.43	130	81	耐磨、绝缘仪表等

② 热固性玻璃钢。热固性玻璃钢是以玻璃纤维为增强剂和以热固性树脂为粘接剂制成的复合材料。常用的热固性树脂为酚醛树脂、环氧树脂、不饱和聚酯树脂和有机硅树脂等四种。酚醛树脂出现最早，环氧树脂性能较好，应用较普遍。

热固性玻璃钢集中了其组成材料的优点，即质量轻，比强度高，耐腐蚀性好，介电性能优越，成形性能良好等。它们的比强度比铜合金和铝合金高，甚至比合金钢还高；但刚度较差，仅为钢的 1/10～1/5，耐热性不高（低于 200℃），容易老化，容易蠕变等。

玻璃钢的性能主要决定于基体树脂的类型，如酚醛树脂玻璃钢质地坚硬，耐烧蚀；环氧玻璃钢强度高，粘着牢固，耐蚀性高；聚酯玻璃钢成型工艺性好，可在常温下固化；有机硅玻璃钢耐热性较高等。表 2-12 列出了常见热固性玻璃钢的性能和用途。

表 2-12　常见热固性玻璃钢的性能和用途

性能特点 \ 材料类型	环氧树脂玻璃钢	聚酯树脂玻璃钢	酚醛树脂玻璃钢	有机硅树脂玻璃钢
密度/($g\cdot cm^{-3}$)	1.73	1.75	1.80	
抗拉强度/MPa	341	290	100	210
抗压强度/MPa	311	93		61
抗弯强度/MPa	520	237	110	140
特点	耐热性较高，150～200℃下可长期工作，耐瞬时超高温。价格低、工艺性较差、收缩率大、吸水性大、固化后较脆	强度高、收缩率小、工艺性好、成本高、某些固化剂有毒性	工艺性好，适用于各种成型方法，作大型构件，可机械化生产。耐热性差、强度较低、收缩率大、成型时有异味、有毒	耐热性较高，200～250℃可长期使用。吸水性低、耐电弧性好、防潮、绝缘、强度低
用途	主要受力构件，耐蚀件如飞机、宇航器等	一般要求的构件如汽车、船舶、化工件	飞机内部装饰件、电工材料	印制电路板、隔热板等

玻璃钢的应用极为广泛，它可用来制造游船、舰艇、各种车辆的车身及配件，各种耐腐蚀的管道、阀门、贮罐、高压气瓶、撑杆、防护罩以及轴承、法兰圈、齿轮、螺钉、螺母等各种机械零件和机械设备。玻璃钢作为一种优良的工程材料，正越来越多地应用于国民经济各部门中，已成为工程上不可缺少的重要材料之一。

2）碳纤维增强复合材料。碳纤维增强复合材料是以碳纤维或其织物为增强相，以树脂、金属、陶瓷等为粘接剂而制成的。目前有碳纤维/树脂、碳纤维/碳、碳纤维/金属、碳纤维/陶瓷等复合材料。其中以碳纤维/树脂复合材料应用最为广泛。碳纤维/树脂复合材料中采用的树脂有环氧树脂、酚醛树脂、聚四氟乙烯树脂等。与玻璃钢相比，其强度和弹性模量高、密度小。因此，它的比强度、比模量在现有复合材料中名列前茅。它还具有较高的冲击韧度和疲劳强度，优良的减摩性、耐磨性、导热性、耐蚀性和耐热性。碳纤维树脂复合材料广泛应用于制造要求比强度、比模量高的飞行器结构件，如导弹的鼻锥体、火箭喷嘴、飞机尾翼等，还可制造重型机械的轴承、齿轮以及化工设备的耐蚀件等。这类材料的缺点是价格高，碳纤维与树脂的结合力不强。

（2）层叠复合材料　层叠复合材料是由两层或两层以上不同性质的材料复合而成，以达到增强的目的。

1）三层复合材料。三层复合材料是以钢板为基体，烧结铜为中间层，塑料为表面层制成的。它的物理、力学性能主要取决于基体，而摩擦、磨损性能取决于表面塑性层。中间多孔性青铜使三层之间获得可靠的结合力。表面塑性层通常为聚四氟乙烯（如 SF—1 型）和聚甲醛（如 SF—2 型）。这种复合材料比单一塑性材料提高承载能力 20 倍、导热系数提高 50 倍、热膨胀系数降低 75%，从而改善了尺寸稳定性，常用于制作无油润滑轴承、机床导轨、衬套、垫片等。

2）夹层复合材料。夹层复合材料是由两层薄而强的面板或蒙皮与中间夹一层轻而柔的材料构成。面板一般由强度高、弹性模量大的材料组成，如金属板、玻璃等。心料结构有泡沫塑料和蜂窝格子两大类。这类材料的特点是密度小、刚性和抗压稳定性好、抗弯强度高，常用于航空、船舶、化工等，如飞机、船舱隔板和冷却塔等。

（3）颗粒增强复合材料　颗粒增强复合材料中承受载荷的主要是基体，颗粒增强的作用在于阻碍基体中位错或分子链的运动，从而达到增强的效果。增强效果与颗粒的体积含量、分布、粒径、粒间距有关，粒径为 0.01～0.1μm 时的增强效果最好；粒径小于 0.01μm 时，位错容易绕过，难以对位错运动起阻碍作用；粒径大于 0.1μm 时，会造成附近基体中应力集中，或者使颗粒本身破碎，反而导致材料强度降低。常见的颗粒复合材料有两类：一类是颗粒增强树脂复合材料，如塑料中添加颗粒状填料、橡胶用炭黑增强等；另一类是颗粒增强金属复合材料，如陶瓷颗粒增强金属复合材料等。

三、胶粘剂

胶粘剂又称为粘合剂或粘接剂。它是一类通过粘附作用，使两种物质粘接在一起，并在胶接面上有一定强度的物质。

随着汽车等车辆工业的快速发展，为了节省能源必须尽可能减轻汽车自重。而采用粘接代替焊接等，是减轻汽车自重的重要手段。在汽车制造业，汽车内饰布置及材料的选用是衡量整车华丽性和舒适性的一项重要指标。内饰件材料要求吸震性能好、手感好、美观耐用。这些内饰件的复合或组合成形，通常都要采用粘接工艺，要使用大量的胶粘剂。所以胶粘剂（粘接密封剂）广泛应用于汽车等制造工业。

1. 胶粘剂的组成

胶粘剂的组成是根据使用性能的要求采用不同的配方。其中黏性基料是主要的组成成分，对粘接剂的性能起主要作用，因此黏性基料必须具有优异的粘附力及良好的耐热性、抗老化性等。常用黏性基料有环氧树脂、酚醛树脂、聚氨酯树脂、氯丁橡胶、丁腈橡胶等。胶粘剂中除了黏性基料，还有各种添加剂，如填料、固化剂、增塑剂等，这些添加剂是根据胶粘剂的性质及使用要求选择的。

2. 胶粘剂的分类

胶粘剂的种类很多，分类方法也各不相同。

（1）按胶粘剂基料化学成分分类　分类如图 2-166 所示。

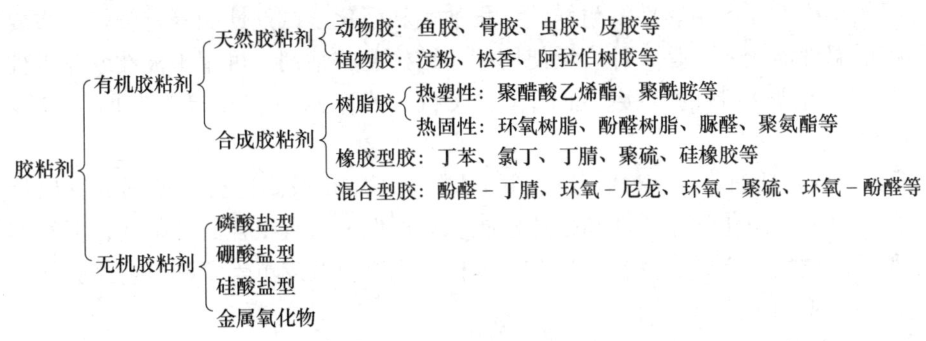

图 2-166　按胶粘剂基料化学成分分类

（2）按胶粘剂的主要用途分类

1）结构胶。结构胶要求必须有足够的粘接强度，用于粘接受力部件。一般要求粘接接头能够承受的应力与被粘物自身强度基本相当。

2）非结构胶。非结构胶不要求严格的力学性能，主要用于非主要受力部件，一般称为通用胶。

3）次（准）结构胶。次结构胶粘接强度介于结构胶和非结构胶之间，它能承受一定强度的载荷。

3. 常用胶粘剂

（1）树脂型胶粘剂

1）热塑性树脂胶粘剂。热塑性树脂胶粘剂是以线型热塑性树脂为基料，与溶剂配制成溶液或直接通过熔化的方式进行胶接。这类胶粘剂使用方便，容易保存，具有柔韧性、耐冲击性，初粘能力良好等优点。但耐溶剂性和耐热性较差，强度和抗蠕变性能低。

聚醋酸乙烯酯胶粘剂是一种常用的热塑型树脂胶粘剂，它是以聚醋酸乙烯酯为基料的胶粘剂。这类胶粘剂适用于胶接多孔性、易吸水的材料，如纸张、木材、纤维织物，也可用于塑料及铝箔等的粘合。

2）热固性树脂胶粘剂。热固性树脂胶粘剂是以多功能团的单体或低分子预聚体为基料，在一定的固化条件下通过化学反应，交联成体型结构的胶层来进行胶接。这类胶粘剂的胶层呈现刚性，有很高的胶接强度和硬度，良好的耐热性与耐溶剂性，优良的抗蠕变性能。缺点是起始胶接力较小。

环氧树脂胶粘剂是一种常用的热固性树脂胶粘剂，其基料是环氧树脂，主要品种为双酚 A 型环氧树脂。环氧树脂胶粘剂的突出优点是粘附力强，被称为“万能胶”，内聚力大，工艺性能好，断面收缩率低，耐温性能较好。主要缺点是耐热性不高，耐候性尤其是耐紫外线性能较差，适用期短，部分添加剂有毒。环氧树脂胶粘剂常用来胶接各种金属和非金属材料，在机械、化工、建筑、航空、电子等工业部门得到广泛应用。

（2）橡胶型胶粘剂　橡胶型胶粘剂是以氯丁、丁腈、丁苯、丁基等合成橡胶或天然橡胶为基料配制成的一类胶粘剂。这类胶粘剂具有较高的剥离强度和优良的弹性，但其抗拉强度和抗剪强度较低，主要适用于柔软的或膨胀系数相差很大的材料的胶接。橡胶型胶粘剂的主要品种有：

1）氯丁橡胶胶粘剂。氯丁橡胶胶粘剂的基料为氯丁橡胶。这类胶粘剂具有较高的内聚强度和良好的粘附性能，耐燃性、耐候性、耐油性和耐化学试剂性能等均较好。主要缺点是稳定性和耐低温性能较差，是一种广泛使用的非结构型胶粘剂。可用于极性或非极性橡胶的胶接，非金属、金属材料的胶接。在汽车、飞机、船舶制造和建筑等方面，均得到广泛应用。

2）丁腈橡胶胶粘剂。丁腈橡胶胶粘剂的基料为丁腈橡胶。这类胶粘剂的突出特点是耐油性好，并有良好的耐化学介质性和耐热性能。对极性材料有很强的粘附性，但对非极性材料的胶接稍差。适用于金属、橡胶、塑料、木材、织物以及皮革等多种材料的胶接，尤其在各种耐油产品中得到了广泛应用。

（3）混合型胶粘剂　混合型胶粘剂又称为复合型胶粘剂。它是由两种或两种以上高聚物彼此掺混或相互改性而制得的，即构成胶粘剂基料的是不同种类的树脂或树脂与橡胶。

1）酚醛—聚乙烯醇缩醛胶粘剂。酚醛—聚乙烯醇缩醛胶粘剂简称酚醛—缩醛胶粘剂，它是以甲基酚醛树脂为主体，加入聚乙烯醇缩醛类树脂（如聚乙烯醇缩甲醛、缩丁醛、缩糠醛等）进行改性而成。由于它兼具了酚醛树脂和聚乙烯醇缩醛树脂在结构方面的某些特征，因此不仅克服了酚醛树脂性脆和聚乙烯醇缩醛树脂耐热性差的弱点，而且还兼有二者的长处，表现出良好的综合性能。这类胶粘剂对金属和非金属都有很好的粘附性，加之胶层固化后呈网状结构，其胶接强度高，抗冲击性能和抗疲劳性能良好。此外，它还具有良好的耐大气老化和耐水性，是一种应用广泛的结构型胶粘剂。

酚醛—缩醛胶粘剂适用于金属、陶瓷、玻璃、塑料及木材等的胶接，它是目前最常用的飞机结构胶之一，可用于胶接金属结构和蜂窝结构。此外，还可用于汽车制动片、轴瓦、印制电路板及导波元件等的胶接。近年来，在这类胶粘剂的基础上，又加入环氧树脂，从而制得酚醛—缩醛—环氧胶粘剂，其胶接强度大大提高，性能进一步改善，耐热性、耐湿热老化和耐介质性能均有提高，尤其适用于铝、铜、钢等金属及玻璃钢的胶接。

2）酚醛—腈胶粘剂。酚醛—腈胶粘剂综合了酚醛树脂和丁腈橡胶的优点，既有良好的柔韧性，又有较高的耐热性，是综合性能优良的结构型胶粘剂。酚醛—腈胶粘剂性能的主要特点是胶接强度高、抗振动、冲击韧度好，其抗剪强度随温度变化不大，可以在 $-5\sim80$℃下长时间使用，其耐水、耐油、耐化学介质以及耐大气老化性能都较好。但是，这种胶粘剂固化条件严格，必须加压、加温才能固化。

酚醛—丁腈胶粘剂可用于金属和大部分非金属材料的胶接，如汽车制动片的粘合、飞机结构中轻金属的粘合，印制电路板中铜箔与层压板的粘合以及各种机械设备的修复等。

4. 胶粘剂的选用

胶粘剂的选用通常应综合考虑胶粘剂的性能、胶接对象、使用条件、固化工艺和经济成本等各方面的因素，合理地选用。对各种胶粘剂的选用可见表 2-13。

表 2-13　各种胶粘剂的选用

材料＼材料	皮革、织物、软质材料	竹　木	热固性塑料	热塑性塑料	橡胶制品	玻璃陶瓷	金　属
金属	2、4、3、8	1、4、2、6	1、4、3、7	1、5、4、9	4、8	1、2、3、4、5、7、10	1、2、3、4、5、7、10
玻璃、陶瓷	2、4、3、8	1、3、4	1、2、3、7	1、2、4、5	4、8	1、2、3、4、5、7、10	
橡胶制品	4、8	1、2、4、8	2、3、4、8	1、4、8	4、8		
热塑性塑料	4、9	1、4、9	1、4、5	1、4、5、9			
热固体塑料	2、3、4、9	1、2、4、9	1、4、7、9				
竹木	1、2、4	4、6、7					
皮革、织物、软质材料	4、8	1—环氧树脂胶　2—酚醛—缩醛胶　3—酚醛—丁腈胶　4—聚氨酯胶　5—聚丙烯酸酯胶　6—脲醛树脂胶　7—不饱和聚酯树脂胶　8—橡胶胶粘剂　9—塑料胶粘剂　10—无机胶粘剂					

5. 胶粘剂在汽车中的应用

(1) 车体

1) 车身。轿车贴花加工和聚氯乙烯的成型侧护条的粘接，可用丙烯酸压敏胶。

2) 装饰型材。接缝装饰条、木纹聚氯乙烯侧面装饰板、装饰板标牌的粘接，可用丙烯酸压敏胶和氯丁橡胶。

3) 顶棚。聚氯乙烯接缝、聚氯乙烯顶篷衬里、顶篷隔声衬垫、顶篷拱形加固梁与顶篷的粘接，可用聚酯、聚酰胺热熔胶。

4) 后盖。后盖板防雨条、隔声材料的粘接，可用氯丁橡胶胶粘剂。

5) 座椅。座椅衬垫与聚氯乙烯板的粘接，可用丁苯橡胶—乙烯醋酸乙烯共聚树脂、氯丁胶。

6) 车门。车门内装饰板、车门防风防雨条的粘接，可用氯丁胶。

7) 密封。绝热隔板接缝密封、外层窗玻璃密封，可用再生丁苯胶腻子，丁基胶—聚异丁烯混合物；后窗玻璃密封、后窗外层辅助密封，可用丁基胶密封胶、软性丁基—聚异丁烯混合物；顶篷排水槽、顶篷至车舷后部塑料挡板、行李箱接缝、涂料层下的外缝、非膨胀焊接内缝等的密封，可用聚氯乙烯塑料胶；减振器垫片的密封，可用热固化氯丁胶；底板内缝的密封，可膨胀性焊接内缝的密封（后盖挡板至挡泥板），可用沥青、可膨胀的热固化丁苯胶；罩板总装的膨胀性焊缝的密封，可用丁苯胶。

(2) 动力系统　发动机罩内外挡板的粘接，可用热固化乙烯基塑料溶胶；气缸盖垫片的密封，可用不干性油；螺杆及螺栓的密封，可用氯丁胶乳或厌氧胶；油箱输油管的密封，可用膨胀的热固化氯丁胶。

(3) 运行系统　制动衬里与闸瓦的粘接，可用丁腈酚醛胶；电动机带与离合器的粘接，可用丁腈—酚醛胶；闸瓦底座与圆盘衬垫的粘接，可用酚醛胶。

四、塑料部件维修原则

虽然可以对大量损坏的塑料部件进行维修，但通常应更换这些部件。原因是所用维修方法和每次维修的成本核算常常不可预见。但是，无论对于事故车辆维修还是二手车辆修复来说，塑料部件维修都是成本较低的备选方案。塑料部件的损坏通常分为三种损伤类型，即轻度损坏、中度损坏和严重损坏。

轻度和中度损坏通常指表面损伤，鉴定损伤情况时通常不需要拆卸部件。严重损坏时，多数情况下不仅部件表面损坏，位于其后的变形元件（聚苯乙烯泡沫塑料、铝合金托架）也可能损坏。确定整个损伤范围时需要拆卸相关部件。严重变形或变形元件损坏时，建议不要进行维修，应更换部件。即只有造成轻度和中度损坏时才能维修塑料部件。其中包括车身面板刮痕、裂缝、穿孔，但位于其后的结构部件未损坏。

对待“更换或维修”这个问题时要考虑几个方面。例如，必须考虑到与成本相关的所需时间。不包括喷漆的维修费用不应超过新部件成本的50%。无法提供或短期内无法提供新部件时例外。不同国家和地区的小时费率也会影响成本核算。

成本核算可以通过一个计算公式表示。满足下列条件时，维修比较经济可行。

$$N > R \times L + M$$

式中　N——一个新部件的成本；

R——维修耗时（h）（硬化时间不应计算在内）；

L——小时工资，进行维修时计算；

M——材料成本。

五、塑料部件常用的维修方法

（1）热塑成形　热塑成形法仅适用于热塑性塑料。适于维修凹痕。裂缝、穿孔或刮痕不可用这种方法进行维修。由于这种方法迅速、简单、干净且成本低廉，因此常被采用。

（2）焊接塑料部件　焊接塑料部件问题较大，并非所有类型的塑料都能进行焊接。需要识别塑料种类，但不一定都能识别出来。此外，穿孔维修难度也很大，因此很少采用这种方法。

塑料焊接主要是采用热空气焊接法。焊接时一般都用热空气焊炬（见图2-167），热空气焊炬是采用一个陶瓷或不锈钢电热元件来产生热风，热风的温度为230～340℃，热风通过喷嘴吹到焊件及焊条上，加热塑料接缝，使其软化，同时将加热的塑料棒压入接缝即可。在焊接过程中塑料的焊接收缩量较金属大，所以在焊接下料时应多留焊接余量。

热空气塑料焊接焊炬配有不同种类的焊嘴，其应用范围不同。定位焊焊嘴用于断裂板件的定位焊，这种焊接可以容易地拉开，以便重新定位；圆形焊嘴用于充填小的孔眼或形成短焊缝，以及用于难以靠近部位的焊接和尖角部位的焊接；快速焊焊嘴用于直而长接缝的焊接，这种焊嘴可以夹持焊条，可以对焊条预热，并将焊条喂到焊道处，因而可进行快速焊接。

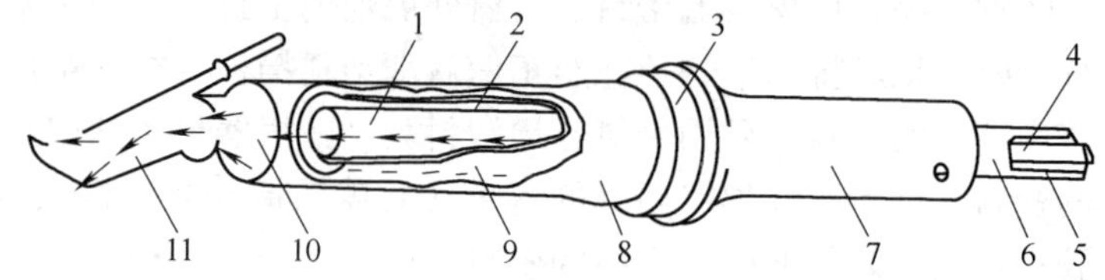

图2-167　热空气焊炬

1—加热元件　2—加热腔　3—固定螺母　4—电缆　5—压缩空气或惰性气体　6—空气管　7—把手　8—外套管　9—内套管　10—热空气　11—焊嘴

（3）粘接　粘接法最适于作为维修解决方案。带有底漆的粘接剂适用于所有塑料部件。因此无需识别塑料种类。粘接方法也适用于修理穿孔、刮痕和裂缝。这种维修解决方案因强度较高而受欢迎，且具有很好的喷漆附着性。

进行塑料件粘接维修时，需使用塑料件维修套件。塑料维修套件包括以下产品：塑料粘接剂、塑料底漆、清洁剂和稀释剂、涂敷枪、网状加强织物、加固条，如图 2-168 所示。此外，维修塑料部件时还需要一个红外线灯。借助这个红外线灯将维修部位加热 15min，以便为后继处理（喷漆）做好准备。

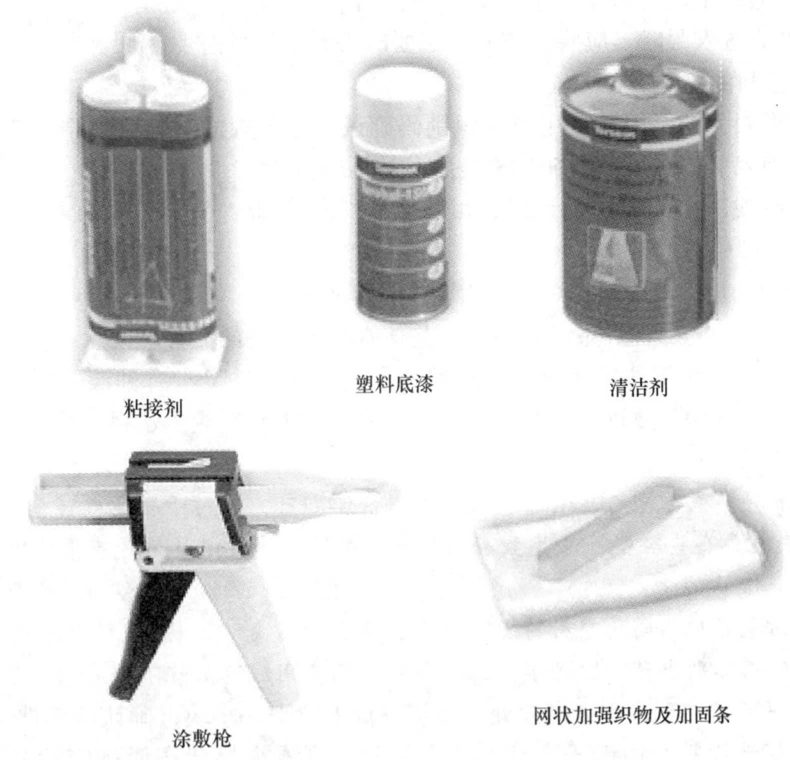

图 2-168　塑料件维修套件

1）塑料粘接剂。塑料粘接剂以双组分聚氨酯为基础制成。优点是适用于车辆上的所有塑料类型。因此无需花时间识别塑料类型。这种粘接剂具有很好的研磨特性，能够附着在所有车漆上。部分使用的双筒可重复使用。

2）塑料底漆。塑料底漆以合成树脂为基础制成。它适用于车辆上的所有塑料和车漆类型。底漆的风干时间非常短，大约 10min。通过喷嘴进行操作可达到最佳处理效果。底漆为填料和喷漆提供了附着基础。

3）清洁剂和稀释剂。清洁剂和稀释剂的风干时间非常短，而且具有突出的清洁作用。

4）涂敷枪。涂敷枪用于涂敷塑料粘接剂。

5）网状加强织物。网状加强织物用于维修穿孔和裂缝，可加固维修部位。除网状加强织物外，在裂缝端部还使用加固条。这样可以最佳固定维修部位并提高所维修塑料部件的扭转刚度。加固条已经经过电镀锌处理，因此不会形成腐蚀。

【技能学习】

一、塑料部件维修时的安全防护措施

1）工作时不能吃东西、喝水或吸烟。

2）避免粘接剂接触到眼睛和皮肤。因为粘接剂对眼睛、呼吸器官和皮肤有刺激作用。对异氰酸酯过敏的人应避免接触这类产品。如果粘接剂接触到眼睛、皮肤时，应立即用流水冲洗。

3）只有在通风不足的情况下才需要使用呼吸防护装置。

4）粘接剂弄脏衣服时，应脱去衣服。必要时去看皮肤科医生。

二、常用塑料的鉴别

（1）查找塑料件的标识　采用 ISO 识别码确认。在正规的塑料件制造厂生产的塑料件上（一般在背面），用国际鉴别符号 ISO 标识塑料件的品种。

（2）手册查找法　无 ISO 标识时，可找车身维修手册。手册中列出专用塑料的品种，手册资料要与车型相符。

（3）焊接确认法　一般塑料焊条有六种左右，每种焊条均有标识塑料品种。用试焊法，凡能与塑料件相焊接的那种焊条的塑料，就是该查找塑料件的品种。

（4）浮力试验　在部件的背面切一片塑料，确认该部件上没有油漆、脱模剂或任何其他涂料，将这一小片塑料放进一杯水中。沉入水底的多为硬质或重塑料，漂浮在水面的多为软质或轻塑料。

注意：对于硬质或重塑料，喷涂一般的塑料底漆即可；而对于软质或轻塑料，则需要喷涂 2K 型塑料底漆。有些轻塑料件甚至不能喷涂汽车用漆，所以最好是查看汽车使用维修手册来确定。

汽车涂料商也针对不同的塑料特点，生产出各类专用漆，如 PP 塑料专用底漆、PO 塑料底漆等。如果能够鉴别出塑料的种类，选择相对应的专用底漆，就不会有问题了。

（5）燃烧试验　在允许明火燃烧处，在塑料件上取下一小块，确认该部件上没有油漆、脱模剂或任何其他涂料，用镊子夹住在火上燃烧，观看火焰状态而确定塑料品种。例如 PVC，受热易熔，且火焰呈绿—青绿色，有盐酸气味；聚烯烃类燃烧时，火焰没有明显烟雾，且有蜡样气味；取醋酸纤维，燃烧后有醋酸酸味；ABS 燃烧时，随即产生黑色烟雾。但是，对于复合材料制造的塑料件，此法不能确定。

通常燃烧时随即产生黑色烟雾，一般可以用普通塑料底漆；假如燃烧时发出轻的白烟，则需要用 2K 型塑料底漆或专用底漆。

（6）特殊简易鉴别法

1）用手敲击保险杠内侧，PU 塑料发出较微弱的声音，PP 塑料则发出较清脆的声音。

2）用白粉笔写在塑料件内侧，PU 塑料上的字迹 30s 后不掉色，PP 塑料件上的字迹 30s 后可擦掉。

3）用砂纸打磨塑料件内侧，PU 塑料没有粉末，PP 塑料有粉末。

三、塑料部件粘接维修

（1）清洁损坏部件　用高压清洗器清除大面积污物。随后用大量清水冲洗塑料部件并进行干燥处理。最后用清洁剂和稀释剂对部件进行彻底处理，如图 2-169 所示。必须遵守 5min 的风

图 2-169　用稀释剂进行处理

干时间。

（2）对塑料部件进行预处理　用一个砂带研磨机将维修部位边缘正面磨削成楔形，如图2-170所示。用粒度为120#的砂纸可达到最佳效果。如果损伤部件有一个裂缝，那么必须在裂缝端部钻孔，最好钻出直径大约为6mm的孔，这样可以避免裂缝继续扩大。这个孔也应磨削成楔形，如图2-171所示。

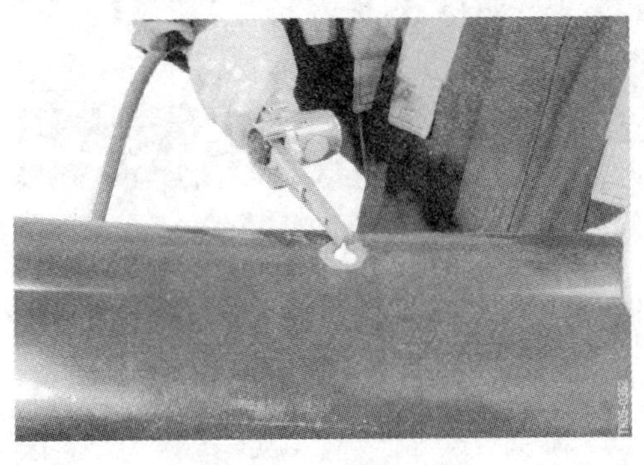

图2-170　磨削维修部位

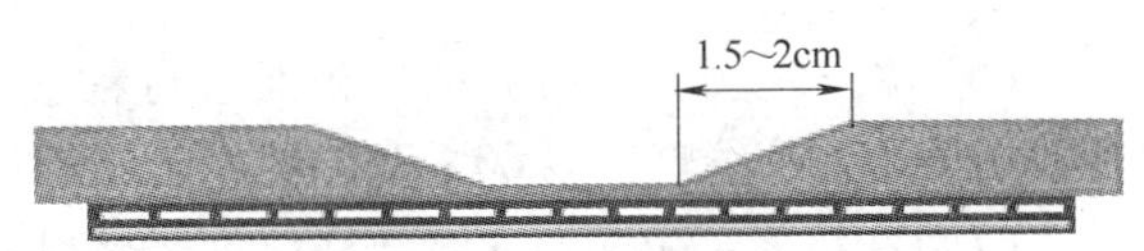

图2-171　楔形磨削面

（3）处理待维修部位的两侧　背面与正面同样要进行打磨处理，如图2-172所示。此外还要清除研磨粉尘。

（4）喷涂底漆　在涂敷底漆之前，必须用清洁剂和稀释剂对维修部位两侧重新进行处理。此时也必须遵守5min的风干时间。之后才能在两侧喷涂一层底漆，如图2-173所示。在室温条件下，底漆的风干时间大约为10min。

图2-172　使维修部位粗糙化

图2-173　喷涂底漆

（5）粘接　底漆风干后，可以开始进行粘接处理。建议在裂缝端处粘接加固条，这样可明显加固薄弱部位。开始在损伤部位背面涂敷粘接剂，如图2-174所示。大约10min后可对粘接剂进行处理。

建议固定前在所粘接的加固条上放一层聚乙烯膜，以免粘住或弄脏夹紧钳。此外还应使加固条弯曲，以使更多粘接剂进入加固条和塑料部件之间，从而进一步加固裂缝部位。随后根据损伤部位大小裁减一块网状加强织物，将其放入粘接剂中，使粘接剂完全渗入整块织物。为此最好使用一把塑料刮刀或刷子。现在用一把塑料刮刀或刷子将粘接剂涂敷在网状加强织物上。必须用粘接剂完全覆盖住维修部位，如图2-175所示。

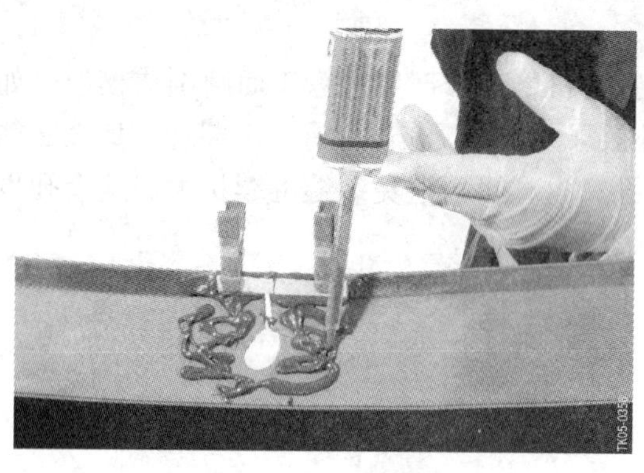

图 2-174　粘接剂、加固条处理

图 2-175　粘接网状加强织物

（6）烘干　开始对维修部位正面进行粘接之前，必须先等经过处理的背面硬化。为此可使用一个红外线灯，以 60 ~ 70℃ 照射维修部位大约 15min，如图 2-176 所示。

（7）在维修部位的正面涂敷粘接剂　将粘接剂涂敷在维修部位正面时尽量不要渗入空气，用刮刀从维修部位中部向外刮平，如图 2-177 所示。在此过程中，应始终涂敷过量的粘接剂，以确保研磨时能够重新恢复塑料部件原来的形状。此外，涂敷时还要确保喷嘴尖始终在粘接剂内。

图 2-176　使维修部位背面硬化

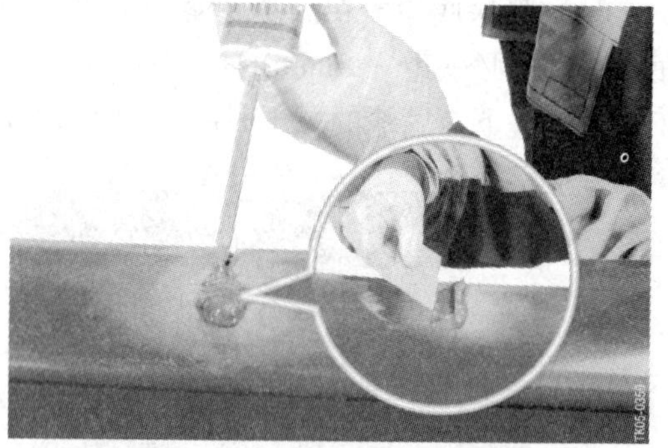

图 2-177　涂敷粘接剂（正面）

随后必须使粘接剂硬化。为此再次用红外线灯以 60 ~ 70℃ 对维修部位干燥处理约 15min，如图 2-178 所示，使其在室温条件下冷却下来。

（8）磨掉过量的粘接剂（正面）　要确保磨削出维修部件的原有形状。开始操作时使用 120# 砂纸，随后使用粒度越来越小的砂纸，如图 2-179 所示。用粒度为 240# 的砂纸精磨后，用清洗液仔细清洁维修部件。

在维修部件上喷漆之前，必须在维修部位上喷涂薄薄的一层底漆。大约 10min 的风干时间后，可涂敷用于车漆的底漆，如图 2-180 所示。

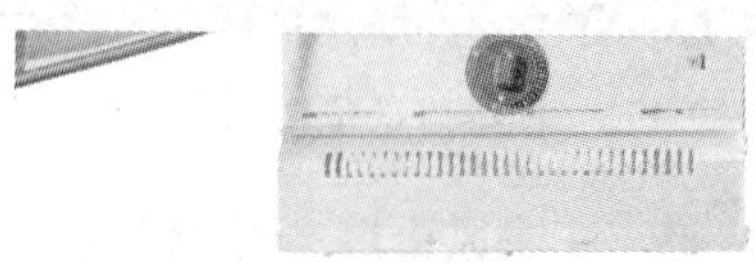

图 2-178　用红外线灯进行硬化处理（正面）

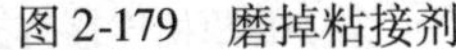
图2-179　磨掉粘接剂

图2-180　在维修部位涂敷底漆（正面）

四、塑料板件的焊接修复

（1）热空气焊机的准备

1）逆时针方向拧松控制手柄，使调压阀关闭，以免因压力突然增高而损坏压力表。

2）将调压阀接到压缩空气或惰性气体的供气路上。使用压缩空气时应把调压阀调到管线的标准压力1.4MPa左右。如果用的是惰性气体，则需要使用减压阀。

3）接通气源，其初始压力取决于加热元件的功率。

4）将焊机接到指定的交流电源上。在指定的工作气压下预热焊炬。必须保持从预热升温到冷却降温整个过程中焊炬都有气流通过，以免加热零件烧坏和焊炬受损。

5）选用适当的喷嘴，并用钳子把它插接到焊炬上，以免手触到发烫的套筒。

6）喷嘴装好后，将因为背压的作用而使温度稍有升高，经过2~3min，喷嘴即可达到所需的工作温度。

7）用温度计检测距喷嘴热风出口6mm处的温度。对于热塑性塑料，该处温度应为230~340℃。焊机说明书中一般都配有焊接温度选择图表。

8）如果上述部位温度对于焊接材料来说太高，则可把压缩空气的压力稍稍调高，直到温度下降；如果温度对具体的应用来说太低，则可稍稍降低压缩空气的压力，直到温度升高。在调整压缩空气的压力时，应保持1~3min，使温度在新的设置条件下达到稳定状态。

9）压缩空气的压力过大不会损坏焊炬及其加热元件，但压力过低则加热元件会过热。因此，在调低压缩空气压力时，切不要调低到把手处的套筒固定螺母热到烫手的程度。固定螺母烫手，则说明出现了过热。

10）气路内滤网堵塞或电压不稳也能引起过冷或过热，应加以注意。

11）如果套筒端部的螺纹太紧，应当用优质、耐高温的油脂清理，以免螺纹卡死。

12）焊接完成后，应先切断电源，待几分钟之后或到套筒冷却到可以触摸之后再切断气源。

（2）焊缝形式和焊接连接方式的选择　焊缝形式通常有两种，即V形和X形，如图2-181所示。X形可用于厚度较大的焊接。此外，缝的角度大些，强度也可提高。塑料板打坡口与金属相同，焊接前多要用槽刀打60°左右的坡口。

焊接处的连接方式大致有四种，如图2-182所示。比较而言，以第一种连接方式得到的焊缝强度最高。

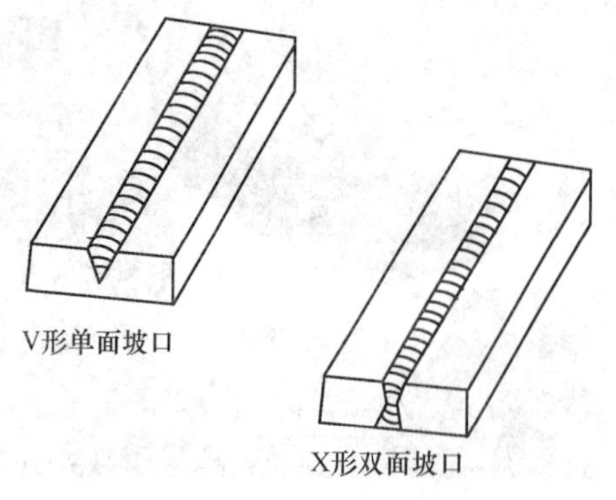

图 2-181　焊缝的两种形式

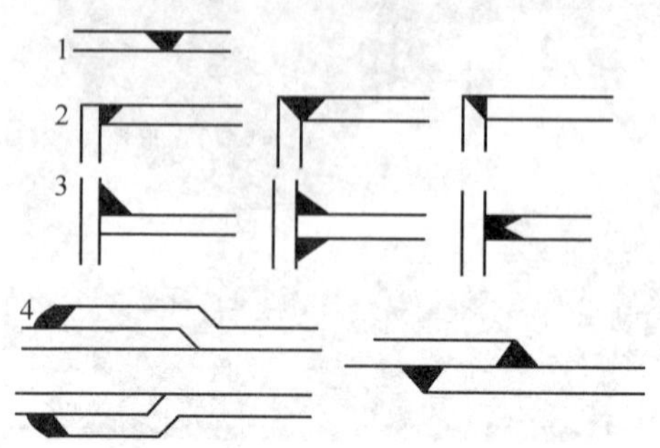

图 2-182　焊接的四种连接方式

1—平对接　2—角接　3—T 形角接　4—搭接

（3）接缝的定位焊

1）用夹钳或铝质车身胶带对坡口进行定位固定。

2）用焊炬喷嘴将断口两侧熔化，在断口底部形成定位焊点。

3）喷嘴要压紧，确保喷嘴接触到坡口的两边，而且要匀速、稳定地移动。

4）在进行定位焊时不要用焊条。用喷嘴头在断口底部将两板同时熔化出很窄的一条，熔化后两板即焊接到一起。

5）必要时还可断开进行定位调整，然后再焊上。

（4）V 形坡口焊接

1）开完坡口后，将焊条端部切成 60°左右角的切口。

2）操作过程中，焊嘴离焊缝 12 ~ 13mm，焊炬倾角为 30°，焊条垂直于塑料板。塑料焊接时的平均速度应保持在 150 ~ 200mm/min。在整个焊接过程中，焊条上的压力应保持一致，如图 2-183 所示。

3）焊条与塑料板同时被加热到发光并带有黏性时，焊条便会粘住板片，此时必须维持焊条与塑料的正确温度，切不可过高。若温度过高会引起焊缝皱褶，变为棕色，且降低焊接强度。

4）为保证焊条与塑料板适当的焊接温度，焊炬的操作可按图 2-184 所示方法上下垂直运动。以使塑料板焊缝处得到更多的热量，并均匀受热。

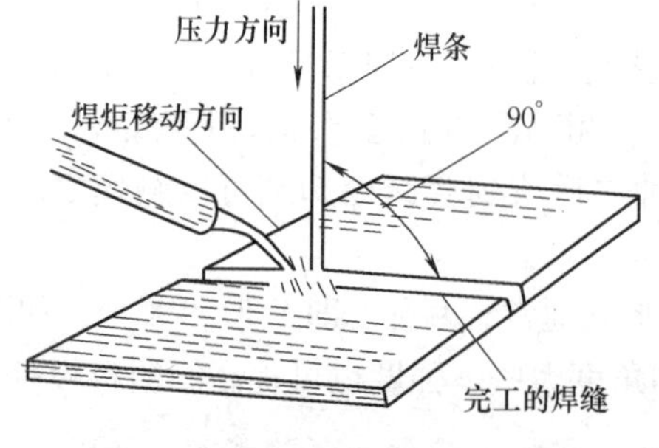

图 2-183　焊炬在焊缝上运动

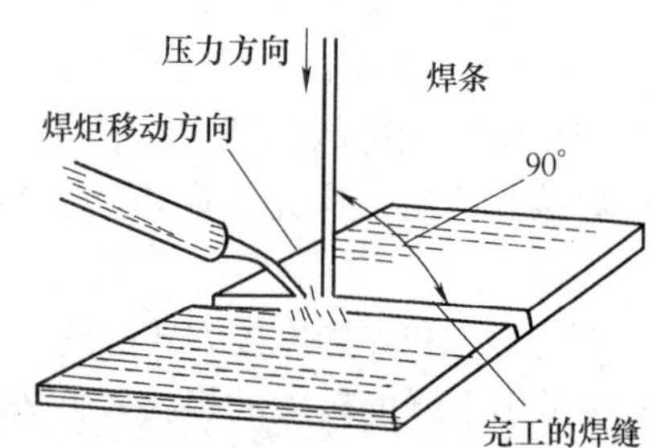

图 2-184　焊炬在焊缝上上下运动

5）当焊条与板缘受热熔化，都略带亮光时，将焊条略施拖压力，随即就会伸入焊缝。

6）继续加热，焊条与焊缝材料互熔结为一体。

7）如果焊条落入焊缝后堆成一团，或焊条在焊接过程中拉断，则焊缝强度必然会降低。因此焊接速度和焊条的熔化应配合协调。

8）当需要另接一根焊条时，在焊条尚未太短而不够把持之前即停止焊接。随后在焊条和塑料板接触点快速切断。新焊条也切成60°角，保持接合处平滑过渡。

9）结束焊接时，宜迅速加热焊条和塑料板片的接触区域，停止焊条移动，拿开焊炬，并继续保持对焊条的压力，直到焊缝冷却后切断焊条。

10）焊缝可用砂纸打平，对于大面积焊缝则可使用砂轮机磨平。

① 在打磨之前，应先用刀子把多余的塑料刮掉。

② 打磨时应注意不要引起过热，以免塑料变形。为了加快打磨速度而又不致损坏焊缝，可以定时加水进行冷却。

③ 粗磨后应目测检查焊缝是否有缺陷，焊缝不应有气眼和裂纹，受到弯曲也不应该产生任何裂纹。

④ 粗磨后，应进行精磨，先用220#砂纸，再用320#砂纸对焊缝进行精磨，可以用带式或用回转式磨光机。需要时再用手工打磨。

⑤ 如果需要重新进行表面处理，则应按塑料表面处理方法进行。

（5）快速焊接技术　快速塑料焊炬的握持方法与匕首的握法相似，软管在手腕的外侧，如图2-185所示。焊接开始时，焊炬喷嘴应在起点上方距焊件80mm处，以免热风影响焊件。

将焊条截成60°角的偏口后插进焊炬的焊条预热管内，然后立即将加压掌压到焊件上的起焊部位，并使焊炬与焊件表面垂直，再将焊条插到底，使之在焊缝起点处顶住母材。必要时，可将焊炬略微抬起而使焊条压到加压掌下。用左手轻压焊条，而加压掌处的压力只能是焊炬本身的重力，不可再施加压力。慢慢向身边移动焊炬，边开始焊接。

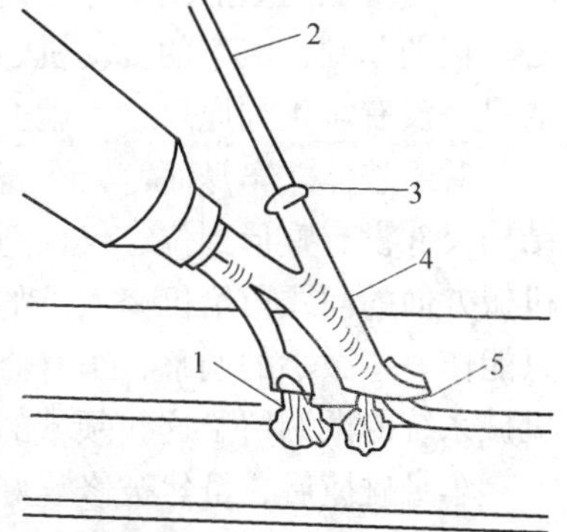

图2-185　塑料的快速焊接
1—预热喷嘴　2—焊条　3—焊条导管　4—预热管　5—加压掌

在焊接初始的30～50mm处，需轻轻向下推压焊条进入预热管。焊接开始之后，则应将焊炬倾角调至45°，这时焊条就能自动滑入而无需推压。移动焊炬时应随时注意观察焊缝的质量。

由于快速焊炬的预热孔位于加压掌的前方，所以焊炬倾角决定了预热孔距焊件表面的距离以及焊件的预热量，从而决定了焊接速度。

焊接结束时，如果焊条尚未用完，则应将焊炬调整到超过垂直位置，然后用加压掌将焊条切断，也可以将焊炬拉起来离开剩余的焊条。用加压掌切断焊条后，应将剩下的焊条立即从预热管内取出。否则，焊条会被烧焦、熔化，堵塞预热管。然后必须用插入新焊条的办法来清理预热管。

项目三　车身结构件的修理

任务一　车身变形的矫正

【相关知识】

一、车身矫正的重要性

车辆受到严重撞击后，车身的外覆盖件和结构件钢板都会发生变形。车身外覆盖件的损伤可以用锤子、垫铁和外形修复机来修理，但车身结构件的损伤仅仅使用这些工具是无法完成修理的。车架式车身和整体式车身的结构件都是非常坚固与坚硬的，强度非常高。对于这些部位的整形，必须通过车身矫正仪的巨大液压力才能够进行修复操作。使用车身矫正仪可以快速精确地修理这些变形损坏的构件。

车身的矫正和拉伸过程，以前是以人力来操作，这是一种笨重的体力操作过程。现在人力已被巨大且平稳的液压力替代，使用现代化的车身矫正设备来进行车身维修操作相对来说是比较容易的。

车身矫正的重点是“精确地恢复车身的尺寸与状态”。因为车身（特别是整体式车身）是车辆的基础，汽车的发动机、悬架、转向系统等都是安装在车身上，如果这些部件安装点的尺寸没有矫正到原尺寸，就会影响到车辆的性能。

对于整体式车身而言，车身尺寸的精确度是车身修复过程中的一个关键因素。如果车身结构尺寸没有整形到位，仅仅通过调整或垫上垫片等方法把更换的钢板装好，把修整和其他机械方面的问题留给机修人员的做法显然是不妥当的。机械的调整手段仍然是必要的，但是只能作一些微小的调整，车身修理人员有责任把基本结构全部修复，只能将悬架系统和其他机械系统的微调留给这些领域的专门修理人员去处理。

车身碰撞后，虽然被修复好，但如果用户仍抱怨轮胎磨损异常、偏向某一边，经检查就可能发现前翼子板的安装处有扩大的裂纹。甚至车门铰链上有扩大的裂缝。要把车身外面的这些缺陷完全修复好，还要花费大量的时间。不适当的车身和车架矫正技术，是使车身结构不能恢复到原来尺寸的主要原因。车身矫正是一个非常重要的操作过程。车身矫正工作的好坏直接影响到汽车的安全性、修理所用的时间以及整车的修理质量。

在车身矫正时消除由于碰撞而造成的车身和车架上的变形和应力也是非常重要的。并不是所有的变形部件都可以矫正后再继续使用，有些部件特别是高强度和超高强度钢制造的部件，其变形后内部的应力相当大，用常规的方法无法完全消除这些应力，所以就不能矫正而是要更换。

二、车身矫正的基本原理

矫正（拉伸）车身时，有一个基本原则，即按与碰撞力相反的方向，在碰撞区施加拉伸力，如图 3-1 所示。当碰撞很小、损伤比较简单时，这种方法很有效。

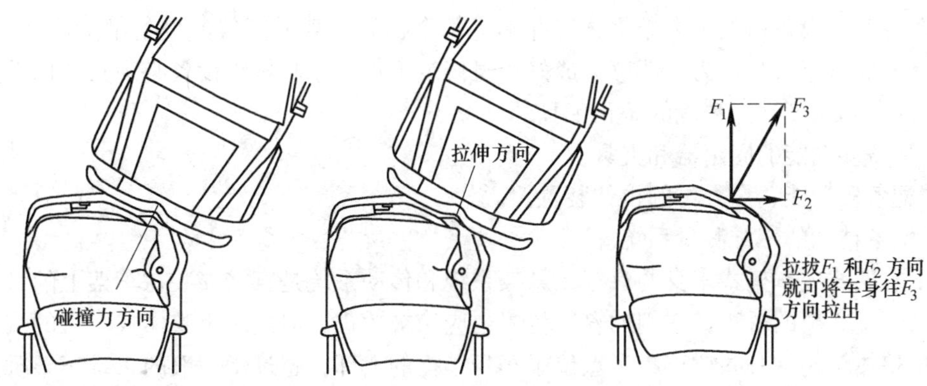

图 3-1　施加拉伸力的方向

但是当损伤区域有折皱或者发生了剧烈碰撞时，构件变形就比较复杂，这时仍采用沿着一个方向拉伸就不能使车身恢复原状。这是因为变形复杂的构件，在拉伸恢复过程中，其强度和变形也随着改变，因此拉伸力的大小和方向就需要适时改变，如图 3-2 所示。把力仅仅施加在一个方向，就不能取得好的修复效果。

从力的分解和合成（见图 3-3）中可以知道，分力与合力构成平行四边形关系，在正方形 *ABCD* 中，$\overline{X}$、$\overline{Y}$ 是分力，$\overline{Z}$ 是合力，就可得到 $\overline{X}+\overline{Y}=\overline{Z}$ 的关系式。同理，在矩形 *AFHD* 中，$\overline{X}+\overline{Y'}=\overline{Z'}$；在 *EGCD* 中，$\overline{X'}+\overline{Y}=\overline{Z''}$，也就是说，改变了分力的大小就改变了合力的大小和方向。（注：正方形、矩形是平行四边形的特例，$\overline{Z}$、$\overline{Z'}$、$\overline{Z''}$等是矢量）

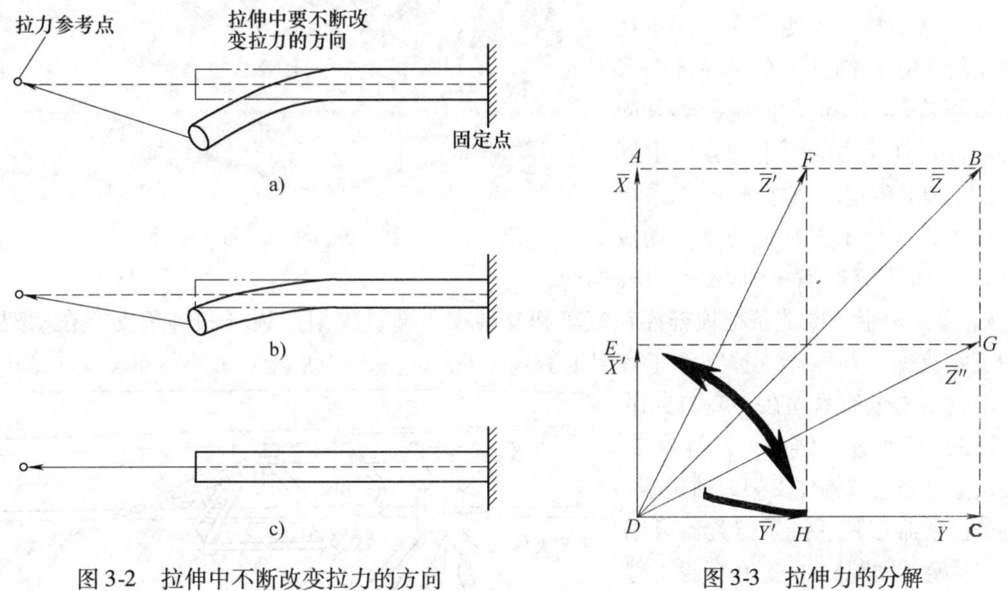

图 3-2　拉伸中不断改变拉力的方向　　图 3-3　拉伸力的分解

因此，建议在矫正拉伸时，要同时在损坏区域不同的方向上施加拉力。把力加在与变形相反的方向，可以看做是确定有效拉力方向的原则。

三、车身矫正设备

1. 车身修复对矫正设备的基本要求

车身修复中为了达到比较好的修复效果，必须使用有能力完成多种基本修复功能的矫正设备。车身矫正设备虽然种类繁多，但并不是每个称为车身矫正仪的设备都能高效、精确、安全地修复好汽车车身。为了能够完成好车身修复工作，车身矫正设备必须具备以下条件：

1）配备高精度、全功能的矫正工具。

2）配备多功能的固定器和夹具。

3）配备多功能、全方位的拉伸装置。

4）配备精确的三维测量系统。

对于半架式或车架式车身的汽车，悬架系统和传动系统是直接安装在车架上的，如果车架结构已经过必要的矫正，它们的安装位置也应该被矫正。但是对于整体式车身的汽车，车身是一个整体结构，一些矫正参考点位于车身结构的上部，超过了一般的二维车架矫正设备的能力范围。另外，车架式结构可以接受反复的拉拔过程，而整体式车身的薄板结构，要求一次就调好位置，反复拉伸会使板件破裂。因此对于整体式车身的修复，其矫正设备必须能同时显示每一个参考点上非准直度（变形量）的大小和非准直度（变形）的方向。这也就是要求矫正设备除了具备全方位的拉伸功能之外，还要配备一套精确的三维测量系统，能够监控、指导整个矫正的过程。只有用这样的设备，车身修理人员才能够精确地确定拉伸矫正次序，监控整个矫正过程，并确定每个拉力的作用效果。

2. 地框式矫正系统（地八卦）

在建造维修车间地面时就要把地框系统的锚孔或轨道用水泥固定在车间地板上，如图 3-4 所示。车辆可以直接在地框系统上或使用支架固定在地框系统上进行修理。车辆在地框系统上矫正拉伸时要进行固定，其紧固力必须满足在拉力的大小和方向上同时保持平衡的要求。地框式矫正系统在拉伸矫正操作中配有手动或气动液压泵，并且还应配有一些液压顶杆（液压油缸）。用一根链条把顶杆连在汽车和支架上，通过支架把顶杆和链条支撑在槽架上。利用支承夹钳，将汽车支撑在汽车台架上。

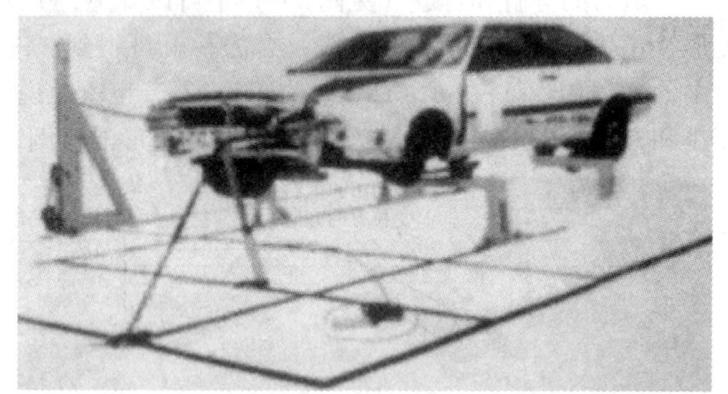

图 3-4　地框式矫正设备

车辆要安全地紧固在支座的夹钳上，如图 3-5 所示，链条一端连在支承夹钳上，另一端钩住支架或轨道板，用链条拉紧器拉紧（链条拉紧器可以消除支承链的间隙）。一般在车身下部的四个位置都要进行这样的固定，确保车辆在拉伸矫正中保持稳定。

在拉伸时需将液压顶杆装在顶杆座上，以便液压顶杆能够在需要的方向上施力。液压顶杆升到需要的高度，把链条拉紧并锁紧链条，

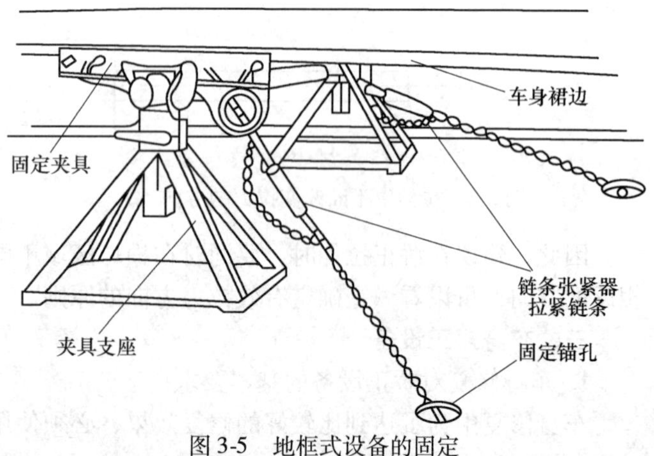

图 3-5　地框式设备的固定

链条钩在支架上。支架、液压顶杆及汽车上的拉伸点必须与牵拉方向成一条直线。将液压泵与液压顶杆连接，并把空气软管连接到气动液压泵上，起动液压泵，使链条拉紧，接下来就可以进行牵拉矫正了，如图3-6所示。

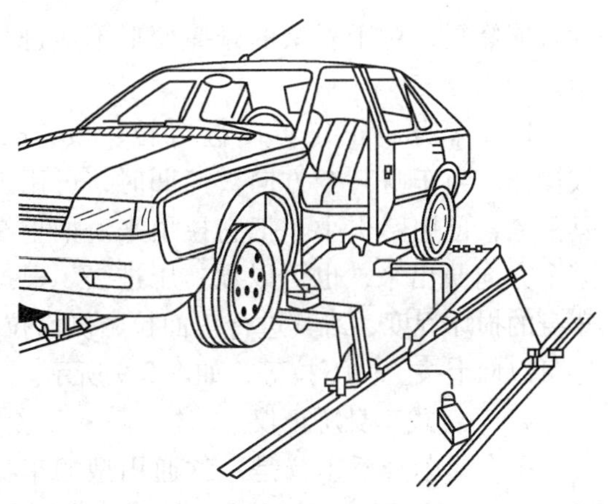

图3-6　用地框式矫正系统矫正车身

地框式矫正系统最适合于小型的车身维修车间使用，因为当顶杆、主夹具和其他动力辅助设备被清理后，矫正作业区就可以用作其他用途，利于车间面积的充分利用。

地框式矫正系统可以用一种称为加力塔架的装置提供额外的拉力。在车身上进行矫正操作时，加力塔架随时可以提供拉力。

3. L形简易矫正仪

L形简易矫正仪（见图3-7）的牵拉装置装配有液压系统，在可移动的立架和支柱之间用链条和夹钳牵拉被损坏的车身部分。因为容易搬运，这种装置很容易安放在损伤部位的牵引方向。但是这种类型的装置只能在一个方向上拉拔（见图3-8）。因此，它只适合一些小

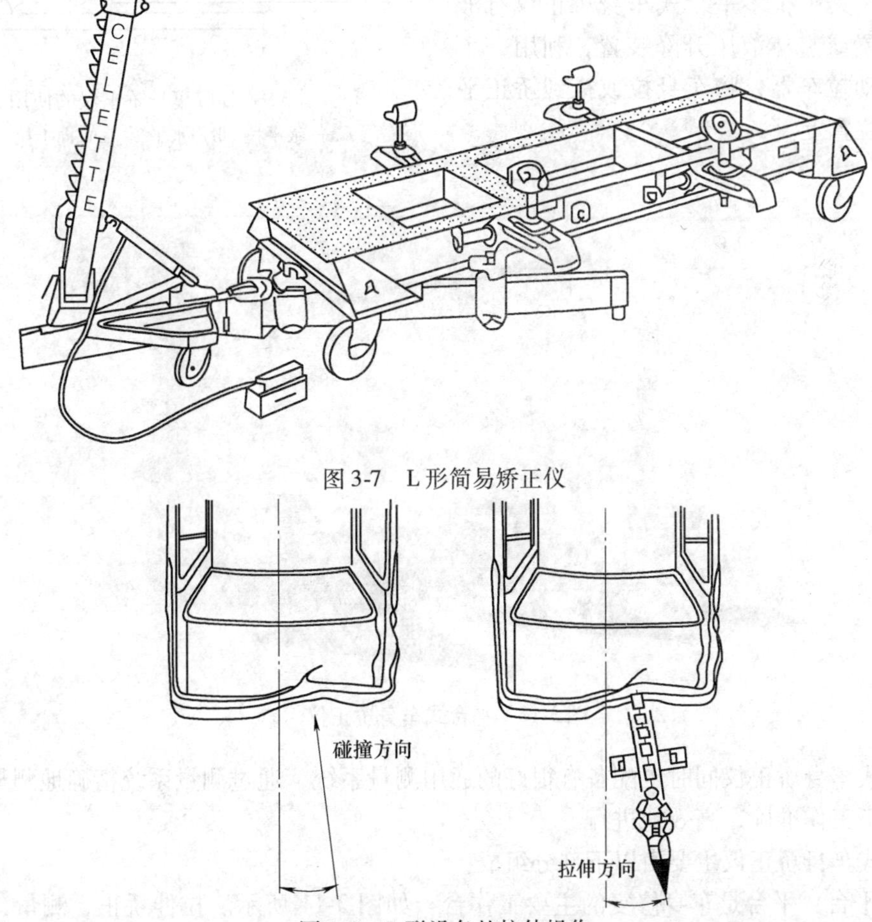

图3-7　L形简易矫正仪

图3-8　L形设备的拉伸操作

的碰撞修复，对于复杂的碰撞变形不能进行精确的修复。

L 形车身矫正仪可以进行拉、顶、压、拔操作。当车身某个方向被撞凹时，可用工具夹紧，再用牵引小车把它拉出来。如果在某个方向凸出来，也可以顶、压进去。根据车身的损坏程度，对其进行正面拉、侧面拉，还可以向上拔、向下拉等，如图 3-9 所示。

4. 平台式车身矫正仪

平台式车身矫正仪是一款通用型的车身矫正设备，如图 3-10 所示。可以对各种类型、型号的车身进行有效矫正。

平台式车身矫正仪有多种型式，一般都配有两个或多个塔柱进行拉伸矫正。这种拉伸塔柱为车身修理人员提供了很大的自由度，可在车身的任何角度、任何高度和任何方向进行拉伸。其中很多平台式车身矫正仪有液压倾斜装置或整体液压升降装置，利用一个手动或电动拉车器，将车身拉或推到矫正平台的指定位置上。

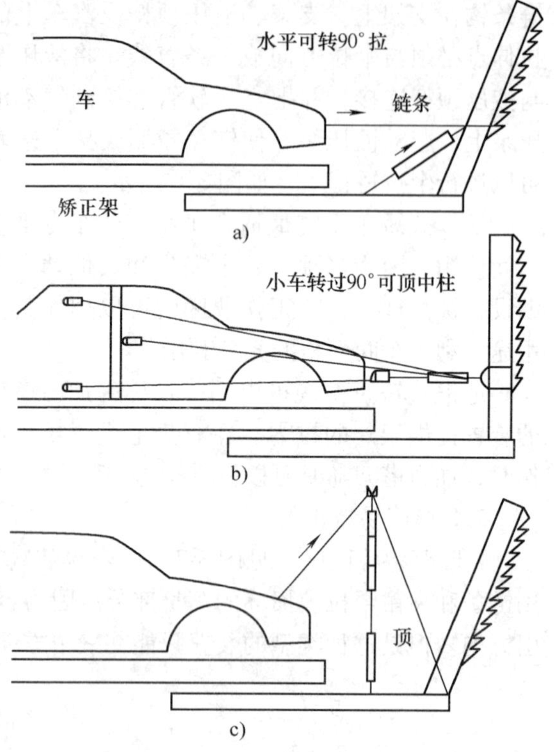

图 3-9 L 形车身矫正仪的使用

a）水平拉 b）水平顶 c）向上拉

图 3-10 平台式车身矫正仪

平台式车身矫正仪同时也配备有很好的通用测量系统，通过测量系统精确地测量，可指导拉伸矫正工作准确、高效地进行。

平台式车身矫正仪主要由以下部分组成：

（1）平台 平台是车身修复的主要工作台，如图 3-11 所示。拉伸矫正、测量、板件更换等工作都在平台上完成。

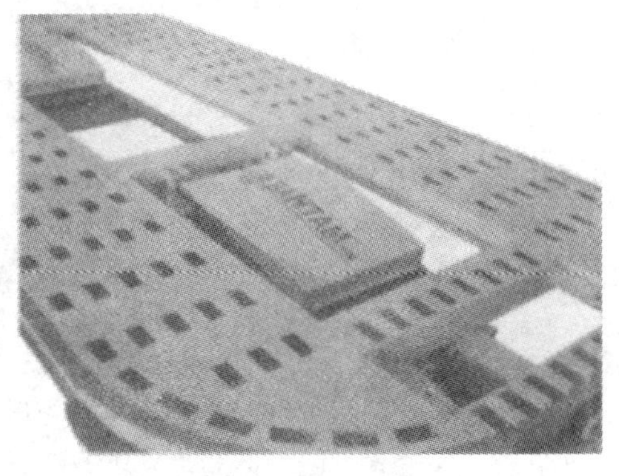

图 3-11　矫正仪平台

（2）上车系统及升降系统　上车系统和平台升降系统可以把事故车放置在矫正平台上。上车系统包括上车板、拖车器、车轮支架、拉车器（牵引器）等，如图 3-12 所示。通过液压升降机构把平台升到一定的工作高度（见图 3-13）。平台的工作高度有固定式和可调式两种。固定式一般为倾斜式升降，高度为 500～600mm；可调式一般为整体式升降，高度一般为 300～1000mm。

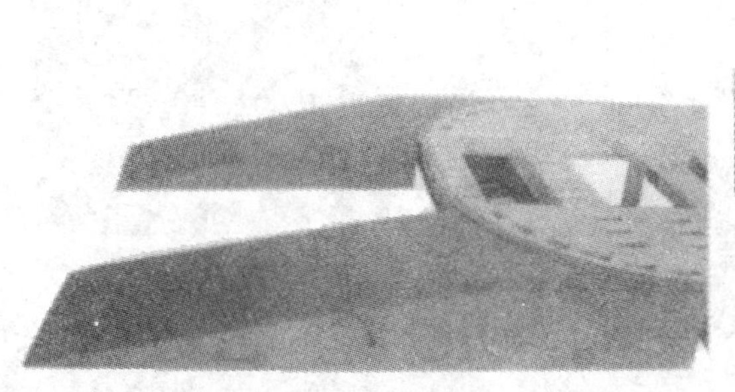

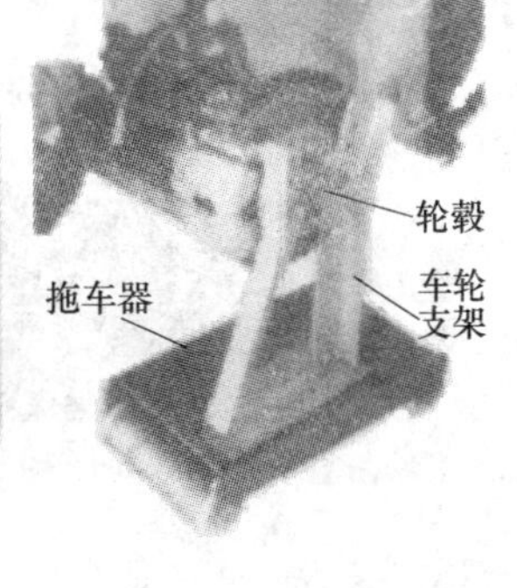

图 3-12　上车系统

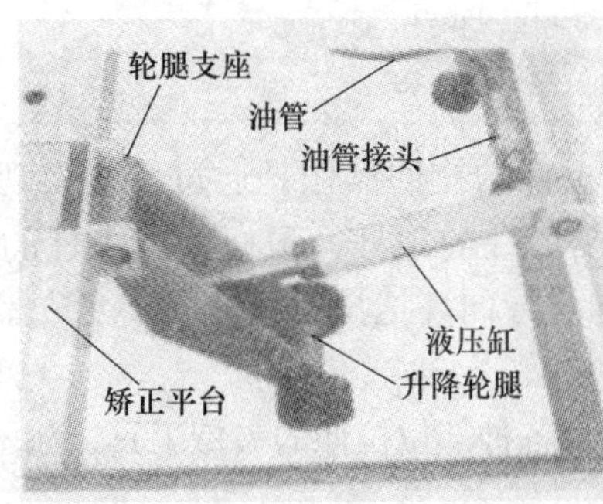

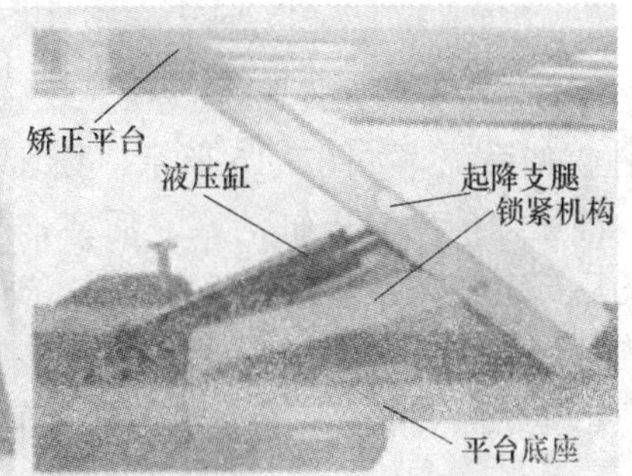

图 3-13　倾斜式和整体式升降机构

（3）主夹具　主夹具维修前固定在平台上，将车辆紧固在平台上，车辆、平台和主夹具成为一个刚性的整体，车辆在拉伸操作时不能移动。为满足不同车身下部固定位置的需要，主夹具结构有多种，如图 3-14 所示。双夹头夹具可以夹持比较宽的裙边部位，防止拉伸中损坏夹持部位。单夹头夹具的钳口很宽，能够夹持车架。对于一些特殊车辆的夹持部位有特殊的设计，如有些车没有普通车的电焊裙边，像奔驰或宝马车就需要专门的夹具来夹持。

（4）液压系统　车身拉伸矫正工作是通过液压力的强大力量来把车身上的变形板件拉伸到位。矫正仪上的气动液压泵或电动液压泵（见图 3-15），通过油管把液压油输送到塔柱内部的液压缸中，推动液压缸的活塞顶出。气动液压一般是分体控制的，而比较先进的电动液压系统一般是集中控制的，由一个或两个电动液压泵来控制所有的液压装置，这样效率更高、故障率更低，工作平稳。

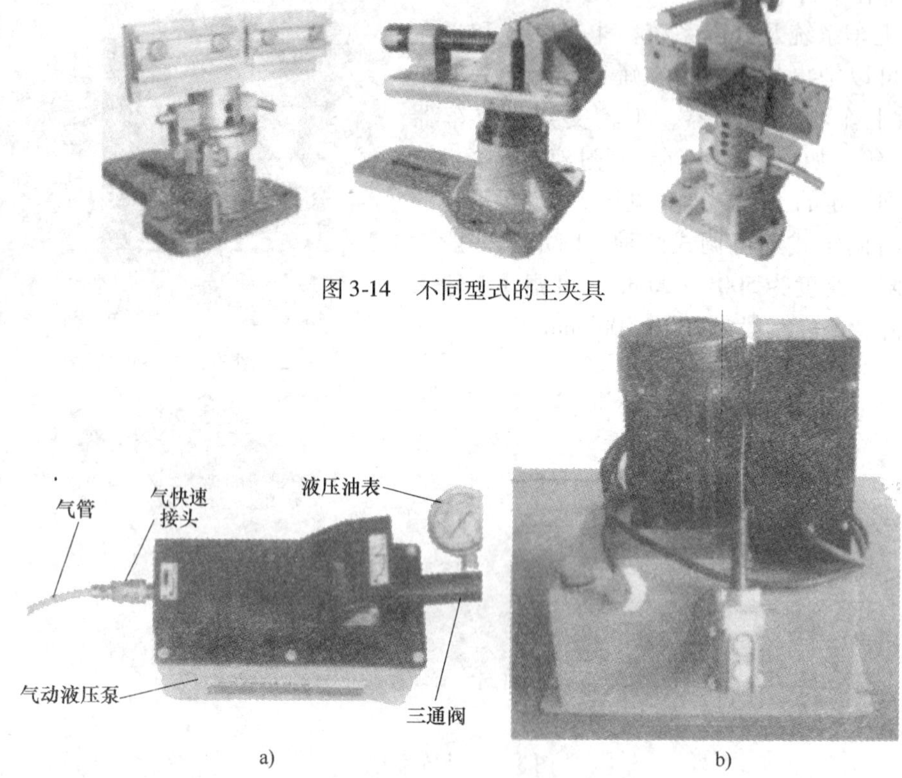

图 3-14　不同型式的主夹具

图 3-15　气动液压泵和电动液压泵

a）气动液压泵　b）电动液压泵

（5）塔柱拉伸系统　如图 3-16 所示，损坏板件的拉伸操作是通过塔柱实现的。塔柱内部有液压缸，液压油推动液压缸活塞，活塞推动塔柱的顶杆，顶杆伸出塔柱的同时拉动链条，在顶杆的后部有链条锁紧窝把链条锁住，通过导向环把拉力的方向改变成需要进行拉伸的方向。导向环通过摩擦力卡在塔柱上。

（6）配套钣金工具　配套钣金工具包括对车身各种部位拉伸的夹持工具，如图 3-17 所示。

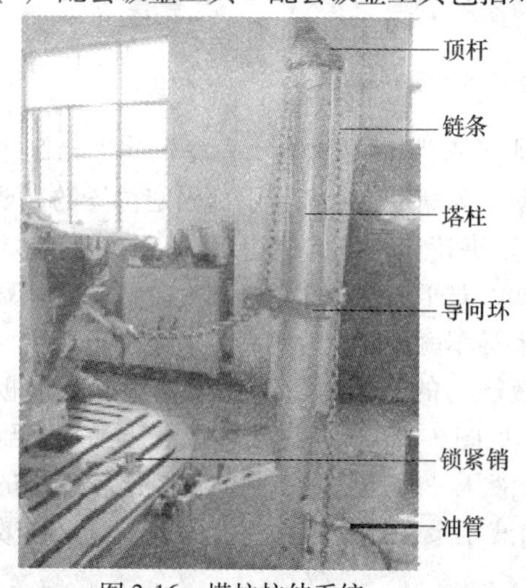

图 3-16　塔柱拉伸系统

图 3-17　配套钣金工具

（7）测量系统　测量系统是整个车身修复过程中不可或缺的。测量系统在车身测量中已介绍过，这里不再赘述。

【技能学习】

一、车身矫正操作的安全与防护

1. 拉伸操作中的安全事项

使用矫正仪时，不正确的操作可能对人员、车身和矫正仪都造成损伤，因此要注意以下几个规则：

1）根据所用设备的说明书，正确地使用车身矫正设备。

2）严禁非熟练人员或未经过正式训练的人员操作矫正设备。

3）车辆固定时要确保主夹具夹钳齿咬合得非常紧固，车辆被牢靠地固定在平台上。

4）拉伸前汽车要装夹牢固，检查主夹具固定螺栓和钳口螺栓是否紧固、牢靠。

5）一定要用推荐型号和级别的拉伸链条和钣金工具进行操作。

6）拉伸时钣金工具要在车身上紧固、牢靠，链条必须稳固地与汽车和平台连接，防止在牵拉过程中脱落。避免将链条缠在尖锐器物上。

7）向一边拉伸力量大时，一定要在相反一侧使用辅助牵拉，如图 3-18 所示。以防将汽车拉离矫正台。如汽车前端只有一个辅助固定（见图 3-19a），会在拉伸过程中对车身产生一个偏转力矩，使车身扭转。而汽车前端使用两个辅助固定（见图 3-19b）后，拉伸过程中就不会对车身产生偏转力矩了。

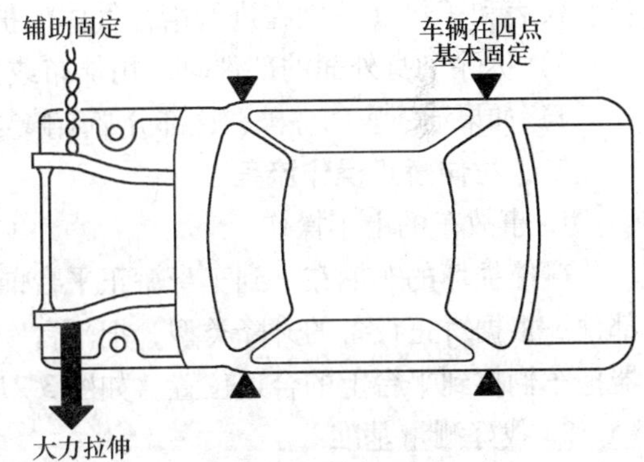

图 3-18　辅助牵拉

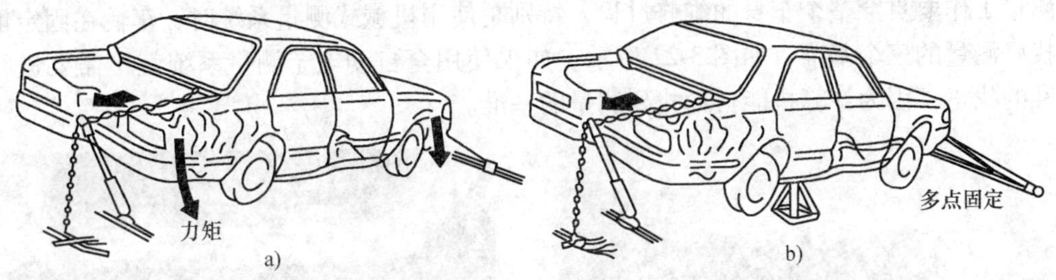

图 3-19　辅助牵拉防止拉伸中汽车偏转

8）操作人员在汽车上面和汽车下面工作时，不要用千斤顶支撑汽车。

9）严禁操作人员与链条或牵拉夹钳在一条直线上。因为当链条断裂、夹钳滑落、钢板撕断时，特别是在拉伸方向，可能会造成直接的伤害事故。在车外进行拉伸矫正时，人员在车内工作是很危险的。

10）用厚的防护毯包住链条或用钢丝绳把链条、钣金工具固定在车身的牢固部件上，如图 3-20 所示。万一链条断裂，可防止工具、链条甩出而对人员和其他物品产生损伤。

11）在拉伸时要把塔柱与平台的固定螺栓紧固牢靠，否则拉伸中塔柱滚轮移动装置会受力损坏，可能导致塔柱突然脱离平台而造成人员和物品的损伤。

12）塔柱使用链条进行拉伸时，链条在顶杆的锁紧窝锁紧，链条不能有扭曲，所有链节都呈一条直线。导向环的固定手轮是在拉伸前固定导向环高度的。当拉伸开始后要松开手轮，手轮松开后，一旦链条断裂，导向环会由自重向下滑，防止链条向左、右甩出。

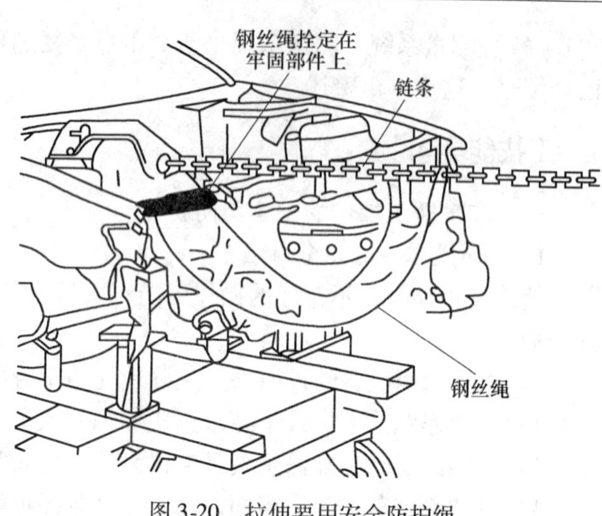

图 3-20　拉伸要用安全防护绳

2. 拉伸操作中的车身防护

在进行牵拉矫正之前，应对车身和一些部件进行保护，其事项如下：

1）拆卸或盖住内部部件（座位、仪表、车垫等）。

2）焊接时用隔热材料盖住玻璃、座位、仪表和车垫（特别在进行惰性气体保护焊接时，这种保护更为必要）。

3）拆除车身外面的部件时，用棉布或保护带保护车身以防擦伤。

4）如果油漆表面擦破，这部分必须修复好。因为油漆表面的小小瑕疵就可能造成锈蚀。

二、拉伸矫正操作流程

1. 事故车的上车操作

碰撞损坏的车辆在上到车身矫正平台前需要拆除一些妨碍操作的车身外部覆盖件和机械部件。根据矫正设备的升降类型，把平台一侧倾斜或整体降到最低高度，用手动或电动拉车器把车辆拉到平台上的合适位置，如图 3-21 所示。

2. 找好测量基准

车辆上到平台上后，首先要找好车身与测量系统的基准。其次就是在矫正平台上定位。因为测量工作要贯穿整个车身的维修过程，特别是使用机械式测量系统时，车辆在固定前必须要找好测量的三个基准，如图 3-22 所示。如果使用全自动电子测量系统就不需要进行测量基准的找正，因为计算机能自动找到测量的基准。

图 3-21　上车操作

图 3-22　测量基准的找正

3. 车身的定位

测量的基准找到后，就可以对车辆进行固定，如图 3-23 所示。整体式车身在固定时至少需要四个以上的固定点。主夹具、车身固定好后。车身、主夹具和矫正平台相互之间没有位移。在对车身坚固部件进行拉伸操作时，最好在拉伸方向的相反方向设置一个辅助牵拉装置以抵消拉伸的力量，防止夹持部位的部件损坏。

图 3-23　主夹具对车身和平台进行固定

(1) 车架式车身定位　车架式车身可以在车架的固定孔（位于车架的梁上）内放置适当的塞钩进行定位。为使塞钩与车架梁对中，需要用垫块进行调整，或者使用链条张紧器调整。为防止牵拉力过大造成损伤，建议在孔上焊接加强垫片后再拉伸。

(2) 整体式车身定位　对于整体式车身，必须用多点固定的方式。至少需要 4 个固定点，如图 3-24 所示。根据车身结构及拉伸的部位。有时或许还需要另外的固定点。

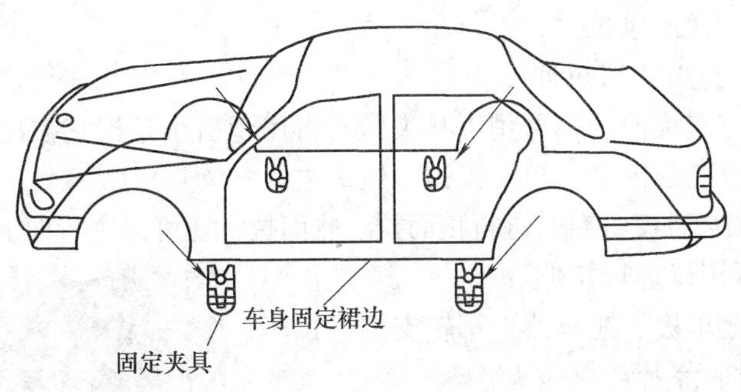

图 3-24　整体式车身的固定

在拉伸时可在车身坚固的梁上焊接若干固定夹，并利用这些固定夹将车身辅助固定，以防止与之相连的、不能拉伸的部件损伤。

4. 车辆部件的拆除

在拉伸矫正开始之前，应该拆去车上妨碍矫正的部件。有些外覆盖件需要拆卸，有些机械部件也要拆卸。因为整体式车身的损伤容易扩散到较远处，经常扩散到一些意想不到的地方，有些甚至就藏在这些部件或系统里面，只有拆除这些部件后才能更好地找出损伤。拆卸汽车零部件时要注意以下事项：

1）只拆卸那些为了接近车身需要修理的部位而必须拆除的部件。如过去将整体式车身汽车放在矫正台上之前，要拆去悬架、传动装置、发动机和水箱等总成。不过现在有了定位器和发动机台架等辅助设备，如果损伤不是非常严重，可以不进行拆卸。

2）在进行修复前，要仔细研究车身结构、损伤位置和损伤程度，决定应拆去什么、保留什么，以及如何拆卸更为方便。

3）有时在将汽车放到矫正平台上之前拆去某些部件，为的是更容易接近需要矫正的部件和区域。

4）更换结构件比修理这些构件时需要拆掉更多的部件。要花时间认真研究发动机、传动系统和悬架的安装位置，看这些部件本身是否损伤。在拆卸部件时应以单元的形式来拆卸，这样可减少拆卸的时间。

5. 拉伸矫正操作

（1）使用地框式矫正系统拉伸

1）将液压顶杆装在顶杆座上，以便液压顶杆能够在需要的方向上施力。

2）将液压泵与液压顶杆连接，并把空气软管连接到气动液压泵上。

3）链条一端钩在支架上，另一端钩住车身受损部位。

4）起动液压泵，使液压顶杆升到需要的高度，把链条拉紧并锁紧链条，如图 3-25 所示。

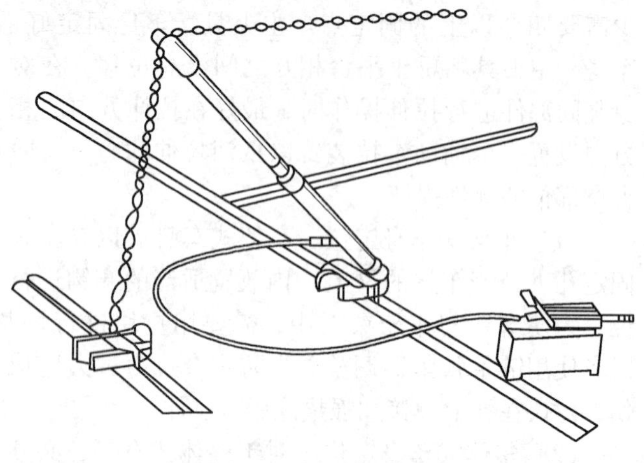

图 3-25　地框式矫正系统拉伸

5）调整支架、液压顶杆及汽车上的拉伸点，必须与牵拉方向成一条直线。

6）起动液压泵，使链条拉紧，进行牵拉矫正。

（2）使用 L 型车身矫正仪拉伸

1）当车身某个方向被撞凹，可用工具夹紧，再用牵引小车把它拉出来。

2）如果在某个方向凸出来，也可以顶、压进去。

3）根据车身的损坏程度，对其进行正面拉、侧面拉，还可以进行向上拔、向下拉等操作。

（3）使用车身矫正仪进行拉伸

1）将事故车用上车板、拖车器、车轮支架、拉车器等上车系统安放到平台上。

2）通过矫正仪自身液压升降机构把平台升到一定的工作高度，如图 3-26 所示。

3）调整好车身的位置，用主夹具将车身固定。

4）根据不同的车身位置和变形情况，选择合适的钣金拉伸工具，并正确地将钣金拉伸工具安装在需要拉伸的位置。

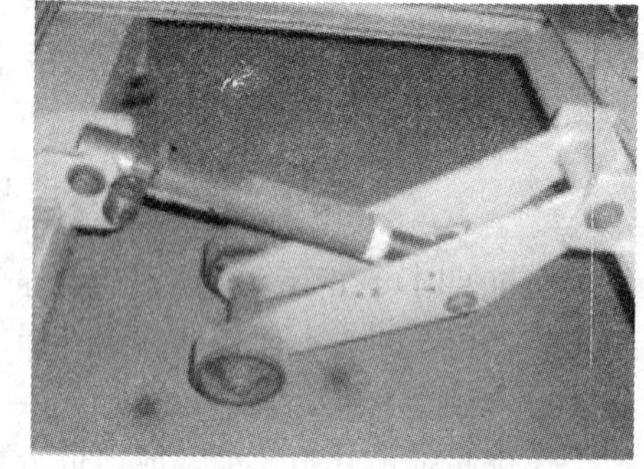

图 3-26　平台升降系统

注意：在拉伸时必须使拉力方向的延长线通过夹齿的中间，否则夹钳有可能受扭转的力而脱开，还会对钳口夹持的部位造成进一步的损伤。图 3-27 所示为一些钣金工具的正确和错误的用法。

在进行牵拉矫正准备时，钣金工具不可能正好夹持在变形区域，如果遇到这种情况，可暂时在需要拉伸的部位焊一小块钢片，修复之后，再去掉钢片，如图 3-28 所示。

5）用链条将钣金拉伸工具与塔柱拉伸系统连接，如图 3-29 所示。导向环通过摩擦力卡在塔柱上，链条通过导向环把拉力的方向改变成需要进行拉伸的方向。在顶杆的后部有链条锁紧窝把链条锁住，塔柱内部有液压缸，液压油推动液压缸活塞，活塞推动塔柱的顶杆，顶杆伸出塔柱的同时拉动链条。

6）将液压系统油管与塔柱连接好，起动气动液压泵进行拉伸操作。

7）拉伸中的测量系统也是必不可少的。边拉伸边测量，随时监测拉伸的效果。防止拉伸过度，或者拉伸不到位。

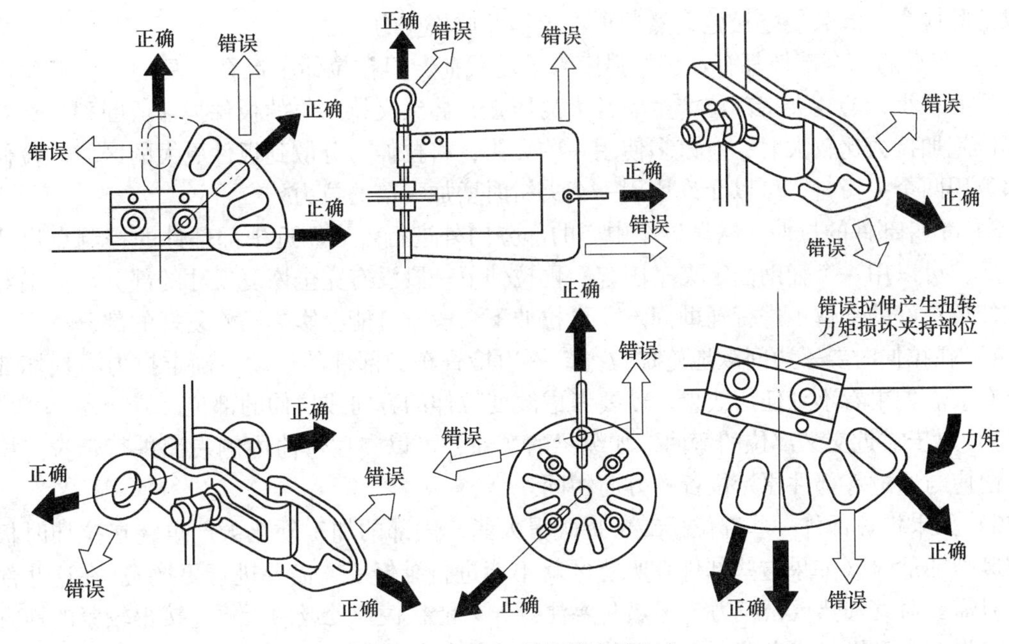

图 3-27　钣金工具拉伸力的方向

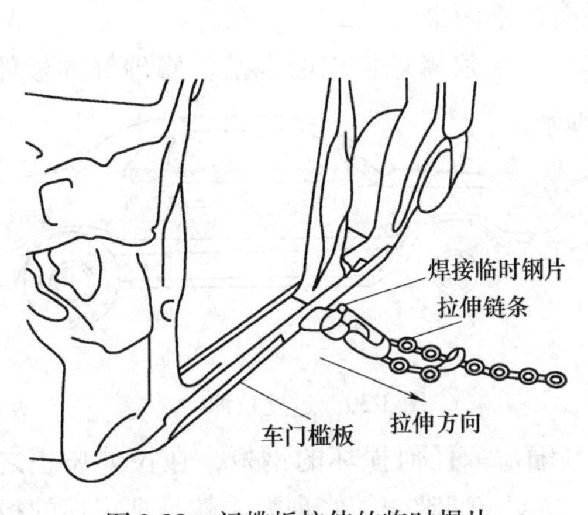

图 3-28　门槛板拉伸的临时焊片

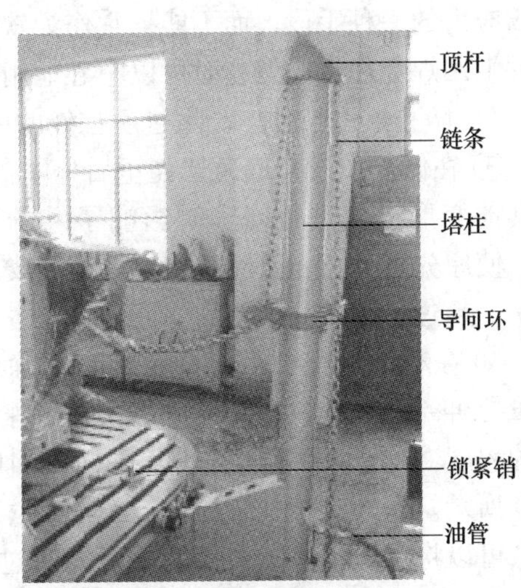

图 3-29　塔柱拉伸系统

6. 拉伸操作过程中的注意事项

1）整体式车身的强度比较高，同时耐热很敏感，不要试图一次拉伸就可以完成拉伸矫正操作，而是要通过一系列的反复拉伸操作，即拉伸→保持平衡（消除应力）→再拉伸→再保持平衡（消除应力）。在这样一个循环往复的操作过程中，车身金属板可以有更多的时间恢复变形，有更多的时间使金属松弛（消除加工硬化的应力），有更多的时间测量检查和调整拉伸矫正的进度。

在拉伸开始时，要慢慢地起动液压系统，仔细观察车身损坏部位的移动，看它的变形是否与我们需要的变形相吻合，是否在正确的方向上变形。如果不是则要检查原因，调整拉伸角度后再开始。在拉伸到出现一定变形后要停止并保持拉伸拉力，再用锤子不断锤击损伤区域以消除应力，卸载使之松弛，然后再次拉伸并放松应力。

2）车身的每个部件都有足够的强度来承受载荷，但在拉伸中钣金工具的夹持部位由于夹持的面积小，会在夹持部位产生非常大的压强，导致夹持部位的板件损坏或断裂。在对一个部位施加拉力比较大时，应该多使用一些夹钳，将拉伸力分散到板件更大的区域。拉伸一个部位用两个夹钳时，可以允许比用一个夹钳时增加一倍的拉力。

3）车身部件的拉伸要从靠近车中心的部分向外进行。当靠近中部部件的控制点尺寸到位以后，可以用一个辅助固定夹来固定，再拉伸下一段没有完全恢复尺寸的部分。如果对已经拉伸矫正好的部位不进行辅助固定，再拉伸下一段时可能会影响已修复好的部分。

4）在拉伸时要一边间歇地施加拉力，一边检查车身部件的运动，确定拉力在损坏部位是否有效。如果看不到任何效果，就要考虑改变拉伸的方向或拉伸的部位。

5）对于靠近交叉部位的弯曲，如纵梁的弯曲，可以夹住弯曲内侧表面进行牵拉。拉力的方向应与通过零部件原始位置的方向相同。

6）如果损坏部件一些部位折皱、折叠得太紧，内部的加工硬化太严重，在拉伸时板件有被撕裂的危险（如果这些部件在吸能区就不能进行维修了，需要进行更换）。在这些部件拉伸时需要对其加热放松应力。加热时要注意，只能在棱角处或两层板连接得较紧的地方加热。如果在车身纵梁或在箱型截面部分加热，只能使其状态进一步恶化。加热只能作为消除金属应力的一种手段，而不能把它作为软化某一部分的方法。现代车身一般不推荐在高强度板件上用焊炬加热，但有时可以小心地用焊炬加热（温度在200℃以下）。

7）防止过度拉伸。产生过度拉伸的原因一般有以下两个：

① 在修复中没有遵循“先里后外”的拉伸原则，导致修理程序的混乱，修理好的板件在其他变形板件进行修理时影响了它的尺寸，使原先已经矫正好的板件长度又被加大了，超过了原尺寸。

② 在矫正过程中没有经常地、精确地测量拉伸部位的尺寸，没有很好地控制拉伸的程度，这就可能导致过度拉伸，如图3-30所示。

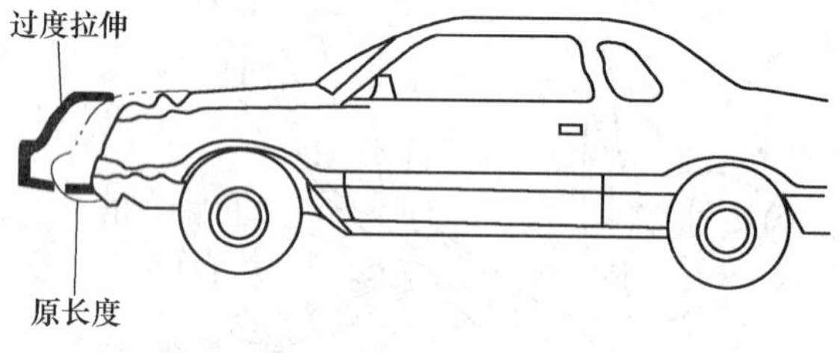

图3-30　过度拉伸

可以将一块钢板拉长，但不可能通过推压使其缩短。任何损坏的钢板，在拉伸矫正之后，超过了极限尺寸，就很难再收缩或被压缩了。过度拉伸唯一的修理方法就是把损坏的板件更换，为防止产生过度拉伸而损坏整体式车身，在每一次的拉伸矫正过程中，都要对损伤部位的矫正进程进行测量、监控。

7. 矫正后的检查

修理（包括所有矫正和焊接操作）完成以后，要对车辆进行最后的检查。在检查时，车身修理人员需要绕着汽车周围观察，看看是否有明显的矫正错误。如果在车顶线和车门之间出现大的缝隙，就说明还有少量损坏存在。检查修理顺序，看每一项是否都做好了。如果检查中发现问题，应马上将车固定起来，重新进行拉伸，不要等到更多的修理程序完成之后又发现损坏再来修理。检查时应该注意以下几点：

1）检查车门与车门槛之间的空隙（应该是一条又直又窄的缝隙）。

2）检查整个车身上部所有部位总的平整情况。

3）然后开、关车门，掀、关发动机罩盖和行李箱盖，看开关时是否感觉过紧。

最终检查完毕之后，汽车可留在矫正台上，重新装上那些修理前被取下的部件，然后再从矫正台上移下来。

任务二　车身结构件的更换

【相关知识】

一、车身结构件的更换要求

在整体式车身结构中，所有的结构性板件（从散热器支架到后端板）都焊接在一起，构成一个整体框架。结构性板件包括散热器支架、挡泥板、地板、车门槛板、发动机室的纵梁、上部加强件、后纵梁、内部的护板槽、行李箱地板等。

结构性板件是车身其他零部件和外部板件的安装基础。因此，结构性板件更换后定位的精确性，决定了所有外形的配合和悬架装置的准确性。焊接以前的新板件不能草率地用垫片进行调整。结构性板件必须精确地定位后才能进行焊接操作。

修理结构性板件，当需要切割或分割板件时，应完全遵照制造厂的建议。有些制造厂不允许反复分割结构板件，有些制造厂只有在遵循它们的正确工艺规程时才同意分割。所有制造厂家都强调：不要割断可能降低乘客安全性的吸能区域、降低汽车性能的区域或者影响关键尺寸的地方。

对于高强度钢板，例如保险杠加强件和侧护板门梁，这些板件受损后必须更换。在任何条件下，都不能用加热来矫直高强度钢板。

二、车身结构性板件的分割与连接

整体式车身部件一般在接缝处进行更换。但当有许多必须分离的接缝在车辆未受损伤的区域时，如果全部更换费用太高，就需要进行局部切割来更换。如对梁、立柱和车门槛板进行分割和部分更换，可使昂贵的修理费用降低。分割结构件，同时要保持防撞吸能区的完整，使修理区域的强度像撞击以前一样，再遭碰撞时还具有吸收碰撞的能力。

在分割时要考虑车辆的特殊设计，例如防撞吸能区、内部的加强件、制造时的接缝位置以及理想的分割区域。当分割高强度钢和超高强度钢时，在确认分割将不危害车辆结构的完整性时才能实施。

关于车身结构性板件的分割和更换主要包括下列部件（见图3-31）：车门槛板、后侧围板、地板、前纵梁、后纵梁、行李箱地板、B立柱以及A立柱。

在整体式车身结构件中，有两种基本类型：一种是封闭截面构件，例如车门槛板、立柱和车身梁；另一种是开式的或单层搭接连接的组合部件，例如地板和行李箱地板。封闭截面构件是要求最高的构件，因为它们在整体式车身结构中承载主要的载荷，而且截面大小相同时的强度，要比其他部件截面的强度大得多，如图3-32所示。

1. 基本连接形式的分割与连接

分割时有些部位要避开，如要避开构件中的一些“孔”。不要切穿任何内部加强件，如金属的双层构件。如果不小心切穿了内部加强件的封闭截面，则不可能使该部位恢复事故发生前的强度。

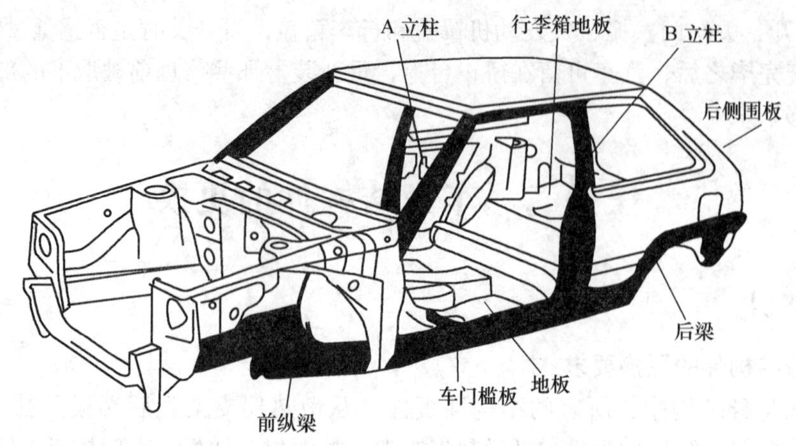

图 3-31　车身结构性板件分割和更换的部件

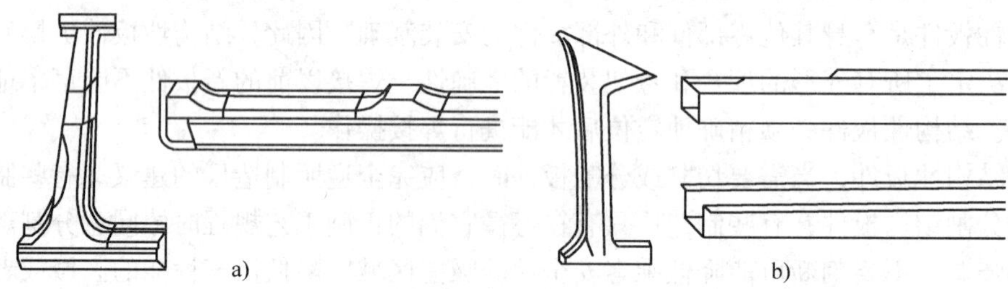

图 3-32　车身板截面

a）封闭截面　b）开式截面

还应避开支承点，如悬架支承点、座椅安全带在地板中的固定点，以及肩带 D 环的固定点。例如当切割 B 立柱时，应环绕着 D 环面作偏心切割，以避免影响固定点的加固。

结构件分割有三种基本的连接类型。

（1）有插入件的分割　主要用于封闭截面构件，例如车门槛板、A 立柱以及车身梁（见图 3-33）。插入物使这些构件容易装配和正确地对中连接，并且使焊接过程比较容易。

（2）没有插入件对接方式的分割　没有插入件的对接通常又称为偏置对接。这种类型的焊接连接用于 A 立柱、B 立柱及前梁，如图 3-34 所示。

（3）搭接　搭接用于后梁、地板、后备箱地板及 B 立柱，如图 3-35 所示。

根据被分割构件的形状和结构，采用组合的连接类型。例如分割立柱，可能要求在外件上用偏置对接连接，而在内件上用搭接连接。

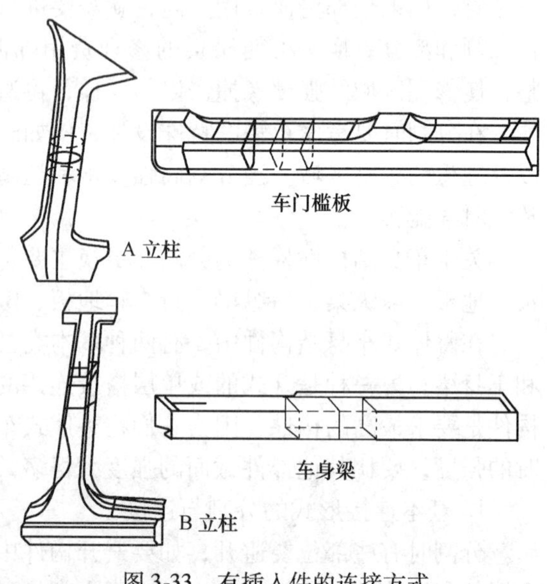

图 3-33　有插入件的连接方式

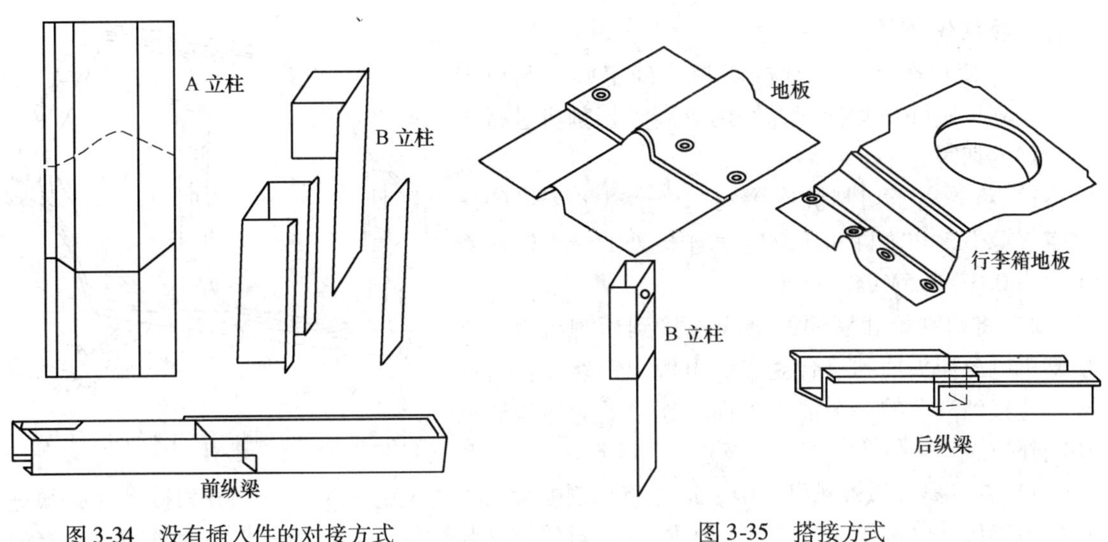

图 3-34　没有插入件的对接方式　　图 3-35　搭接方式

2. 防撞吸能区的分割

有些结构件设计有防撞吸能区或折皱点，这是为了在撞击时吸收冲击能量。尤其是前梁和后梁上更是如此，所有的前梁和后梁都有防撞吸能区，通过它们的外观可辨认这些防撞吸能区。有些是回旋状或波状的表面形式，有些是凹痕或陷窝形式，另外一些是孔或缝的形式。这样做是有意设计的，使梁在碰撞时首先在这些部位变形。防撞挤压区设在前悬架的前面和后悬架的后面。

【技能学习】

一、更换前纵梁

1. 裁截

（1）确定切割位置　在维修中需要对前纵梁进行切割时，一定要避开前纵梁防撞挤压区，要按照维修手册中指定的位置进行切割，否则就会改变设计的安全目的，如图 3-36 所示。如果一根梁遭受到较大的损坏，这根梁通常将在防撞挤压区被压弯。因此，其位置通常是容易确定的。

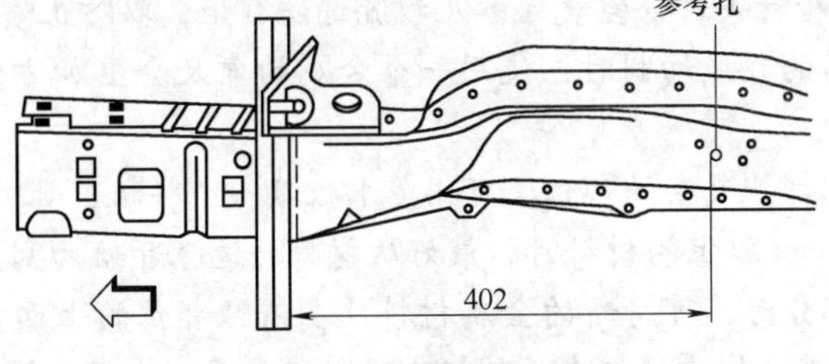

图 3-36　前纵梁的切割区域

注意：

1）有些制造厂不允许反复分割结构板件。

2）有些制造厂只有在遵循它们的正确工艺规程时才同意分割。

3）所有制造厂家都强调：不要割断可能降低乘客安全性的吸能区域，以及降低汽车性能的区域，或者影响关键尺寸的地方。车身侧面结构件的建议切割位置如图 3-37 所示。

4）焊接以前的新板件不能草率地用垫片进行调整，结构性板件必须精确地定位后才能进行焊接操作。

(2) 使用等离子切割机切割　确定好切割位置后，用划针做好切割标记，使用等离子切割机进行损伤板件的切割。

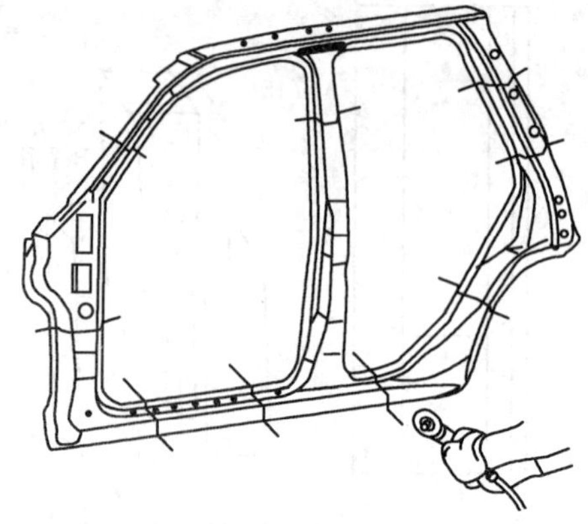

图 3-37　车身侧面结构件的切割位置

1）将等离子切割机连接到一个清洁、干燥的压缩空气源上，切割机和压缩空气连接处的最大输送管压力为0.3～0.5MPa。

2）将切割枪和搭铁的电线连接到切割机上。将切割机电源插头插到符合规定的电源上，然后将搭铁夹钳连接到汽车的一个清洁表面，连接处应尽量靠近切割部位。

3）在等离子弧被触发之前，应先将切割喷嘴与工件上的一个导电部分相接触（必须进行这项操作，以符合安全流程的要求）。一旦等离子弧被触发，切割机将很容易切入涂有油漆的表面。

4）拿起等离子切割枪，使切割喷嘴与工件表面垂直，向下推动切割枪，直到喷嘴与电极相接触，等离子弧被触发。

5）当等离子弧被触发后，不需要切割喷嘴与工件保持接触。不过，两者保持接触会使切割更容易进行。

6）切割的速度由金属的厚度决定。如果移动切割枪过快，它将不能切透工件。如果切割枪移动太慢，将会有太多的热量传入工件，而且还可能熄灭等离子弧。

注意：

① 当切割厚度在3mm以上时，最好使用等离子切割枪与工件成45°角，直到等离子焰切入金属板，且等离子焰不能反射到喷射器上。如果切割较厚的材料，等离子切割枪与工件保持垂直，火花被射回到气体喷射器中，这时融化的金属可能会附着到气体喷射器上，会堵塞各气孔，并极大地缩短气体喷射器的寿命。

② 切割枪的冷却对延长电极和喷嘴的寿命非常重要。完成一次切割后，在开始下一次切割前，应关闭切割枪开关，让空气连续几秒流过切割炬，以防止喷嘴和电极过热。

③ 在进行长距离的直线切割时，使用一个金属的靠尺会更加方便。只需将靠尺夹到工件上即可。

④ 对于需要切割形状复杂的部位，可用薄木板做一个样板，让喷嘴沿着样板进行切割。

⑤ 切割厚度为6mm以上的材料时，最好从材料的边缘开始切割。

⑥ 修理锈蚀的部分时，可将新的金属材料放在锈蚀部位的上面，然后切割补上去的金属，同时也将生锈的部分切除掉。在后侧板上进行连接时，也可采用这种方法。

⑦ 在切割过程中，从切割电弧中喷出的火花会损坏油漆的表面，火花还会在玻璃上留下凹点，可用一个焊接防护套保护这些表面。

(3) 分离板件

1）分离点焊焊点。有时前纵梁损坏严重需要整体更换，此时需按照所属车型车身维修手册确认焊点位置和焊点数量，从此处将前纵梁整体更换。

2）焊点清除掉以后，在两块板件之间打入錾子可以分离它们，但不要切伤或弄弯未受损伤的板件。

2. 车身焊接部位的处理

1）在钻除焊点时，剥离钢板所产生的毛刺要磨平，注意不要把钢板磨薄。

2）进行电阻点焊焊接的部位要清理干净，直至露出新的金属。

3）用钢丝刷刷除钢板焊接部位周围的车身密封胶及底层漆。在清洁和去蜡后，钢板焊接的结合面上涂抹点焊专用底漆。

3. 新板件的处理

1）准备更换的前纵梁。可以用新件，也可以用报废车身上规格相同的拆卸件。

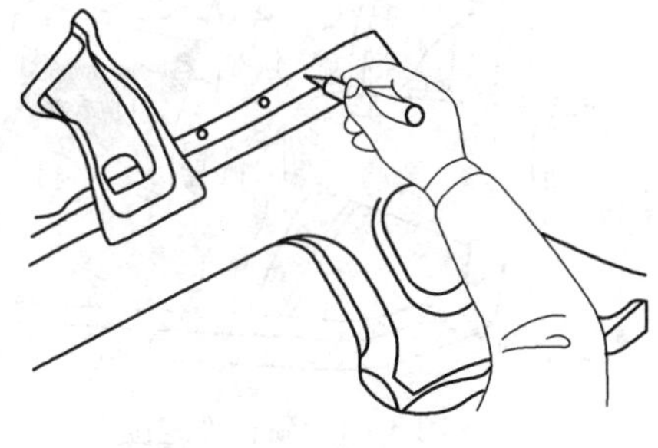

图 3-38　标出电阻点焊位置

2）在新件点焊或塞焊的位置上做不同的记号，便于辨认。先确定两端的位置，再分配其余的焊点数，如图 3-38 所示。如果用塞焊则先要在新板件上钻孔。

3）清洁新板件，磨净实施点焊焊接部位的底漆，在磨净底漆的后表面上涂抹点焊专用底漆。

4. 暂时安装新件

1）将前挡泥板、前纵梁、前横梁等按装配标记对准，并用自锁虎钳夹将它们夹紧。没有参考标记的零件，应根据旧件的相同位置来安装，如图 3-39 所示。

2）用锤子和木块依次轻轻地敲击板件，使它们按需要的方向移动，直至彼此相配合。同时要用测量工具确定安装部件的尺寸位置，如图 3-40 所示。

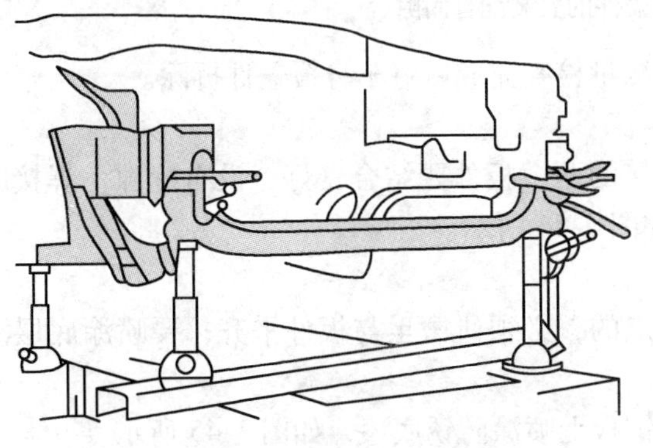

图 3-39　新板件安装在旧件的相同位置上

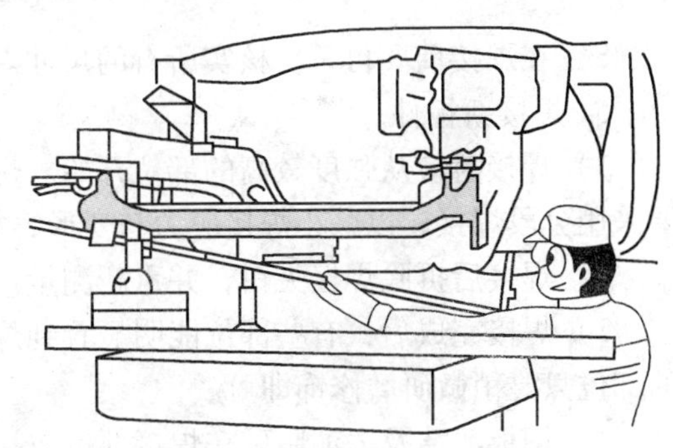

图 3-40　确定新板件位置

3）在测量尺寸与参考值相符后，通过二氧化碳保护焊点焊一个点。定位焊点应选择在容易拆除的部位，如图 3-41 所示。

4）用划线笔在不焊接零件的末端划一条位置线并钻一个小孔，用金属板螺钉将这些零件固定在一起。

5）依照标准孔或旧零件的装配痕迹来暂时固定安装水箱框架，如图 3-42 所示。

6）调整尺寸。首先，进行测量来确定悬架上支座及前翼子板隔板前后端安装点的位置。检查零件与前照灯左右尺寸的差异，并调整到完美状态。

7）组装车身覆盖件并检查装配间隙。在此操作中必须判定安装间隙是否调整到标准范围内，如图 3-43 所示。

图 3-41 新板件定位焊

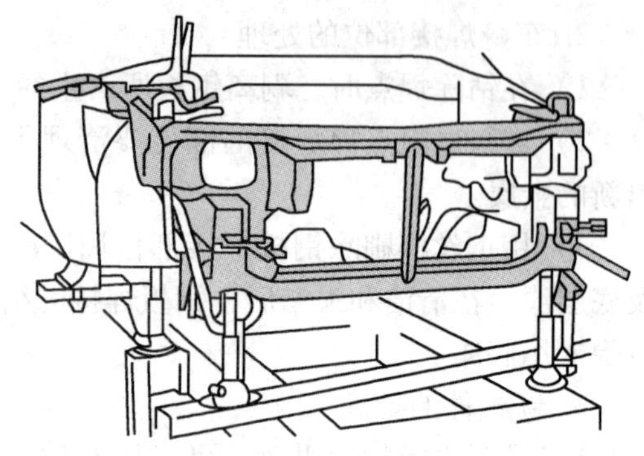

图 3-42 安装水箱框架

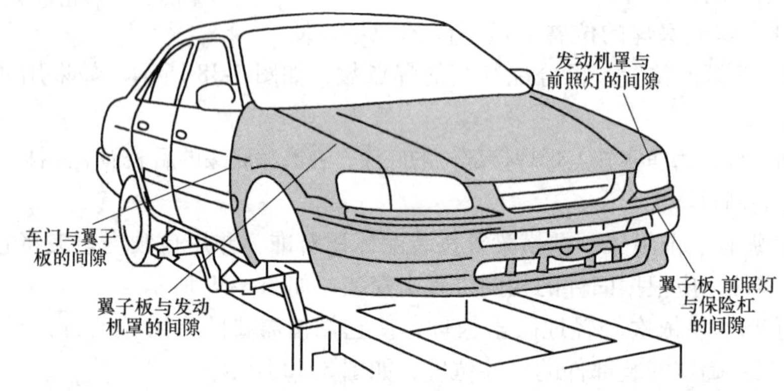

图 3-43 检查外覆盖件的安装配合间隙

8）在焊接前要再一次核实所有的尺寸。测量检查完成后将车身覆盖件拆除。

5. 焊接新板件

1）焊接时应从强度较高的部位开始。焊接的两个板件要结合良好，没有缝隙。焊接时要采用分段焊接，以减小焊接应力与变形，如图 3-44 所示。

2）焊接后拆除焊接夹钳，并重新测量。

3）焊接完成后，有些部位能明显看到焊点的，必须研磨至与板件平齐；要喷涂底层漆的部位只要稍微研磨修饰即可。

4）钢板清洁及去油脂后在焊接部位或裸钢板上喷涂防锈底漆，如图 3-45 所示。

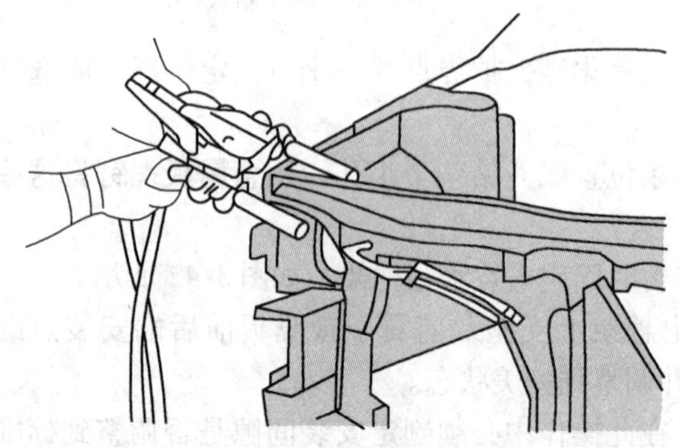

图 3-44 焊接新钢板

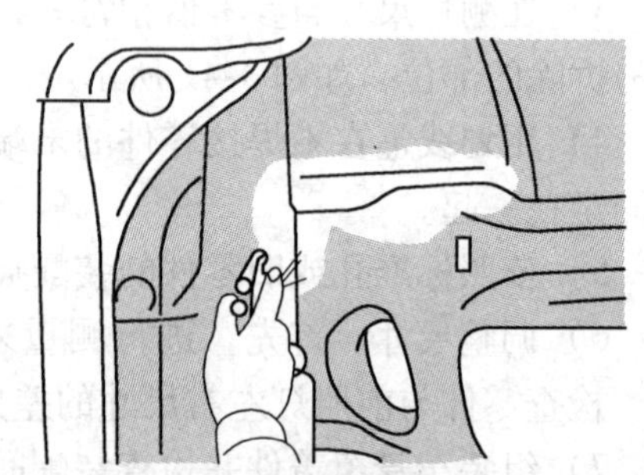

图 3-45 喷涂底漆

6. 车身部件装配

先调整发动机罩的前后方向，再调整发动机罩和翼子板之间的间隙，然后调整发动机罩高度，最后调整车门与翼子板的车身线高度和曲率。

7. 板件分割、连接中的防锈处理

缓蚀剂不仅在焊接以前是需要的，在涂漆过程的前后也是需要的。板件焊接在一起之前，首先在连接处涂上导电底漆。在完成涂底漆以前，焊缝必须用车身密封剂密封，或者在涂完底漆后，对接缝进行防锈处理，以防水分侵入造成锈蚀。

二、前支柱的更换

1. 裁截

1）找到支柱上端的基准孔，并由此向下量100mm，在该处内侧做标记。

2）再由此标记向上量60mm，在该处外侧做标记。两标记处即作为截断线，如图3-46所示。

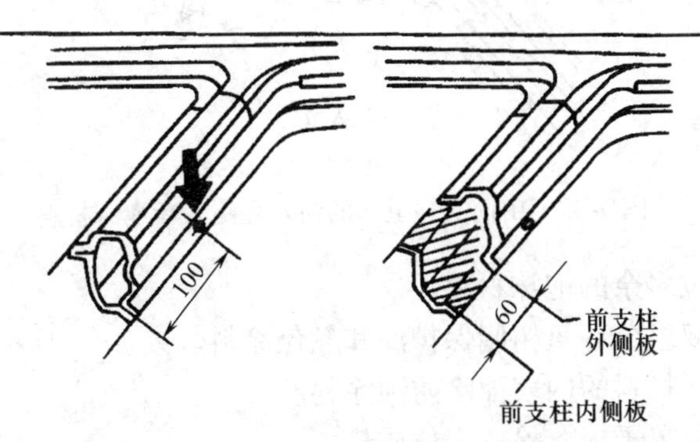

图3-46　截断线

3）在两根截断线处仔细截断。为了锯切准确而又方便，可采用锯切夹具，如图3-47所示。这种夹具可用边角料自制。

4）从支柱内侧仔细钻除支柱上两个切口之间底部的焊点，卸下支柱。

2. 新件的安装

1）安装前，把约70mm长的支柱内的旧泡沫填充材料清除掉，以便为填充新泡沫材料腾出空间，以及让排水软管在排水管的连接管插入时能够膨胀。

2）把支柱上端截至所需尺寸，形成相配合的错口对接接口。

3）在支柱底座上钻出塞焊孔，塞焊将用极惰性气体保护焊进行。

4）把排水管的连接管插入更新支柱上的排水软管中，如图3-48所示。

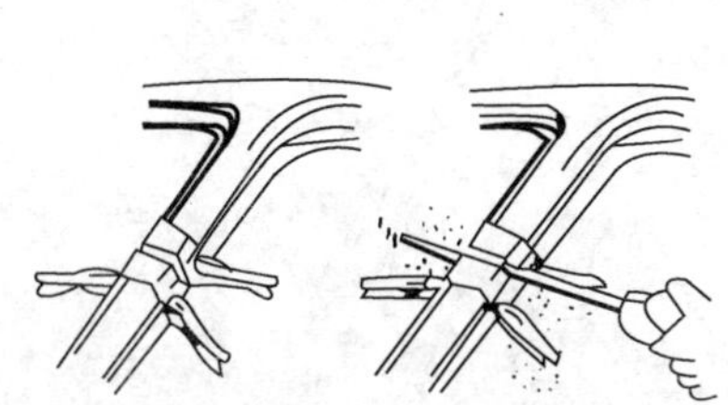

图3-47　利用夹具辅助切割支柱

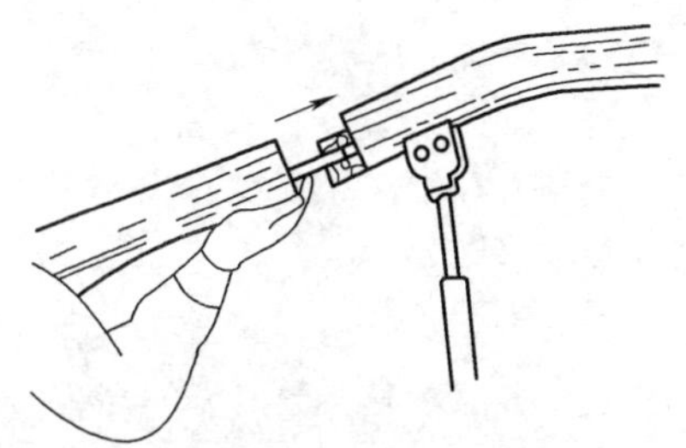

图3-48　连接排水管

5）在塞焊和缝焊部位涂上防蚀涂料。

6）在排水软管上涂以肥皂水，使连接管插入容易，然后将新支柱安装到位。注意应保证把排水软管正确地插入支柱的排水孔中。

7）将支柱夹紧固定，检测其定位配合情况。

8）取下支柱，仅在塞焊接合面涂上防蚀涂料。

9）在其余配合表面涂上粘接剂。

10）按制造厂家的说明进行塞焊和缝焊，修理焊缝。

11）由支柱内侧上部的注入孔注入新泡沫材料，如图3-49所示。

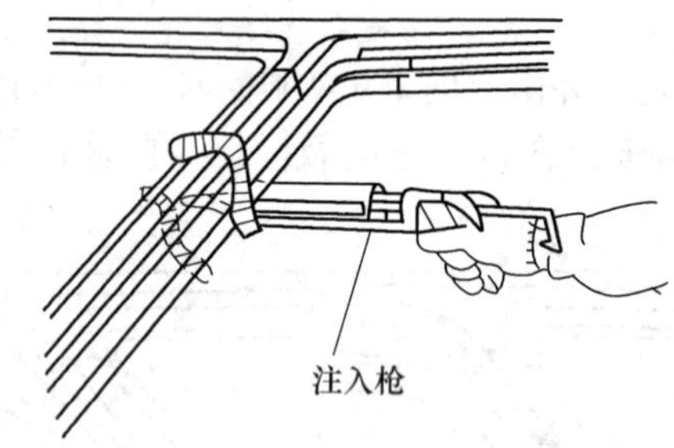

图3-49　由前支柱上部的注入孔注入新泡沫材料

12）清除连接部位多余的泡沫材料。

13）焊缝部位涂双组分环氧树脂保护漆和颜色涂料。

14）在未填充泡沫材料的内表面涂防蚀涂料。

15）装上车门和前翼子板，检查定位质量。

单元二

汽车车身漆膜修复

项目四　板件表面预处理

任务一　涂料的鉴别与漆膜损伤评估

【相关知识】

一、涂料的组成

如图 4-1 所示，涂料由成膜物质、颜料、溶剂和添加剂组成。

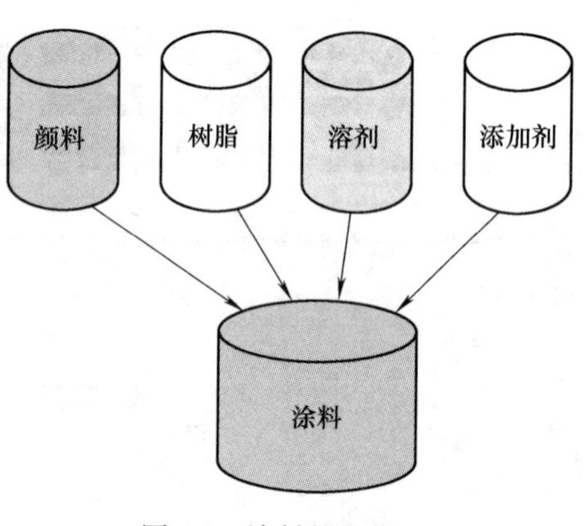

图 4-1　涂料的组成

1. 成膜物质

成膜物质是涂料的主要部分，其作用是使颜料保持明亮状态，使之坚固耐久并能粘附在物体表面，它是决定涂料类型的物质。成膜物质具有一定的保护与装饰作用，如光泽、硬度、弹性、耐水、耐酸碱等。成膜物质通过化学、物理改变性质后，可以提高涂膜的耐久性、附着性、耐腐蚀性、耐磨性和韧性等。现在市场上使用的车身涂料的成膜物质是树脂。树脂按来源不同可分为天然树脂和合成树脂；按结构和成膜方式不同可分为非转化型（热塑型树脂）和转化型（热固型树脂）。

2. 颜料

颜料是涂料中的不挥发物质之一，呈微细粉末状、有颜色。它赋予面漆色彩和耐久性，起到美观装饰作用，同时使涂料具有较高的遮盖力，提高强度和附着力，改善流动性和涂装性能，改变光泽性能等。颜料分着色颜料（包括有机颜料、无机颜料及金属颜料）、体质颜料（主要用于改进涂料性能并降低成本，大多为天然白色或无色物）、防锈颜料（如氧化铁、铝粉、红丹、铬黄、磷酸锌等）及特种颜料。按化学成分可分成无机颜料和有机颜料，无机颜料遮盖力好、比重大、色调不鲜明；有机颜料遮盖力低、比重小、色调鲜明。

3. 溶剂

溶剂是涂料中的“挥发”物质，它的主要功能是能够充分溶解涂料中的树脂，使涂料呈液态，便于在表面的正常涂布。大多数溶剂是从原油中提炼出来的“挥发性”配料，它具有良好的溶解能力。优质的溶剂能改善面漆的涂布性能和涂膜特性，并能增强其光泽，同时也有助于更精确地配色。溶剂按用途不同可分为真溶剂、助溶剂和稀释剂；按蒸发速度不同可分为低沸点溶剂、中沸点溶剂和高沸点溶剂。

涂料中使用各种各样的树脂，各种不同的树脂用各种不同的溶剂来作为溶剂及稀释剂。不同的稀释剂应用于不同的涂料，有几种不同的稀释剂，其所含的溶剂及其混合比各不相同，使用时可以按周围的温度，选用最适合蒸发速度的稀释剂，例如快、中、慢及特慢稀释剂等。

4. 添加剂

由于近10多年来涂料生产工艺发生了巨大变化，添加剂的使用也越来越普遍。虽然添加剂在涂料中的比例不超过5%，但它们却对涂料贮存过程、涂料施工成膜过程、涂膜性能、颜色调整方面起着各种重要的作用，有能加速干燥并增强光泽的加速剂；有能减缓干燥速度的缓凝剂；还有能减弱光泽的消光剂；有些添加剂起的是综合作用，能减少起皱、加速干燥、防止发白、提高对化学物质的耐受能力等。

二、涂料的成膜方式

涂料的干燥成膜是指涂料施工后，由液态或黏稠状涂膜转变成固态漆膜的化学和物理变化过程。为了达到预期的涂装目的，除了合理地选用涂料，正确地进行表面处理和施工外，充分而适宜的干燥过程也是重要的环节。涂料的成膜方式有溶剂挥发成膜和反应成膜两种类型。反应成膜又包括氧化聚合型、热聚合型和双组分聚合型成膜等几种。

1. 溶剂挥发型（热塑型）

当涂料中的溶剂蒸发时，这种涂料就形成一个涂层。但是由于树脂分子没有结合在一起，所以涂层可以被稀释剂溶解。这种涂料的特性是干得快且容易使用。但是，它在耐溶剂性和自然老化性能方面不及反应型涂料。

溶剂挥发型涂料的干燥机理如图4-2所示，靠溶剂挥发而干燥成膜，属于物理成膜方式。成膜前后，物质分子结构不发生变化，仅靠溶剂（或水）挥发、温度变化等物理作用使涂料干燥成膜。干燥迅速但是耐溶剂性差。硝基纤维素（磁漆）、硝基改性丙烯酸、醋酸丁酸纤维素、改性丙烯酸等属于这种类型。

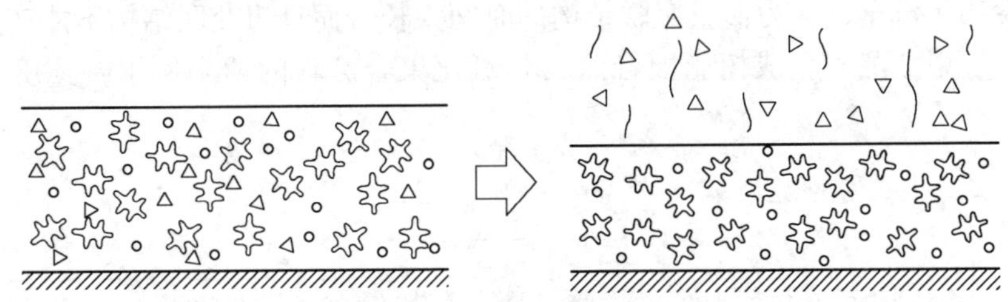

图4-2　溶剂挥发成膜

2. 反应型（热固型）

在反应型涂料成膜过程中，涂料中的溶剂和稀释剂蒸发，而且树脂通过“聚化”的化学反应固化。如图4-3所示，刚刚喷涂以后，新涂料是一种液化层，其中的树脂、颜料、溶剂

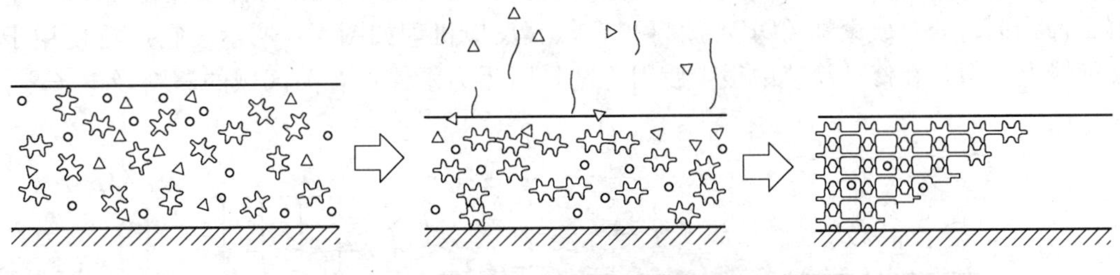

图4-3　反应型涂料成膜过程

及稀释剂是混合在一起的。

在固化过程中，溶剂和稀释剂蒸发，树脂中的分子由于化学反应而互相逐渐结合。在完全固化以后，涂层完全没有溶剂和稀释剂。分子的化学反应结束，形成一固态的高聚物层。

分子通过化学反应结合成三维交联结构。如果涂层具有较大密度的交联结构，那么它便具有更好的涂层性能，如图 4-4 所示。例如较高的硬度和耐溶剂性。

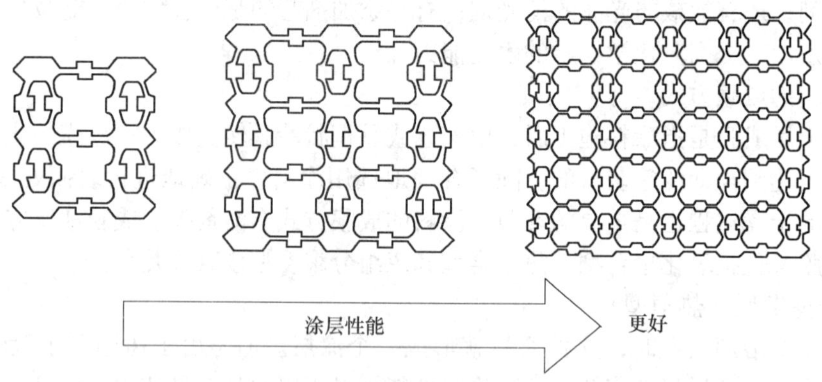

图 4-4　分子结构的变化与涂层性能的关系

反应型涂料的特点是，除非向涂料施加能引起化学反应的要素，否则涂料不会开始固化。能引起化学反应的要素包括热、光、氧、水及催化剂（硬化剂）。在汽车上应用的大多数反应型涂料中，固化是由于热式催化剂引起的。具体的反应包括以下几种：

（1）氧化聚合　当树脂中的分子吸收空气中的氧气而氧化时，它们便聚合为交联结构，这种涂料很少用于汽车，因为形成交联结构的时间太长，而且粗交联结构不能产生理想的涂层性能。邻苯二甲酸酯和合成树脂混合涂料是氧化聚合涂料的两个例子，其反应机理如图 4-5所示。

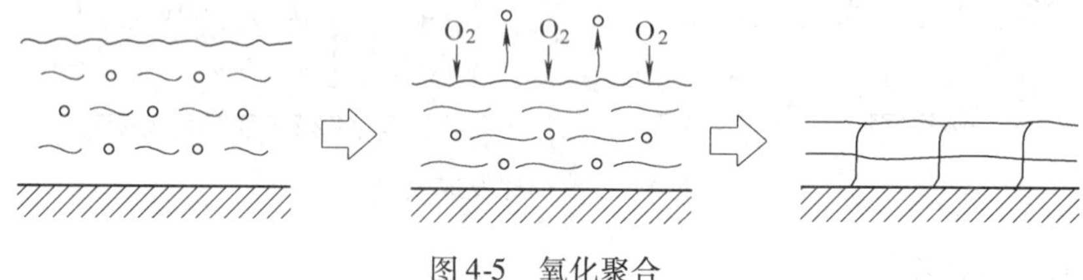

图 4-5　氧化聚合

（2）加热聚合　当加热聚合涂料加热至一定温度（一般在 120℃以上）时，树脂里便发生化学反应，使涂料固化。所形成的交联结构密度很大，所以在该涂料彻底固化以后，不会溶解于稀释剂，如合成聚酯（OEM 涂料）等，其反应机理如图 4-6 所示。它广泛使用于汽车装配线上，但是在修补涂装中很少使用。这是因为为了保护有关区域的塑料及电子零件，

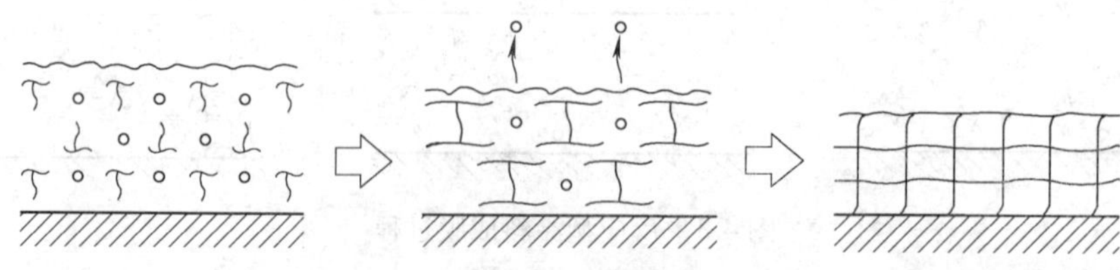

图 4-6　加热聚合

在重涂以前必须将它们拆下或用其他方法加以保护，以免受热影响。而大量的拆装作业会影响作业效率。

（3）双组分聚合　在双组分聚合涂料中，主要成分与固化剂混合，以便在树脂中产生化学反应，从而使涂料固化。虽然该反应可以在室温下发生，但是可以使用 60～70℃ 的高温来加速干燥过程。汽车修补涂装大多使用这种涂料，其反应机理如图 4-7 所示。有些双组分聚合涂料的性能与热聚合型相同，形成的涂膜不能再被溶剂溶解或受热熔化。

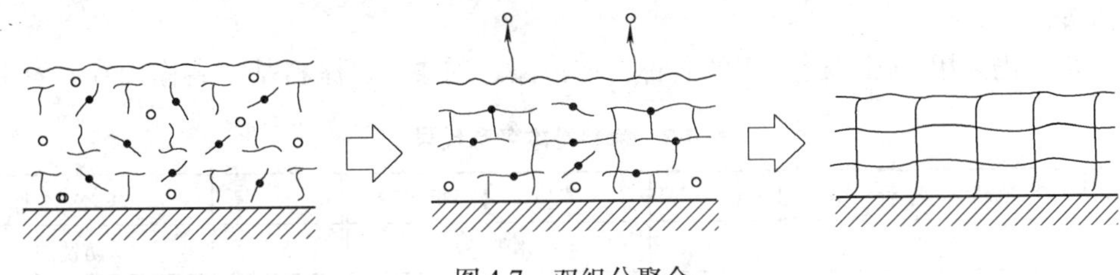

图 4-7　双组分聚合

三、涂料的分类和命名

1. 涂料的分类

根据国家标准 GB/T 2705—2003，涂料产品的分类是以涂料的基料中主要成膜物质为基础。若成膜物质为多种树脂，则以在涂膜中起主要作用的一种树脂为基础。成膜物质分为 17 类，见表 4-1。

表 4-1　涂料按成膜物质进行分类

成膜物质类别	主要成膜物质
油脂	天然植物油、动物油（脂）、合成油等
天然树脂	松香及其衍生物、虫胶、乳酪素、动物胶等
酚醛树脂	酚醛树脂、改性酚醛树脂等
沥青	天然沥青、（煤）焦油沥青、石油沥青等
醇酸树脂	甘油醇酸树脂、季戊四醇酸树脂、其他醇类的醇酸树脂、改性醇酸树脂等
氨基树脂	三聚氰胺树脂、脲（甲）醛树脂等
硝酸纤维素（脂）	硝酸纤维素（脂）等
纤维素酯、纤维素醚	乙酸纤维素（脂）、乙酸丁酸纤维素（脂）、乙基纤维素、苯基纤维素等
过氯乙烯树脂	过氯乙烯树脂等
丙烯酸树脂	热塑性丙烯酸树脂等
聚酯树脂	饱和聚酯树脂、不饱和聚酯树脂等
环氧树脂	环氧树脂、环氧酯、改性环氧树脂等
聚氨酯树脂	聚氨（基甲酸）酯树脂等
元素有机聚合物	有机硅树脂、有机酞树脂、有机铝树脂等
橡胶	氯化橡胶、环化橡胶、氯丁橡胶、氯化氯丁橡胶、丁苯橡胶、氯磺化聚乙烯橡胶等
其他	无机高分子材料、聚酰亚胺树脂、二甲苯树脂等

2. 涂料的命名

涂料的名称由三部分组成，即颜色或颜料名称、成膜物质名称、基本名称。

涂料全名 = 颜色或颜料名称 + 成膜物质名称 + 基本名称

颜色或颜料名称位于名称的最前面，通常有红、黄、蓝、白、黑、绿、紫、棕、灰等颜色，有时再加上深、中、浅（淡）等词构成。若颜料对涂膜性能起显著作用，则可用颜料的名称代替颜色的名称，例如铁红醇酸底漆、锌黄、红丹等。

成膜物质名称适当简化，例如聚氨基甲酸酯简化成聚氨酯；环氧树脂简化成环氧；硝酸纤维素（酯）简化成硝基。

如果基料中含有多种成膜物质，则选取起主要作用的一种成膜物质命名，必要时也可选取两种成膜物质命名。主要成膜物质名称在前，次要成膜物质在后，如环氧硝基磁漆、硝基醇酸磁漆等。

基本名称仍采用我国广泛使用的名称，如清漆、磁漆等，涂料基本名称代号见表4-2。

表4-2 涂料基本名称代号

代号	基本名称	代号	基本名称	代号	基本名称
00	清油	22	木器漆	53	防锈漆
01	清漆	23	罐头漆	54	耐油漆
02	厚漆	30	（浸渍）绝缘漆	55	耐水漆
03	调和漆	31	（覆盖）绝缘漆	60	耐火漆
04	磁漆	32	（绝缘）磁漆	61	耐热漆
05	粉末涂料	33	（粘合）绝缘漆	62	示温漆
06	底漆	34	漆包线漆	63	涂布漆
07	腻子	35	硅钢片漆	64	可剥漆
09	大漆	36	电容器漆	66	感光涂料
11	电泳漆	37	电阻漆、电位器漆	67	隔热漆
12	乳胶漆	38	半导体裁漆	80	地板漆
13	其他水溶性漆	40	防污漆、防蛆漆	81	鱼网漆
14	透明漆	41	水线漆	82	锅炉漆
15	斑纹漆	42	甲板漆、甲板防滑漆	83	烟囱漆
16	锤纹漆	43	船壳漆	84	黑板漆
17	皱纹漆	44	船底漆	85	调色漆
18	裂纹漆	50	耐酸漆	86	标志漆、马路划线漆
19	晶纹漆	51	耐碱漆	98	胶液
20	铅笔漆	52	防腐漆	99	其他

在成膜物质和基本名称之间，必要时可加以标明专业用途及特性的说明，如过氯乙烯防腐底漆、醇酸导电磁漆、白硝基外用磁漆等。

凡需烘烤干燥的漆，名称中应加“烘干”（或“烘”、“烤”）字样，如果没有，则表明该漆是常温干燥或烘烤干燥均可，如环氧树脂烘漆等。

3. 涂料的型号

涂料的型号用于区别具体涂料品种，它位于涂料名称之前。涂料的型号由一个汉语拼音字母和几个阿拉伯数字组成。字母表示涂料类别代号（见表4-3），位于型号的最前部；第一、二位数字表示涂料的基本名称代号；第三位或第三位与以后的数字表示涂料产品序号代号（见表4-4）；前后两组阿拉伯数字之间加一“-”使基本名称代号与序号分开（读成“之”）。

例如：

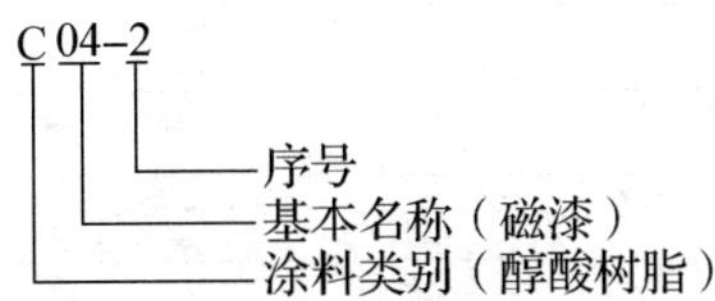

表4-3　涂料类别代号

代　号	涂料类别	代　号	涂料类别
Y	油脂漆类	X	烯树脂漆类
T	天然树脂类	B	丙烯酸漆类
F	酚醛漆类	Z	聚酯漆类
L	沥青漆类	H	环氧漆类
C	醇酸漆类	S	聚氨酯漆类
A	氨基漆类	W	元素有机漆类
Q	硝基漆类	J	橡胶漆类
M	纤维素漆类	E	其他漆类
G	过氯乙烯漆类		

表4-4　涂料产品序号代号

涂料品种		代号	
		自干	烘干
清漆、底漆、腻子		1～29	30以上
磁漆	有光	1～49	50～59
	半光	60～69	70～79
	无光	80～89	90～99
专业用漆	清漆	1～9	10～29
	有光磁漆	30～49	50～59
	半光磁漆	60～64	65～69
	无光磁漆	70～74	75～79
	底漆	80～89	90～99

辅助材料的型号由两部分组成，即一个汉语拼音字母和1～2位阿拉伯数字。字母表示辅助材料的代号（见表4-5），数字为序号，用以区别同一类型的不同品种，字母与数字之间加“-”。

例如：

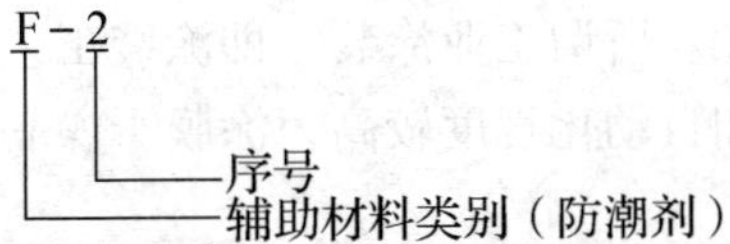

表 4-5 辅助材料代号

代 号	辅助材料名称
X	稀释剂
F	防潮剂
G	催干剂
T	脱漆剂
H	固化剂

由于各国对涂料制定的标准不一样，名称及型号的含义也有所不同，使用时一定要仔细阅读涂料说明书。

四、汽车用涂料的品种

1. 按汽车上的使用部位分类

（1）汽车车身用涂料　汽车车身用涂料是汽车用涂料的主要代表，所以从狭义上讲，所谓的汽车用涂料主要指车身用涂料。车身涂层一般是由底层涂层、中间涂层和表面涂层三层或由底层涂层和表面涂层二层构成，它们基本上要兼备汽车用漆的要求。

（2）货箱用涂料　货箱用涂料质量要求较前者低，一般为底、面两层涂层。

（3）车轮、车架等部件用的耐腐蚀涂料　车轮、车架等部件用的耐腐蚀涂料的主要技术指标是要求耐腐蚀性能（耐盐雾性、耐水性）好，要求涂膜坚韧耐磨，具有耐机油性。

（4）发动机部件用涂料　因发动机体不能高温烘烤，故要求该涂料具备低温快干性能，要求涂膜的耐汽油、耐机油和耐热性较好。

（5）底盘用涂料　因车桥、传动轴等底盘件不能高温烘烤，要求该涂料具备低温快干性能。因在车下使用环境恶劣苛刻，经常与泥水接触，故要求其耐腐蚀性优良，具备较好的耐机油性。

（6）车内装饰件用涂料　车内装饰件用涂料指轿车和大客车车内装饰件用涂料，其主要性能是要求具有极高的装饰性。

（7）特殊要求用涂料　特殊要求用涂料包括蓄电池固定架用耐酸涂料；汽油箱内表面用耐汽油涂料；汽车消声器、排气管和气缸垫片用耐热涂料；车身底板下用耐磨防声涂料；车身焊缝用密封涂料等。

2. 按在涂装工艺及涂层中所起的作用分类

1）涂前表面处理用材料，主要包括清洗剂和磷化处理剂。

2）汽车用底漆。

3）汽车用中间涂料。

4）汽车用面漆。

5）辅助材料，包括溶剂、粘尘涂料、抛光材料、防噪声浆等。

五、涂层标准

汽车涂装属工业涂装的范畴。所谓工业涂装，即涂装工艺已形成工业生产的流程，流水作业生产，涂装过程的机械化和自动化程度较高，涂膜干燥一般采用烘干方式，汽车涂装是工业涂装的典型代表。

1. 车身涂层的类型

按面漆的施工工艺可分为单工序面漆、双工序面漆和三工序面漆。

（1）单工序面漆 单工序面漆结构如图4-8所示。单工序是指面漆只施工一次即可获得颜色和光泽。形成的涂膜既有遮盖力，能遮盖住底漆颜色，呈现给我们需要的颜色，又有一定的光泽度，并且还有很好的抗机械损伤能力。白色的普通桑塔纳轿车和红色捷达轿车多为单工序面漆。

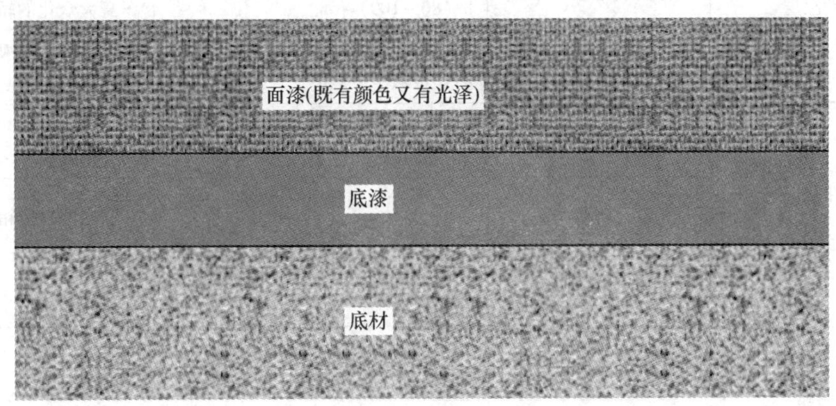

图4-8 单工序面漆

（2）双工序面漆 双工序漆膜结构如图4-9所示。双工序是指面漆需要分两次施工来获得。第一次要喷涂底色漆，底色漆为金属漆或珍珠漆，干燥以后只能提供遮盖力，展现出绚丽的金属光泽。第二次要喷涂罩光清漆，罩光层能提供光泽度和抗机械损伤的能力。底色漆层和罩光层合起来构成面漆层，现代轿车绝大多数都是双工序或多工序的面漆。

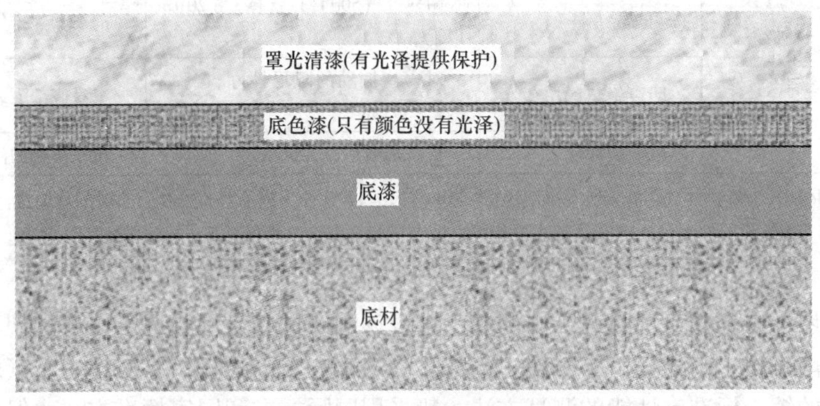

图4-9 双工序面漆

（3）三工序面漆 三工序面漆就是面漆层要分三次施工才能获得，珍珠漆多为三工序。施工时第一次要喷涂底色漆，这种底色漆为没有金属颗粒的素色。第二次喷涂珍珠漆，喷涂的方法和喷涂的道数要求严格，否则会影响到涂层的颜色。第三次喷涂罩光层，喷涂方法与双工序一致。

2. 汽车涂层的等级 车身涂层根据汽车各零部件的使用条件、涂装要求、材质及结构的不同，又可分为若干组和若干等级，见表4-6。

表 4-6　汽车涂层的等级

分　组	涂层名称	等　级	涂层特性及主要指标	适用对象举例
1	装饰保护性涂层	高级或甲级	DOI 0.9～1.0，S.S1000h 以上，δ100μm 以上	中、高级轿车车身
		优质或乙级	DOI 0.6～0.8，S.S720h 以上，δ（80～100）μm	轻卡车身、面包车和客车车身大众化的轿车车身
		一般或丙级	DOI 0.3～0.5，S.S500h 以上，δ55μm 以上	载重汽车驾驶室、轿车车内装饰件、车身塑料件
2	装饰保护性涂层	优质，防蚀型	光泽，外观优良，S.S500h 以上，δ50μm 以上	金属货箱
		一般，防腐型	光泽，外观良好，防腐防蚀性良好	铁木混合货箱
3	防蚀性涂层	特优或甲级	力学性能好，S.S1000h 以上，δ30μm 以上	轿车车架、车轮等车下部件
		优质或乙级	力学性能好，S.S500h 以上，δ（20～30）μm	卡车车轮、车架等车下部件
		一般或丙级	力学性能好，S.S200h 以上，δ20μm 以上	内部件、散热器管子、弹簧等
4	保护性涂层	快干型	能快干或自干，S.S100h 以上，δ（20～30）μm	发动机总成车桥、传动轴总成
		防腐型	耐水性、耐酸性好	木质件
5	特种涂层	耐酸涂层	耐酸性优良，δ40μm 以上	蓄电池固定架等
		耐汽油涂层	耐汽油性优良，δ40μm 以上	油箱、油槽内表面
		耐热涂层	耐热性（500℃）优良，δ 20μm 以上	消声器、排气管、气缸垫
		防声绝热涂层	对声音振动的阻尼性好，δ(2～3)μm	车身底部下表面、夹层内
		抗崩裂涂层	抗石击耐崩裂性优良	轿车车身的门槛以下

注：1. 表中 DOI 为鲜映性（以车身水平面涂层的 DOI 值为准），S.S 为耐盐雾性，δ 为涂层的总厚度。

2. 第 1、2 组涂层的耐候性也应是其主要指标，即在广州、海南岛地区晒 2～3 年或使用 3～4 年，耐候性应优良（如不起泡、不粉化、不生锈、不开裂、失光和变色不超过明显级等）。

汽车涂层标准是汽车产品设计和涂装工艺设计的依据，是涂层质量认可和现场质量检查的基准及指南。出于市场竞争的需要，各汽车公司都有自己独特的涂层标准，其质量指标往往高于国家的统一标准，性能的测试方法一般采用国际标准和国家标准方法，但也有很多是采用自己开发的，或与材料供应厂商协商确定的测试方法。各汽车公司的涂层标准一般属于技术机密。

近几年来随着汽车产品和制造技术的引进、合资企业的兴办，尤其是轿车涂层标准，很多是执行国外汽车公司的涂层标准。在市场经济条件下极难甚至不大可能统一。

六、原厂涂层结构

汽车总装厂通常采用的涂装系统可归纳为以下几类：

1）底漆→腻子→本色面漆。

2）底漆→腻子→中间涂料→本色面漆。

3）底漆→腻子→中间涂料→单层金属闪光漆。

4）底漆→腻子→中间涂料→金属闪光底色漆→罩光清漆。

5）底漆→腻子→中间涂料→本色底色漆→罩光清漆。

6）底漆→腻子→防石击中间涂料→中间涂料→金属闪光底色漆→罩光清漆。

7）底漆→腻子→中间涂料→金属闪光底漆→底色漆→罩光清漆。

8）底漆→腻子→防石击中间涂料→中间涂料→金属闪光底漆→底色漆→罩光清漆。

上述涂装系统中，第1）类是汽车工业发展初期采用的涂装系统，国外基本不采用了，但在我国的一些低档车辆如载货车、农用车、公共汽车等中仍然采用；第2）、3）类在国外被用于大型车辆如巴士、卡车等中档车上，国内则用于小型面包车、各种微型车等中、高档车上；第4）、5）类则用于轿车的涂装中；第6）、7）、8）类是最近几年发展起来的一种新型涂装系统，其中的金属闪光底漆不同于以往的金属闪光底色漆。在这一道涂层中不含着色的透明颜料，只有铝粉、珠光粉之类的闪光颜料。在底色漆中则仅仅含有某些透明的着色颜料，不含闪光颜料。采用这类涂装系统，涂层装饰性更为优越，外观显得更加美观、豪华、别致；铝粉和珠光粉的排列更为规整、闪烁均匀、立体感强。观察这类涂层时，明显可以感受到它不同寻常的丰满度、深度，其艺术感染力更为强烈。现代轿车涂装系统中，由于板材加工成形工艺精湛，腻子层多数都已经被取消了。

七、原厂漆膜厚度

单工序的素色漆从底材到表面的总膜厚约为90～115μm，双工序的金属漆从金属底材到表面的总膜厚大约为95～135μm。漆膜抗刮、抗磨等性能好，光泽均匀。生产线涂装生产的典型车身涂层结构，如图4-10所示。按要求维修后漆膜厚度约150μm，但是实际情况跟维修材料和维修技师的技术水平有直接关系。图4-11所示为典型的修补涂装涂层结构。

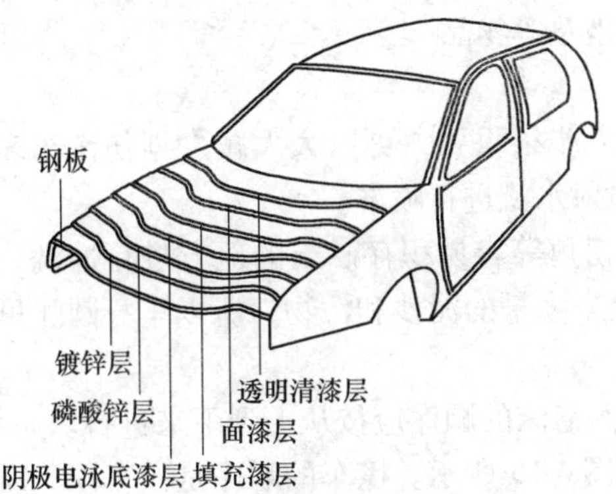

图4-10　车身涂层结构

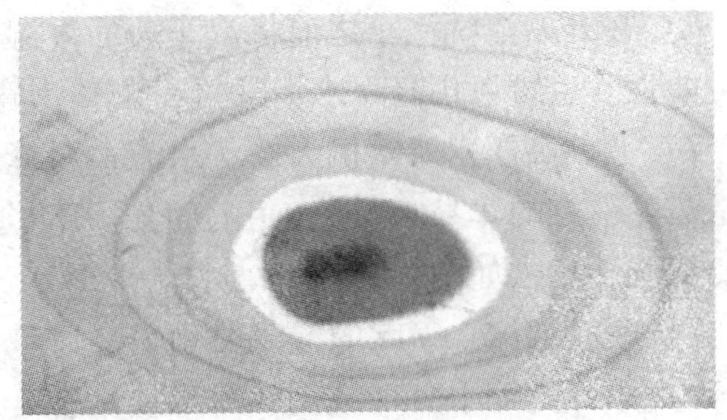
图4-11　修补涂装涂层结构

【技能学习】

一、汽车清洗

1. 劳动安全与卫生

操作前必须牢记以下劳动安全事项：

1）必须穿好工作服。

2）在使用高压水清洗机时，必须穿戴好护目镜（或面罩）、橡胶手套、水鞋及防水围裙。

3）无论何时，禁止将压缩空气气枪对着别人。

4）无论何时，禁止将高压水清洗机喷枪对着别人。

5）剩余的洗涤剂、门窗玻璃清洁剂等，不能随意倒掉。

2. 操作流程

1）连接好高压水清洗机的电源和进水管。

2）连接好泡沫机的压缩空气管，按规定比例从加液口加入泡沫液和水（泡沫液和水的加入量通过观察泡沫机侧面的透明刻度管来确定），如图 4-12 所示。

3）调整泡沫机的气压至规定值（泡沫机说明书建议值），如图 4-13 所示。

图 4-12　给泡沫机加液

图 4-13　调整泡沫机气压

4）取出地毯清洗、晾干，清理烟灰盒、沙发坐垫等物品。

5）关好车门窗（这一操作很重要）。

6）在开始清洗汽车之前将汽车表面淋湿，这一步很重要，可以大大减少划伤汽车表面的可能性。也可以用高压水清洗机，调整为宽的喷射水流进行喷淋。

7）调整高压水清洗机为柱状水流，对缝隙和拐角等容易积存砂土的地方进行冲洗，特别是车轮上方的车身圆弧里，由于车轮滚动会甩上来大量的泥沙和污物，所以车身圆弧里一定要清洗干净，如图 4-14 所示。

8）喷涂泡沫。喷涂的泡沫要均匀、适量，喷洒泡沫的顺序应按从上到下来进行。

9）戴好兔毛手套（或用软海绵块）擦车，如图 4-15 所示。擦车的顺序是：车顶、风窗玻璃、发动机罩、保险杠、灯具、车的一个侧面（包括玻璃）、车身后部（包括玻璃、尾灯）、车身的另一侧（包括玻璃）以及车轮。

注意：对于轮胎和门槛下缘等车体下部部位，一定要用专用的海绵或刷子单独清理，防止工具混用对车漆和玻璃造成意外损伤。必要时可配合喷水壶进行辅助喷水，如图 4-16 所示。

10）进行两次冲洗。水压低，扇面大，冲掉泡沫即可。

11）刮水。用刮水板将车身上的水膜刮干净，如图 4-17 所示。

图 4-14　对车身圆弧进行冲洗

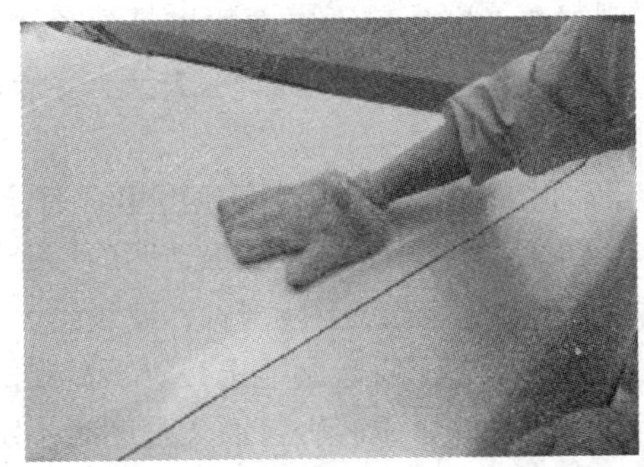
图 4-15　戴兔毛手套擦车

图 4-16　用刷子清洁车轮

图 4-17　刮水

12）精细擦拭。用大毛巾及鹿皮将整个车身擦拭干净。

注意：鹿皮在使用前一定要浸泡透，拧干后再使用，这样它的吸水性会更好。

13）吹干。锁孔、门缝、车窗密封条、倒视镜壳、油箱盖等部位用压缩空气辅助吹干，尤其是钥匙孔里的水分一定要吹干净，如图 4-18 所示。

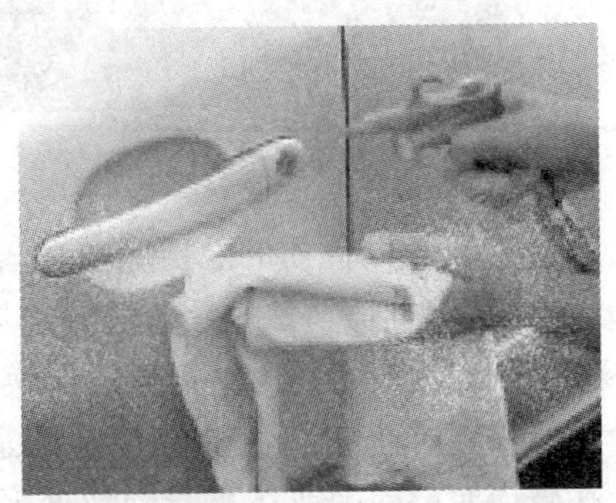
图 4-18　用压缩空气吹缝孔内的积液

二、涂层的鉴别

1. 劳动安全与卫生

操作前，必须牢记以下劳动安全事项：

1）必须穿好工作服。

2）如果需对车身进行打磨或使用溶剂，一定要选择在原漆膜有损伤处，以免增加后续修复工作。

3）加热时要控制好加热温度，同时注意防火安全。

4）膜厚仪属于精密仪器，使用时一定要按说明书规定的标准规程进行操作，并切记其使用注意事项。

5）注意保持场地卫生，操作结束后及时清理。

2. 操作流程

（1）不同结构涂层的鉴别

1）观察法　因为单工序面漆也是素色漆。涂料中没有金属颗粒，只有颜料，比如红、白、黑、偏黄白等。涂膜外观看上去没有金属闪烁感。同时，由于面漆之上没有罩光层，立体感不强。

多工序面漆多为金属漆，底色漆里含有金属及金属氧化物颗粒，比如铜、铝、氧化铜等。阳光反射后，色彩斑斓。加上透明的罩光层对光线的折射作用，使漆面富有立体感。如果角度合适还会发生光线干涉现象，使漆膜表现更加耀眼夺目。

2）打磨法　在车身涂层上选一块不显眼的位置，比如车门、油箱盖、后备箱盖等处的内侧。用1500#抛光砂纸轻轻打磨。打磨时一定要加水湿磨，因为干磨下来的清漆也呈现灰白颜色，不容易分辨。加些水湿磨后，磨掉的清漆就不会显示颜色了。打磨后砂纸上附着的涂料是有色的，说明面漆是单工序的，如图4-19所示。打磨后砂纸上没有颜色，说明面漆是双工序的，打磨下来的是罩光层，如图4-20所示。

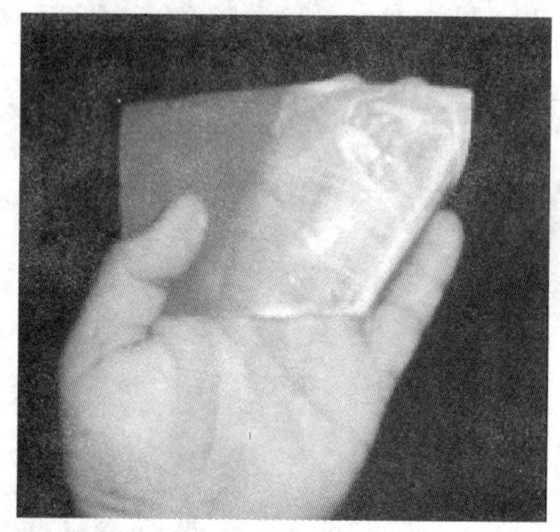

图4-19　打磨后有颜色

图4-20　打磨后没有颜色

（2）不同性质的涂层鉴别

1）溶剂擦拭法。用普通的硝基稀释剂在原涂层上进行涂抹擦拭，通过观察有无溶解现象判别原涂层是否为溶剂挥发干燥型涂料（热塑性涂料）。

检查时使用白色的除油布蘸适量的硝基稀释剂，在破损涂层周围或在车身隐蔽处轻轻擦拭，如果原涂层溶解，并在布上留下痕迹（如图4-21所示），说明原涂层属于溶剂挥发干燥型。如果原涂层不溶解，说明原涂层属于烘干型或双组分型。丙烯酸聚胺酯型漆层不易溶解，但稀释剂会减少漆面光泽。若原涂层为自然挥发干燥型涂料，则在修补喷涂时要充分考虑新涂层中的溶剂成分会溶解原涂层，造成咬底等涂膜故障。

图4-21　用溶剂涂抹法确定车身原有涂层类型

2）加热检查法。用来判别原涂层是热固性还是热塑性。如果原涂层为热塑性涂料，则在修补喷涂时应选用同类型的涂料，或将旧涂层完全打磨掉后再使用热固性涂料。用红外线烤灯对测试板进行加热即可很容易地进行判别，如果漆面有软化现象则可证明为热塑性涂料。

3）硬度测定法。由于各种面漆干燥后漆膜的硬度不同，大体上看双组分漆和烘干漆硬度较高，而自干漆硬度较低。

（3）漆膜是否进行过修补的鉴别

1）打磨法。裁一小块砂纸（粒度为60#），在漆膜受损区域内选一小块漆面，用打磨块配合对漆膜进行打磨，直到露出金属，如图4-22所示。通过涂层的结构可以看出这辆汽车过去是否经过修补喷涂。图4-22左图所示的面漆单一均衡，未曾喷涂过；而右图所示面漆明显分层，或因曾喷涂过与原车不一样的油漆而呈现不同颜色的两层面漆层，由此可以判断为曾经修补过。

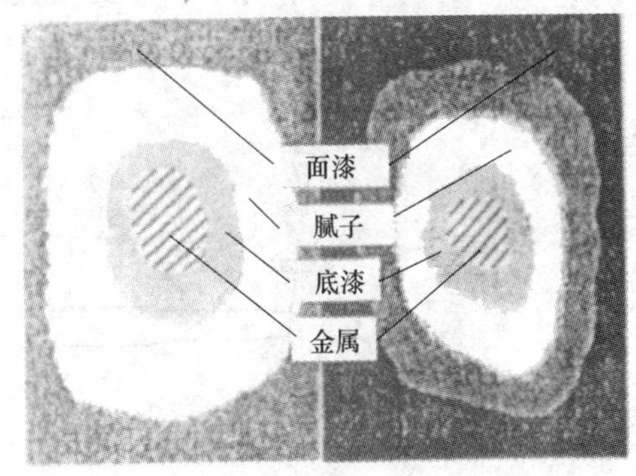

图4-22　图层结构的对比

2）测量涂层厚度法。各种面漆由于性质不同，其涂层厚度也是不一样的。一般来说双工序的金属漆从金属底材到表面的总膜厚大约为95～135μm，而单工序的素色漆从底材到表面的总膜厚约为90～115μm。对于特定的车型，其漆膜的厚度有其标准值。用膜厚仪测定漆膜厚度，再与标准膜厚进行对比，即可容易判定漆膜是否被修补过。

三、漆膜损伤的评估

（1）目测评估　根据光照射钣金件的反射情况，评估钣金件损坏的程度及受影响面积的大小。稍微改变人眼睛相对于钣金件的位置，即可看到微小的变形。

（2）触摸评估　如图4-23所示，戴上手套（最好为棉质），从各个方向触摸受损的区域，但不要用任何压力。做的时候要将注意力集中在手掌上。为了能准确地找到受影响区域的不平整部分，手的移动范围要大，包括没有被损坏的区域，而不是只触摸损坏的部分。此外，有些损坏的区域，手在向某个方向移动时，可能比向另一个方向移动时更易感觉到。

（3）直尺评估　如图4-24所示，将一把直尺放在车身没有被损坏的区域上，检查车身和直尺间的间隙，然后将直尺放在被损坏的车身钣金件上，评估被损坏和未被损坏的车身钣金件之间的间隙相差值，来判断损伤的情况。

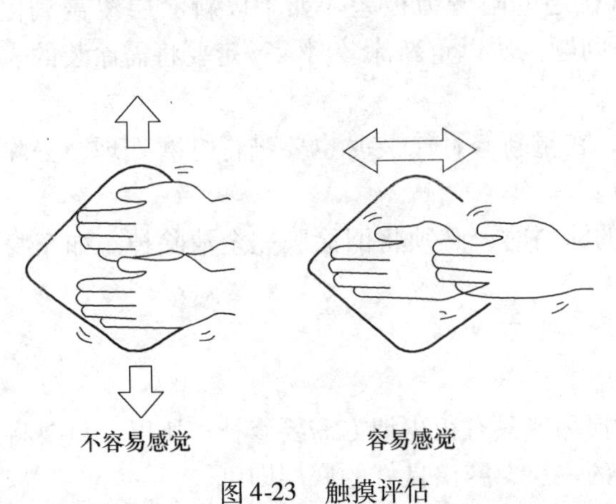

图4-23　触摸评估

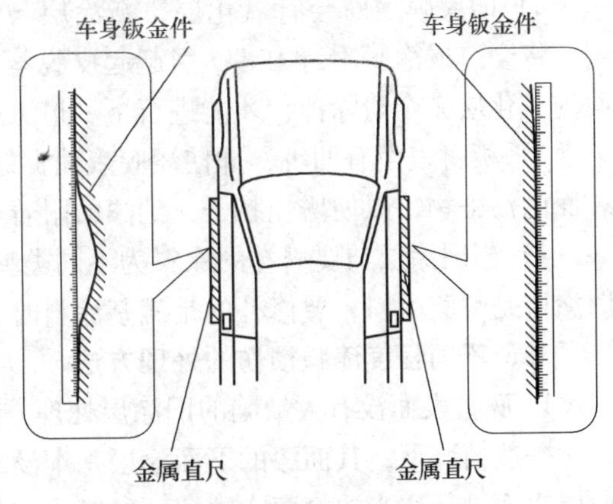

图4-24　直尺评估

如果在用直尺评估时，损坏件有凸出部分，将会影响评估操作。此时可用冲子或鸭嘴锤，将凸起的区域敲平或稍稍低于正常表面，如图4-25所示。

注意：实际评估时，通常是各种方法的综合运用，以获得准确的评估结果。评估过程中，一定要随时做好记录，以便为后续维修方案的制订提供依据，如图4-26所示。

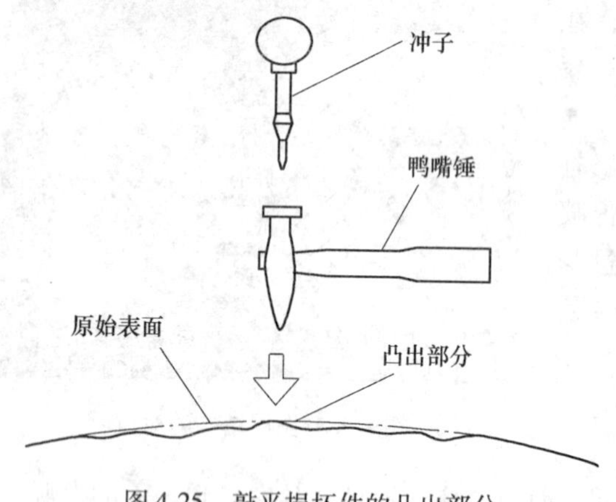

图4-25　敲平损坏件的凸出部分

图4-26　漆膜损伤的评估与记录

任务二　旧漆膜的处理

【相关知识】

汽车清洗好后，要仔细检查车身漆面，寻找漆膜破损迹象，如气泡、开裂、脱落、锈蚀以及在烤补、气焊等修理过程中引起的部分损坏。对于上述破损，必须将旧漆膜清除掉。清除时可根据旧漆膜的损坏程度和重新涂装后的质量要求，进行全部和部分清除。

一、清除旧漆膜的目的

1）损伤的旧漆膜如果不处理掉，就直接涂装新的涂层而将其遮盖住，势必会留下隐患，将来就会出现开裂、剥落等问题，所以必须将损伤的旧漆膜完全清除掉。

2）旧漆膜表面会有氧化层，新涂层与氧化层的附着力极差。如果以新涂层覆盖氧化层，将会造成涂膜附着力差，引起起皮脱落等问题。所以重新涂装时，一定要将需涂装的表面的氧化层完全清除掉，才能进行下一道工序。

3）板材表面有凹坑，即使漆膜表面良好，在重新修补涂装时也要进行打磨处理，去除表面的污染物，以便增加腻子、油漆的附着力。

4）当旧涂层与要修补的涂料为不同类型的涂料时，必须将旧涂膜完全清除掉。如车身旧涂层是醇酸涂料，要修补的是硝基涂料时。

二、不同程度漆膜损伤的处理方法

1. 底材表面没有大缺陷的旧涂层处理方法

一般情况下，其面漆的下面涂层基本没有损坏或只有很少地方需要修补。所以，只要将面层表面进行适当的打磨，磨掉已经氧化变差的一层，露出良好的底层即可。

2. 表面有缺陷的旧涂层的处理

（1）面积较小的缺陷 在缺陷部位进行打磨，直到出现没有受到损伤的涂层或裸露金属。如果裸露金属部分有锈蚀或穿孔的情况，还要进行除锈或补焊，将锈蚀清除干净，防止继续产生锈蚀或结合力变差的情况发生，并进行磷化或钝化处理。

（2）面积较大的缺陷 可以用喷砂机除漆法（或化学除漆法）清除旧漆膜，然后根据需要进行除锈及必需的清洁处理。对裸露金属的表面仍需作除锈、磷化或钝化处理。

清除旧漆膜的方法很多，有手工打磨法、机打磨法、机械法及化学法等。

三、砂纸与砂布

砂纸在构造上是利用附着剂将磨粒粘结到一块柔性或半刚性的背衬上。车身修理人员必须选择合适的砂纸，并正确使用才能获得最佳的生产效果、材料利用效率和最好的表面涂层效果。

砂纸的形状有矩形和圆盘形两种，前者多用于手工打磨，后者则用于机械打磨。常用砂纸所采用的磨料有金刚砂和氧化铝，还有新开发的锆铝磨料。

（1）金刚砂磨料 用金刚砂制成的砂纸和磨盘是用来打磨薄边或干磨各种柔软材料的，如打磨旧漆层、玻璃纤维和原子灰（腻子）等。金刚砂是一种尖锐的颗粒，适合于快速磨削，但用来打磨坚硬表面时，磨粒很容易崩脱或变钝。一般在砂纸或砂轮上标记有 SiC 或英文名 Silicene Carbide。

（2）氧化铝磨料 氧化铝的楔形磨粒非常坚固，不易被折断，也不至于很快磨钝。氧化铝磨料适用于打磨受损金属、除去旧漆层或为塑料填充剂整形。一般用作磨料的氧化铝按其自身的颜色区分用途，红褐色用于金属打磨抛光，经过处理成白色的氧化铝用于清除旧漆。国外通常都是在砂纸或砂轮上标明 ALO 或英文名 Aluminum Oxide。

（3）氧化铝与氧化锆磨料 由氧化铝和氧化锆构成的磨料有独特的自动磨锐性能，与传统磨料相比，效率更高，寿命更长。此外，此类磨料打磨时产生的热量较少，特别适合于清除制造厂涂敷的光亮层漆面。自动磨锐性使得打磨时所需的压力变小，减轻了劳动强度。在汽车修理和重新喷漆中使用越来越广泛。

砂纸的品种和型号较多，砂纸以磨料的粒度数表示，粒度数越小，磨料越粗。磨料粒度不同，用途不同。

砂纸有水砂纸和干砂纸之分。干砂纸不耐水，只能用于干法打磨，一般与打磨机配套的砂纸多为干砂纸。水砂纸由醇酸树脂、醇酸调和清漆、水砂纸专用漆料等将一定粒度的磨料粘着在浸过桐油的纸上而成，是汽车修理行业最常用的砂纸。主要特点是耐水，打磨时通常要蘸水或溶剂进行湿打磨。水砂纸的磨料无尖锐的棱角，不会在平整金属表面上留下明显的打磨痕迹。水砂纸也可作干磨使用。

砂布由骨胶等胶粘剂将各种规格粒度的磨料粘着在粗布上而成。主要特点是质地坚硬、耐磨、耐折、寿命长。我国水砂纸和纱布的规格和用途见表 4-7。

表 4-7 我国常用水砂纸和纱布的规格和用途

种类		水砂纸、砂布规格	用途
水砂纸	规格代号	60、80、100、120、150、180、200、220、240、260、280、300	打磨腻子层及涂膜表面，砂磨时以湿磨施工
	粒度（目）	100、120、140、150、160、170、180、200	
	规格代号	320、360、400、500、600、700、800、900、1000	
	粒度（目）	220、240、260、320、400、500、600、700、800	

（续）

种　类		水砂纸、砂布规格	用　途
砂布	规格代号	$\frac{4}{0}$、$\frac{3}{0}$、$\frac{2}{0}$、0、$\frac{1}{2}$、1、1$\frac{1}{2}$、2、2$\frac{1}{2}$、3、4、5、6	打磨钢铁表面及底层腻子
	粒度（目）	200、180、160、140、120、100、80、60、46、36、30、24、18	

四、磨块

磨块也称为磨垫，一般用木材或橡胶制成，具有平坦的表面，或根据工件的形状制成特别的形状，如图4-27所示。木材和硬胶制的磨块配合适当的砂纸，用于打磨平度较高的位置；而胶制磨块则用于打磨圆拱位置及油漆表面。厂商供应的磨块一般一面为硬面一面为软面，以满足不同的需要。

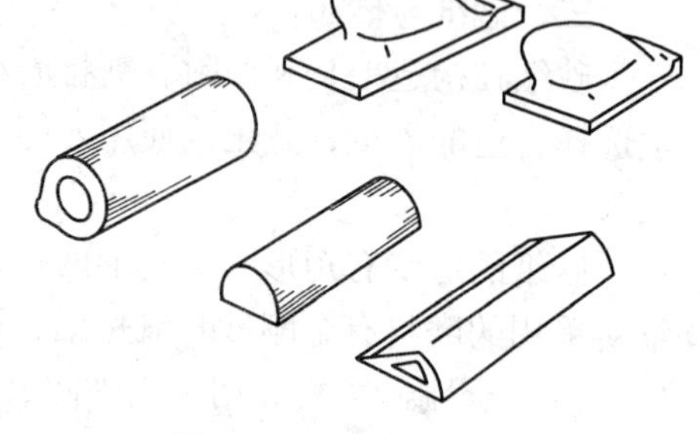

图4-27　常用的打磨块

五、打磨机

1. 打磨机的类型

打磨机可以利用电力驱动，也可以利用压缩空气驱动。电动打磨机与气动打磨机外形如图4-28和图4-29所示。

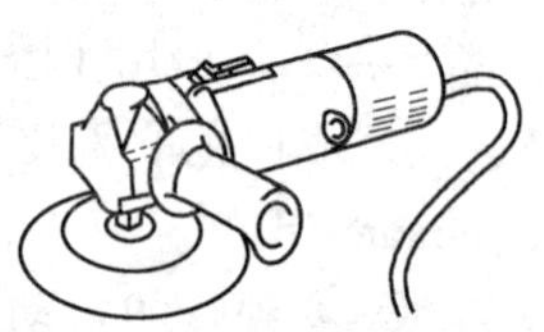

图4-28　电动打磨机

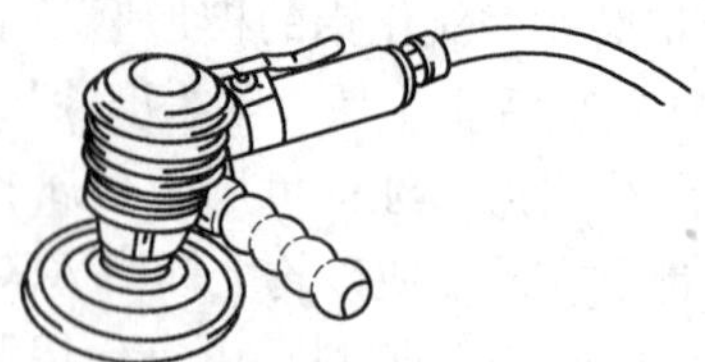

图4-29　气动打磨机

由于喷漆车间内有易燃物品，所以要尽量减少电动工具的使用，因此主要采用的是压缩空气驱动的气动打磨机。气动打磨机（也称为干磨机）主要有4种类型：

（1）单作用打磨机　打磨盘垫绕一固定的点转动，砂纸只作单一圆周运动，称为单一运动圆盘打磨机或单作用打磨机，如图4-30所示。这种打磨机的转矩大。低速打磨机主要用于磨去旧涂层，钣金磨就属于这类打磨机，高速打磨机主要用于漆面的抛光，也就是抛光机。

（2）轨道式打磨机　轨道式打磨机的砂垫外形为矩形，便于在工件表面上沿直线轨迹移动，整个砂垫以小圆圈振动，此类打磨机主要用于腻子的打磨，如图4-31所示。该类打磨机可以根据工件表面的情况采用不同尺寸的砂垫，以提高工作效率，轨迹直径亦可改变。

图4-30　单作用打磨机

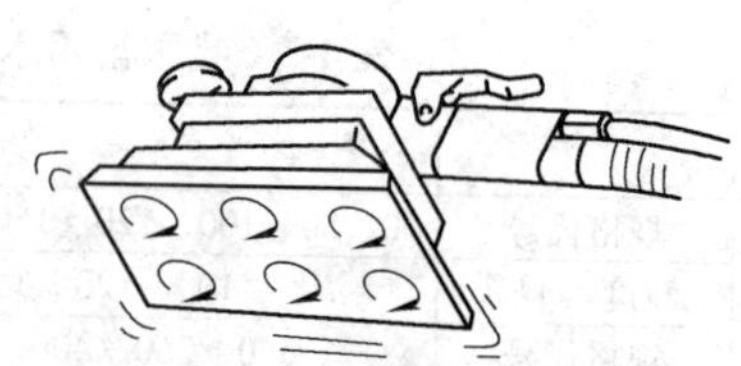

图4-31　轨道式打磨机

（3）双作用打磨机（偏心振动式）　打磨盘垫本身以小圆圈振动，同时又绕其中心转动，因而兼有单作用及轨道式打磨机的运动特点，如图 4-32 所示。其切削力比轨道式打磨机强。在确定打磨机用于表面平整或初步打磨时，要考虑轨道的直径，轨道直径大的打磨较粗糙，反之较细。

（4）往复直线式打磨机　砂垫做往复直线运动的，称为往复直线式打磨机，主要用于车身上的特征线和凸起部位的打磨。

另外，打磨机还根据磨头及其振动轨迹分为不同的型号，如双作用打磨机有 3、5、7 等型号，其中“3”、“5”、“7”分别表示磨垫振动轨迹直径大小。型号越大，打磨速度越快。

电动打磨机的类型与气动打磨机基本相同。

2. 打磨机的选择

电动打磨机的主要优点是转速高，打磨力量大，使用方便。所谓使用方便，一是指只要有电源的地方就可以使用，不需要专门的气源；二是指使用方法简单，故障少；三是可以通过更换打磨头，实现多用途。

电动打磨机选择时，首先应根据操作者的体格和体力，选择大小适宜的打磨机，否则太大会很快疲劳，不能持续作业，太小则效率低。其次再选择转速稳定，输出力量大，振动小的。

打磨头的形状有两种，如图 4-33 所示。其中有倒角的一种使用起来比较方便，对于板件的边角均能进行很好的打磨。

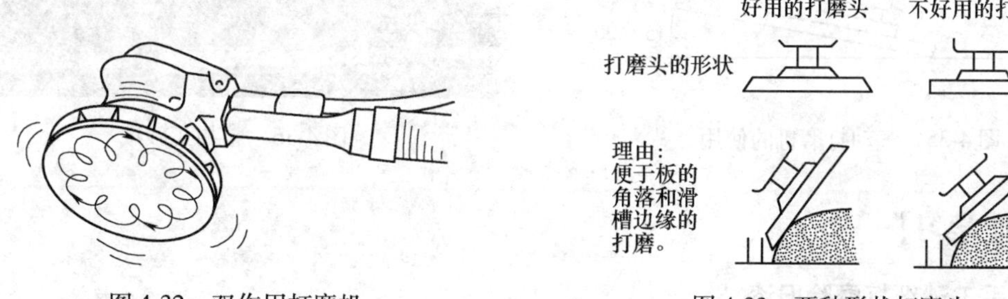

图 4-32　双作用打磨机　　图 4-33　两种形状打磨头

打磨头尺寸的大小选择应根据打磨的面积来决定。如对车顶和发动机罩等大面积打磨时，可使用直径为 18cm 的打磨头，以加快作业速度；小面积剥离时，可以使用直径为 10～12cm的打磨头，使用起来比较方便。

注意：

电动打磨机在剥离涂膜作业时，如果使用的是硬打磨头，打磨时要保持与涂膜表面相平行，否则会在金属表面留下划痕；如果是柔性打磨头，与涂膜表面的接触方式应采用如图 4-34所示的方式。

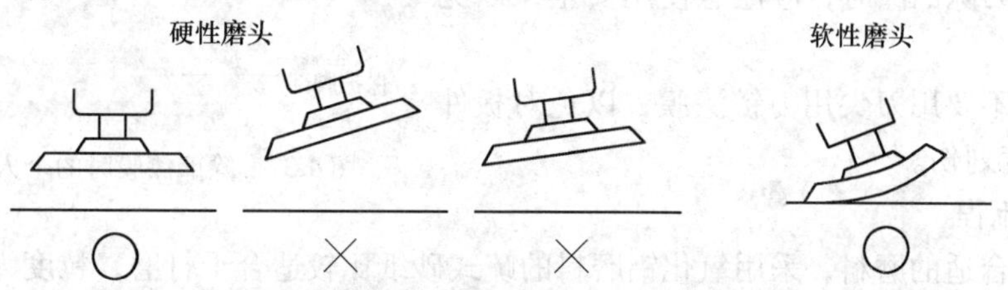

图 4-34　硬性磨头与软性磨头的正确使用

气动打磨机在使用方法上与电动打磨机有一定的差异。由于其转速高，打磨力量不及电动打磨机，对旧涂膜的打磨，主要是靠旋转力切削，故与旧涂膜的接触方式应如图 4-35 所示，保持与涂膜表面 15°～20°的夹角。除此之外，压力不能过重。

注意：由于打磨机转速非常高，使用时一定要牢牢握持住，以免脱手造成危险。

3. 与打磨机配套的砂纸

与打磨机配套的砂纸分为没有黏性的砂纸和自粘贴砂纸片两种。没有黏性的砂纸要用粘结剂粘贴在打磨机的砂纸磨盘上，打磨操作完成后立即把砂纸从衬盘上取下来，以免粘结剂凝固后，砂纸与衬盘牢固地粘贴在一起。图 4-36 所示的是常用的自粘式砂纸，能紧扣托盘，砂纸易于装卸，可重复使用。安装砂纸时，砂纸上的孔与研磨盘上的孔对齐，则尘粒可从孔中经吸尘器吸出，不会尘粒飞扬，减少了环境污染，改善了工人的劳动条件。

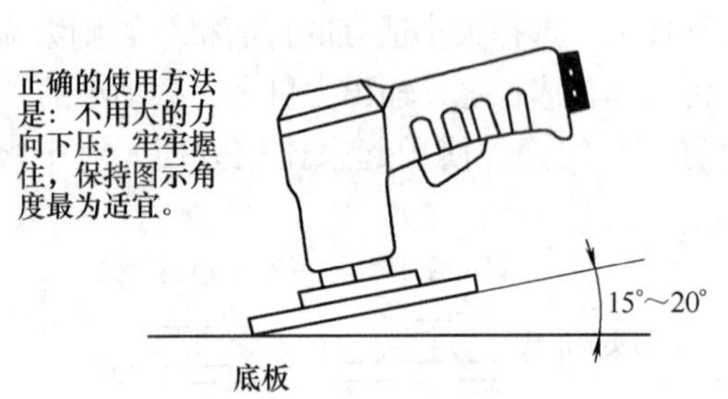

图 4-35 气动打磨机的使用

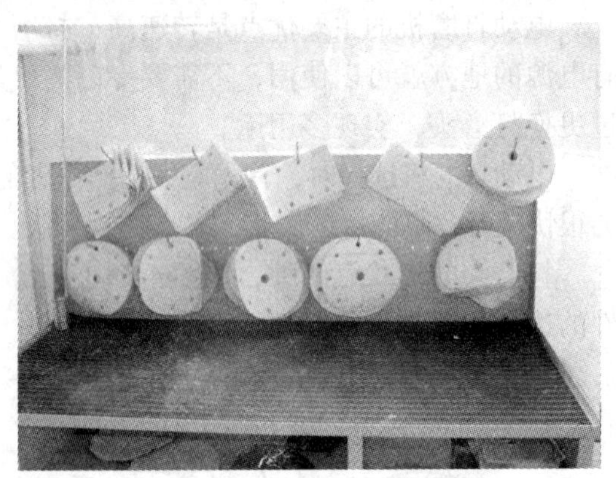

图 4-36 粘扣式砂纸

【技能学习】

一、手工砂纸打磨除旧漆

1. 劳动安全

操作前必须牢记以下劳动安全事项：

1）个人劳动保护如图 4-37 所示。

2）时刻关注电加热器的温度，过高时应关闭电源进行冷却。尽量不用火焰加热。

3）控制好板件的加热温度，以免因温度过高而使板件变形。

4）用铲刀除旧漆时，应注意使用安全，以免划伤。

5）切记不要用刀尖用力铲漆膜，以免对板件表面造成深度划伤。

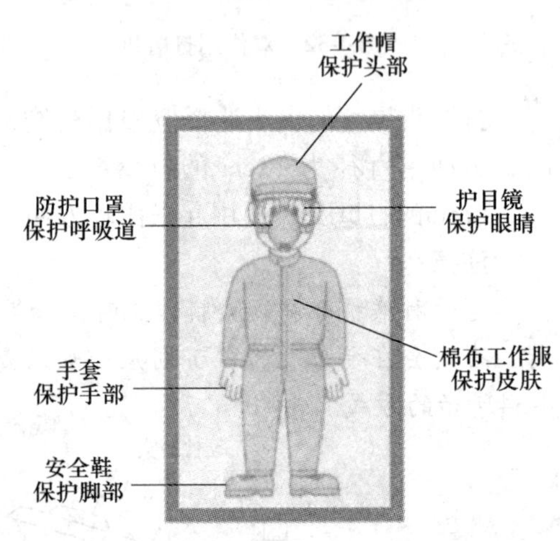

图 4-37 除旧漆膜时的个人劳动保护

2. 操作流程

1）选择合适的磨料，采用氧化铝磨料的疏式砂纸比较适合干打磨，粒度为 60#～80#。

2）准备好气枪，将气枪连接到压缩空气管道上。

3）戴好手套和防尘口罩。

4）裁好砂纸。根据打磨的需要，将砂纸裁成适合打磨的大小。通常采用以下几种方式（见图4-38）：

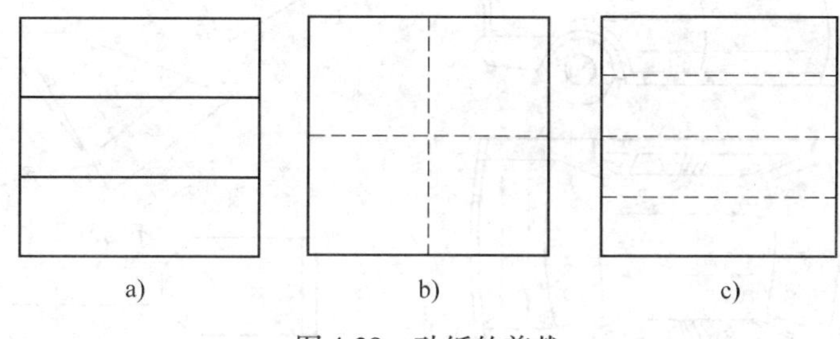

图4-38　砂纸的剪裁

① 小面积打磨　将砂纸裁成原来的1/3。将这三条砂纸叠成三叠，这样每一叠就有三片砂纸厚，打磨起来比较顺手。每当打磨的砂纸面被磨平时，就更换新的一面继续打磨。

② 大面积打磨　将砂纸裁成原来的1/4，这是漆工普遍欢迎的尺寸，因为这种形状操作方便。

③ 标准打磨用　将砂纸裁成适合磨块的尺寸，长度与磨块长度相当，宽度为磨块宽度加上2倍磨块的厚度。将砂纸平贴于磨块下面，两边多出的部分向上折，贴靠到磨块边缘以便用手握住，如图4-39所示。将磨块平放于打磨表面，前后及左右移动。

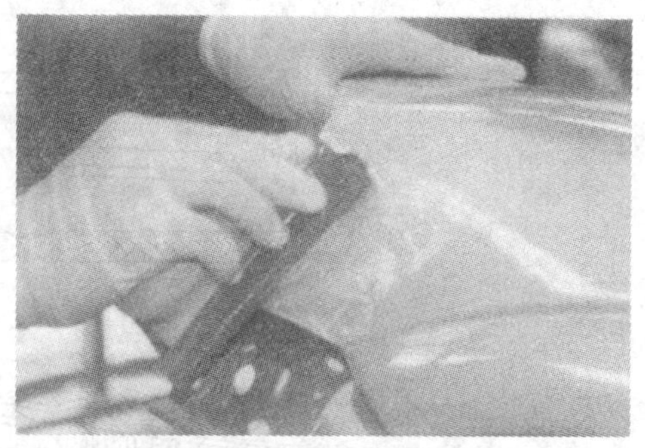

图4-39　打磨块的砂纸握法

5）打磨时，磨块必须保持平稳，用力要适当。手工打磨的姿势应该以舒服、顺手为原则。对于较大表面，最好是采用拇指和小指夹住磨块，中间三指配合手掌用力的握法。

尽量轻地握住砂纸，避免用力压砂纸，有时还必须经常改变打磨姿势，以适应不同部位表面结构。

6）无论是打磨大的还是小的面积，用粗砂纸打磨50%～75%，再用细砂纸进行精加工。粗砂纸打磨的目的是尽快磨掉旧漆膜、腻子、锈斑、大块的底漆等。

7）打磨时来回的行程应长而直，如果掌心没有平压在表面上，手指就会接触到打磨表面，导致手指与表面之间受力不均匀，所以应避免手指接触到打磨表面。

8）打磨时也不要进行圆周运动，否则在表面涂层下会产生可见的磨痕。为了获得最好的打磨效果，应该始终与车身轮廓相同的方向进行打磨，如图4-40所示，也可采用45°角方向交叉打磨。如果进行的是大面积的打磨，则应该分成块，一块一块地进行打磨。每一块面积最好不大于0.1m^2。不得将身体的重量压在砂纸上，只能轻轻地压着砂纸进行打磨。

对于旧漆膜有剥离或裂纹的地方，以铲刀（见图4-41）刀尖插入剥离层或缝隙处，可以一块块铲掉旧漆膜。

对于粘接较实的旧漆或凹槽、拐角等特殊部位，可配合使用其他手工工具（见图4-42）清除。

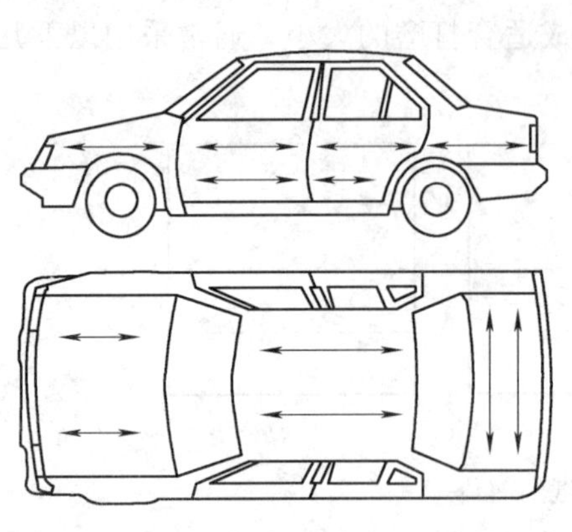
图 4-40　沿车身轮廓相同的方向进行打磨

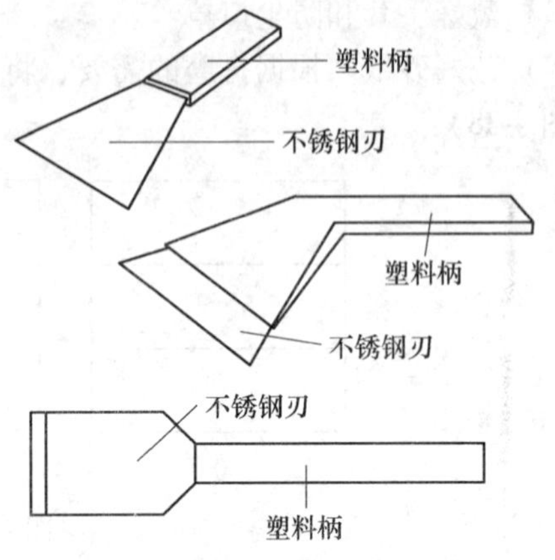

图 4-41　铲刀的常见类型

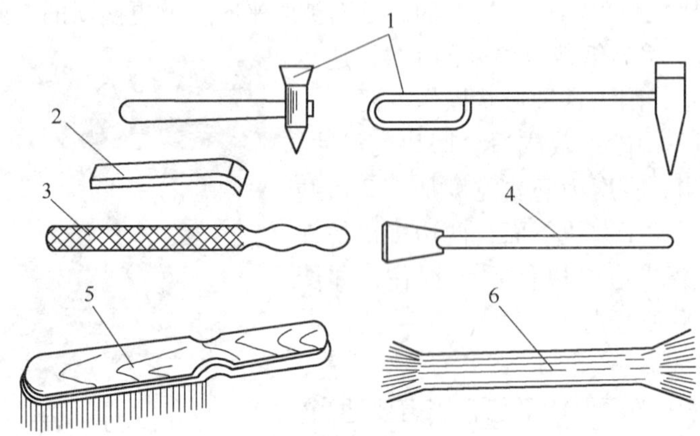

图 4-42　除旧漆时常用的手工工具

1—尖头锤　2—弯头刮刀　3—粗锉刀　4—刮铲　5—钢丝刷　6—钢丝束

注意：铲刀的尖部非常锐利，一定小心，不要损伤不需要修补的表面。尖部不要在底层表面留下较深的沟槽。

除旧漆过程中，也可配合加热法。加热法除旧漆就是利用火焰（或烤灯、热风枪，如图4-43所示）的高温使旧漆膜软化或炭化（烧焦），从而配合铲刀等工具清除旧漆的一种方法。

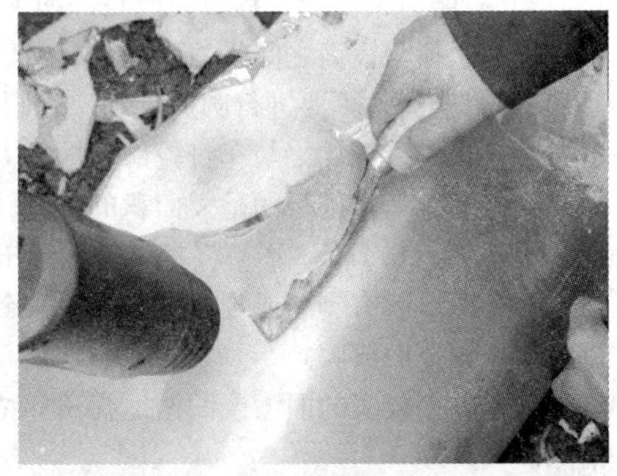
图 4-43　用热风枪配合铲刀除旧漆

注意：

① 加热法除旧漆的缺点是如果加热温度过高，板件会产生热变形，从而产生不良后果。所以使用中一定要注意控制加热温度，必要时可采用多层、多次清除。

② 如果打磨的表面经过钣金处理，表面凹凸不平，那么旧的涂层需要完全清除，便于打腻子；如果打磨表面没有经过钣金处理，表面

平整，只是旧漆膜损坏，则应打磨到原封闭底漆层。若由于失误将封闭底漆打磨过度，则应重新喷涂封闭底漆。

③ 由于清除旧漆膜时，通常要清除到露出金属为止，所以若金属表面沾上水，会引起金属表面生锈，将给后续工作带来很大麻烦，甚至会使接下来的涂装产生缺陷。因此，清除旧漆膜时建议用干磨法。

9）砂薄漆膜边缘也称为做羽状边，是指在已破坏的漆膜周围，将完整漆膜的边缘打磨成逐渐变薄的平滑过渡状态，如图4-44所示。当待修补漆膜的破坏程度还没有深入到金属基材时，这里的薄边要求更为精细、平滑，为无痕迹修补创造条件。

图4-44　边缘的砂薄过渡

① 选择合适的砂纸，一般为150#。如原损坏处有腻子，则可先用粗砂纸快速处理，然后用细砂纸打磨光。

② 采用由内向外打磨或由外向内打磨均可以。对于小面积用画圆圈打磨的方法，对于大面积则用走直线方式打磨。做羽状边时，一定要认真细致，保证坡口的角度基本一致，如图4-45所示。

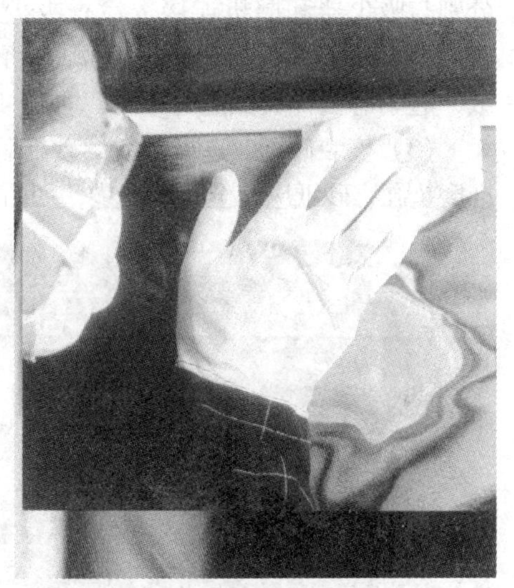

图4-45　做羽状边

③ 换成细砂纸（240#）继续打磨，直至除去粗砂纸打磨时留下的痕迹。

如果除旧漆部位原涂层较厚（经过的修补），并且准备施涂腻子，则可只用80#砂纸进行砂薄边缘操作。

10）砂光。砂光是对损伤部位周围区域（过渡区）的表面进行的处理，使表面无光、粗糙，这样新喷的漆膜才能牢固地粘附在表面上。

① 选择合适的砂纸，一般为320#。

② 将砂纸按需要裁开。

③ 按干打磨的工艺以走直线的方式进行打磨。

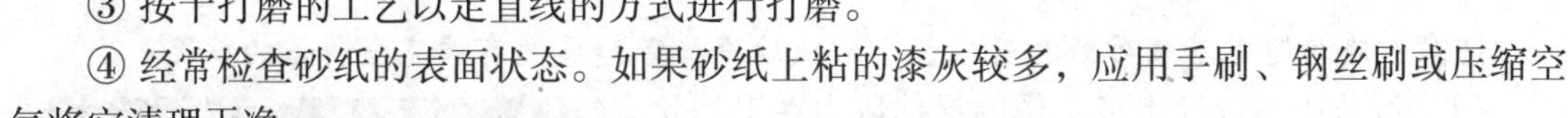

④ 经常检查砂纸的表面状态。如果砂纸上粘的漆灰较多，应用手刷、钢丝刷或压缩空气将它清理干净。

11）用压缩空气吹净打磨粉尘。

二、打磨机除旧漆

1. 劳动安全与卫生

1）必须穿好工作服，并佩戴好棉手套和防尘口罩。

2）检查打磨机叶轮的品种及规格是否与当前操作要求的性能相一致。破损的叶轮（哪怕只有很小一点缺陷）也绝不能继续使用。

3）检查电源是否在该产品规定的范围内。

4）将电源插头插入电源插座之前，应仔细检查打磨机的电源开关是否为关闭状态。

5）更换叶轮时，务必按照说明书的要求一步一步进行。

6）绝不可采用电动打磨机打磨铝材、塑料等。可采用磁铁检查基材。

7）绝不可采用电动打磨机交叉打磨曲面弧度较大、凸出较高或较凹的表面。

8）绝不可采用电动打磨机打磨边角、皱褶缝、焊缝、粘接处或刮涂过塑料密封胶的区域。

2. 干磨系统准备

（1）打磨车间准备　如图4-46所示，打开照明开关2，再打开电动风门开关4和排风开关3，就可以进行打磨或者喷涂操作了。

注意：实际工作中，很多人会因为工作时间短，而不打开打磨房直接进行打磨操作，这样做不但会影响本身的工作质量，还会污染整个车间，是绝对要禁止的行为。

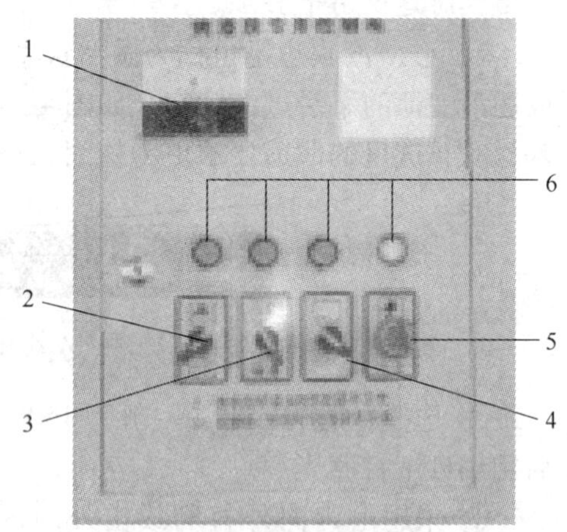

图4-46　打磨车间控制面板

1—电压指示表　2—照明开关

3—排风开关　4—电动风门开关

5—紧急电源切断按钮　6—功能按钮

（2）干磨机的准备　使用前，先将三合一套管分别与吸尘器和磨机连接，检查吸尘器选择旋钮是否旋至“AUTO”挡，电源、气源是否接通。装上砂纸，起动磨机开关试运行一下。如图4-47所示。

（3）安装砂纸　选择合适的砂纸后，将砂纸孔对准磨垫孔，砂纸应完全覆盖磨垫，如图4-48所示。

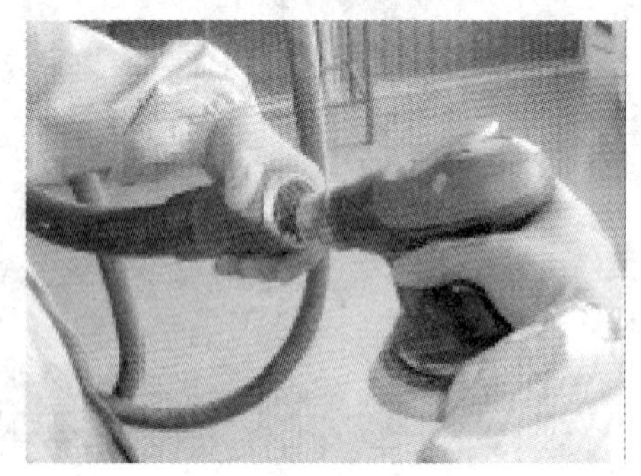

图4-47　安装打磨头

图4-48　安装砂纸

注意：绝对避免不装砂纸打磨或装上砂纸后磨垫搭扣层没有被完全覆盖的情况。

（4）调节压力　打磨机工作的最佳压力在工作状态下是6 bar（1bar = 0.1MPa），工作状态下压力低于6 bar会影响磨机工作的力量，工作状态下压力超过6.5 bar会导致磨机加速磨损，应杜绝这种现象的发生。

向上拔起压力调节旋钮，顺时针旋转为提高压力，逆时针旋转为降低压力。

让打磨机处于工作状态下，旋转调节旋钮，将压力调节到“6”的刻度，按下旋钮锁定，如图4-49所示。

图4-49　调节气压

注意：通过压力表调节压力只能在既定的上游压力

范围内调节，不可能通过调节压力表将压力调高到上游既定压力以上。在没有向上拔起调节旋钮的情况下旋动调节旋钮，首先是旋不动，如果强行旋转可能会损坏调节旋钮。

3. 操作流程

1）穿戴好安全劳保用品。

2）戴好手套，然后轻轻地摸一遍待打磨表面，这有助于操作人员决定如何进行打磨。

3）握紧打磨机，打开开关并将其以大约5°~10°角度移向待加工表面。

4）使打磨机左右或前后移动进行打磨。

① 向右移动，打磨机叶轮左上方的1/4对准加工表面，如图4-50所示。

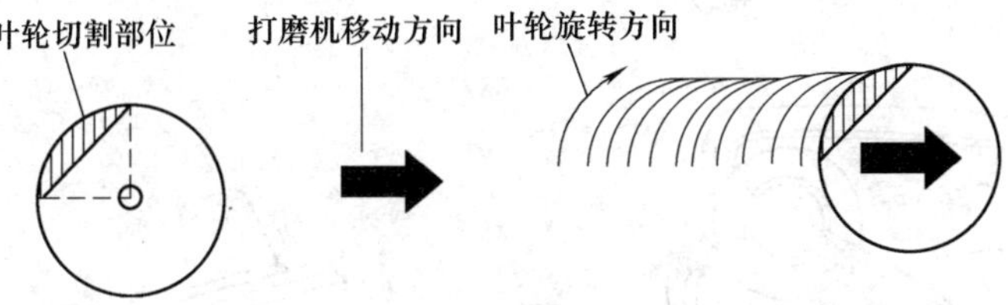

图4-50　打磨机右向移动

② 当打磨机从右向左移动时，叶轮右上方的1/4对准加工表面，如图4-51所示。

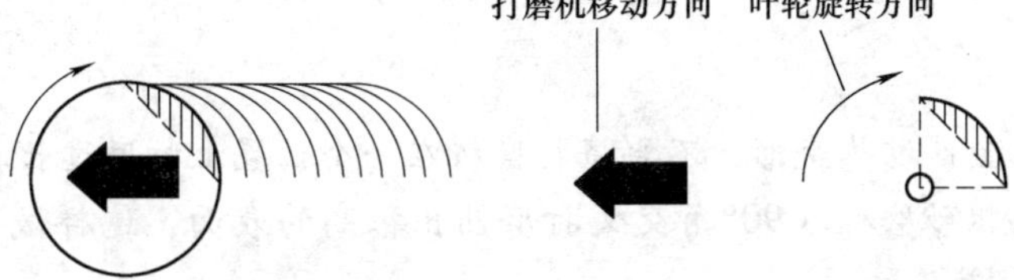

图4-51　打磨机从右向左移动

③ 打磨较为平整表面时的移动方式如图4-52所示。

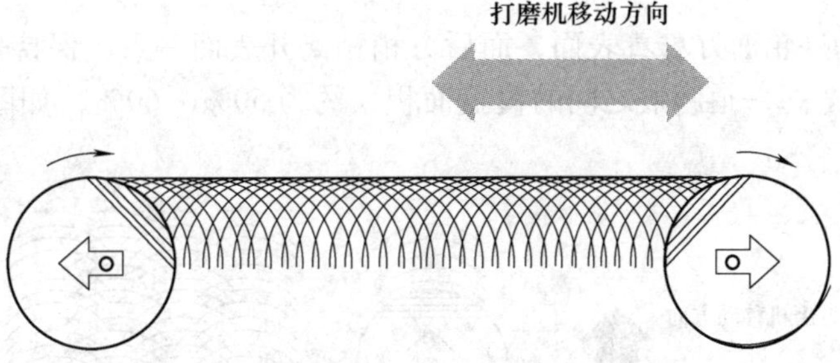

图4-52　打磨较为平整表面时的移动方式

④ 对于较小的凹穴处，应采用如图4-53所示的方法。

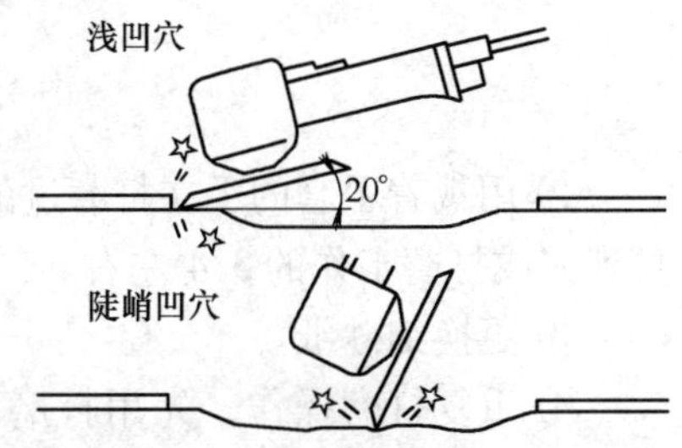

图4-53　打磨较小凹穴的操作

5）检查。经常检查磨料是否清洁，保证打磨效率。如果磨料被塑料密封胶污染，则应该及时用毛刷、钢丝刷或气枪进行清理。如果出现类似情况，则表明密封胶固化不完全。打磨操作应该在密封胶充分固化后才能进行。

6）打薄边缘的操作。正确的磨缘操作如图4-54所示，将整个打磨机压在车身板件上，提起一边，仅向板上标“A”的区域施压，然后沿边界线移动打磨机。边界线和打磨机之间的关系必须保持恒定。

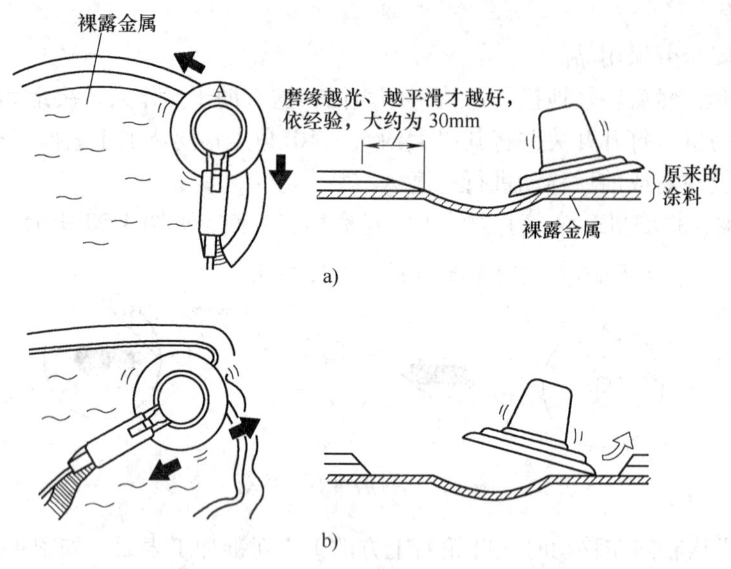

图 4-54　磨缘操作

注意：

1）为了防止钣金件过热变形，不要将打磨机在一个位置上打磨过长时间。

2）不允许采用粗砂磨料以 90°角交叉打磨凸出很高的表面，这样做会造成很深的打磨伤痕，以后将很难将其除去。

3）千万不要让粗砂磨料接触打磨区域附近完好的油漆表面，最好用胶带把完好的涂层部位保护起来。

7）砂光。

① 将旋转着的砂轮前方对着表面，而后方稍稍离开表面一点。保持这个方位，上下移动打磨机进行打磨。每一道磨痕之间的覆盖面积大约为 50% ~60%，如图 4-55 所示，这将有利于砂平作用。

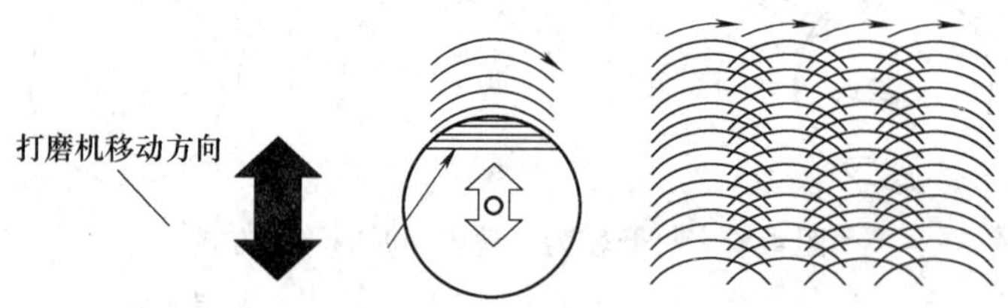

图 4-55　砂光操作时砂轮叶片的移动

② 用戴着手套的手在打磨过的表面上来回摸一下，检查打磨效果。重复上述打磨过程，直到完成打磨工作的 3/4 左右。

③ 更换细砂纸。

④ 重复打磨操作，先用打磨的方法，然后用砂光的方法，直到表面达到所要求的平整度。

8）清洗车身。最好使用压缩空气吹净打磨灰尘，必要时可配合使用除尘布除尘。

三、用脱漆剂除旧漆

1. 注意事项

1）进行脱漆操作的工作环境必须通风良好。

2）避免长时间呼吸脱漆剂的蒸气，尽量避免脱漆剂与皮肤、眼睛直接接触。

3）如果皮肤接触到脱漆剂，则尽快用清水反复清洗。如果脱漆剂溅到眼睛内，则尽快用清水冲洗，并根据具体情况送医院处理。

4）避免脱漆剂与热源接触，因为遇热脱漆剂可能汽化，产生有毒蒸气。

5）储存时注意密封。

2. 操作流程

1）按照要求把地板遮盖起来。

2）准备好所有的工具和设备。

3）按照要求用不干胶带把车身上必须遮盖的部位都遮盖起来。

4）在大小合适的小桶内装入脱漆剂，用100mm左右宽的刷子蘸脱漆剂刷到待处理表面上，尽快用刷子把它刷展开。

注意：一定不要再刷第二遍。

5）按照说明的要求，放置7～10min。

6）7～10min以后，漆膜已经膨胀变软，毫无强度，此时可以用扫帚扫掉。

7）如果车辆已经经过数次修补，表面涂层较厚，则可进行多次除漆。

8）色漆脱掉以后，用稀释剂反复清洗表面。当稀释剂尚未完全挥发时，用干净的抹布将表面擦拭干净。每次擦拭的区域不要太大，大约5cm×5cm左右就可以。擦拭的每个区域之间要有一定的重叠覆盖，以免漏掉某处表面。

9）清理地面上所铺的报纸，除掉车身上的保护胶带。对于涂层为素色漆的车辆，最好用400#砂纸打磨曾经粘贴有不干胶带的表面；涂层为清漆的车辆，最好用泡沫塑料或海绵蘸清漆稀释剂仔细擦洗干净。

10）进行打磨及做羽状边。

11）用清洗溶剂再次将整板擦洗一遍，以清除痕迹。

四、钢板表面的除锈

1. 手工除锈

将100#砂纸按1/4规格裁好，垫好打磨垫，不要加水，直接干磨锈蚀部位。要把锈蚀完全处理掉，露出金属的本身颜色，并且打磨要向未锈蚀的部位扩展10mm左右的范围。手工除锈适合锈蚀不严重、锈蚀范围小的情况。

2. 机器法除锈

1）拆下磨光机上的砂轮片，换上钢丝轮，并按规定的力矩紧固，如图4-56所示。

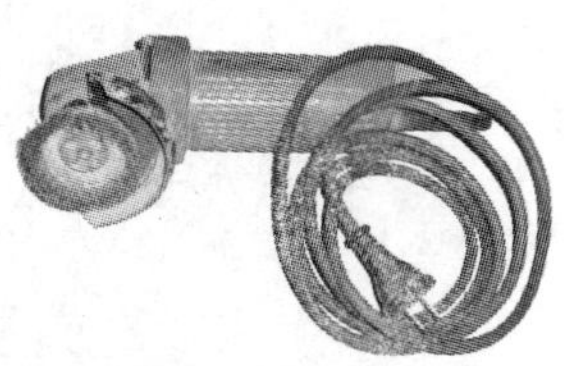

图4-56　装上钢丝轮的电动打磨机

2）在保证电动打磨机上的开关处于关闭的状态下，将打磨机的电插头插入插座内。

3）双手握住打磨机，置于身体前方，身体正对需要打磨的部位，将打磨机靠近需要打磨的板件表面。

4）扣动开关，将打磨机以大约15°的倾角移向待打磨表面，以手腕的力量轻压，使钢丝刷紧贴金属表面进行切削除锈。

5）用前后或左右移动的方式移动打磨机，直到将全部表面打磨至光亮无锈迹为止，如图4-57所示。

图4-57　用带钢丝刷的电动打磨机除锈

6）关闭电源开关，待钢丝刷完全停止转动后，将电插头拔下，妥善放置打磨机。

项目五　底漆的喷涂

任务一　底漆的准备

【相关知识】

一、底漆的作用

底漆即底涂层用漆，它一般直接涂覆于物体表面或涂于腻子表面。它的作用一是防止金属表面氧化腐蚀，二是增强金属表面与腻子（或中间涂层、面漆）、腻子与面漆之间的附着力。合适的底漆是面漆耐久、美观的前提。如果底漆不好，面漆的外观就会受到影响，甚至出现裂纹或剥落。

经过除锈和去除旧漆膜的板材，若小面积涂装可以直接在裸露的金属表面刮腻子，然后用单组分或双组分的中涂底漆封闭，再喷涂面漆；但若是大面积涂装，一则避免直接在裸露的金属底材上刮腻子，二则避免使用单组分中涂底漆，正确的方法是使用磷化底漆或环氧底漆，然后刮腻子，再用双组分中涂底漆封闭，最后喷面漆，这样才能达到耐久的抗腐蚀及完美的涂层效果。修补涂装中，可以在电泳底漆上直接喷涂中涂底漆和面漆，有些配件涂装了普通的保护性底漆（如红丹底漆），这种底漆虽然没有电泳底漆的附着力和耐久性好，但在一定的时间内也能保证钢材不生锈。在修补涂装中常常要打磨这层保护性底漆后才能施工。

二、底漆的性能要求

1）对经过表面处理的工件表面应有很好的附着力，形成的底漆漆膜应具有极好的机械强度。

2）底漆本身必须是腐蚀的阻化剂，底漆涂层必须具有极好的耐腐蚀性、耐水性（耐潮湿性）和抗化学试剂性。

3）与中间涂层或面漆涂层的配套性良好。

4）能适应汽车涂装工艺的大量流水生产的特点，底漆应具有良好的施工性能。

为具备上述特性，制造汽车底漆用的主要漆基是各种环氧树脂、酚醛树脂、醇酸树脂和一些优质水溶性树脂。醇酸树脂因耐潮湿性差、易起泡，已有被淘汰之势。汽车用底漆中都加有优质的防锈颜料。

底漆涂膜的强度和结合能力的大小决定于涂膜的厚度、均匀度及其是否完全干燥，底漆涂膜一般不宜过厚，以 15 ~ 25μm 为宜（在汽车表面装饰性要求不高，底漆上直接喷涂面漆的情况下膜厚可以在 1μm 左右），过厚则涂膜干燥缓慢，还容易造成涂膜强度不够和附着力变差。

三、底漆的种类

底漆的种类比较多，现在汽车涂装中以环氧树脂底漆和侵蚀底漆最为多见。

（1）环氧树脂底漆　环氧树脂底漆简称为环氧底漆，是物理隔绝防腐底漆的代表。环氧树脂是线型的高聚物，以环氧丙烷和二酚基丙烷缩聚而成。它具有极强的粘结力和附着力，良好的韧性和耐化学性，因此环氧底漆具有如下的优点：

1）附着力极强，对金属、木材、玻璃、塑料、陶瓷、纺织物等都有很好的附着力和粘结力。

2）涂膜韧性好，耐挠曲，且硬度比较高。

3）耐化学性优良，尤其是耐碱性更为突出。因为环氧树脂的分子结构内含有醚键，而醚键在化学上是最稳定的，所以对水、溶剂、酸、碱和其他化学品都有良好的抵抗力。

4）良好的电绝缘性，耐久性、耐热性良好。

环氧树脂类涂料也存在一定的缺点，比如表面粉化较快，这也是它主要用于底层涂料的原因之一。环氧底漆使用胺类作为固化剂，胺类对人体和皮肤有一定的刺激性，因此在使用时要加以注意。

（2）侵蚀底漆　侵蚀底漆是以化学防腐手段来达到其防腐目的的，主要代表为磷化底漆。磷化底漆是以聚乙烯醇缩丁醛树脂溶于有机溶剂中，并加入防锈颜料四盐锌铬黄等制成，使用时与分开包装的磷化液按一定比例调配后喷涂。品牌漆中的磷化底漆一般都已经制成成品，按一定的比例加入固化剂使用即可。

金属表面涂装磷化底漆后，磷化液（弱磷酸）与防锈颜料四盐锌铬黄反应生成同一般磷化处理相似的不溶性磷酸盐覆盖膜。同时生成的铬酸使金属表面钝化。由于聚乙烯醇缩丁醛树脂具有很多极性基团，它也参与了锌铬颜料与磷酸的反应，转变成不溶性络合物膜层，与上述的磷酸盐覆盖膜一样，都起防腐蚀和增强涂层附着力的作用。

磷化底漆作为有色及非铁金属的防锈涂料，能够代替金属的磷化处理，在提高抗腐蚀性和绝缘性、增强涂层与金属表面的附着力等方面比磷化处理层更好，而且工艺和设备要求比较简单。但磷化底漆涂膜很薄（8～15μm），因此一般不单独作为底漆使用。所以，在涂装磷化底漆后通常仍用一般底漆打底。

磷化底漆在使用时要注意的是，因为其具有一定的侵蚀作用，所以不能用金属容器盛装，使用的喷枪罐也应使用塑料罐，在喷涂完毕后应马上清洗喷枪。磷化底漆施涂完毕后不要马上喷涂其他底漆，应等待一段时间（20℃，2h）再进行下一步操作。

环氧底漆与磷化底漆对底材都具有良好的防腐蚀性，对其上的涂层也都具有良好的粘结能力，一般在汽车修补中常使用环氧底漆做打底用。而在汽车制造或大面积钣金操作后对裸露的金属进行磷化防腐处理时常采用磷化底漆。

另外，底漆按汽车油漆涂层的分组和等级分，可分为优质防腐蚀性涂层，高级装饰填充底漆，中级装饰性保护性涂层，一般防锈保护性涂层；按底漆使用漆料和颜料的不同，可分为醇酸底漆、酚醛底漆、锌黄醇酸底漆等；又按使用底漆的先后划分，有头道底漆、二道底漆及封闭性底漆。

四、底漆常用的涂装方法

涂装质量的好与坏是涂装三要素综合作用的结果，其中涂装工艺的正确选用也是影响涂装质量的重要方面。所谓涂装工艺的选择，在某种意义上讲是涂装方法的选择，不同的涂装方法适用于不同条件下的涂装，因此选择正确的涂装方法是非常重要的。到目前为止，涂装方法主要有浸涂、喷涂、刷涂、辊涂、电泳、刮涂、静电喷涂、搓涂 8 种，其中电泳、喷涂、静电喷涂和刮涂在汽车涂装中应用较多。而汽车修补涂装中最常用的方法是喷涂。

（1）浸涂　浸涂是将经过表面处理的被涂物直接浸没在大量的液态涂料中，利用涂料与被涂物表面的附着力使涂料附着在被涂物表面的涂装方法。此种涂装方法在早期的生产过程中比较常见，它适用于体积比较小、对涂装质量要求不高的零部件的涂装。浸涂对生产条件的要求较低，不要求操作人员有较高的技术水平，但是涂料的浪费比较严重，对环境的影响比较大。

（2）喷涂　喷涂是用特制的喷涂设备（主要是喷枪）将涂料雾化，并涂布于被涂物表面的涂装方法。此种涂装方法出现较晚，它的应用范围很广，大多数的零部件都可以使用喷涂的方法进行涂装。喷涂涂料相对节省，涂装质量较好，涂膜质量容易控制，但是它对操作人员的技术水平要求比较高，对喷涂设备的要求比较严格，对环境的影响比较严重。

（3）刷涂　刷涂是用动物毛发或植物纤维制成的刷子将涂料刷在物体表面的涂装方法。此种涂装方法出现较早，但应用范围很广。刷涂对涂装设备的要求较低，对操作人员的技术水平要求较高，涂布过程中涂料的浪费较少，对周围环境影响较小。

（4）辊涂　辊涂是用棉制或化学纤维制成的辊轮，通过辊轮的滚动将涂料均匀涂布在物体表面的涂装方法。此种涂装方法适合于较大面积的涂装，它对涂装设备的要求较低，但对操作人员的技术水平要求较高，涂料的浪费较少。

（5）电泳　电泳是将被涂物浸没于涂料中，被涂物与涂料加以不同极性的电荷，利用电荷移动的原理进行涂装的方法。电泳涂装对涂装附属设备的要求很高，技术难度较大，自动化程度高。电泳涂装能够对涂膜厚度很好地进行控制，涂装质量高，多用于新车制造中底层涂料的涂装。由于被涂物所加电荷的不同，可分为阴极电泳和阳极电泳两种。

（6）刮涂　刮涂是用刮板将涂料刮于被涂物表面的涂装方法。刮涂对涂装设备的要求较低，对操作人员的技术要求较高，涂料浪费较少。刮涂多用于汽车修补涂装中的凹陷填充与外形修复。

（7）静电喷涂　静电喷涂是在喷涂设备上加以一定电压的静电电量，赋予喷涂涂料一定电压的静电，利用静电的吸附原理将涂料涂布于被涂物表面的涂装方法。静电喷涂对喷涂设备的要求较高，但对操作人员的技术水平要求较低，且涂料的浪费较少，对环境的影响较小。

（8）搓涂　搓涂是将布料或其他材料浸沾涂料后用搓拭的方法将涂料涂布于被涂物表面的涂装方法。搓涂应用较少，一般是在要获得某种特殊效果时使用。它对涂装设备的要求较低，但对操作人员的技术水平要求较高。

五、涂料的调制

为适应涂装要求，对于双组分涂料（2K 型）应加入固化剂，然后根据涂料使用说明书的要求及环境温度的不同加入稀释剂进行稀释，以达到要求的施工粘度。对于单组分涂料（1K 型）则直接加入稀释剂进行稀释。

涂料粘度的大小直接影响施工质量，粘度过高将会使表面粗糙不均、产生针孔和气孔等缺陷；粘度过低则会造成流挂、失光，使漆膜不丰满。不同的涂层对涂料的粘度要求也有所不同。所以，车身涂装作业中应根据技术要求调整粘度，并养成使用粘度计进行测量的习惯。

调粘度所用的工具为粘度计和调漆比例尺。

我国根据 GB/T 1723—1993《涂料粘度测定法》规定，常用粘度计有涂-1、涂-4、落球粘度计。计量单位为“S”。在实际生产中。涂-4 粘度计使用较为广泛，它能用于测定粘度在 10 ~ 15S 之间的各种油漆产品。

常用的国产涂-4 粘度计有金属和塑料两种，其形状如图 5-1 所示，上部为圆锥形，底部有不锈钢制成的可以更换的漏嘴，圆筒上沿有环形凹槽，用于盛装溢出的多余试样涂料，粘度计容量为 100mL。

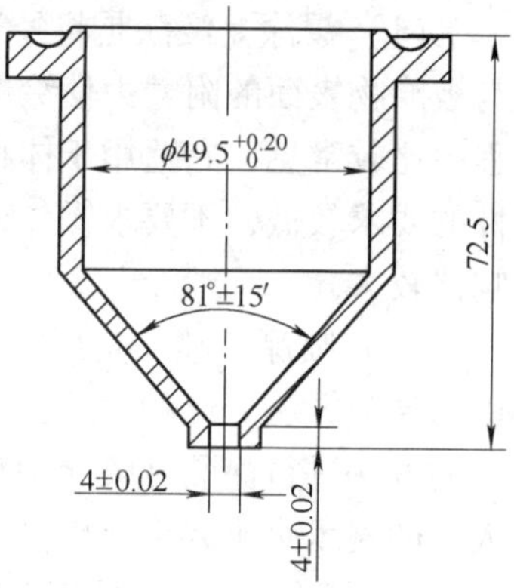

在国际上通用的有两种涂料粘度计，即福特杯和扎恩杯。福特杯适用于大批量涂料粘度的测试，而扎恩杯适用于修补或小批量涂料粘度的测试。

图 5-1　涂-4 粘度计

汽车涂料使用的福特杯是一个底部成圆锥形的圆柱形容器。圆锥的顶部开有测量孔。视孔径的不同又分两种规格，即福特 3 号杯和 4 号杯。在实际生产中常用的是福特 4 号杯，简称为涂-4 粘度计，也称为 4 号粘度杯。它分为台式和手提式两种，如图 5-2 所示。它们主要用于测试各种涂料的施工粘度，以使涂料达到便于喷涂、刷涂或浸涂的施工粘度。台式涂-4 粘度计为固定型，主要使用于涂料检测室或化验室，用于测试涂料粘度。手提式涂-4 粘度计具有体形小、重量轻、携带方便等特点，适用于涂装施工前现场测试涂料粘度。涂-4 粘度计的容量杯为 100mL，有铜制、不锈钢制、铝合金制、塑料制等，杯的底部有标准的小流量圆孔。使用台式粘度计时，需要配合一个容量为 250mL 的玻璃烧杯（其他容器也可）和一根玻璃棒或刮漆小刀。使用手提式粘度计时，可直接将粘度杯放入漆液中进行测试。测试时，还必须配备秒表（体育秒表）等。图 5-3 所示为福特 4 号杯粘度计示意图。

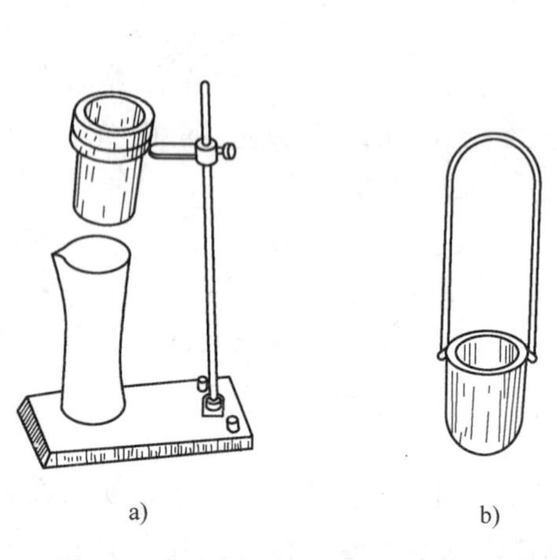

图 5-2　台式粘度计与手提式粘度计

a）台式粘度计　b）手提式粘度计

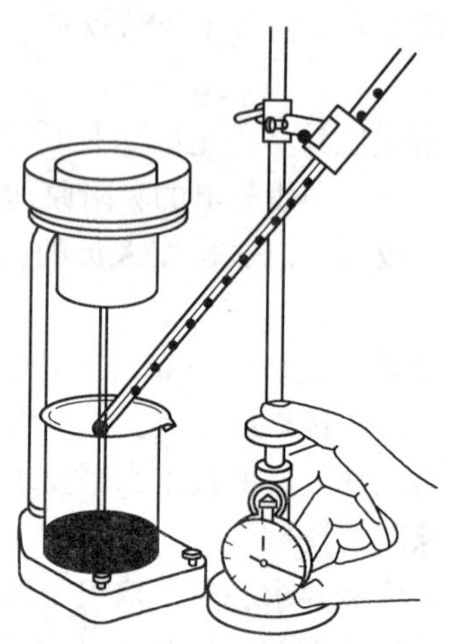

图 5-3　福特 4 号杯

为了避免涂料、稀释剂等的称重调配，世界各油漆生产厂商供给一批油漆调配比例尺，便于油漆工简化操作。如 BASF 公司提供的调漆比例尺选用铝质底材，每边用不同颜色蚀上不同比例的刻度，如图 5-4 所示，其中黑/绿一面是为调配比例为 2 : 1 : 5% ~40% 的产品而设计的，另一面黑/红一面则是为 4 : 1 : 5% ~40% 的产品设计的（2 : 1 和 4 : 1 是指色漆与固化剂的质量比，5% ~40% 是稀释剂用量的质量分数）。

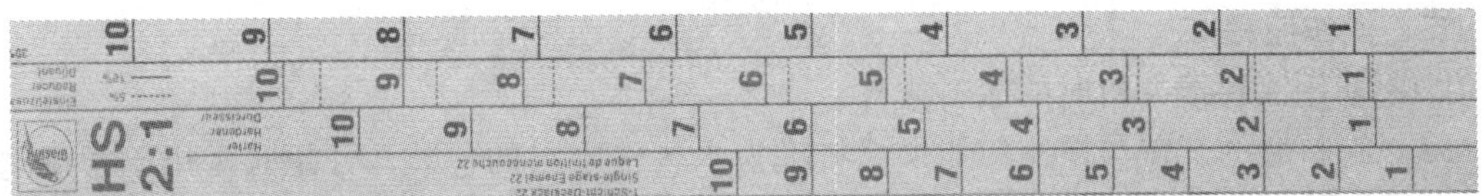

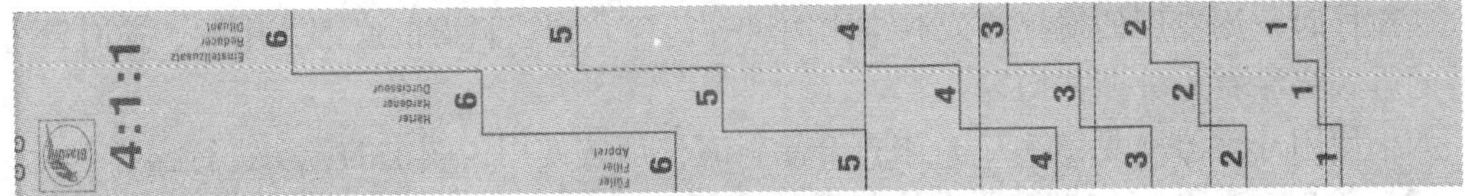

图 5-4　比例尺

【技能学习】

一、劳动安全与卫生

1）操作前必须牢记以下劳动安全事项：

① 必须穿好工作服。

② 注意钢錾子及钢铳子的使用安全。

③ 经常检查平头锤的锤头是否松动。

④ 不同类型的开罐器，其操作方法会有一定的差异，使用前一定仔细阅读使用说明书。

⑤ 一定要佩戴防毒面具。

2）识读涂料说明书上的警告标记。

① 避免皮肤接触标记，如图 5-5 所示。

② 避免眼睛接触标记，如图 5-6 所示。

图 5-5　避免接触皮肤标记

图 5-6　避免眼睛接触标记

③ 避免呼吸系统接触标记，如图 5-7 所示。

④ 避免食用接触标记，如图 5-8 所示。

图 5-7　避免呼吸系统接触标记

图 5-8　避免食用接触标记

⑤ 注意防火标记，如图 5-9 所示。

图 5-9　注意防火标记

二、操作流程

1. 不使用涂料搅拌机时的涂料准备

（1）涂料罐的开盖与搅拌　如果涂料罐为永久性密封的包装，开罐时需用钢錾子与锤子配合，如图 5-10 所示。顺罐盖的边沿，依次将顶盖打开或大半打开，使搅漆棒能够顺利进入。搅拌时，用专用的搅拌棒或调漆比例尺等，深入到涂料罐的底部，用顺、逆时针方向旋转的方式将涂料充分搅拌均匀。

如果使用开罐器（见图 5-11）来打开涂料罐，请按使用说明书的说明进行操作。

（2）涂料罐开孔　如果需要在涂料罐的顶部（或侧面顶部）开孔，可先将包装桶的密封小盖打开，然后用平头锤配合钢铳子（见图 5-12）在与密封小盖的对称边沿部位打一小孔，作为倒料时的回气孔。

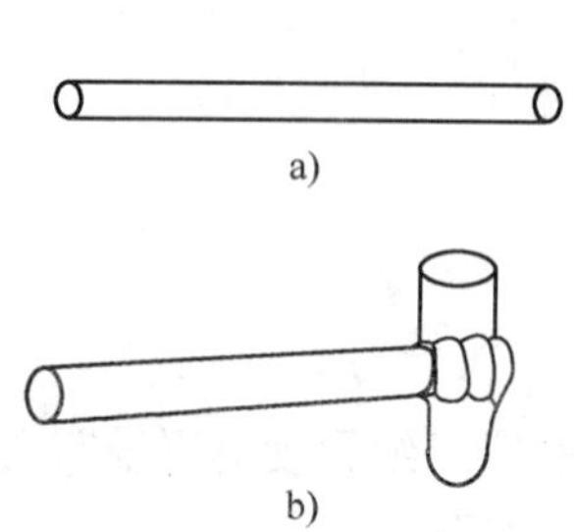

图 5-10　涂料罐开盖工具
a）钢錾子　b）锤子

图 5-11　开罐器

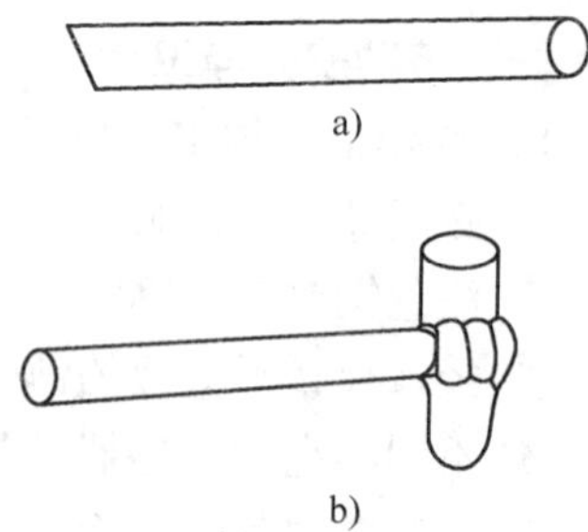

图 5-12　涂料罐开通气孔的工具
a）钢铳子　b）平头锤

2. 使用涂料搅拌机时的涂料准备

涂料搅拌机是专门为搅拌涂料而设计的机器，如图 5-13 所示。使用时，只需起动搅拌电动机，即可完成机架上安装的所有涂料罐的搅拌，搅拌迅速、均匀、省力。

图 5-13　涂料搅拌机

1）用专用工具或一字螺钉旋具，沿涂料罐盖周边（此种涂料罐均为整体式顶盖，如图5-14所示）撬起顶盖并拆下。

2）将合适规格的专用搅拌头（见图5-15）压在涂料罐顶部。

图5-14　整体式涂料罐

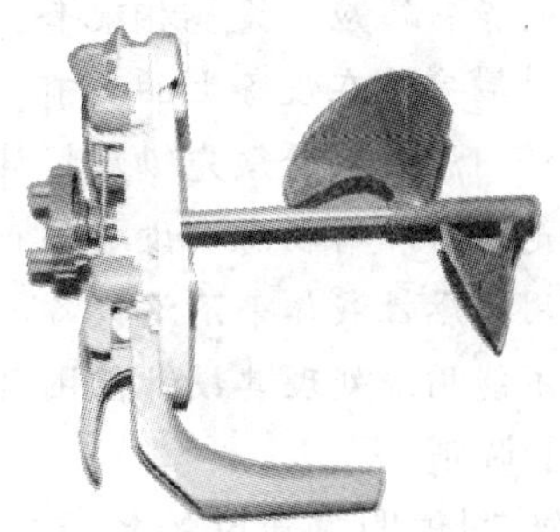

图5-15　搅拌头

注意：涂料倒出口的方向应面向涂料说明签的侧面，如图5-16所示，以防止涂料流滴于说明签上，影响阅读。

3）将固定旋钮扭转90°，即可固定搅拌头，如图5-17所示。

图5-16　装搅拌头后的涂料罐

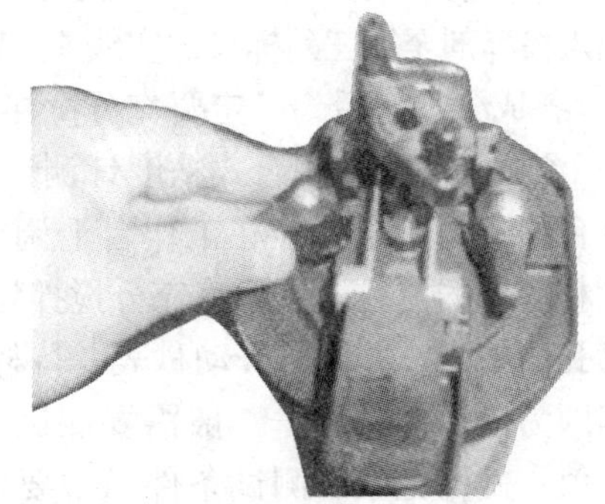

图5-17　固定搅拌头

4）将带有搅拌头的涂料罐安装于涂料搅拌机架上。搅拌机架一般设计成4～6个格挡，各格挡的高度是按照涂料罐的高度尺寸设计的，安装涂料罐时，应根据所安装的涂料罐规格，选择合适的格挡安装，并确认机架上的搅拌蝶形头与涂料罐搅拌头上的卡口销之间位置正确，使蝶形头能够顺利带动搅拌头旋转。

注意：色母在涂料搅拌机架上的摆放要按一定规律，素色漆的色母与金属漆的色母要分开摆放，如德国鹦鹉牌汽车修补油漆色母中，22-系列为素色色母，在涂料搅拌机架上要摆放到一起；55-系列为金属漆色母，它们要摆放在一起。同一系列的色母要根据色母代号的顺序摆放。

5）检查涂料罐是否摆放牢固，搅拌头是否被正常驱动。如果有问题要及时调整，保证色母被充分搅拌。

6）起动搅拌机进行涂料的搅拌，同时观察是否有没被带动搅拌的涂料罐，如果有，应调整位置。

注意：涂料搅拌机应每天早晨工作前，起动搅拌机工作15min，下午工作前再搅拌

5min。同时注意以下使用注意事项：

① 在首次启用设备之前，认真阅读安全规程，不要让未成年人接近设备。

② 所有维护工作必须首先停机并拔掉电源线，严禁未拔掉插头或运转时进行维护。

③ 所用的涂料罐应与设备相配套，所有的涂料罐不应有变形。

④ 把涂料罐安装在设备上面之前，应确保涂料罐上的搅拌头已盖紧。

⑤ 更换任何涂料前必须先彻底搅拌，方可再放置设备上搅拌。

⑥ 检查是否有障碍物影响设备的正常运转，以保证工作人员的安全。

⑦ 不要用可燃性液体来清洁设备。

⑧ 设备不能用来处理其设计范围之外的任何产品。

3. 涂料的调制

1）根据涂料说明书建议的各成分比例（主剂、固化剂和稀释剂）选择合适的比例尺。

2）将比例尺放置于调漆杯内，用手扶正，如图5-18所示。

3）例如为2∶1∶10%（主剂∶固化剂∶稀释剂）时，则选择红/黑色的一面，假设色漆的用量为4，把色漆倒进容器至刻度4（第一列标尺），再将固化剂倒入，直到固化剂刻度4（第二列标尺），最后加入稀释剂至第三列标尺的实线4，其比例刚好是2∶1∶10%。

4）各成分加好后，一定要充分搅拌均匀。

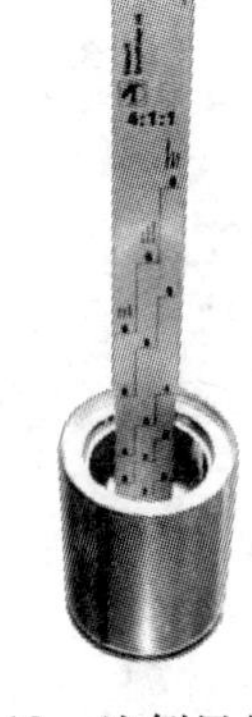

图5-18　比例尺的放置

5）测试粘度。使用台式粘度计测试粘度时（见图5-2a），先将粘度计台面下的四个螺栓在工作台上调放平稳，并用左手的中指堵严粘度杯底部的流孔，然后将充分搅拌均匀的漆料倒满粘度杯，用玻璃棒将液面刮平之后，松开堵孔的中指，并同时开动秒表，待杯中的漆料流完（断流），立即关闭秒表，其秒表上的数据即为该漆的粘度。一般需要测试三次，取其平均值，做好记录。测试条件通常要求在室温(25±1)℃条件下进行。

使用手提式粘度计测试时，如图5-19所示，在施工现场将粘度计直接浸入调好的漆料中灌满漆液，提起粘度计，待仪器脱离液面同时立即开动秒表，观察粘度计底部的流孔，待漆料快流完且出现断流时，快速关闭秒表，其表上的数据即为测试的粘度。

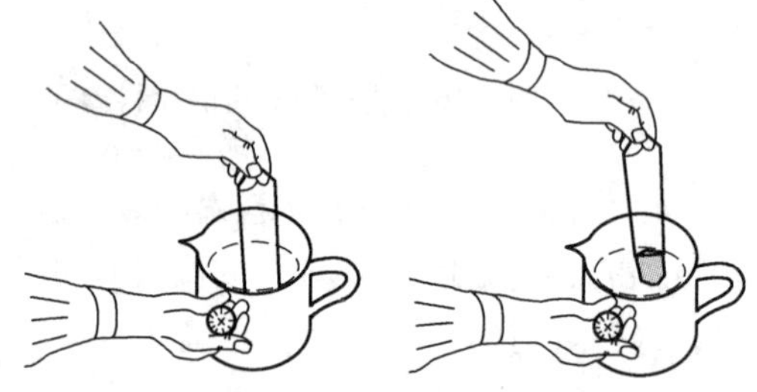

图5-19　使用手提式粘度计测试粘度

任务二　底漆的喷涂

【相关知识】

空气喷涂法就是以压缩空气的气流为动力，以喷枪为用具，使涂料从喷枪的喷嘴中呈雾状喷出而涂布到工件表面的一种施工方法，它是一种最为常用的喷涂方法。

一、空气喷涂的特点

优点主要是设备简单，容易操作，能够获得厚薄均匀、光滑平整的涂层膜，使有缝隙、小孔的物件，以及倾斜、弯曲的地方都能喷到。它的适应性强，大部分涂料品种都可用此法施工，对快干漆更为适用。其工效比刷涂高 5 ~ 10 倍。

缺点是涂料有效利用率低，相当一部分的涂料随溶剂在空气中飞散，飞散的漆雾污染环境，对人体有害，且易造成火灾，甚至发生爆炸，因此需要有良好的通风设备；漆膜较薄，涂料利用率低。但随着新型喷枪的出现，这些缺点在逐渐改进。

二、空气喷涂的基本原理

典型喷枪空气喷涂基本原理如图 5-20 所示。当扣动扳机时，压缩空气经接头进入喷枪，从空气喷嘴急速喷出，在喷嘴的出口处形成低压区，漆壶盖上有小孔，使漆壶内与大气相通，漆壶气压始终等于大气压。这样，在压力差的作用下使涂料从漆喷嘴喷出，并被压缩空气吹散而雾化，喷到工件上实现空气喷涂。空气喷涂是当前车身修补中应用最广的一种方法。

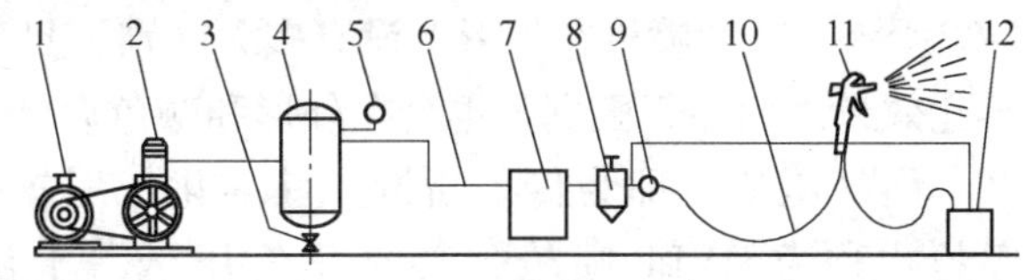

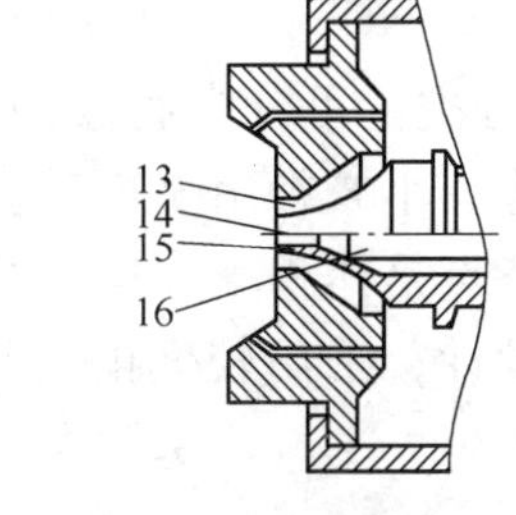

图 5-20　空气喷涂基本原理

1—电动机　2—空气压缩机　3—排污阀　4—储气罐　5、9—气压表　6—输漆管路　7—空气清洁器　8—减压阀　10—输气软管　11—喷枪　12—供漆装置　13—空气喷口　14—漆喷口　15—漆喷嘴　16—供漆针阀

三、空气喷涂的基本设备

空气喷涂系统由喷枪、空气压缩机、油水分离器和压力调节组件、输气软管等组成，另外还需空气清洁器、分水滤气器、喷漆室等与之配套使用。

1. 喷枪

(1) 喷枪的品种　喷枪的种类和型号很多，各涂装设备制造公司的命名方法和分类也有所不同。常用的分类方法有按涂料供给方式分类、按涂料雾化技术分类和按用途分类。

1）按涂料的供给方式分类。可分为重力式、虹吸式和压送式三种类型，如图5-21所示。

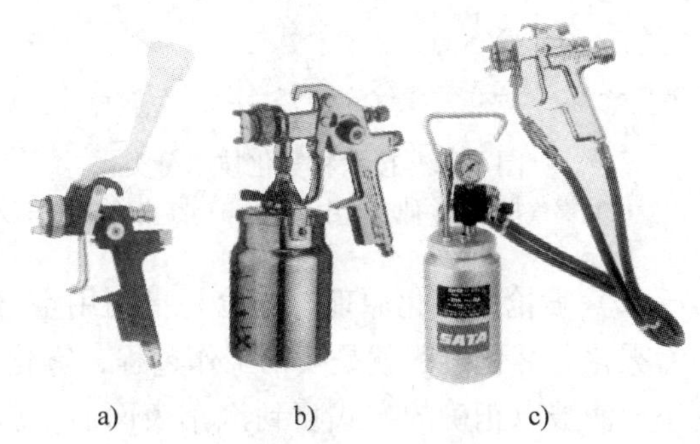

a)　b)　c)

图 5-21　按涂料供给方式分类

a）重力式（上壶式）　b）虹吸式（下壶式）　c）压送式（压力罐）

重力式（上壶式）喷枪的涂料杯位于喷枪喷嘴的后上方。喷涂时利用涂料自重及涂料喷嘴尖端产生的空气压力差使涂料形成漆雾。杯内涂料粘度的变化对涂料喷出量影响小，而且杯的角度可由漆工在一定范围内任意调节，但是它的容量较小（约 0.5L)，仅适用于小物件的涂装，且随着杯内涂料的减少，喷涂稳定性降低，并且也不宜仰面喷涂。

虹吸式（下壶式）喷枪的涂料杯位于喷枪嘴的后下方。喷涂时利用气流作用，吸上涂料，并在喷嘴处由压力差引起漆雾。喷涂时出漆量均匀稳定。大面积喷涂时可换掉涂料杯，抽料皮管直接从容器中抽吸涂料连续工作，但当粘度变化时，易引起喷出量的变化。

压送式喷枪的涂料喷嘴与气帽正面平齐，不形成真空。涂料被压力压向喷枪，压力由一个独立的压力瓶（罐）提供。它适合连续喷涂，喷涂方位调整容易，涂料喷出量调整范围广。缺点是需要增添设备，清洗麻烦，稀释剂损耗大，不适合汽车修理厂修补漆时应用。

2）按涂料雾化技术分类。可分为高气压、低流量中气压和高流量低气压三种，如图5-22所示。三种喷枪在外形上没有多大区别，只是在内部结构上有所不同，从而产生不同的雾化效果。为便于区别，也会在外形和颜色设计上有所不同。

高气压喷枪即为传统喷枪，其雾化气压较高，耗气量大，上漆率低。高流量低气压喷枪也称为HVLP喷枪，其雾化气压低，上漆率高。低流量中气压喷枪的各项性能居中。

3）按用途分类。可分为底漆用喷枪、中涂层用喷枪、面漆用喷枪、清漆用喷枪、金属漆专用喷枪、小修补用喷枪等。图5-23所示为SATA minijet4 HVLP型小修补喷枪的外形图，其特点是体积小，操作方便，备有标准的喷嘴及独特的SR喷嘴。喷嘴采用空气扰流原理设计，采用较低的气压即可达到较好的雾化效果，特别适合小面积修补使用。

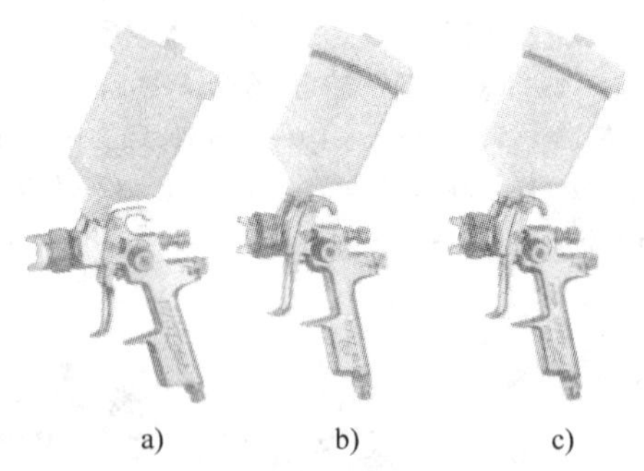

a) b) c)

图5-22 按涂料雾化技术分类

a）高气压 b）低流量中气压 c）高流量低气压

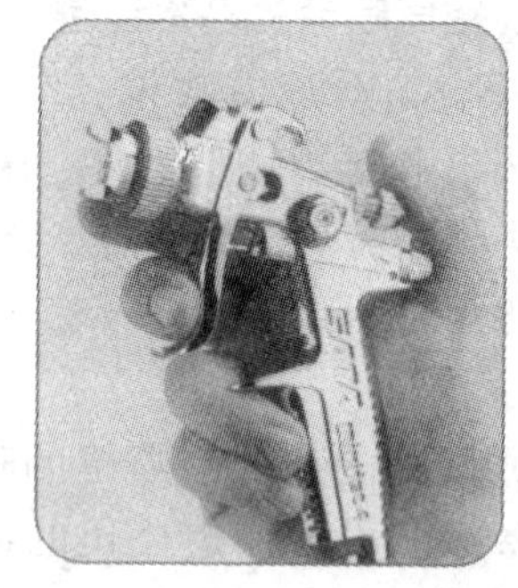

图5-23 SATA minijet4 HVLP型小修补喷枪

（2）喷枪的雾化原理 喷枪是指利用空气压力将液体转化为液滴的喷涂工具，该过程称为雾化。雾化过程就是喷枪工作过程，雾化使涂料成为可喷涂的细小且均匀的液滴。当这些小液滴被以正确的方式喷到汽车表面后，就会结合形成一层厚度极薄的像镜子一样平整的膜。

雾化分为以下三个阶段进行（见图5-24）：

第一阶段，涂料从喷嘴喷出后，被从环形口喷出的气流包围，气流产生的气旋使涂料分散。

第二阶段，涂料的液流与从辅助孔喷出的气流相遇时，气流控制液流的运动，并进一步使其分散。

第三阶段，涂料受到从空气帽喇叭口喷出的气流作用，气流从相反的方向冲击涂料，使其成为扇形液雾。

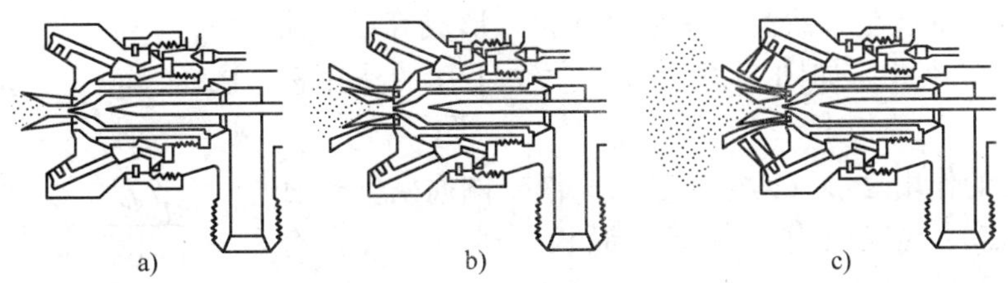

图 5-24　雾化的三个阶段

a）第一阶段　b）第二阶段　c）第三阶段

（3）喷枪的组成及各部分的作用　虽然不同的喷枪有许多相同的零部件，但每种类型或型号的喷枪只适用于一定范围的作业。选择合适的工具是以短时间、高质量完成作业的保证。

典型的喷枪由枪体和喷枪嘴组成，如图 5-25 所示。枪体又分为空气阀、漆流控制阀、雾形控制（即漆雾扇形角度调节）阀、控漆阀、压缩空气进气阀、扳机、手柄等。喷枪嘴由气帽、涂料喷嘴、顶针组成。

图 5-26 所示为上吸式空气喷枪的结构纵剖图。

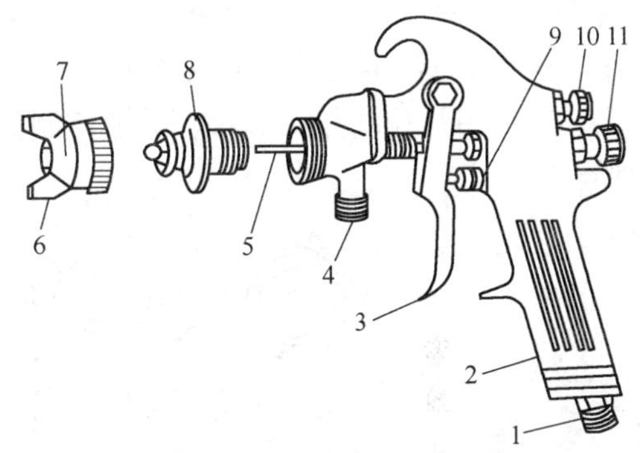

图 5-25　典型喷枪构造

1—压缩空气进气阀　2—手柄　3—扳机　4—控漆阀　5—顶针　6—气帽角　7—气帽　8—涂料喷嘴　9—空气阀　10—雾形控制阀　11—漆流控制阀

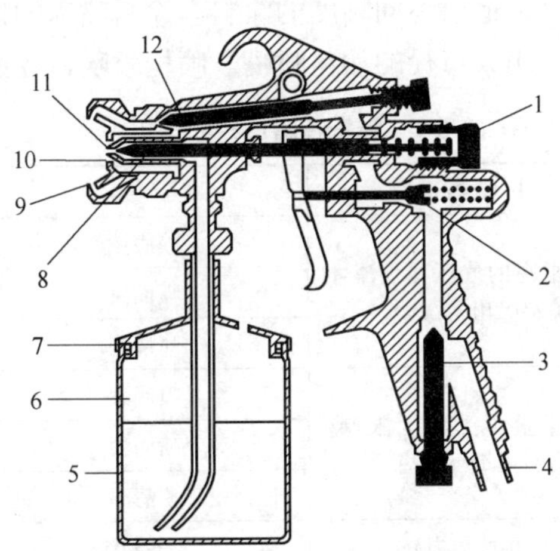

图 5-26　上吸式空气喷枪的结构纵剖图

1—涂料控制旋钮　2—空气阀　3—空气调节阀　4—气嘴管　5—容器下壶上吸式的涂料　6—杯　7—涂料管　8—针阀　9—侧孔　10—中心孔　11—喷嘴　12—扇形调整阀

扳机为两段式转换，扣下喷枪扳机时，空气阀先开放，从空气孔以高速喷出的压缩空气在涂料喷嘴前面形成低压区，再用力扣下扳机时，涂料喷嘴打开，吸引涂料。

气帽把压缩空气导入漆流，使漆流雾化，形成雾形。涂料喷嘴上有很多小孔，如图 5-27 所示，每个小孔的作用都不同。

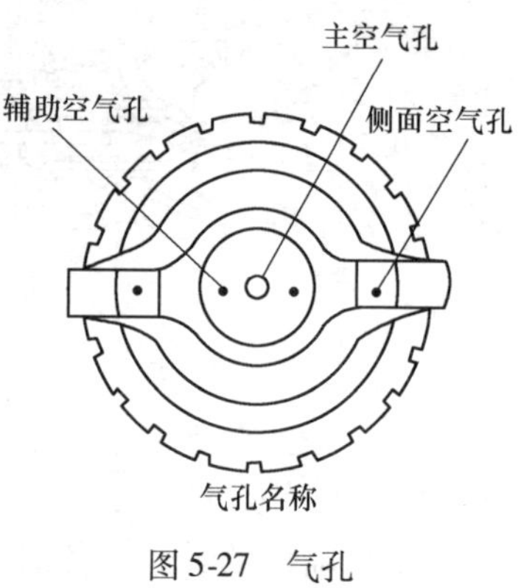

图 5-27　气孔

主空气孔的作用是形成真空，吸出漆液。侧面空气孔有 2 ~ 4 个，它借助空气压力控制雾束形状。辅助空气孔有 4 ~ 10个，它促进漆液雾化。

辅助空气孔对喷枪性能有明显影响，如图 5-28 所示。孔大或多，则雾化能力强，能以较快的速度喷涂大型工件；孔小或少，则需要的空气少，雾形小，涂料雾化程度差，喷涂量小，但便于小工件的喷涂或低速喷涂。空气也从两个侧孔流出，其作用是控制雾束形状。雾形控制阀关上，雾束呈圆形；控制阀打开，雾束呈扁椭圆形。

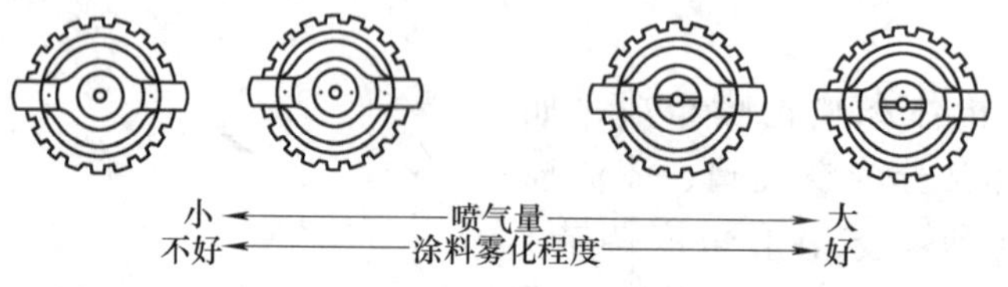

图 5-28　辅助空气孔的大小与喷枪工作性能的关系

顶针和涂料喷嘴的作用都是控制喷漆量，并把漆流从喷枪中导向气流。涂料喷嘴内有顶针内座，顶针顶到内座时可切断漆流。从喷枪喷出的实际漆量由顶针顶到内座时涂料喷嘴开口的大小决定。控制阀可以改变扳动扳机时顶针离开其内座的距离。

涂料喷嘴有各种型号，可以适应不同粘度的涂料。涂料喷嘴的口径越大，涂料喷出量越大，因此防锈底漆等下层涂装用大口径的涂料喷嘴。喷枪喷嘴口径的选用见表 5-1。

表 5-1　喷枪喷嘴口径的选用

喷枪类型	主要特点	喷涂类型	喷枪口径/mm
吸力式喷枪	要求高的气压和气流才能将涂料吸出	喷底漆	2.5
		喷面漆	1.8
		喷清漆	2.0
重力式喷枪	出漆量不受粘度限制，故压力、流量小一些	喷底漆	1.9
		喷面漆	1.3
		喷清漆	1.4
压力式喷枪	出漆压力高	喷各种漆	0.5 左右

喷枪的性能取决于涂料喷出量与空气消耗量的关系，即涂料喷出量少而空气消耗量大时，涂料粒度较小；涂料喷出量多而空气量少时涂料粒度较大、较粗，涂面的效果较差。通常涂料喷出量小型喷枪为 10 ~ 200mL/min，大型喷枪为 120 ~ 600mL/min；空气使用量小型喷枪为 40 ~ 290L/min，大型喷枪为 280 ~ 520L/min。涂料喷出量大，则空气使用量也越大，其关系见表 5-2。

表 5-2　涂料喷嘴口径、涂料喷出量和空气使用量的关系

喷枪类型	涂料喷嘴口径/mm	空气使用量/(L/min)	涂料喷出量/(mL/min)	涂料喷幅宽度/mm
重力式	0.5	40 以下	10 以上	15 以上
	0.6	40 以下	15 以上	15 以上
	0.7	50 以下	20 以上	20 以上
	0.8	60 以下	60 以上	25 以上
	1.0	70 以下	50 以上	60 以上
虹吸式	1.2	170 以下	80 以上	100 以上
	1.3	180 以下	90 以上	110 以上
	1.5	190 以下	100 以上	130 以上
	1.6	200 以下	120 以上	140 以上
压力式	1.0	350 以下	250 以上	200 以上
	1.2	450 以下	350 以上	240 以上
	1.3	480 以下	400 以上	260 以上
	1.5	500 以下	520 以上	300 以上
	1.6	520 以下	600 以上	320 以上

2. 喷漆室

如果没有一个合乎要求的喷漆室，即使拥有一批经验丰富、技术熟练的高级喷漆师傅、效果良好的喷枪、高品质的汽车修补涂料等，也会出现意想不到的质量问题。其主要原因是，在汽车修补加工中，最棘手的事情是如何避免在涂装加工过程中，空气中的尘埃黏附到刚刚喷涂完成，但尚未达到干透的涂层上。如果涂层表面黏附有粒径在 $\phi10\mu m$ 以上的颗粒，这些点即使是肉眼都很容易分辨出来，会给喷漆质量带来影响。同时漆雾无法排除，严重影响操作人员的身体健康。所以，设立喷漆室的主要目的是提供干净、安全、照明良好的喷漆环境，使喷漆过程不受灰尘的干扰，并把挥发性漆雾限制在喷漆室内。

车身涂装修理中常用的喷漆室有两种：文式、水旋式。这两种喷漆室的共同特点是上部送风下部抽风，保证喷漆室内的空气流从上至下，灰尘、漆雾等不致在喷漆室内到处飞扬。并且采用三级空气过滤系统（粗滤、中滤、细滤）的有效措施，从而有效地控制了空气中尘埃的数量和大小。这两种类型中，文式喷漆室的效果更加好一些。图 5-29 所示为常用的下吸式喷漆室结构示意图。

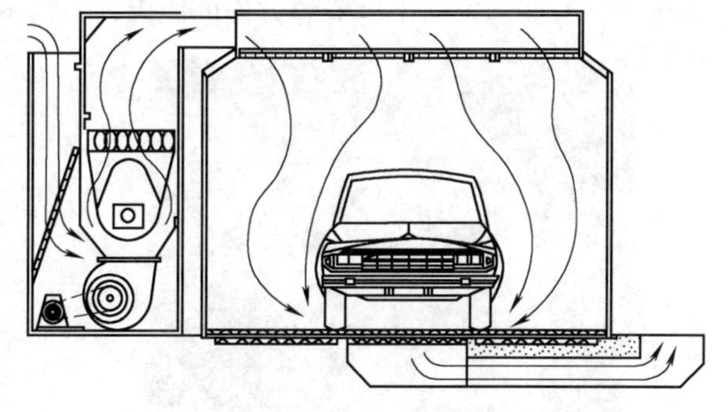

图 5-29　下吸式喷漆室

3. 烤漆房（烘房）

烤漆房可以加快干燥、固化，使工作环境更干净。可对腻子、底漆和封闭漆进行强制干燥，缩短各操作工序之间的等待时间，提高工作效率和工件质量。

烤漆房按干燥方式分为热空气对流干燥、红外线辐射干燥、紫外线干燥等。根据温度范

围分为三类，即

（1）a 类，15 ~ 38℃　不少小规模的修配厂将喷漆室也当成烤漆房。汽车涂装后放置在这里，直到表干（国内大部分厂家均会按此类配置操作）。

（2）b 类，38 ~ 83℃　红外加热方式。该方式具有较高的发热效率，特点是干燥速度快，可使涂膜坚硬、光亮，提高质量和工效。这一类烤漆房由于温度适中，可以将涂膜的干燥时间从 1 天缩短为 30 ~ 45min。若提高温度到 85℃以上，则有可能对汽车特别是高级轿车造成不良影响。

（3）c 类，≥84℃　在修补行业中，这种类型不太常用。其主要原因是如果温度高于 90℃，有可能引起以下事故：汽车发动机内的汽油起火、爆炸；汽车内的部分塑料零件软化、变形；润滑油变稀流淌，污染汽车其他部件等。

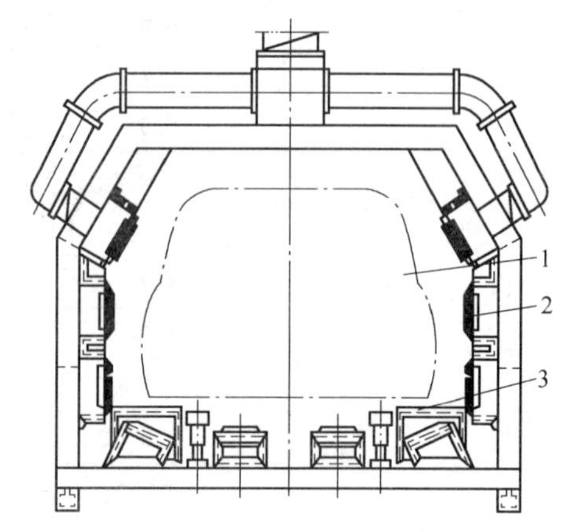

图 5-30　红外线辐射式烘漆房
1—工件　2—碳化硅板　3—运输线

红外线辐射式烘漆房如图 5-30 所示，采用红外线辐射干燥（即 b 类，38 ~ 83℃），由于优点较多，被广泛使用。

这一类烤漆房的投资不大，绝大部分采用远红外加热作为热源。采用的红外灯管灵活多变。汽车修配厂可要求涂装设备制造商将远红外灯管设计为一个方阵（如图 5-31 所示），构成一个真正的烤漆房，以对整车进行烘烤。如有必要，也可以只设置 1 ~ 2 个远红外灯管，使其只对汽车局部加热，或者设置 4 ~ 5 个灯管，对汽车的一侧、车门以及发动机罩等较大面积部位的表面进行烘烤。如图 5-32 所示。远红外加热的另外一个特点是它不像热空气循环那样，在运行时有可能夹带空气中的尘埃吹向未干燥的漆膜，从而给修补加工的质量带来灾难性的损害。远红外加热的能量转换形式是热辐射，此时基本上没有气流的流动，所以只要周围空气中所含尘埃不是太多，相对而言这些尘埃沉积在未干燥漆膜表面上的可能性就会小得多。有些国家由于电资源方面的原因，不得不采用燃气加热。建议采用这种加热方式的

图 5-31　红外灯管方阵

图 5-32　红外线烤灯

厂家务必加强这里所采用的传热介质—循环空气的过滤系统，尽可能彻底地清除空气中所含的尘埃，以保证修补的质量。

4. 喷烤两用房

喷烤两用房集喷漆与烤漆为一体，是采用高性能钢组件式房体、无接缝式无机过滤棉，配合进风过滤系统及正风压，确保进入房内的空气100%净化。全自动循环进风活门使烤漆时的热空气以循环方式在烤漆房内循环，配合房体的夹心式隔热棉，升温及保温效果极佳。烤漆房还采用无影灯式日光照明灯管，色温与太阳光线极为接近，令颜色校对更准确。全自动操作控制仪表台一经设定，便能自动提供适当的喷漆、挥发、烘烤、冷却等工序所需的时间及温度。

喷烤两用房的工作原理是：当作喷漆室时，室内温度可控制在20～22℃左右。同时从天花板送下暖空气，空气流速为16～40m/min，顺重力方向至底部并被抽出，经排风系统分离出漆雾和空气后排除室外。

喷漆完毕后的工件静置10min左右，随即进行加温。送进经热能转换器加温的热空气，使房内温度达到指定的烘烤温度。空气流速为3m/min左右（流速太高，会引起漆膜出现小凸泡）。此时气流为封闭式循环系统，空气为加速工件干燥做重复循环。

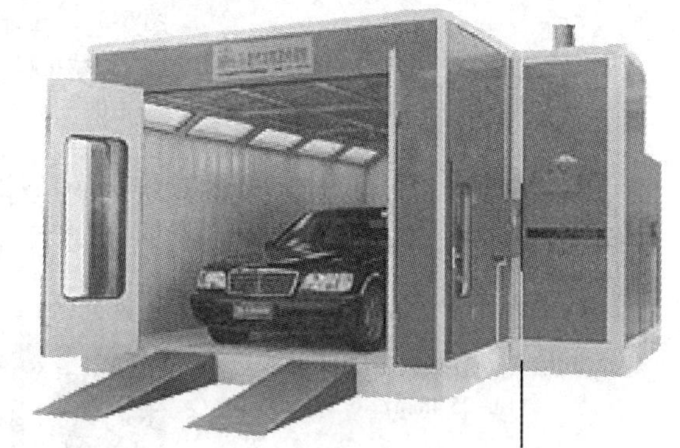

图5-33　喷烤两用房外形图

在喷烤两用房中有的还配备活动旋转台、轨道式拖车系统，便于操作人员喷涂施工、烘烤，以及加速车辆的进出。一间喷烤两用房每天可喷烤7～9辆车。图5-33所示为一种喷烤两用房外形图，其结构示意如图5-34所示。

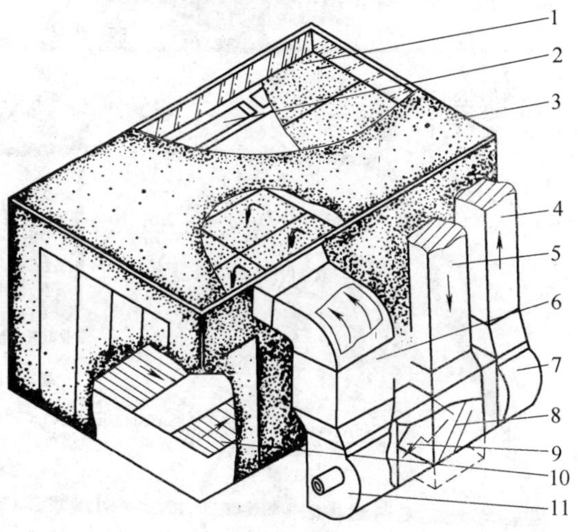

图5-34　喷烤两用房结构示意图

1—顶部过滤网　2—荧光灯　3—房体　4—排气管　5—进气管　6—加热器　7—排风机　8—工作状态选择活门　9—二次过滤网　10—底沟　11—进气机

5. 压缩空气供给系统

压缩空气供给系统用于提供充足的达到预定压力值的压缩空气，确保喷涂车间所有的气动设备都能有效地工作，如图5-35所示。系统的规格从小型的便携式装置到大型的安装在车间内的设备应有尽有。这些系统的基本配置和安装要求都有以下相同点：一台或一组空气压缩机；动力源一般为电动机，室外工作时可使用便携式汽油机驱动的压缩机；一只或一组用于调节压缩机和电动机工作的控制器；规格合适的储气罐或容器；分配系统是指从空气容器到需要压缩空气的分配点的软管和固定管道，或者软管和固定管道的组合，包括规格合适的软管或固定管道、接头阀、油水分离器、气压调节器、仪表和其他能使特定的气动工具以及喷涂设备有效工作的空气与流体控制装置，是压缩空气系统连接的关键。

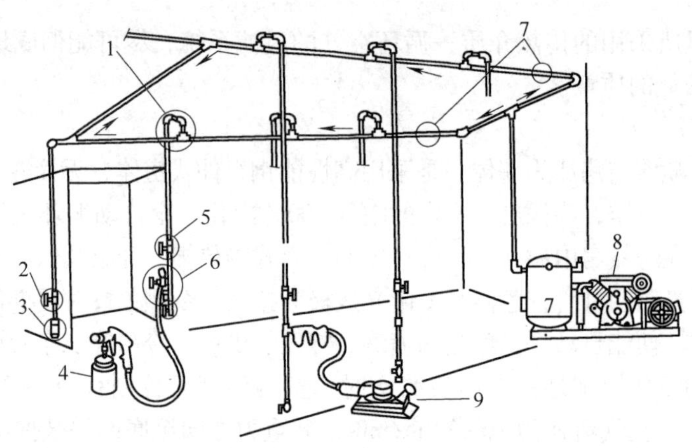

图 5-35　压缩空气供给系统

1—二级管道　2、5—截止阀　3—自动排水阀　4—空气喷枪
6—气压调节器　7—主供气管道　8—空气压缩机　9—轨道式打磨机

由于各种压缩空气使用设备对所用的压缩空气的清洁度和压力要求不同，所以对通往各快换接口的连接管直径及油水分离器的要求应有所不同。图 5-36 所示为 SATA 公司建议的压缩空气管路连接示意图。

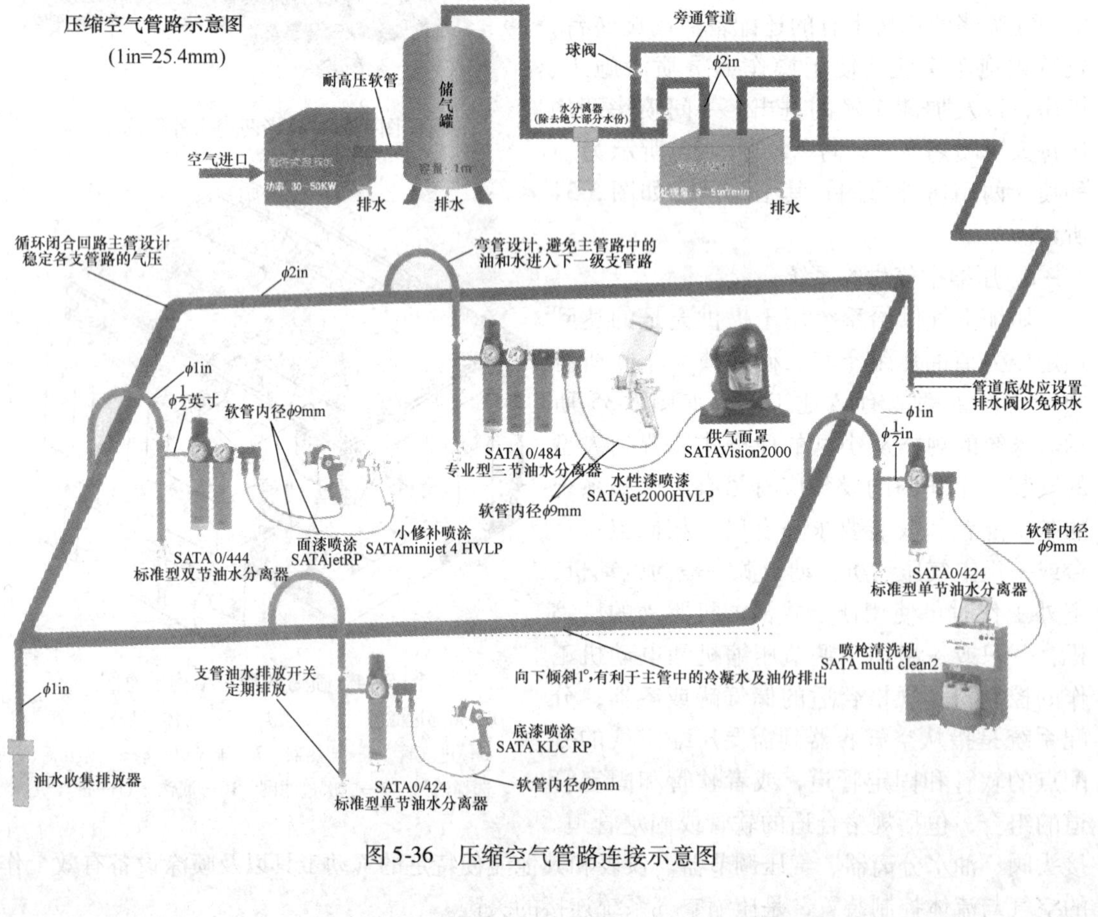

图 5-36　压缩空气管路连接示意图

四、遮盖材料

常用的遮盖材料为遮盖纸和遮盖胶带。不仅在车身修补涂装中使用，在汽车生产涂装过程中也广泛使用。

1. 遮盖胶带

遮盖胶带在家庭中也经常用到，所以其用途较为广泛。由于使用的环境复杂，有的遮盖胶带适用于炎热干燥的沙漠地区，有的则适用于寒冷潮湿的区域。因此，为了很好地完成喷漆工作，所选用的遮盖胶带必须满足气候环境的变化和防止车间中脏物和灰尘对漆面的影响。有些遮盖胶带有专门的用途，例如用在风干油漆面的情况下。而有些遮盖胶带必须在烘干的情况下使用。

好的遮盖胶带应具有较高的质量，例如合适的黏性，既不能太强使拆除困难，又不能太弱使粘贴不牢固。遮盖胶带应能很容易地粘贴到装饰条、铭牌、车窗密封条等处。并且应具有较好的伸展性，不影响所贴板件的强度和柔韧性。另外，遮盖胶带还应具有良好的强度，在使用中不易断裂，以及具有足够的伸缩性。遮盖胶带还应具有良好的黏附性，在涂层出现收缩或温度变冷或变热时，遮盖胶带不脱落。在拆除遮盖胶带后，不应有遮盖胶带上的粘接剂留在板件表面上。

由于遮盖胶带的多用途和使用环境变化较大，所以对车用遮盖胶带的要求较为苛刻。

高质量的遮盖胶带应具有防水功能，并且在湿打磨时不脱落。市场上出售的遮盖胶带宽度有3mm、6mm、12mm、18mm、24mm、36mm、48mm和72mm等多种尺寸。最常用的遮盖胶带为6mm和18mm两种。

另外，还有一种细遮盖胶带，这种遮盖胶带常用在两种颜色交界处或非专业喷漆时，因为这种遮盖胶带柔性好、较薄，并且专门的聚丙烯胶带底层允许胶带粘贴在新喷的瓷漆或清漆面上，不会留下痕迹。这种遮盖胶带具有防止溶剂浸透的功能。常用的有1.5mm、3mm、5mm、6mm、10mm、12mm和18mm宽的胶带卷。

2. 遮盖纸

遮盖纸是用于汽车涂装遮盖的专用纸。一般制成100cm、80cm、50cm等不同宽度系列的纸卷。通过中间通孔可将其装于专用的遮盖纸机上。图5-37所示是一种常用的遮盖纸与胶带机，该机器上装有不同宽度的遮盖纸和不同规格的遮盖胶带，可以很方便地把胶带按需要粘贴到遮盖纸的边缘。同时，机器上还装有一个切刀，可以根据需要切断一定长度的遮盖纸，从而有效地提高了工作效率。

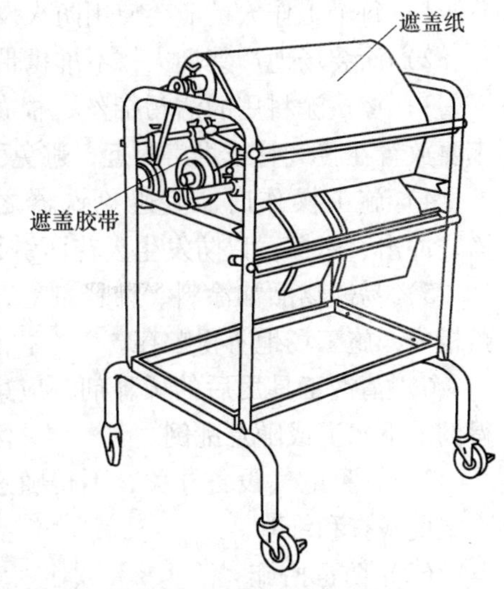

图5-37　遮盖纸与胶带机

还有一种经特殊处理的遮盖纸，宽度有8cm、15cm、23cm、30cm、38cm、46cm、69cm和91cm几种。这种纸的一侧采用特殊材料处理，比另一侧亮。通常应把光滑明亮的一侧朝外。也有的遮盖纸两侧均用树脂进行浸渍处理，具有较好的防渗透功能和防脏物功能，常用在基层和透明涂层的喷涂过程中。

其他遮盖材料常用来遮盖面积较大的区域，例如墙纸、牛皮纸、报纸、聚乙烯膜及其他专门大面积遮盖汽车的遮盖物。由于报纸较易被撕扯，所以使用报纸作遮盖物时应小心。但是决不能用报纸来遮盖清漆面，因为报纸中含有油墨，油墨会溶入涂料的溶剂中，然后进入漆层，使涂料颜色改变。

通常采用专门的轮胎罩遮盖轮胎，轮胎罩通常由厚的布或尼龙材料制成，周边边缘有弹性圈，可以固定在轮胎上。

但是有些维修厂没有这种设备，这时进行遮盖，就需要有一个干净的大的平面，例如桌子等。然后，把所需长度的遮盖纸平铺在平面上。接下来，把胶带贴到遮盖纸的边缘处。胶带的一半贴到遮盖纸上，另一半待用。然后，把贴有胶带的遮盖纸放到所需遮盖的表面上，用胶带把遮盖纸固定。

有时可以自己制作一些简便的工具，进行胶带的粘贴和拆除工作。例如，在硬的表面粘贴胶带时，采用短毛的窄的油漆刷，可以很方便地把胶带展平和粘牢。如果清洗汽车后，某些难以擦到的表面上还留有脏点，可以采用扁嘴的工具把脏点刮去。还可以在一把小的一字头螺钉旋具弯曲后，装上一个钩子。在拆除某些较难触到的表面上的胶带时，就可以用螺钉旋具上的钩子刮起胶带的边缘，然后拆除胶带。

遮盖纸和遮盖胶带的使用是为了防止某些区域被喷漆，因此，不得将遮盖纸和遮盖胶带粘贴到需要喷漆的表面。

喷涂清漆时，应采用双层遮盖纸进行遮盖，这样可以防止涂料中的稀料渗入而损坏原漆面。当涂料足够干燥后，应立即拆除遮盖纸和遮盖胶带。由于遮盖胶带拆除时会粘掉新喷的漆膜，所以通常不允许遮盖胶带接触或粘贴到新油漆面上。

【技能学习】

一、劳动安全与卫生

操作前必须牢记以下劳动安全事项：

（1）防火安全措施

1）每个工作人员应会使用防火设备，懂得各种灭火方法。

2）涂装场地严禁烟火，不准携带各种火种进入施工现场。

3）擦拭涂料用的沾污棉丝、棉布等物品应集中，并妥善存放在贮有清水的密封桶中，不要放置在暖气管或烘房附近，避免引起火灾。

4）施工操作时，应避免铁器之间敲打、碰撞、冲击、摩擦，以防发生火花而引起火灾。

5）易燃物品如涂料、稀释剂等，应存放在贮藏柜内，施工场地不得贮存。

6）清洗工具用后的稀释剂，应集中存放，不得倒入下水道或随意乱倒。

7）各种电气设备开关，不得随意操作，由专人定期检查和维修。

（2）防毒措施

1）操作人员在涂装时应穿戴好各种防护用品。可参照图 5-38 准备。

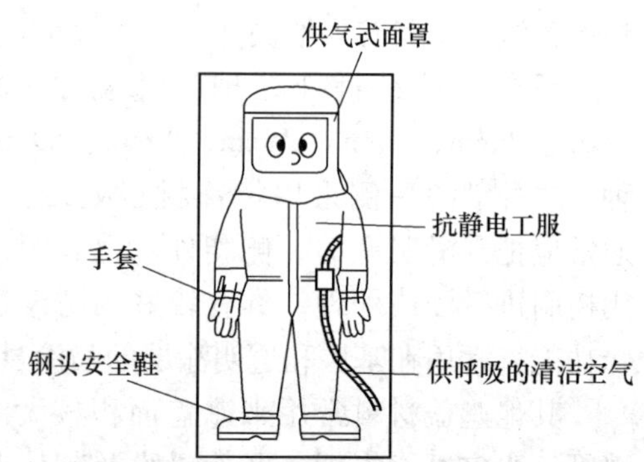

图 5-38　喷漆时的劳动保护

2）若皮肤上沾有涂料，不要用苯擦洗，要用专用洗手膏、去污粉、肥皂及少量松香水等混合物擦洗，用清水冲洗干净。

3）在打磨含铅颜料的旧漆膜时，容易将粉尘吸入人体而引起慢性铅中毒。如沾有粉尘时，应在工作完后立即冲洗干净。特别注意在含有大量铅的涂料施工时，不应采用喷涂工艺。

4）操作人员要注意清洁卫生，每次工作完成后及时洗手，每天工作后应洗澡，工作服要勤换洗，经常更换失效口罩。

二、操作流程

1. 喷烤漆房的准备

喷烤漆房的控制箱如图5-39所示。

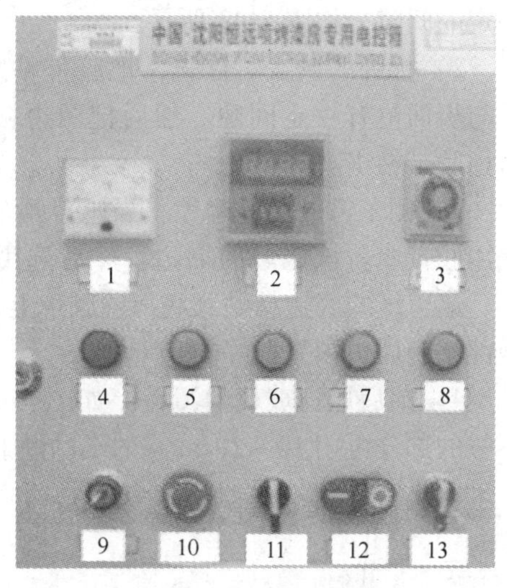

图5-39　喷烤漆房控制箱

1—电压表　2—温控仪　3—烘烤时间设定旋钮　4—电源指示灯　5—升温指示灯　6—喷漆指示灯　7—烤漆指示灯　8—照明指示　9—电源开关　10—急停开关　11—喷漆开关　12—烤漆开关　13—照明开关

1）使用喷烤漆房时首先要打开电源开关9，电源指示灯4亮，电压表显示380V。

2）打开照明开关13，照明指示灯8亮，烤房内的光线达到施工要求。

3）常温喷漆时，顺时针旋转喷漆开关11，需要加温喷漆时，逆时针转动开关11，同时调整温控仪2，设定恒定的喷涂温度到18℃即可。

注意：喷漆完毕后风机再工作5min，使喷烤漆房内的漆雾彻底排净。

4）喷涂完成后需要加温烘烤时，首先设定温控仪2到60℃（参阅涂料的使用说明书），设定烘烤时间为30min，关闭照明开关，打开烤漆开关12，进行加温烘烤。

5）烘烤完毕，风机再工作10min。关闭各个操作开关，使用结束。

2. 板件准备

1）用压缩空气清除表面的粉尘。

2）若进行过湿打磨，应进行去湿处理。

3. 遮盖

（1）胶带的基本粘贴方法　胶带的基本粘贴方法如图5-40所示。

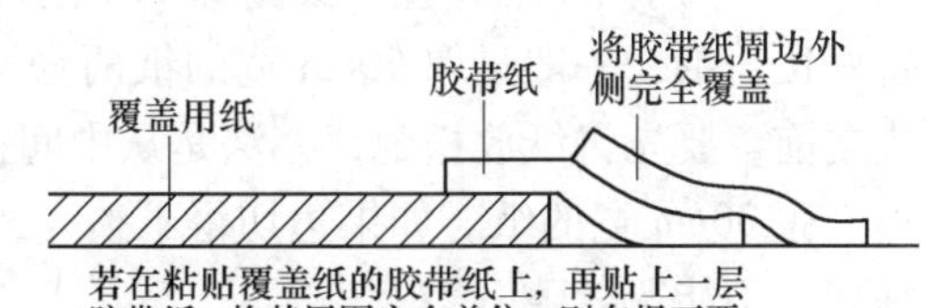

图5-40　胶带的基本粘贴方法

（2）不同部位的遮盖方法

1）装饰条和嵌条的遮盖。当用胶带粘贴装饰条、嵌条等表面时，用一只手的手指塞入胶带卷中间的孔中，把大拇指放在胶带的外面，用于控制胶带的方向。拉伸胶带时，胶带的粘贴面背向操作者。不要把胶带拉得过紧，然后把胶带的起始端粘到嵌条或车轮罩的边缘上，如图5-41所示。粘贴时，拉伸的胶带面与漆面的间距至少应有0.7mm，这样可以方便粘贴，并可以很好地控制胶带的方向。嵌条或需粘贴面的宽度决定所需胶带的条数。

注意： 在所需喷漆的表面与嵌条间应留有小间隙，涂料（特别是清漆）会填补这个间隙。用足够的压力把胶带压牢。但是在曲面上粘贴胶带时，还必须拉伸胶带，以适应曲面的要求。如果胶带太宽，应用剪刀把胶带多余的宽度剪去。

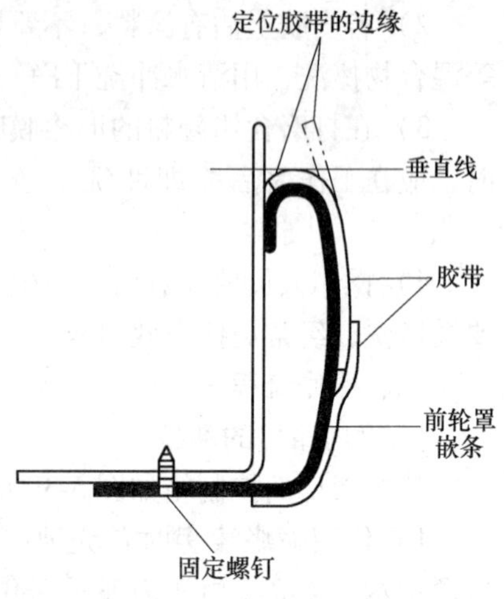

图 5-41　轮罩嵌条的遮盖

对于装饰条的遮盖。可使用一条宽度为 19mm 的胶带。把胶带粘贴在嵌条的顶部并在胶条与板面之间留有一定的间隙，如图 5-42 所示。

2）标牌的遮盖。首先，把胶带粘贴到标牌的顶部，并与板面留有一定间隙。然后把两边粘到标牌上，应用力把胶带粘牢。

3）侧车窗玻璃的遮盖。当遮盖侧车窗玻璃时，需要先用胶带遮盖该区域的周边，然后选用合适尺寸的遮盖纸，遮盖纸的底边粘贴到底部的胶带上，把遮盖纸周边折叠，折叠边用短的胶带粘好，然后全部粘到周边预先贴好的胶带上。

4）前后风窗玻璃的覆盖。如图 5-43 所示，覆盖风窗玻璃时，主要使用 50cm 宽的纸，不够的部分再用 10 ~ 20cm 宽的纸粘贴上。四周用 12 ~ 15mm 的宽粘贴带粘住。

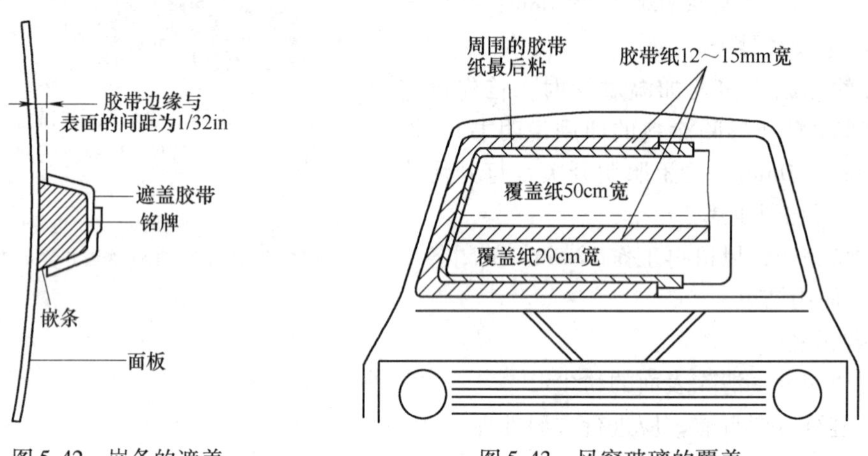

图 5-42　嵌条的遮盖　　图 5-43　风窗玻璃的覆盖

5）车门内侧的遮盖。如图 5-44 所示，如果要将车门入口全部覆盖，先要按入口宽度准备好覆盖纸，一般是取 50cm 宽的纸两张，搭接成 1m 宽，对准入口，先贴住上部。在贴下边之前，要先将纸放松弛，办法是从中间折一下，这样车门才能关住。如果宽度还不够，再加一张 30cm 宽的纸。如果边切得不整齐，可用胶带补齐。纸与纸相重合的部分，要用胶带粘住，不能留缝隙。

如果用报纸遮盖，可以像图 5-45 所示那样，用三张报纸接成 110cm 宽的正方形，对准车门入口，先从便于粘贴的部位开始，边粘贴边将报纸多余部分按车门入口的外形曲线，向内折或裁掉。

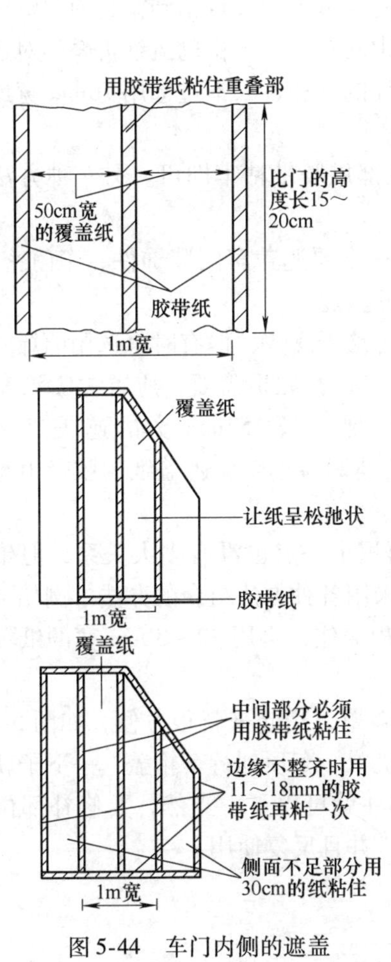

图5-44　车门内侧的遮盖

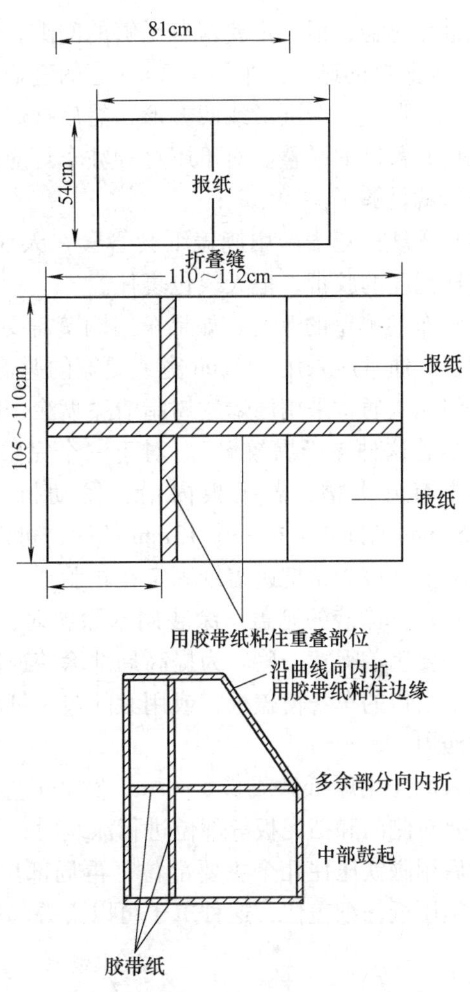

图5-45　用报纸进行遮盖

6）散热器面罩和保险杠的遮盖。对于大多数新型汽车，散热器面罩与保险杠分别进行遮盖时，首先用胶带沿散热器面罩的周边进行遮盖。然后，选用合适的遮盖纸进行遮盖。保险杠是采用铝制结构面板，还是采用氨基甲酸乙酯面罩决定了所选用的遮盖方法。如果保险杠采用金属材料制造，应选用合适尺寸和形状的遮盖纸进行遮盖，下部边缘进行折叠，与保险杠的下部粘贴牢固。

对于有些汽车，可以把散热器面罩和保险杠一起进行遮盖，但保险杠与翼子板前端间的塑料遮盖件应进行单独遮盖。这些板件通常与汽车的其他部件一起进行喷涂。

7）喷涂两种颜色时的遮盖。当汽车被喷涂成两种不同的颜色时，应首先喷涂一种颜色。涂料干燥后，用19mm的胶带把这种颜色的周边遮盖。有些车身喷漆工喜欢选用细胶带，因为细胶带薄，可以精确地把两种颜色的漆面分开，留下的条纹少。然后，把该颜色的漆层用尺寸形状合适的遮盖纸遮盖好。遮盖纸上的胶带粘到已粘好的周边胶带上，多余的边折叠，粘贴牢固。最后根据需要，可以再用遮盖胶带沿遮盖纸的底部和边缘粘贴，清晰地标出另外一种颜色涂料的喷漆面。

8）门槛嵌条的遮盖。门槛上的宽嵌条可以用合适宽度的预先粘贴好胶带的遮盖纸，很容易地进行遮盖，但一定要留有足够的间隙，使涂料有很好的搭接区。

9）前照灯的遮盖。采用152mm宽的遮盖纸，把遮盖纸上的胶带粘到密封前照灯或灯框的边缘上，形成一个圆形或四方形，然后把遮盖纸向中间对折，再将遮盖纸折叠的对边也粘住，保持遮盖纸的平整。对于尾灯和驻车灯应采用同样的方法，只不过选用76mm宽或更窄的遮盖纸就足够了。

10）天线的遮盖。用遮盖纸套管套在天线上，底部用胶带粘牢即可。另一种方法就是选用合适宽度的胶带，把天线包裹住。

11）车门侧壁的遮盖。如果车门侧壁需要喷涂，一定要遮盖车门装饰件、车门密封条、锁和撞板。通常应采用152mm宽或更宽的遮盖纸进行遮盖。

车门侧壁通常采用丙烯酸树脂清漆喷涂，因为这种漆干燥快，但有时也选用丙烯酸树脂磁漆（尽管这种漆干燥较慢）。对于一个完整的涂装工作，如果需要，应首先喷涂车门侧壁、行李箱流水槽、翼子板内沿、发动机罩边缘。把一张152mm宽的遮盖纸，每隔101～152mm的间距，褶一个13mm的褶，可以很方便地遮盖车轮。遮盖纸的胶带由轮胎粘贴到轮缘上。用胶条把遮盖纸固定在轮胎上。

12）局部涂装的遮盖。涂装硝基涂料时，遮盖面积小一点也没有多大关系，但聚氨酯涂料一定要遮盖得宽一些。为提高局部涂装速度，可采用各种方法组合的办法。例如可以采用市面上出售的车身覆盖板，或用大的包装纸将大面积盖住，再用20～30cm宽的纸覆盖修补处的四周。

如果事先用厚纸做成长5～7m、宽2m左右的覆盖罩，用起来就很方便，如图5-46所示。当要对侧门和挡泥板等部位进行涂装时，从发动机罩、车顶到行李箱盖，一下子就能盖住，然后用磁铁压住几个主要部位，再局部用胶带粘住就可以了。当然，要修补部位的四周，必须用纸仔细盖住，这种罩子可以折叠起来放好，并且反复使用。

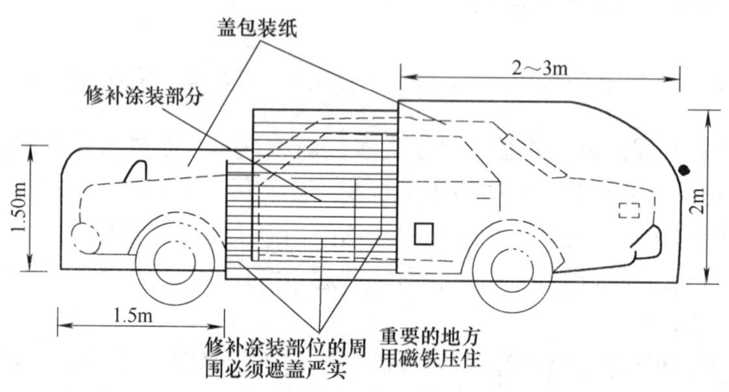

图5-46　制作大型遮盖罩

反向遮盖和流线边缘遮盖法常用在局部板件需要喷漆的情况下。图5-47所示为翼子板顶部和发动机罩局部的遮盖方法。首先在曲面弯曲前的平面上轻轻地粘贴一条胶带，然后再用另外一条胶带粘贴弯曲的表面，这样可以对喷漆产生足够的扰动，从而当胶条揭除后，不会留下明显的痕迹。

沿流线边缘进行反向粘贴时，可以采用预先粘贴好胶带的遮盖纸。首先把遮盖纸沿流线型板件边缘的最高端放置好，用胶带固定。使遮盖纸自然下垂，然后反向折叠，使反

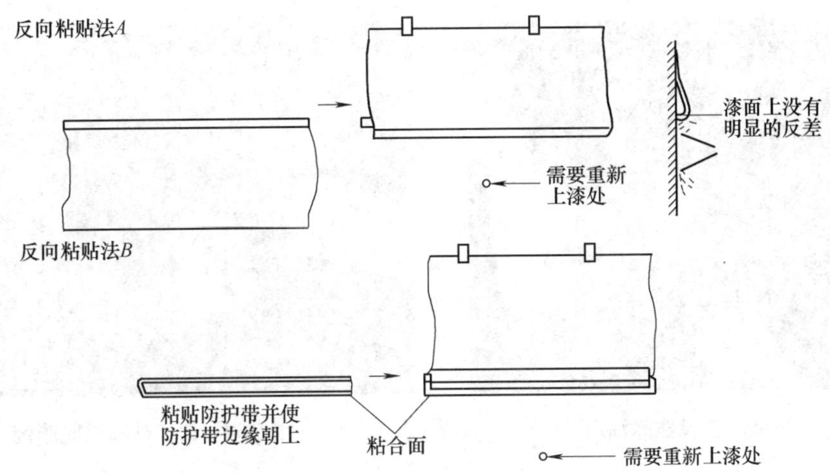

图 5-47　翼子板顶部和发动机罩局部的遮盖方法

向折叠的弧线超过流线形边缘 12 ~ 20mm。最后，把遮盖纸的另一边固定到板件合适的位置上。

当沿一个曲面流线型边缘进行遮盖时，必须使用遮盖胶带。首先把 19mm 宽的胶带以正确的角度分别粘贴到流线型边缘上。每条胶带应有 10 ~ 13mm 长，胶带与胶带之间应有足够的重叠量，整个胶带的粘贴边缘应形成一个与流线型边缘相平行的曲线，然后把胶带条反折，应从最后一条胶带开始，并保证有一个正确的弧度，如图 5-48 所示。最后，用一条胶带把所有反折过来的胶带端粘贴固定。

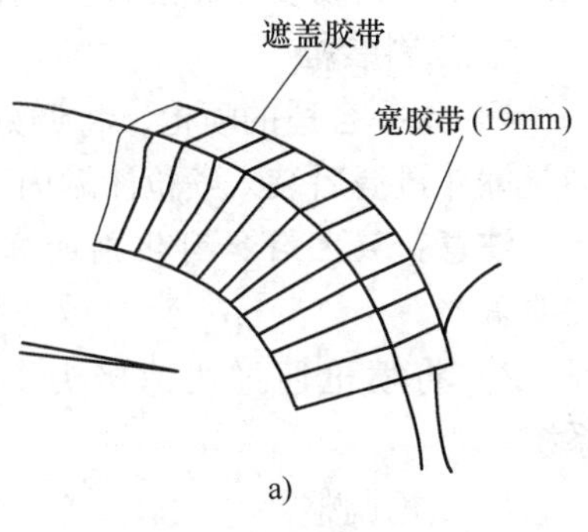

a)

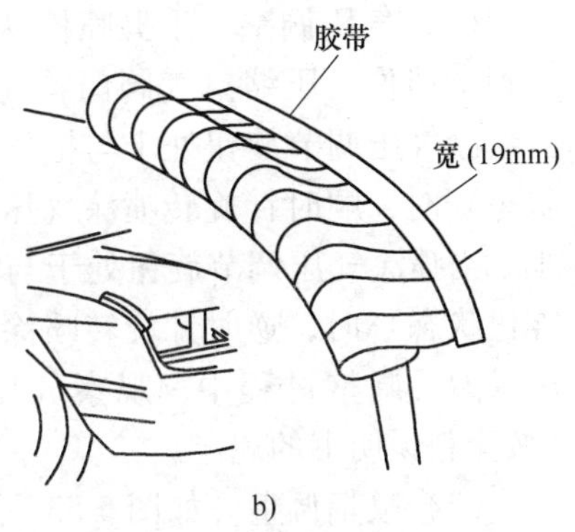

b)

图 5-48　用胶带进行反向遮盖

4. 除尘与除油

(1) 除尘　用除尘布将需喷涂表面进行一次细致的除尘。

(2) 除油　可选用下列两种方法中的一种：

1) 擦拭法。双手带好胶皮手套，并各持一块干净的除油擦布，其中一块蘸有脱脂剂。先用带脱脂剂的擦布擦拭待除油表面，一次不要多于一个来回，紧跟着用干爽的擦布擦拭沾有脱脂剂的表面，如图 5-49 所示。重复这样的动作，直到待清理表面全部清理完毕。注意及时蘸脱脂剂和更换擦布，并且注意不要摸碰已经除过油的表面。

2) 喷擦结合法。将除油剂装入喷液壶内，反复按压喷液壶操纵手柄，直到感觉有足够的反弹力。手持喷液壶，对准需要除油的表面，保持 20cm 左右的距离。按压喷水开关，将除油剂均匀地喷洒到工件表面，如图 5-50 所示。手持一块干净的擦布，将喷洒的除油剂擦拭干净，如图 5-51 所示。

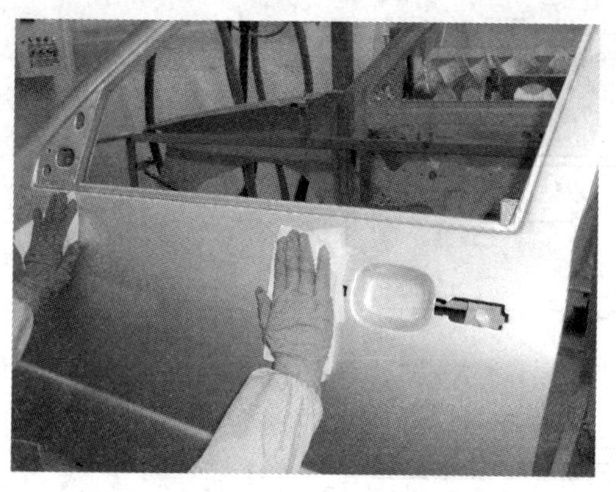

图 5-49　擦拭法除油

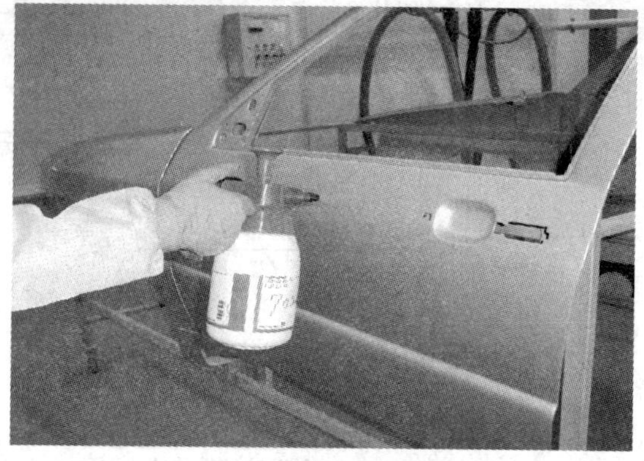

图 5-50　向板件喷涂脱脂剂

5. 调制底漆

根据涂料说明书建议的各成分比例（主剂、固化剂和稀释剂），利用调漆比例尺调制底漆，必要时可使用粘度计测试粘度。

6. 涂料装枪

1）选择合适的喷枪，将调好粘度的底漆通过漏斗过滤后装入喷枪漆罐内。

注意：*放主剂和固化剂的容器使用后一定要盖严。*

2）将喷枪通过快速接头接入压缩空气系统。

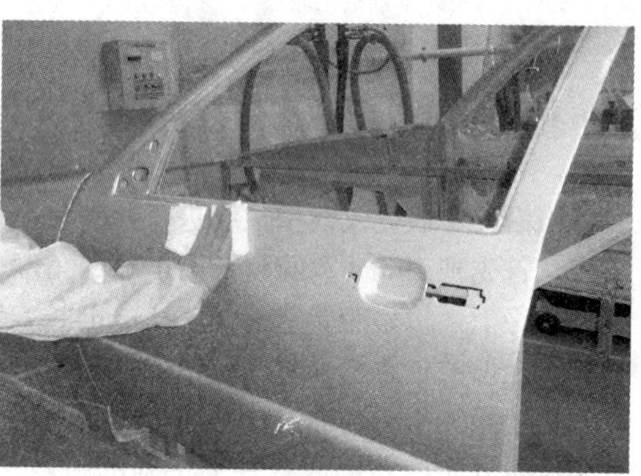

图 5-51　用擦布（或除尘纸）擦干板件表面

7. 喷枪调整

（1）气压调整　手握喷枪柄，用食指与中指压扣扳机到 1 挡位，压缩空气阀门首先打开，如图 5-52 所示。当喷涂气压调节旋钮处于与枪体平行的位置（最大雾化状态）时，顺时针旋转喷涂气压调节旋钮，喷涂气压变小。当喷涂气压调节旋钮处于与枪体垂直的位置（最小雾化状态）时，逆时针旋转喷涂气压调节旋钮，喷涂气压变大。调整过程中，观察气压表直到气压符合规定（按涂料说明书的规定）。

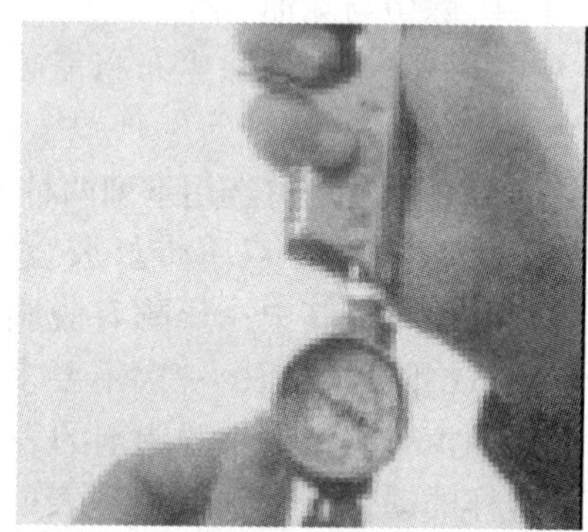

图 5-52　气压调整

（2）喷幅调整　如图 5-53 所示，增大喷幅，需要逆时针旋转喷幅调节旋钮；减小喷幅，需要顺时针旋转喷幅调节旋钮。喷幅的大小主要取决于修补面积的大小。一般情况下对于整板（或整车）喷涂，为了获得良好的喷涂效果，建议将喷枪喷幅调节到最大状态。

（3）流量调整　如图 5-54 所示，增大涂料流量，需要逆时针旋转涂料流量调节旋钮，增大枪针行程，从而增大涂料流量；减小涂料流量，需要顺时针旋转涂料流量调节旋钮，减小枪针行程，从而减小涂料流量。

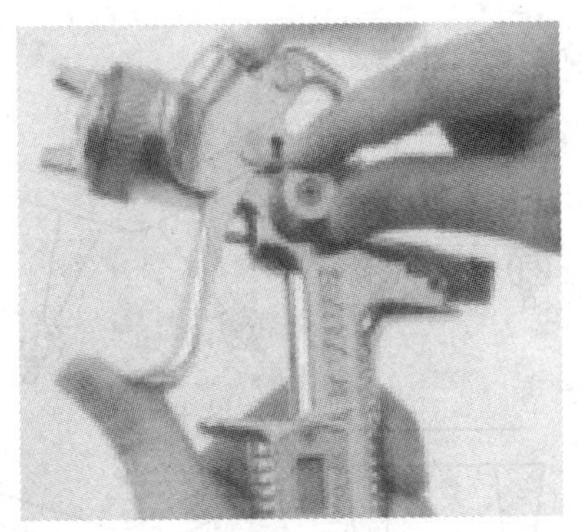
图 5-53　喷幅调整

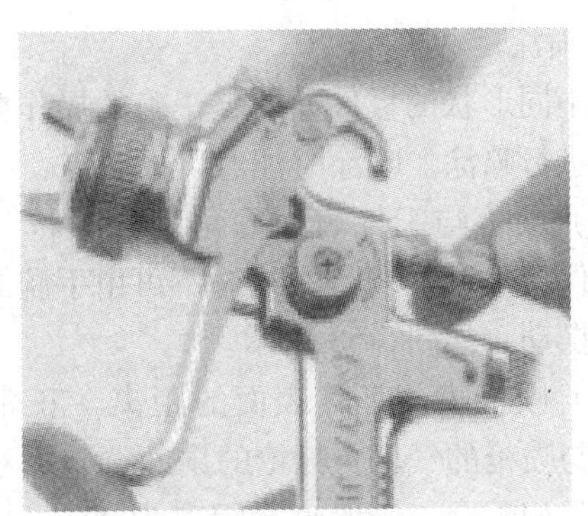
图 5-54　流量调整

8. 雾形测试与调整

将气帽角调整至垂直位置，使雾形呈水平状态，如图 5-55 所示，进行雾形测试，并视情况调整。

如图 5-56 所示，通过雾形测试，看流挂情况，检查调整是否正确。松开空气帽定位环并旋转空气帽，使喇叭口处于竖直位置，此时喷出的图案将是水平的，如图 5-57 所示。再喷一次，按住扳机直到涂料开始往下流，即产生流挂，检查流挂情况。如果各项调整正确，各段流挂的长度应近似相等。如果流挂呈分开的形状，则是由于喷束太宽或气压太低。把雾形控制阀拧紧半圈，或把气压调高一些，交替进行这两项调整，直到流挂长度均匀。如果流挂中间长、两边短，则是因喷出的漆太多，应把漆流量控制阀拧紧，直到流挂长度均匀。

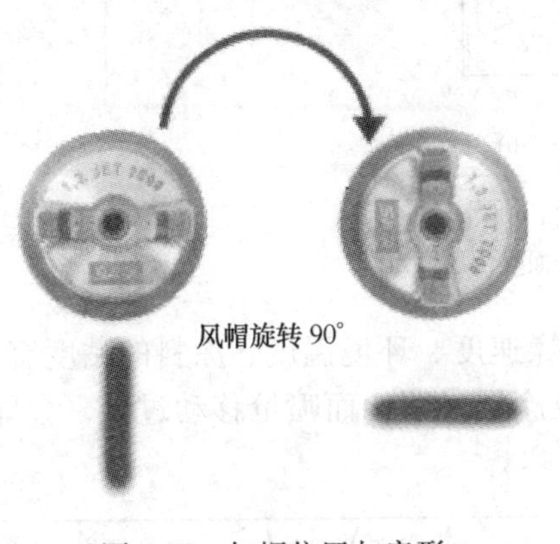

图 5-55　气帽位置与扇形

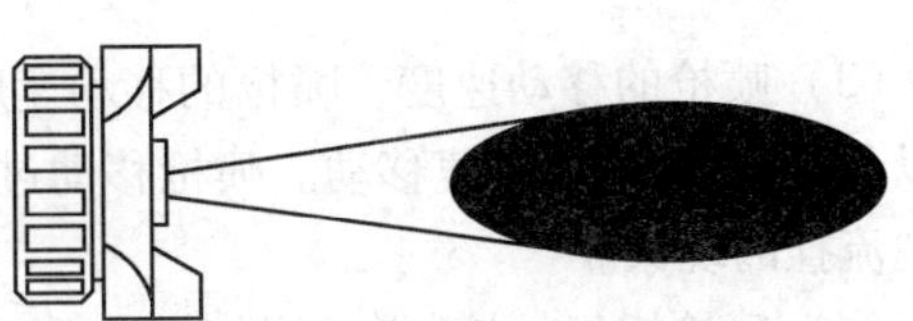
图 5-56　转动空气帽调整试喷图形

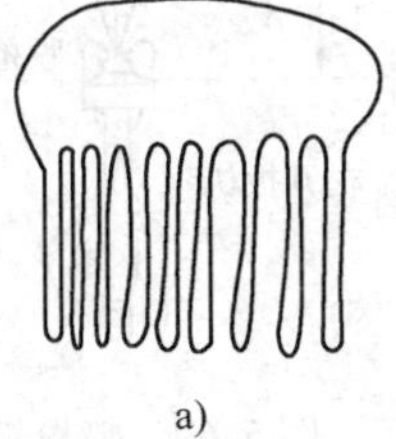
a)

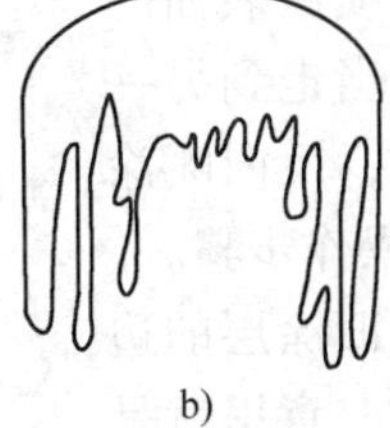
b)

c)

图 5-57　雾形测试

a）合适的喷涂图形　b）分离的喷涂图形　c）中间过重的喷涂图形

9. 喷涂

对不同形状的板件，按照正确的操作要领及走枪顺序进行喷涂。喷涂时注意以下要点：

（1）喷枪与工件表面的角度　喷枪与工件表面必须保持垂直（90°），绝对不可由手腕或手肘做弧形的摆动，如图 5-58 所示。

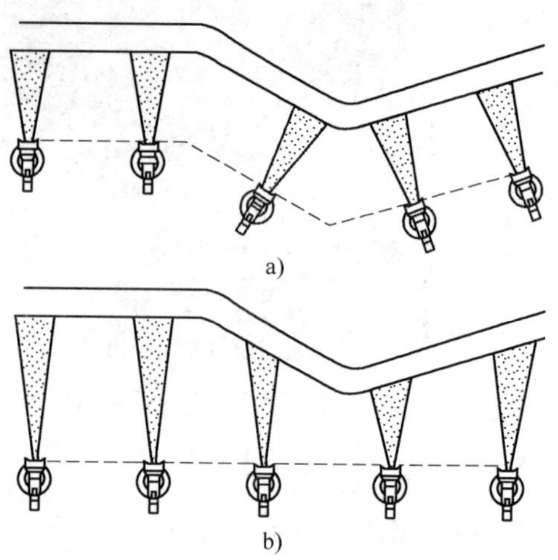

图 5-58　喷枪与工件表面的角度
a）正确　b）不正确

（2）喷枪嘴与工件表面的距离　正常的喷涂距离应与喷枪的气压、喷枪的扇面调整大小以及涂料的种类相配合。一般喷涂距离为 20cm 左右（可按涂料供应商提供的工艺条件操作）。实际距离可通过对贴在墙上的纸张试喷而定，如图 5-59 所示。如果喷涂距离过短，喷涂气流的速度就较高，从而会使涂层出现波纹；如果喷涂距离过长，就会有过多的溶剂蒸发，导致涂层出现桔皮或发干，影响颜色的效果。

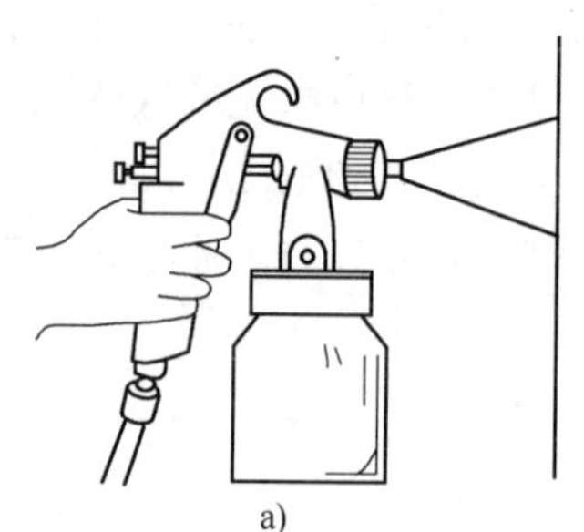

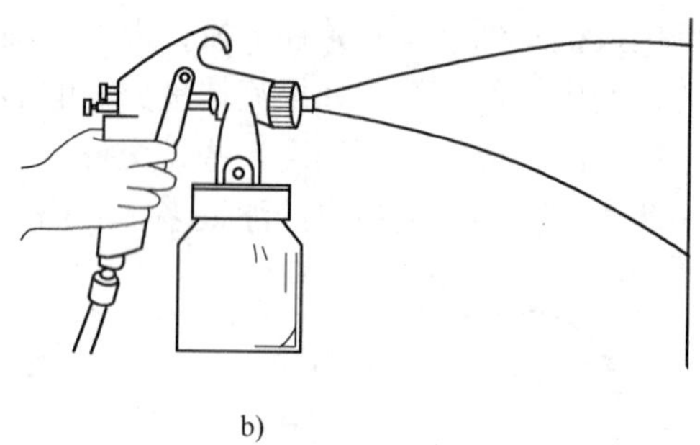

图 5-59　喷枪嘴与工件表面的距离
a）涂料堆积　b）喷雾落到喷涂表面时已经无力

（3）喷枪的移动速度　喷枪的移动速度与涂料干燥速度、环境温度、涂料的粘度有关，约以 30cm/s 的速度匀速移动。喷枪移动过快，会导致涂层过薄；而喷枪移动过慢，会导致出现流挂的现象。

（4）喷枪扳机的控制　如图 5-60 所示，扣扳机的正确操作一般分 4 步：从遮盖纸上开始走，扣下扳机一半，仅放出空气；当走到喷涂表面的边缘时，完全扣下扳机，喷出涂料；当走到另一头时，松开扳机一半，涂料停止流出；反向喷涂前再往前移动几厘米，然后重复上述操作步骤。

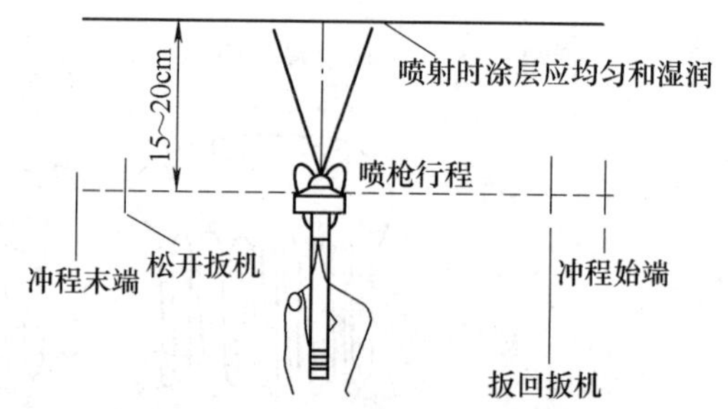

图 5-60　喷枪扳机的控制

在“斑点”修补或者新喷涂层与旧涂层的边缘润色加工时都要进行“收边”操作。意思就是在走枪开始时不扣死扳机，也就是说，开始时的供漆量很小，随着喷枪的移动，逐渐加大供漆量，直到走枪行将结束时再将扳机放开，使供漆量大大减少，从而获得一种特殊的过渡效果。

（5）喷涂方法、路线的掌握　喷涂方法有纵行重叠法、横行重叠法、纵横交替喷涂法。喷涂路线应按从高到低、从左到右、从上到下、从里到外的顺序进行。在行程终点关闭喷枪，喷枪第二次单方向移动的行程与第一次相反，喷嘴与第一次行程的边缘平齐，雾形的上半部与第一次雾形的下半部重叠，两次走枪重叠幅度应为1/3～1/2左右，如图5-61所示。

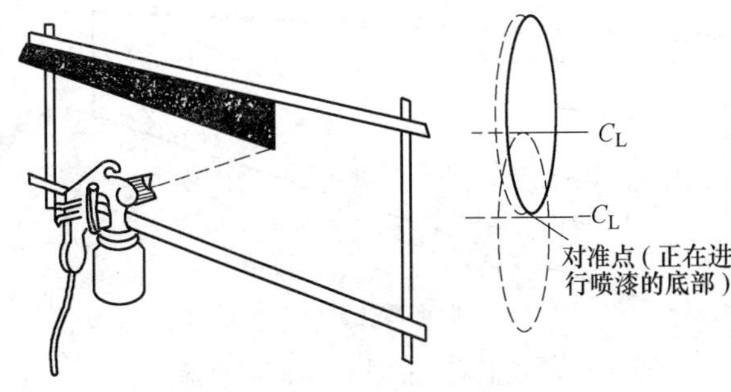

图5-61　喷程的重叠方式

（6）走枪的基本动作　汽车修补涂装中，被涂物的情况不同，喷漆走枪的手法也不同。

1）在构件边缘喷涂时，一般采用由右至左喷涂，并采用纵喷（喷出的涂料呈垂直方向），如图5-62所示。

2）在构件内角喷涂时，一般采用由下而上，再由上而下喷涂，并采用横喷（喷出的涂料成水平方向），如图5-63所示。

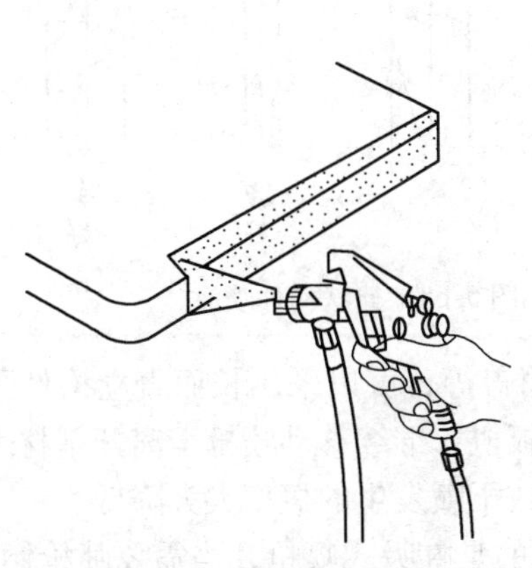

图5-62　构件边缘喷涂

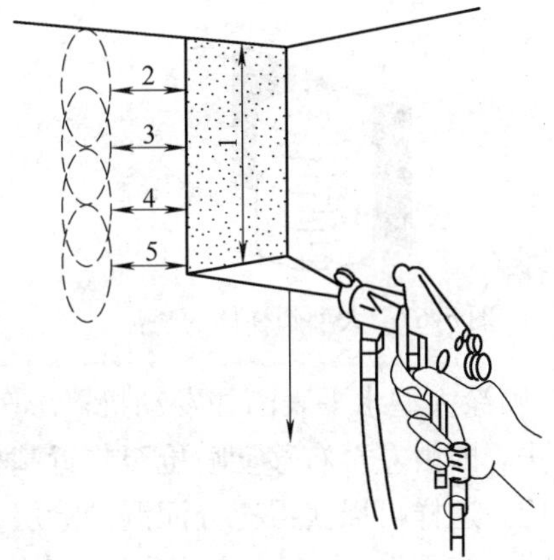

图5-63　构件内角的喷涂

3）喷涂小而直立的构件平面时（如图5-64所示），是按由上至下的行程进行（1→2），然后由左至右（2→3），再由下至上（3→4），依次完成(4→5→6→7→8→9)。

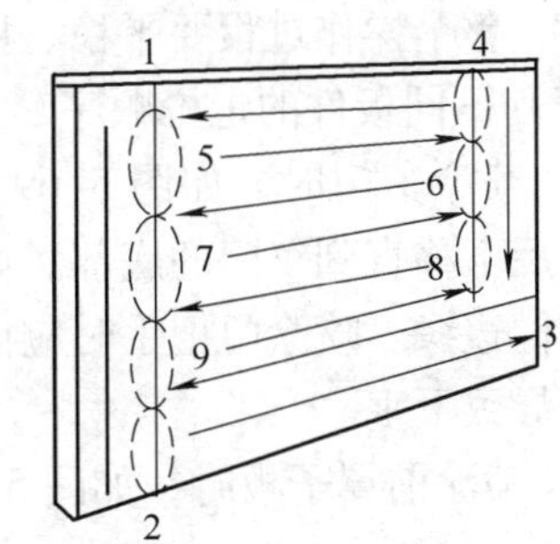

图5-64　小而直立的构件平面的喷涂

4）如图5-65所示，喷涂长而直立的构件平面时也是按由上而下的行程进行的，再由左至右，依次沿横向行程，每个行程为45～90 cm，即按板长方向分段进行。每段之间交接处，有10cm左右的行程重叠。

5）如图5-66所示，喷涂小圆柱构件时，由圆柱顶自上往下再自下往上进行，分3～6道垂直行程喷完。

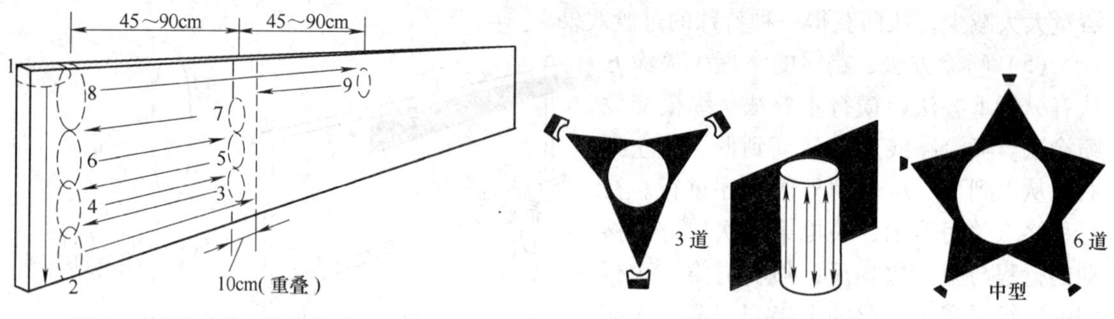

图 5-65　长而直立的构件平面的喷涂　　图 5-66　小圆柱体、中圆柱体的喷涂

6）喷涂大圆柱体时，则由左至右再由右至左，按水平行程依次喷完，如图 5-67 所示。

7）喷涂较长的、直径不大的棒状构件时，最好将雾束调窄一些与之配合。然而很多漆工为了省事，不愿经常调整喷枪，而是将喷枪雾束的方位与棒状构件相适应。这样可达到完全覆盖又不过喷的目的，如图 5-68 所示。

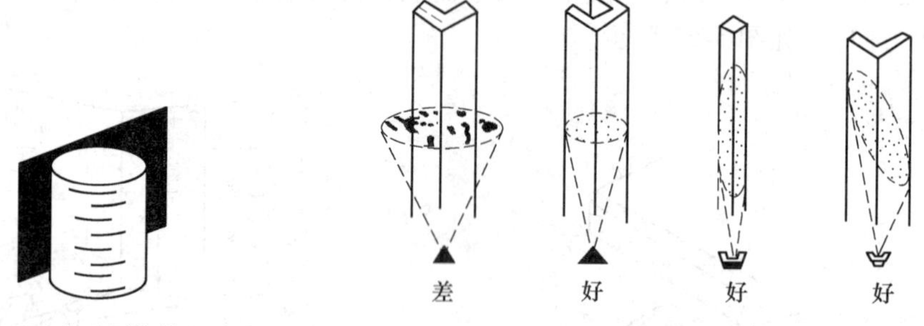

图 5-67　大型圆柱体的喷涂　　图 5-68　棒状构件喷涂

8）喷涂大型水平表面如发动机罩、车顶、行李箱盖等，可以采用长而直立构件平面的走枪手法。即由左至右移动喷枪至临近基材表面时扣扳机，继续移动喷枪至离开基材表面时放开喷枪。这样可以获得充分润湿的涂层，而不过喷或干喷发生的概率大大降低。

在喷枪使用上，最好使用压送式喷枪。如果采用的是虹吸式喷枪，当需要喷枪倾斜时，千万小心，不要让涂料滴落到构件表面上。为了防止涂料泄漏、滴落，在喷涂中涂料不要装得太满，整个操作过程要平稳、协调，随时用抹布或纸巾擦净泄漏出来的涂料。

（7）不同板件的走枪顺序

1）喷涂车门时，如图 5-69 所示，首先喷涂车门框的顶部，然后下移直到车门的底部。如果只喷涂一个车门，首先应喷涂车门边缘。喷涂门把手时应该特别小心，因为某点的涂料太多会导致下垂。

2）喷涂前翼子板时，如图 5-70 所示。发动机罩的边缘和前翼子板的翻边应该首先喷涂，然后是前照灯周围部分、面板的穹起部分，最后是面板的底部。

3）喷涂后翼子板时，如图 5-71 所示。首先喷涂边缘，然后喷漆工人应站在面板的中间，以一个长的连续的行程喷涂面板。如果无法一次完成，就把这个区域分成两个部分。使用这

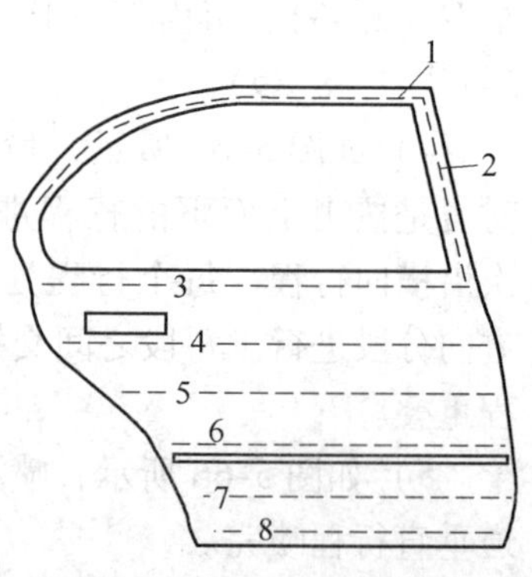

图 5-69　车门的喷涂顺序

种方法时，一定要特别注意中间的重叠。如果重叠的涂料太多，将会发生下垂。

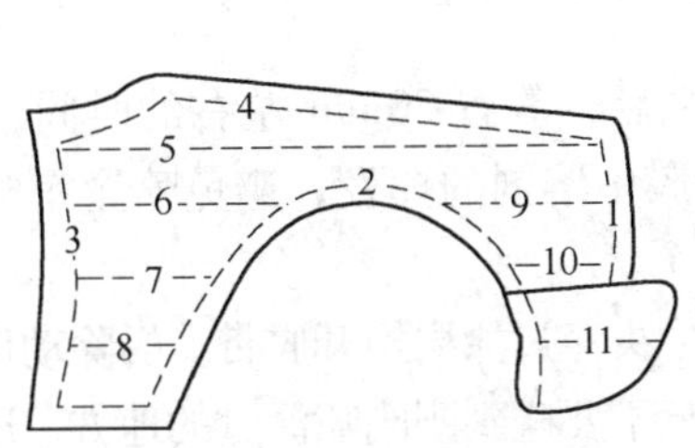

图 5-70　前翼子板的喷涂顺序

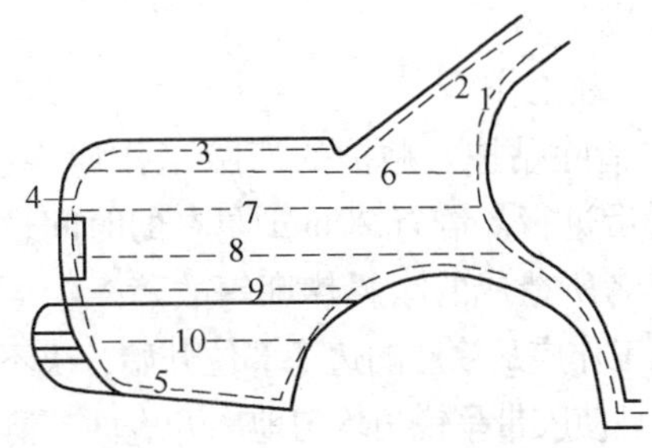

图 5-71　后翼子板的喷涂顺序

4）喷涂发动机罩时，如图 5-72 所示。首先喷涂发动机罩的边缘，然后是发动机罩的前部。下一步是在前翼子板的侧面，从中心开始向边缘进行喷涂。另一侧也使用相同的方法喷涂。

5）喷涂车顶盖时，为了便于对车顶盖进行喷涂，喷漆工人应站在长凳上，以便能够喷到车顶的中心。如图 5-73 所示，首先喷涂一侧的风窗玻璃边缘，然后从中心到外边。一侧完成后，再用相同的方法完成后部和侧面的喷涂。

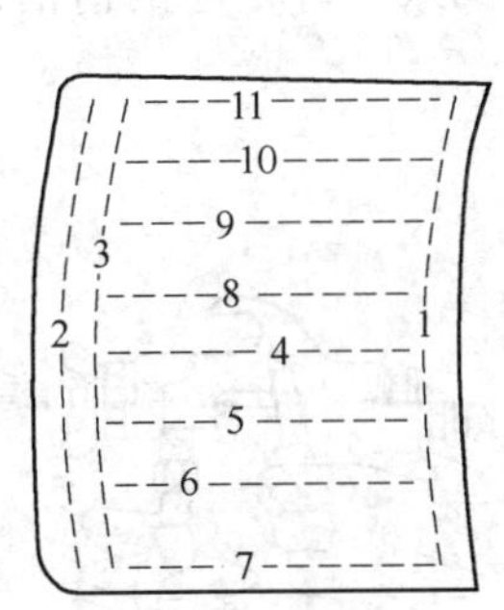

图 5-72　发动机罩的喷涂顺序

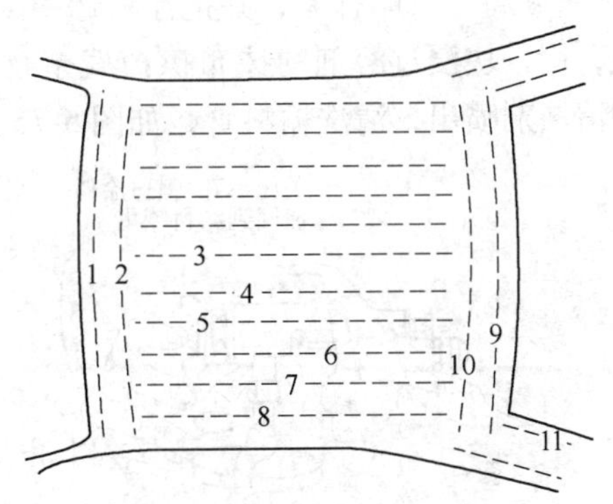

图 5-73　车顶盖的喷涂顺序

6）喷涂整车时，对汽车不同部位的喷漆顺序可能不同。通常，在横向排风的房间里，离排风扇最远的地方首先喷涂，保证落在喷漆表面的灰尘最小，使漆面更光滑。具体操作如图 5-74 所示，首先对车顶盖喷涂，接着是行李箱盖和后围板。下一步是同侧的后翼子板，然后是左侧车门、前翼子板、发动机罩、前裙板、门窗框。对汽车另一侧的喷涂是从前翼子板开始，然后是车门，最后对另一侧的后翼子板喷涂。

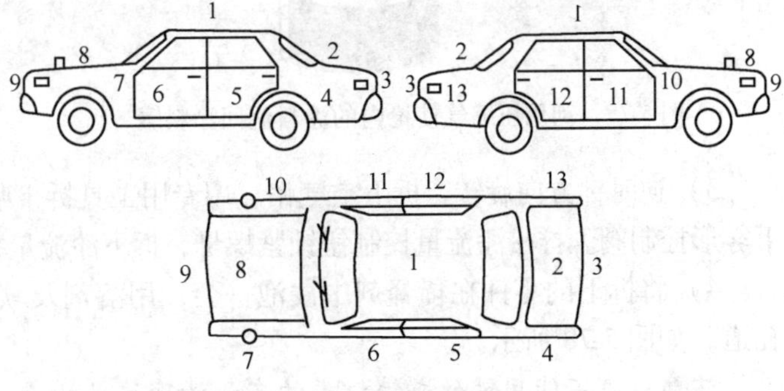

图 5-74　整车的喷涂顺序

在向下排风的喷漆室里，因为空气是从天花板顶向汽车底部的检修坑流动，所以喷漆工必须改变喷漆方法。为了能够保持涂料边缘的湿润，车顶盖应该首先喷漆，接着是发动机机罩和行李箱盖，然后对车身右侧喷涂，跟着是后围板，最后是车身左侧，并逐渐向前移动直到全部完成。

10. 清理工作

（1）清除贴护　贴护的清除工作应在喷涂完毕之后，静置20min左右的时间，待涂膜稍稍干燥后进行。静置20min左右的时间也有利于涂膜中溶剂的挥发，避免喷涂完毕后，直接加温烘烤所造成的涂膜热痱等故障。

清除工作应从涂层的边缘部位开始，决不能从胶带中央穿过涂层揭开胶带。揭除动作应仔细缓慢，并且使胶带呈锐角均匀地离开表面。清除时要注意不要碰到刚刚喷涂过的地方，还应防止宽松的衣服蹭伤喷涂表面。因为这些表面尚未干透，碰到后会引起损伤，造成额外的工作。

（2）清理场地卫生

11. 喷枪的清洗与维护

1）逆时针方向旋转，拆下涂料罐，将吸料管留在杯内。接着松开空气帽2～3圈，用一块叠好的抹布挡住空气帽，然后扣扳机，如图5-75所示。这能使喷枪内的涂料流回涂料罐内。

注意：使用的气压要低，当涂料罐还装在枪上时，不要进行上述操作，否则涂料会从罐内飞溅出来。

2）重新将空气帽拧紧，并把涂料罐中的涂料倒回废料罐中。用溶剂和稀毛刷清洗罐内和罐盖，用一块浸过溶剂的抹布擦掉残余物。然后向罐内倒入少许干净的清洁剂，扣动扳机，将清洁剂喷出，清洗输料管，如图5-76所示。

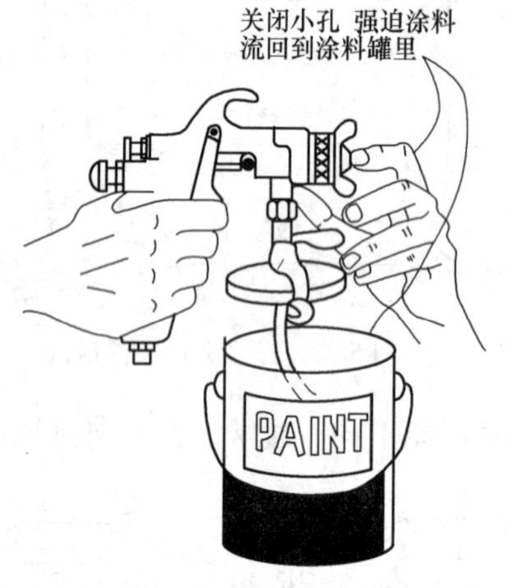

图5-75　利用压缩气使枪内的涂料流回涂料罐

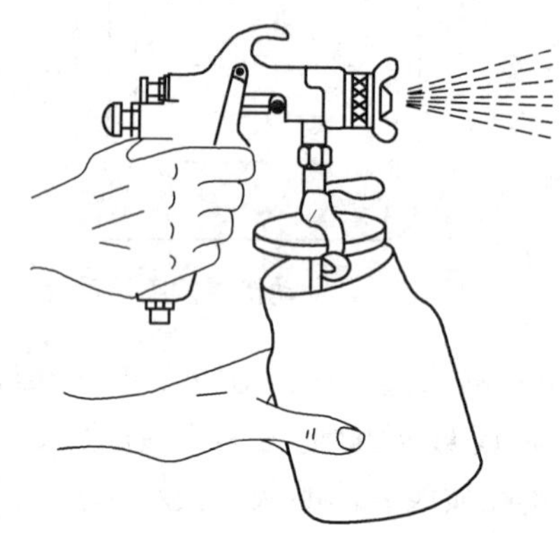

图5-76　用稀释剂冲洗喷枪

3）逆时针方向旋转，拆下空气帽。用专用工具拆下喷嘴。拧松雾形控制钮锁紧螺母，拆下雾形控制阀。拧松漆流量控制钮锁紧螺母，拆下漆流量控制钮，抽出针阀，如图5-77所示。

4）将拆下的零件在稀释剂中浸泡一会，用溶剂及软毛刷清洗各零件。用塑料针疏通各孔道，如图5-78所示。

注意：决不能用铁丝或铁钉类的东西清理这些小孔，因为这些小孔都是精加工钻出的。不要把喷枪长时间泡在清洗液中，这样会使密封圈硬化，并破坏润滑效果。

5）当所有零件均清洗完毕后，按拆卸相反顺序组装喷枪。

6）按图5-79所示位置用专用润滑油润滑各点。

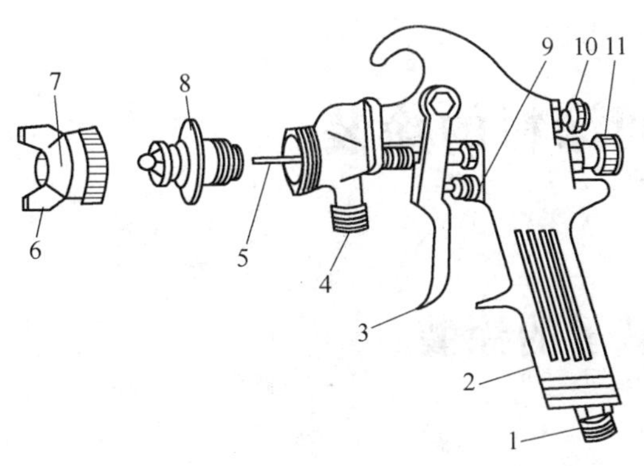

图 5-77　喷枪结构图

1—压缩空气进气阀　2—手柄　3—扳机　4—控漆阀
5—顶针　6—空气帽角　7—空气帽　8—涂料喷嘴
9—空气阀　10—雾形控制阀　11—漆流控制阀

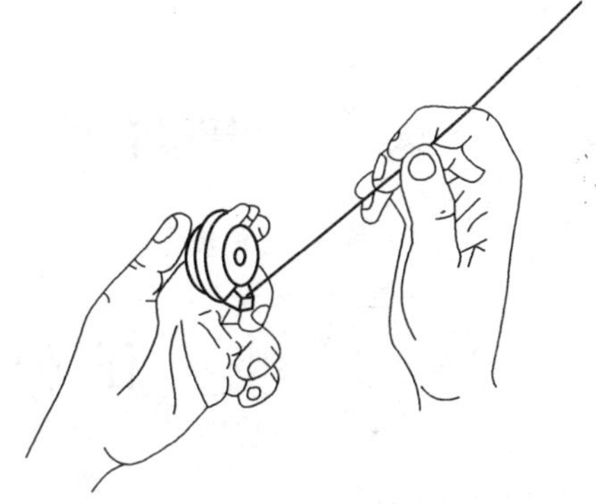

图 5-78　通气帽的孔

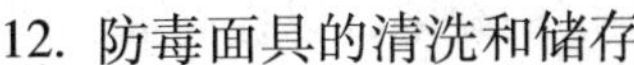

12. 防毒面具的清洗和储存

1）在每次使用后，建议卸下滤毒罐或滤棉后，清洗面具，如图 5-80 所示。

2）清洗面具（不包括滤毒罐或滤棉），用防毒面具擦拭纸，或浸在温热的清洁液中，水温不要超过 50℃，用软刷清洗直至清洁，如图 5-81所示。如有必要加中性洗涤剂，不要用含有羊毛脂或其他油性的清洁剂。一般情况下，可用酒精棉擦拭面具内部，进行消毒清洁。

3）用干净、温和的水冲洗。并在清洁的空气中风干。

4）防毒面具各个部件必须在每次使用前检查，如有破损必须丢弃。

5）在不使用时，清洁的防毒面具必须在污染区以外，密封保存。

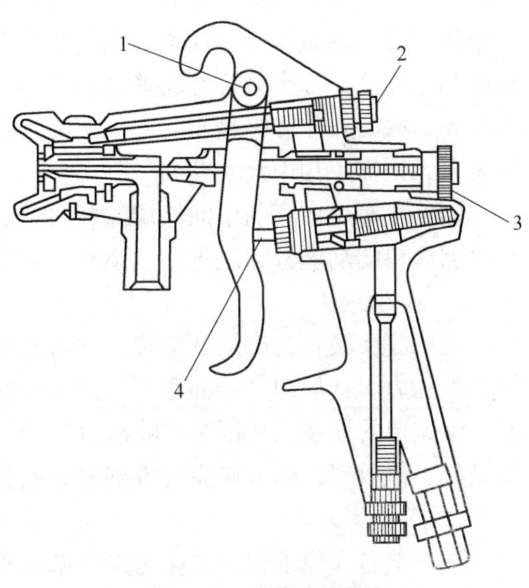

图 5-79　喷枪的润滑点

1—扳机转轴　2—喷雾扇形控制钮
3—涂料控制旋钮　4—空气阀

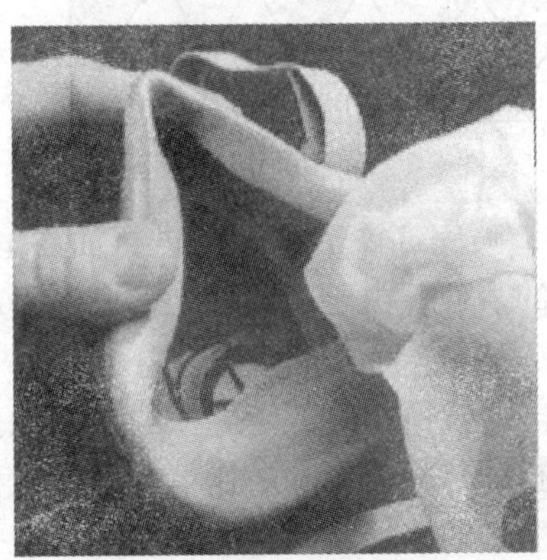

图 5-80　清洁面具

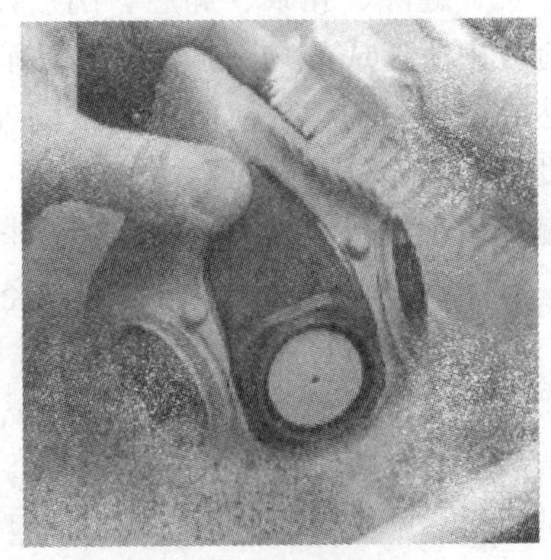

图 5-81　清洗面具

项目六　中间涂料的涂装

任务一　腻子的涂装

【相关知识】

一、中间涂料

腻子层属于中间涂层，有时也归类于底涂层，在国外的一些汽车维修业中，涂腻子的工作是由钣金工来完成的。中间涂层是介于底漆与面漆之间的涂层，所用的涂料简称为中涂。中涂的主要功用是提高被涂物表面的平整和光滑度，封闭底漆层的缺陷，以提高面漆层的鲜映性和丰满度，提高装饰性，增加涂膜厚度，提高耐水性。对于表面平整度好、装饰性要求不太高的载货汽车和轻型车，几乎不喷中涂，以降低涂装成本。对于装饰性要求高的中、高级轿车，则需采用中涂。

国外汽车生产厂的中间涂层涂料一般分为通用底漆、腻子、二道浆、封闭底漆。而国内则根据涂料的功能分为腻子、二道浆、封闭底漆，将通用底漆并入二道浆中。

1. 通用底漆

通用底漆又称为底漆二道浆，它可直接涂布在金属表面，具有底漆的功能，又具有一定的填平能力。一般用“湿碰湿”工艺涂布两道，以代替底漆和二道浆，达到简化工艺的目的。湿碰湿的涂装工艺即是在喷涂过程中，不等上一道漆完全干透就喷涂下一道漆，这样可以提高工作效率，还可使涂层得到较好的光泽效果。

2. 腻子

腻子学名为原子灰，又称为聚合型腻子，是一种膏状或厚浆状的涂料。它容易干燥，干后坚硬，能耐砂磨。腻子一般使用刮具刮涂于底材的表面（也有使用大口径喷枪喷涂的浆状腻子，称为喷涂腻子），用来填平底材上的凹坑、缝隙、孔眼、焊疤、刮痕以及加工过程中所造成的物面缺陷等，使底材表面达到平整、匀称，使面漆的丰满度和光泽度等能够充分地显现。

图 6-1　底漆的填平能力

腻子属于中间涂料的一种。对于非常平整的板件，喷完底漆后，即可进行面漆的涂装。但是，对于不够平整的表面，特别是经过钣金处理后的表面，由于凹凸较大，底漆很难将其填平，如图 6-1 所示。此时就应使用涂腻子的方法来处理。

严格地讲，原子灰与通常所指的腻子是有区别的。通常所指的腻子，一般是用油基漆作为黏结剂，加以熟石膏粉等填充料，并加入少量的颜料和稀释剂调和后作填补用。这种腻子干燥时间长，干燥后质地比较软，而且会出现不同程度的凹陷，对其上面的涂膜具有一定的吸收作用，不利于涂装修补和面漆的美观，现已不用。20 世纪 80 年代我国研制出了水性腻子，用水作为稀释剂调和后使用，这种腻子在一定程度上对油性腻子的性能有所改善，但仍存在塌陷、吸收、质软等缺点，现在也已经不常用。而原子灰硬化时间短，常温下 0.5 h 即可干燥硬化，可以进行打磨；经打磨后的原子灰表面细腻光洁，表面坚硬，基本无塌陷，对其上面的涂料吸收很少甚至不吸收；附着能力强，耐高温，正常使用时不出现开裂和脱落现象，因而被广泛应用于汽车的制造和修补工作中。

腻子是涂料，所以也是由树脂、颜料、溶剂和填充材料等组成的。现在较为常用的腻子树脂有聚酯树脂和环氧树脂等，环氧树脂腻子具有良好的附着力、耐水性和防化学腐蚀性，但涂层坚硬不易打磨，由于其附着力优良，可以刮涂得较厚而不脱落、开裂，多用于涂有底漆的金属或裸露的金属表面。聚酯树脂腻子也有着优良的附着力、耐水性和防化学腐蚀性，而且干燥后涂膜软硬适中，容易打磨。经打磨后表面光滑圆润，适用于很多底材表面（不能用于经磷化处理的裸露的金属表面，否则会发生盐化反应，造成接触面不能干燥而影响附着力），经多次刮涂后，膜厚可达20mm 以上而不开裂、脱落，所以是应用最为广泛的一种，现在常见的腻子基本都是聚酯树脂腻子，因此，现代的汽车修补用腻子几乎全部被称为原子灰。

腻子中的颜料以体质颜料为主要物质，配以少量的着色颜料。填充材料主要使用滑石粉、碳酸钙、沉淀硫酸钡等，起填充作用并提高腻子的弹性、抗裂性、硬度以及施工性等。着色颜料以黄、白两色为主，主要是为了降低色彩度，提高面层的遮盖能力。

腻子多为双组分产品，需要加入固化剂后方能干燥固化，以提高硬度和缩短干燥时间。聚酯树脂型腻子多用过氧化物作为固化剂，环氧树脂型腻子多用胺类作为固化剂。

腻子的种类很多，经常使用的有如下几种。

（1）普通腻子　普通腻子多为聚酯树脂型，膏体细腻，操作方便，填充能力强，适用于大多数底材。例如良好的旧漆层、裸露的钢板表面等。因其具有良好的附着力和弹性，也可用于车用塑料保险杠和玻璃钢件，但刮涂不宜过厚。普通腻子不适用于镀锌板、不锈钢板和铝板等及经磷化处理的裸露的金属表面，否则易造成附着能力不够而开裂。但在这些金属表面先喷涂一层隔绝底漆（通常为环氧基）后即可正常使用。

（2）合金腻子　合金腻子也称为金属腻子，比普通腻子性能更加良好。除可用于普通腻子所用的一切场合外，还可直接用于镀锌板、不锈钢板和铝板等裸露的金属而不必首先施涂隔绝底漆，但不适用于经磷化处理的裸露的金属表面。合金腻子因其性能卓越，使用方便，所以应用也很广泛，但价格要高于普通腻子。

（3）纤维腻子　纤维腻子的填充材料中含有纤维物质，干燥后质轻但附着力和硬度很高，因此能够一次刮涂得很厚，可以直接填充直径小于 50mm 的孔洞或锈蚀而无需钣金修复，对孔洞的隔绝防腐能力也很强。用于有比较深的金属凹陷部位填补效果非常良好。但表面呈现多孔状，需要用普通腻子填平。

（4）塑料腻子　塑料腻子专用于柔软的塑料制品的填补工作。调和后呈膏状，可以刮涂也可以揩涂，干燥后像软塑料一样，与底材附着良好。虽然干后质地柔软，但打磨性很好，可以机器干磨也可以用水磨，常用于塑料件的修复。

（5）幼滑腻子　幼滑腻子也称为填眼灰，有双组分的也有单组分的，以单组分产品较为常见。幼滑腻子膏体极其细腻，一般在打磨完中涂层后喷涂面漆之前使用，主要用途是填补极其微小的小坑、小眼等，提高面漆的装饰性。因其填补能力比较差，且不耐溶剂，易被面漆中的溶剂咬起，所以不能大面积刮涂使用。但它干燥时间很短（几分钟），干燥后较软，易于打磨，非常适合用于填补小坑，可以提高生产效率并能保证质量，是涂装必备的用品。

如日本立邦油漆公司生产的耐可施（nax）系列汽车修补腻子主要有：修补腻子（为单组分硝基腻子，主要用于细小凹陷的修补）、中间腻子（为双组分不饱和聚酯腻子，主要用于防锈钢板和浅度或中度凹陷的修补）、钣金腻子（为双组分不饱和聚酯腻子，主要用于防锈钢板和深度凹陷的修补）。

3. 中涂底漆

中涂底漆是指介于底漆涂层和面漆涂层之间所用的涂料，也称为底漆喷灰，俗称二道浆。中涂底漆的主要功能是改善被涂工件表面和底漆涂层的平整度，为面漆层创造良好的基础，提高面漆涂层的鲜映性和丰满度，提高整个涂层的装饰性和抗石击性。对于表面平整度较好、装饰性要求又不太高的载货汽车和普通乘用车，在制造和涂装修理时有时不采用中涂底漆，对于装饰性要求很高的中、高级轿车则都采用中涂底漆。

中涂底漆所使用的漆基与底漆和面漆使用的漆基相仿，并且逐步由底向面过渡，这样有利于保证涂层间的结合力和配套性，常用的漆基有环氧树脂、聚酯树脂、聚氨酯树脂等。这些树脂制成的中涂底漆均为双组分低温固化，热固性好，所得到的涂膜硬度适中，耐溶剂性能好，适宜与各种面漆配套使用。

中涂底漆的颜料多为体质颜料，具有良好的填充性能。中涂底漆的固体成分一般要在60%以上，喷涂两道后涂膜的厚度可达60～100 μm。着色颜料多采用灰色、白色和黄色等易于遮盖的颜色。另外也有可调色中涂底漆，在中涂底漆中可以适量加入面漆的色母（一般为10%左右），调配出与面漆基本相同的颜色，用于提高面漆的遮盖力，避免造成色差。这类可调色中涂底漆的漆基一般都与面漆基本相同，在不同时不可加入面漆的色母调色。

中涂底漆可采用手工喷涂和自动静电喷涂，且具有良好的湿打磨性，打磨后可获得非常平滑的表面。

4. 封闭底漆

封闭底漆是涂面涂层前的最后一道中间层涂料。其漆基含量在底漆和面漆之间，涂膜光亮。漆基一般是由底漆所用的树脂配成。如果中涂底漆喷涂及处理的效果很好，则不必喷涂封闭底漆。

二、刮腻子的一般知识

腻子是一种加有添加剂的底层涂料，填充在表面缺陷部位，提高表面质量。所谓填充就是把足够的填充材料堆积到一个表面上，当填充物干燥、收缩后，可以对多余的填充物进行打磨，从而减小整个表面的平面度，便于施涂面涂层，如图6-2所示。

图6-2　涂腻子的作用

为达到上述目的，要求腻子中要包含大量的固体成分，包括颜料等物质，涂抹在板件表面上后，能够快速固结，形成有一定厚度的涂层。

刮腻子又称打腻子，是一项手工作业。常用工具有调拌腻子盒（木制或金属制作）、腻子托板、腻子铲刀、腻子刮刀（又分为牛角刮刀、橡胶刮刀、钢刮刀、嵌刀）等，如图6-3所示。

钢刮刀如图 6-4 所示，由木柄和刀板构成。木柄可用松木、桦木等制作，刀板用弹性较好的钢板制作。要求刃口平直。

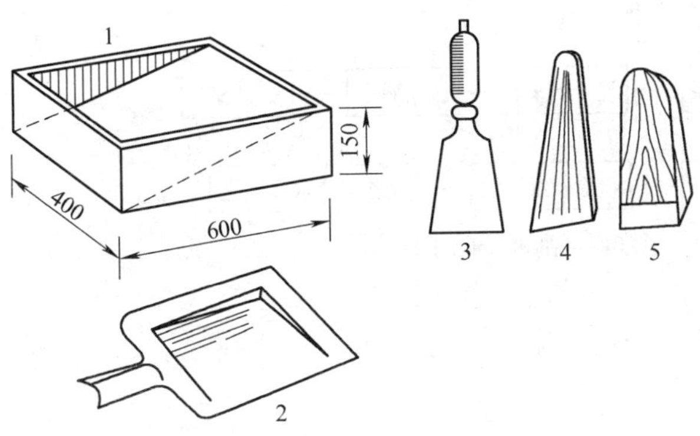

图 6-3　刮腻子的常用工具

1—调拌腻子盒　2—钢制腻子板　3—腻子铲刀

4—牛角刮刀　5—橡胶刮刀

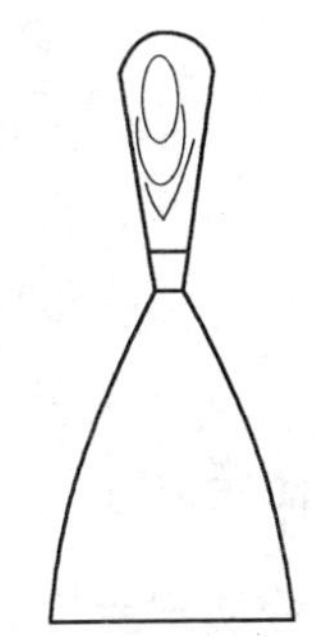

图 6-4　钢刮刀

橡胶刮板如图 6-5 所示，采用耐油、耐溶剂的橡胶板制成，外形尺寸和形状根据需要确定。新制的橡胶刮板用约 100#砂纸将刃口磨齐磨薄，不得有凹凸。

橡胶刮板有很好的弹性，对于刮涂形状复杂面非常适用，尤其是圆角、沟槽等处特别适用。还可根据工件形状将刃口做成相应形状。用后擦净保管。

嵌刀如图 6-6 所示，用普通钢制成，两端有刃口，一端为斜刃，另一端为平刃。也可用钳工手锯条磨出刃口，缠上胶布即可。用于将腻子嵌入孔眼、缝隙或剔除转角、夹缝中的异物。

调拌腻子盒（混合板）如图 6-7 所示，采用 1.0～1.5mm 低碳钢板制成，用于调配腻子或盛装腻子。

腻子托板如图 6-8 所示，用钢板或木板等制成，在刮腻子时放少量腻子以方便施工。也可用较厚的大型钢刮刀代用。

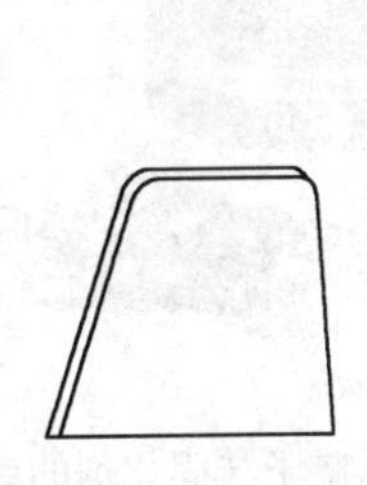

图 6-5　橡胶刮板

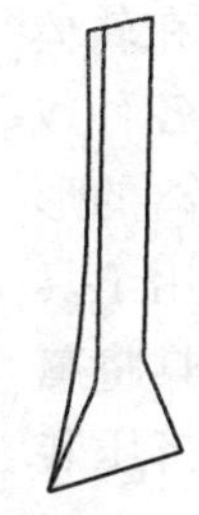

图 6-6　嵌刀

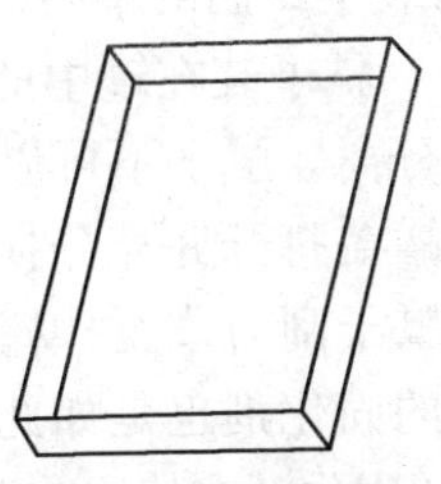

图 6-7　调拌腻子盒

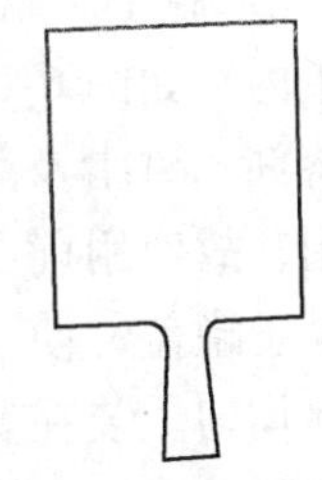

图 6-8　腻子托板

新施涂的腻子会由于其自身的反应热而变热，从而加速固化反应。一般在施涂以后 20～30min 即可打磨。如果气温低或湿度高，腻子的内部反应速度降低，因而需要较长的时间来使腻子固化。为了加快固化，可以用红外线灯或干燥机加热。

在使用红外线灯或干燥机来加热和干燥腻子时，一定要使腻子的表面温度控制在 50℃以下，防止腻子分离或龟裂。如果表面热得不能用手触摸，则说明温度太高了。

涂层薄的地方往往比涂层厚的地方温度低。这种较低的温度会延缓涂层薄的地方的固化反应。因此，一定要检查涂层薄的部分，以确保腻子的固化状况。

常用的刮腻子（聚酯型）的工序如图6-9所示。

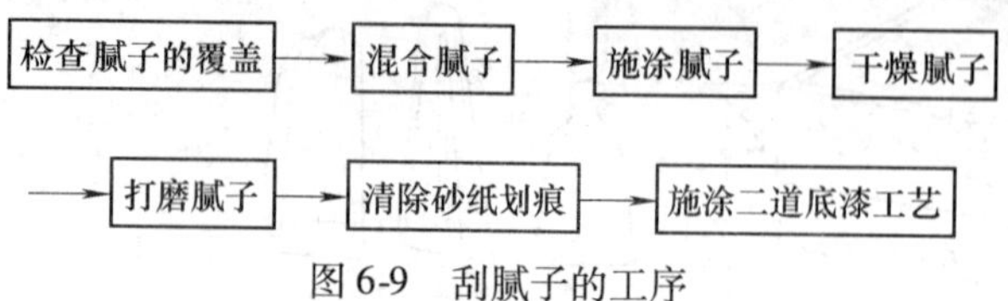

图6-9　刮腻子的工序

【技能学习】

一、劳动安全与卫生

操作前必须牢记以下劳动安全事项：

1）必须穿好工作服。

2）腻子在固化中会产生热。如果在混合板上遗留了腻子，那么在腻子施涂工作完成以后应立即放在垃圾桶里，腻子产生的热可能引燃易燃物品。因此，一定要确认腻子已经凉透了，才能将之丢弃。

3）打磨腻子时必须佩戴防尘口罩。

4）用干磨机打磨腻子时，需佩戴护目镜。

5）报废的砂纸，不要随地乱扔，应丢弃在废物箱内。

二、操作流程

1. 刮腻子

（1）除尘与除油

1）用除尘布将需要刮涂腻子的表面细致地清除灰尘。

2）采用擦拭法或喷擦结合法，清除板件表面的油脂。

（2）准备腻子

1）检查需刮涂腻子的表面，判断应拌和多少腻子。

2）取腻子。腻子通常装于铁制的罐内，固化剂装在软体的管子内，如图6-10所示。腻子装在罐中的时候，其各种成分如溶剂、树脂及颜料会分离。腻子不可以以这种分离的形态使用，故使用前必须将罐盖打开并充分搅拌。用专用工具撬开腻子罐盖，使用长柄腻子刮刀或搅拌棒之类的工具将腻子搅拌均匀。装在管子中的固化剂也是如此，应充分挤压装盛固化剂的胶管，使管中的固化剂在使用前混合充分。

图6-10　腻子与固化剂的盛装

注意：腻子罐每次用后必须盖好，以防溶剂挥发。如果溶剂挥发了，要向罐中倒入专用的溶剂。

3）将适量的腻子基料放在混合板上。然后按规定的混合比例添加一定量的固化剂。一般是以100∶2～100∶3的比例拌和。

注意：若固化剂过多，干燥后就会开裂；若固化剂过少，就难以固化干燥。近来有一种方法将主剂和固化剂采用不同的颜色相区别，通过其混合后的颜色来判断其混合比。腻子主剂与固化剂拌和时，固化剂有一定范围的容许量，可以随气温的变化适当调整，具体数值应以产品说明书为准。

一次不要取出太多的腻子调和，因为调和后的腻子会很快固化，如果还没刮涂到规定部位即固化，则调和的腻子便不能再用，造成浪费。

（3）拌和腻子（见图6-11）

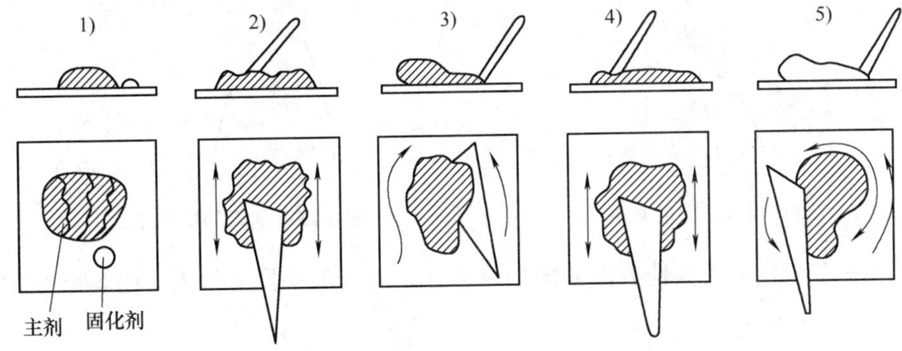

图6-11　腻子的拌和法

1）用刮刀的尖端舀起固化剂，将其均匀散布在腻子基料的整个表面上。

2）抓住刮刀，轻轻提起端头，再将它滑入腻子下面，然后将它向混合板的左侧提起。

3）在刮刀铲起大约1/3腻子以后，以刮刀右边为支点，将刮刀翻转。

4）将刮刀基本上与混合板持平，并将它向下压。一定要将刮刀在混合板上刮削，不要让腻子留在刮刀上。

5）拿住刮刀，稍稍提起端头，并且将上述在混合板上混合的腻子全部铲起。

6）将腻子翻身，翻的方向与第3）步中的相反。

7）与第4）步相同，将刮刀基本上与混合板持平，并将它向下压，从第2）步重复操作。

8）在进行第2）步到第7）步时，腻子往往向上朝混合板的顶部移动。在腻子延展至混合板的边缘时，铲起全部腻子，并且将它向混合板的底部翻转。重复第2）步到第7）步的操作，直到腻子充分混合。

注意：腻子有可用时间的限制。所谓可用时间是指主剂和固化剂混合后，保持不硬化，能进行刮涂的时间。通常在20℃条件下，可以保持5min左右。因此应根据拌和所需时间和刮涂所需时间，决定一次拌和的量。如果总是拌和不好，反复长时间地拌和，超过可用时间（或留给涂抹的时间过短），就会使其固化而不能使用。因此拌和的关键是速度要快，动作要熟练。

是否拌和良好，主要通过混合物的颜色是否均匀来判定。如果拌和不良，就会引起固化不良和附着不良等问题。有的腻子随季节不同，固化剂的配合比也要随着变化，应根据产品说明书要求去做。

（4）刮腻子

1）刮刀的握法，刮腻子时，以左手握腻子托板，右手拿刮刀。刮刀有以下几种握法：

① 直握法。如图6-12所示，直握时食指压紧刀板，拇指和另外四指握住刀柄。直握法适用于小型钢刮刀。

② 横握法。如图6-13所示，横握时拇指和食指夹持住刮刀靠近刀柄的部分或中部，另外三指压在刀板上。

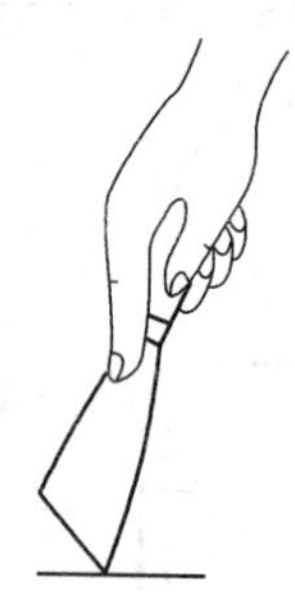

图6-12　刮刀的直握法

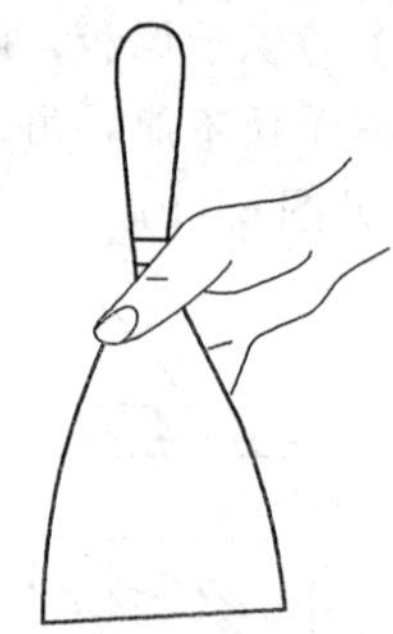

图6-13　刮刀的横握法

③ 其他握法。刮刀的其他握法如图6-14所示。对于右手握刀的人，图6-15所示是较常用的握法。

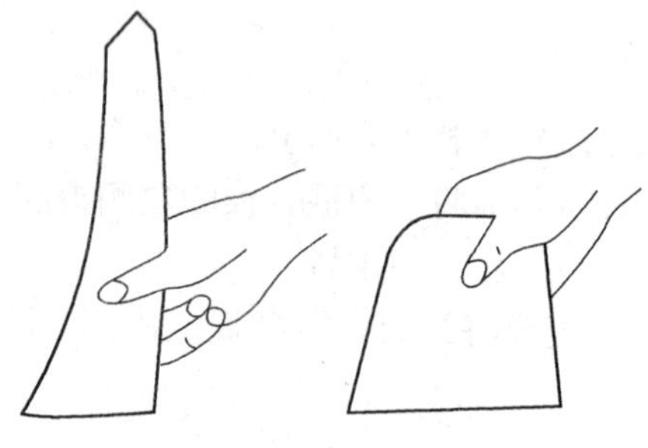

图6-14　刮刀的其他握法

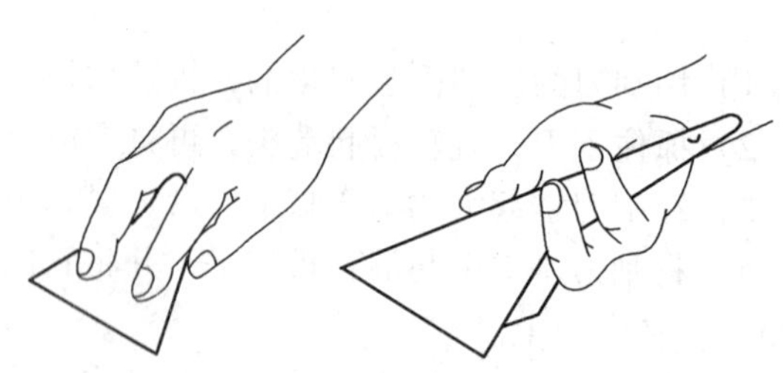

图6-15　右手握刀人常用的握法

2）刮腻子的手法。

① 往返刮涂法：往返刮涂法是先把腻子敷在平面的边缘成一条线，刮刀尖呈30°～40°向外推向前方，将腻子刮涂于低陷处，多余腻子挤压在刮刀口的右面成一条线。这种方法适合于刮涂平面物体。

② 一边倒刮涂法：一边倒刮涂法就是刮刀只向一面刮涂。汽车车身刮涂腻子的顺序是从上往下刮，或从前往后刮。手持刮刀的方法有两种，一种是用拇指与中指等握住刮刀，食指压在刮刀的一面，腻子打在托板上，刮刀将腻子刮涂于物体表面，即从上往下刮涂，依次进行，最后将多余腻子刮回到托板上；另一种是用拇指与食指握刮刀，腻子黏附在刮刀口内侧，从外向里刮涂，依次进行。这种方法适合于刮涂汽车翼子板、发动机罩等。

刮涂腻子时应将刮具轻度向下按压，并沿长轴方向运刮（见图6-16a）。每次涂刮腻子的量要适度，避免造成蜂窝和针孔。对于区域性填补应按图6-16b所示的方向运刮。

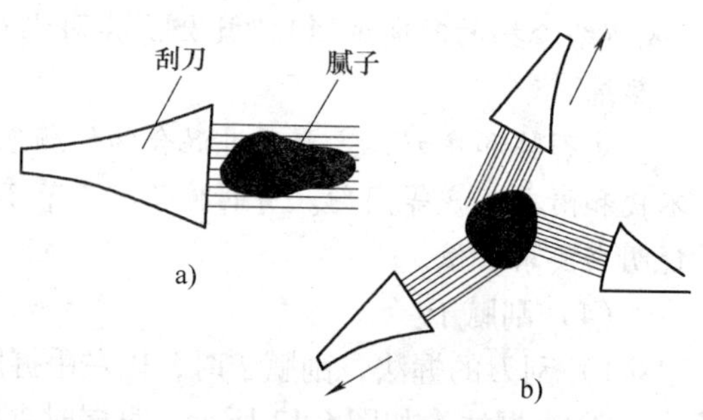

图6-16　刮具的运刮方向

刮涂腻子的方式有满刮和软硬交替刮两种，其中满刮又分填刮和靠刮。软硬交替刮又分“先上后刮”和“带上带刮”，另外还有“软上硬收”、“硬上硬收”、和“软上软收”等。

填刮的目的是用较稠的腻子分若干次将构件表面凹陷填平，填刮时主要用硬刮具靠刀口上部有弹性的部位与手劲配合进行操作。

靠刮所用的腻子稠度稍低，用于最后一、两次的刮涂，用于平滑的表面。刮涂时使硬刮具在刮口起主要作用而将腻子刮涂，使腻子刮得薄、刮得亮。

先上后刮是指先将腻子逐一填满或刮平，然后再用硬刮具将其收刮平整，适应较大面积的刮涂。

带上带刮是指边上腻子边将其收刮平整，适用于较小面积或形状较复杂部位的刮涂。

软上硬收是指先用软刮具在垂直平面上刮挂腻子，然后再用硬刮具将腻子收刮平整，这样腻子不容易发生掉落。

硬上硬收是指上腻子和收腻子都用硬刮具以利于刮涂面平整，适合刮涂有平面又有曲面的构件。

软上软刮是指上腻子和收腻子时均采用软刮具，以利于按构件表面的造型刮出来，适合于刮涂单纯曲面构件。

3）不同表面刮腻子的操作。

① 平面局部修补腻子时，一般采用填刮的刮涂方法，如图 6-17 所示。第一步先将腻子往金属表面上薄薄地抹一层，刮刀上要加一定的力，以提高腻子与金属表面的附着力；第二步逐渐用腻子填满修补的凹坑。刮涂时刮刀的倾斜角度，随作业者的习惯而存在差异，通常以 35°～45°左右为好。要注意腻子中不要混入空气，否则会产生气孔并开裂；第三步用刮刀轻轻刮平修补表面。如果是曲面，第一和第二步可采用填刮，第三步应换用橡胶刮刀进行刮涂，以刮出正确的曲面形状。

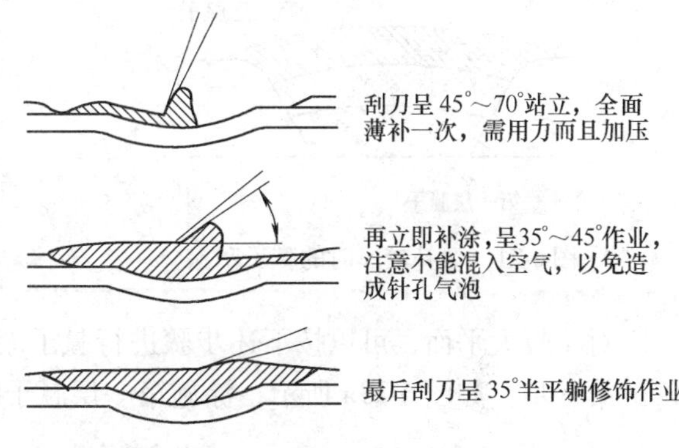

图 6-17　局部修补腻子的填刮法

② 大面积刮腻子时，使用宽刮刀比较方便。比如车顶、发动机罩、行李箱盖、车门等，使用宽的刮板，可以提高刮涂速度。另外曲面刮涂，应使用橡胶刮刀。如图 6-18 和图 6-19 所示，根据被刮涂面的形状，使用不同弹性的刮刀，可以使作业合理化。

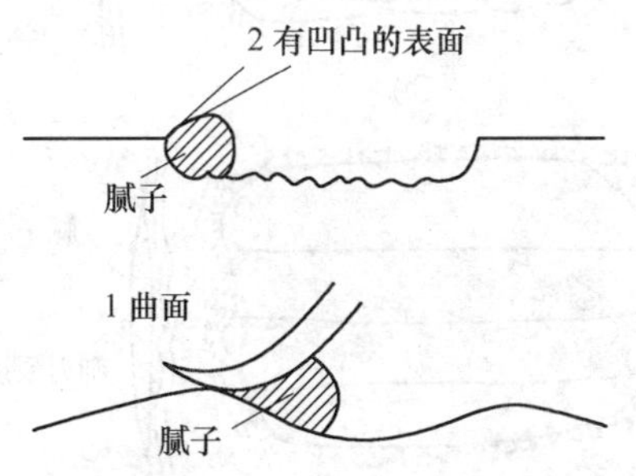

图 6-18　根据刮涂面的形状选用不同弹性的刮刀

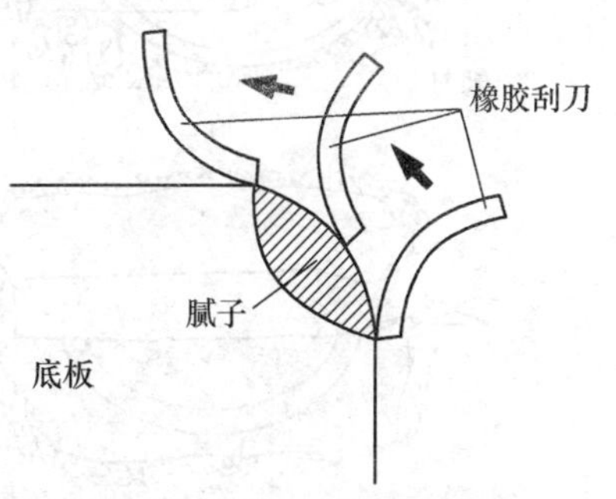

图 6-19　带曲面刮刀的使用方法

③ 对于冲压形成按一定角度交接的两个面，若需要在冲压线部位进行刮腻子修补，其方法如图 6-20 所示。沿交接线贴上胶带纸遮盖住一侧，刮好另一侧的腻子；稍等片刻待腻子干燥后，揭下胶带，再在已刮好的一侧贴上胶带纸遮盖，接着刮涂好余下的一侧。如此进行，可很好地恢复冲压棱线的线形。

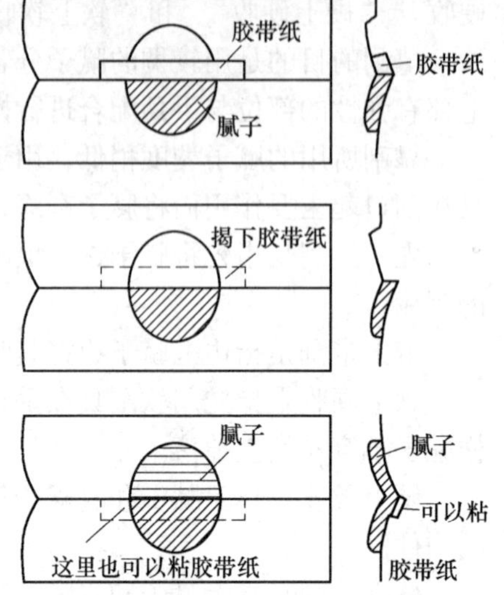

图 6-20 冲压线部位的腻子修补

④ 冲压线部位的腻子修补严重或原来的旧涂膜较厚，一次刮涂填不满时，可以像图6-21所示那样，分成 2 ~ 3 次刮涂。这种情况下，可以在前一层处于半干的状态下，刮上新的一层。一次刮涂过厚，会形成气孔等问题。

⑤ 当旧涂膜油灰层很厚时，可以像图 6-22 所示那样，先在与旧涂膜的交接部位薄薄地涂上一层复合油灰，待其充分干燥之后，打磨表面，然后再填上腻子，这可以解决与旧涂膜附着不良的问题。

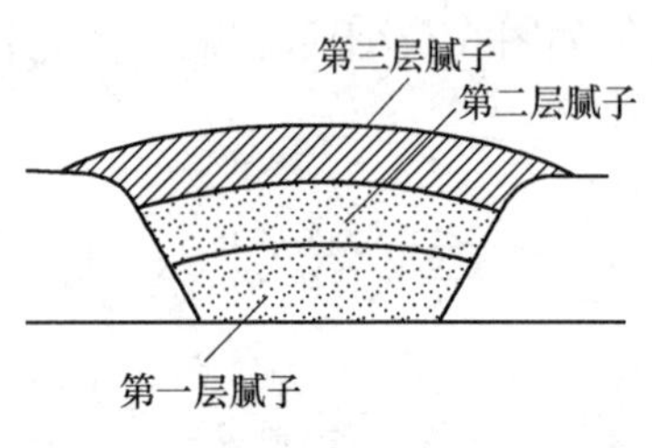

图 6-21 填补较厚时的腻子刮涂

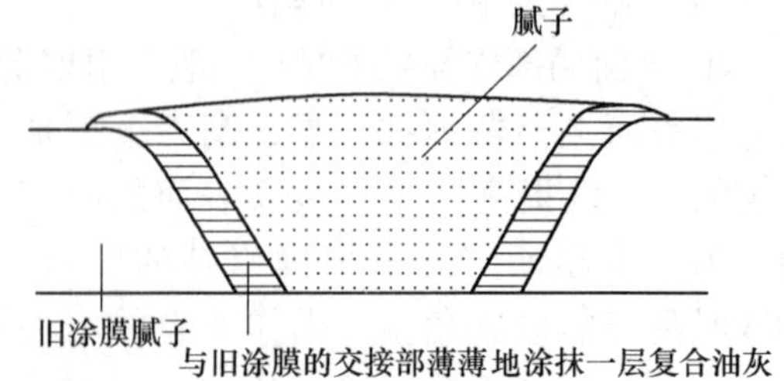

图 6-22 旧涂膜油灰较厚时的腻子刮涂方法

对于较大平面，可以按下述步骤进行腻子涂装。

第一步：如图 6-23a 所示，涂施第一层腻子时，将腻子薄薄地施涂在整个表面上。

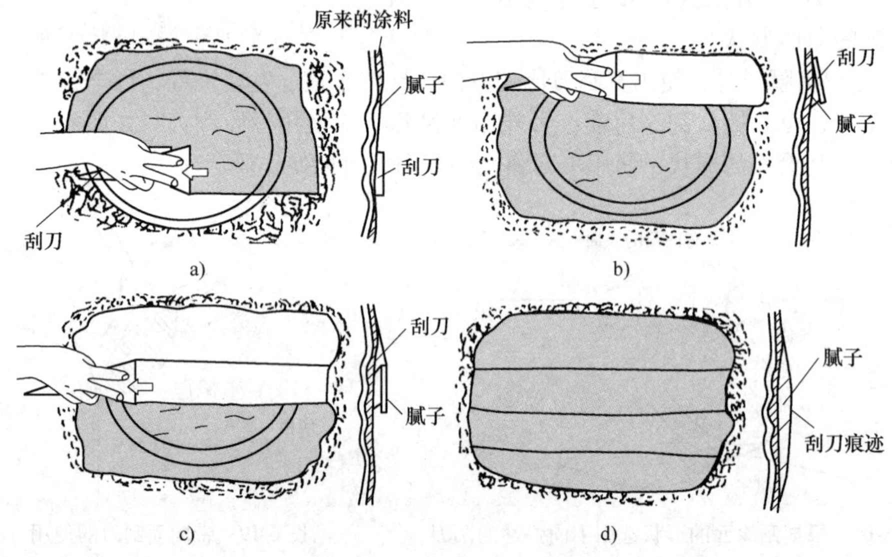

图 6-23 平面施涂腻子步骤

第二步：为了最大限度地减少在后续打磨工序中所需要的力，施涂第二层腻子时，边缘不要厚。如果刮刀处于图 6-23b 所示的位置时，用食指向刮刀的顶部施力，以便在顶部涂一薄层。

第三步：在下一道施涂腻子时，如图 6-23c 所示，要与在第二层中覆盖的部分稍有重叠。在这一道开始时涂一薄层，要用一点力，将刮刀抵压在工件表面上，然后释放压力，同时滑动刮刀。此外，在施涂结束时，要向刮刀施一点力，以便涂一薄层。

第四步：重复第三步，如图 6-23d 所示，直到在整个表面上施涂的腻子达到要求。

注意：在向平面施涂腻子时，要注意以下事项：

a. 如果刮刀在各道施涂中，仅向一个方向移动，腻子高点的中心就有所移动。这种情况很难打磨，所以刮刀在最后一道中必须反向移动，以便将腻子高点移回中央。

b. 腻子必须比原来的表面高。但是，最好只能略微高一点。因为如果高得太多，在打磨过程中，就要花许多时间和力气来清除多余的腻子。

c. 腻子施涂在工件表面上的范围，必须以在施涂过程中留下的打磨划痕为限。如果没有打磨划痕，腻子就粘不牢，日后可能会剥落。

d. 施涂腻子要快，必须在混合后大约 3min 以内施涂完。如果花费时间太长，腻子就可能在该道施涂完成前固化，影响施涂。

e. 腻子在固化中会产生热。如果在混合板上遗留了腻子，那么在施涂工作完成以后就立即将腻子放在垃圾桶里。腻子产生的热可能引燃易燃物品，因此一定要确认腻子已经凉透了，才能将之丢弃。

4）刮腻子时应注意以下事项：

① 刮涂前被涂装表面必须干透，以防产生气泡或龟裂。若被涂装表面过于光滑，可先用砂纸打磨，使腻子与底面结合良好。

② 腻子应在一两个来回中刮平，手法要快要稳，且不可来回拖拉。拖拉刮涂次数太多，腻子易于拖毛，表面不平不亮，还会将腻子里的涂料挤到表面，造成表干内不干，影响性能。

③ 洞眼缝隙之处要用刮刀尖将腻子挤压填满，但一次不宜刮涂太多太厚，防止干不透。

④ 刮涂时，四周的残余腻子要及时收刮干净，否则表面留下残余腻子块粒，干燥后会增加打磨的工作量。

⑤ 如果需刮涂的腻子层较厚，要多层刮涂时，每刮一道都要充分干燥，每道腻子不宜过厚，一般要控制在 0.5mm 以下，否则容易收缩开裂或干不透。

⑥ 自配的桐油厚漆石膏腻子不宜加水过多，加入的熟桐油不能过少，以防腻子变粉，刮涂后易起泡和开裂脱落。

⑦ 腻子刮涂工具用完后，要清洗干净再保存。刮刀口及平面应平整无缺口，以保障刮涂腻子的质量。

⑧ 夏季天气炎热，温度较高，腻子容易干燥，成品腻子可用稀料盖在上面，自配的石膏腻子可用湿布或湿纸盖住。冬季放在暖处，以防结冻，用时可加些清漆和溶剂，但不宜久放。

⑨ 腻子不能长期存放于敞口的容器中，以免黏接剂变质，溶剂挥发，造成粘挂不住，出现脱落或不易涂刮等问题。

2. 干燥腻子

新施涂的腻子会由于其自身的反应热而变热，从而加速固化反应。一般在施涂以后20～30min即可打磨。如果气温低或湿度高，腻子的内部反应速度降低，因而需要较长的时间来使腻子固化。为了加快固化，可以用红外线灯或干燥机加热。

现以IRT红外线烤灯为例，说明其操作方法。

（1）调整灯光的位置　通过调节活动支臂的高低来适应不同高度的烘烤要求，烤灯头部可以进行任何角度的调整，以适应车身不同的形状要求，如图6-24所示。

（2）设定烘烤参数

1）烤灯的控制面板如图6-25所示。打开电源后，数字面板1上会显示运行程序，系统提供了底层腻子、中层腻子、表层腻子、底漆、水基、面漆、光漆、塑料件和自设程序等多个程序供选择。根据实际工作情况通过上翻键“2”或下翻键“3”选择合适的程序，按确定键“5”进入该程序。

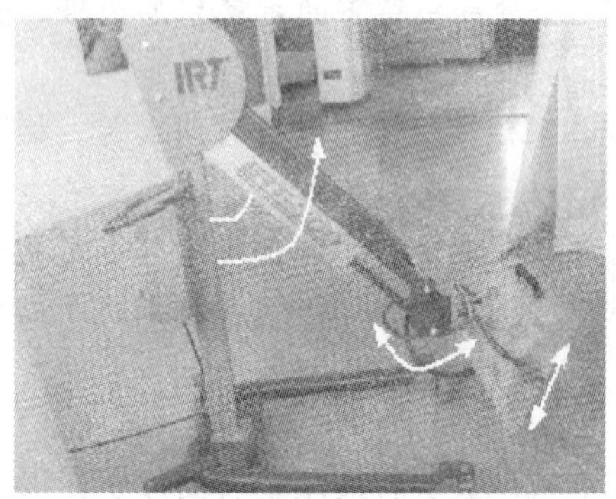

图6-24　调整灯光的位置

图6-25　控制面板

2）如果需要重新设定烘烤功率和烘烤时间，可以长按“5”键进入重新设定，如图6-26所示。此时上排第1位表示时间的数字会闪烁，可以按“2”键或“3”键在0～30min之间选择，按“5”键确定。同时第2位表示功率的数字会闪烁，可以在1～8之间选择，按“5”键确定。同时下排第1位表示时间的数字会闪烁，可以按“2”键或“3”键在0～30min之间选择，按“5”键确定。同时第2位表示功率的数字会闪烁，可以在1～8之间选择，按“5”键确定。

图6-26　烘烤程序设定

3）全部设定完成后，或者不需要重新设定时，按确定键“6”，屏幕会显示“人工检查距离”，此时需要通过使用烤灯头部的卷尺测量烤灯与被烤工件之间的距离，如图6-27所示。

4）确定好烘烤距离后，按“6”键进行烘烤，如图6-28所示。

图 6-27　测量烘烤距离

图 6-28　开始烘烤

烘烤过程分为两个阶段，第一阶段为闪烁烘烤，屏幕显示闪烁关闭的剩余时间，单位为 s，倒数计时。闪烁关闭后进入下一阶段。第二阶段为烘干，屏幕显示烘干剩余时间，单位为 s，倒数计时。烘烤结束后烤灯自动关闭，并有蜂鸣提示。

注意：烤灯自动关闭时切记不要关闭电源，因为烤灯风机还需要运转 1min 使自身散热，当风机停机后再关闭电源。

5）整理好电线，将烤灯支臂升起，轮子锁紧，防止烤灯自己移动。

注意：在使用红外线灯或干燥机来加热和干燥腻子时，一定要使腻子的表面温度控制在 50℃以下，防止腻子分离或龟裂。如果表面热得不能用手触摸，则说明温度太高了。

涂层薄的地方的温度，往往比涂层厚的地方低。这种较低的温度会延缓涂层薄的地方的固化反应。因此，一定要检查涂层薄的部分，确保腻子的固化状况。

3. 打磨腻子

（1）使用腻子锉刀粗锉削

1）先用半圆锉锉削。锉削中要注意不能施力过大，否则会在表面留下深深的锉痕。另外锉削方向始终要保持平行，既可全部沿前后方向，又可倾斜或沿上下方向，总之要锉削出平整的表面。

2）为消除半圆锉锉痕，使用平锉进行第二次锉削。如果最初腻子表面比较平整，可以开始就用平锉。

注意：如果腻子过于干燥，锉起来就很困难，应在刮腻子后 7 ~ 10min 内进行锉削作业。超过 20min，腻子就变硬了，应争取在这段时间内完成锉削作业。如果锉削下来的腻子呈较长的粗线状，说明腻子质量好，锉削的时机也掌握得较适宜。

（2）打磨机打磨平面　腻子表面锉削完毕后，再用直行式或往复式气动打磨机进一步打磨，所用砂纸粒度一般为 80#。

打磨的要领是：将打磨机轻压在腻子层表面，左右轻轻移动打磨机，切忌使劲重压。

如果填补面积很宽或很平整，可以免去锉刀锉削工序，直接用打磨机打磨。

注意：打磨时，磨头的工作面应保持与腻子表面平行，如图 6-29 所示。打磨时不能施力过大，应将打磨机轻轻压住，靠旋转力进行打磨。若施力过大，就不能形成平整表面。

打磨机的移动方向如图 6-30 所示，先沿①左右运动；随后沿②和③斜向运动；然后沿④上下运动，这样可以基本消除变形。如果最后再沿①左右运动一次，消除变形效果更好。之后再换用 100#砂纸，重复上述作业。

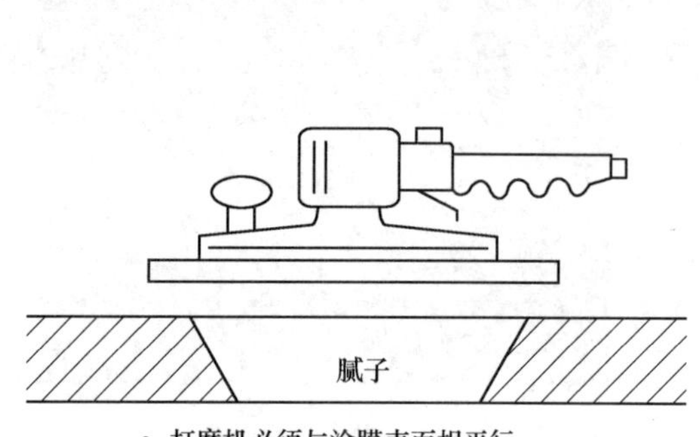

图 6-29　打磨机的使用方法

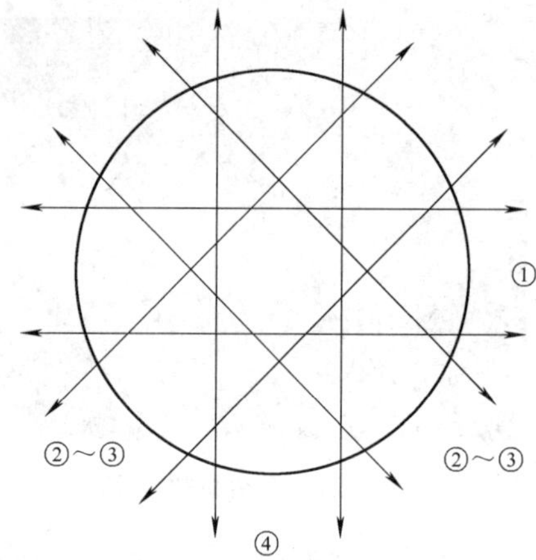

图 6-30　打磨机的移动方法

（3）手工打磨　使用手工打磨板并配合砂纸，彻底清除细小的凹凸不平。手工打磨所用砂纸粒度为 150# ~ 180#。

注意：气动打磨机不可能完全消除变形，因而手工修整是必不可少的环节。

（4）打磨机修整旧涂膜　使用双动式打磨机或小型往复式打磨机打磨修补腻子的边缘交接处及其周围的旧涂膜，如图 6-31 所示。砂纸粒度采用 240#。

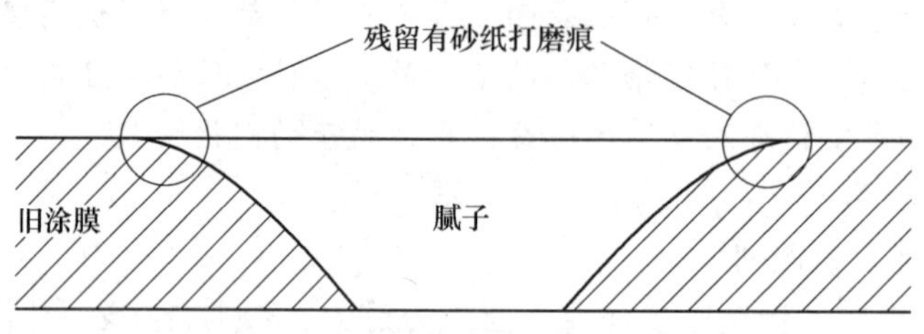

图 6-31　消除边缘交接处的旧涂膜

注意：当修补面积不太宽时，使用磨头面积较小的打磨机比较方便。尤其是小伤痕的修补，如果磨头面积过大，反而会在旧涂膜上留下划痕，导致不良效果。

在腻子的干打磨作业中，为推进作业的合理化，提高效率，应注意以下几点：

1）应根据不同打磨机的特点，按用途分别使用。

2）应根据不同的要求，正确选用砂纸粒度。

3）应在腻子固化过程中，在最适宜的时期进行打磨作业。一般情况下，随着腻子的干燥，其硬度随时间的增加而增加。这种硬度与时间的关系，因腻子种类不同而有所不同。但不论哪种腻子，都存在当硬度过低时无法打磨，若过硬则打磨困难的问题。因此，在硬度适宜的区间一般为刮涂腻子后 20 ~ 35min 进行打磨较为适宜。例如厚涂层的复合油灰，一般在刮涂后 25 ~ 75min，是最易打磨的时间。

4）注意各次打磨的砂纸粒度。不同种类的腻子，在选择砂纸粒度时有所不同，各涂料制造厂均根据各自生产的腻子性能特点给出有关粒度选择的建议，应严格执行。

目前，在汽车修理厂，涂装工还是习惯采用湿打磨的方式打磨腻子及中涂底漆，这种操作除可借助水膜的反光情况比较容易地判断打磨的平整情况，还能有效地减少打磨灰尘对人体的危害。但湿打磨结束后，一定要将水污清理干净，特别是气孔及缝隙处，否则很容易给接下来的喷涂带来意想不到的缺陷。而气孔内的水分是很难清理干净的，所以常常给接下来的喷涂带来缺陷。

实际上，如果能很好地使用打磨指导炭粉，在每次更换下一级砂纸打磨前，将炭粉涂于漆膜表面，然后再进行打磨，则能很好地指导打磨，获得比较理想的打磨表面。

打磨指导炭粉通常装于专用的盒内，如图6-32所示。使用时用粉扑粘炭粉涂于待打磨的表面，如图6-33所示，尽量施涂均匀。打磨过程中时刻关注指导炭粉的磨掉情况，如果全部指导炭粉均被磨掉，则表明基本打磨平整。

图6-32　指导炭粉

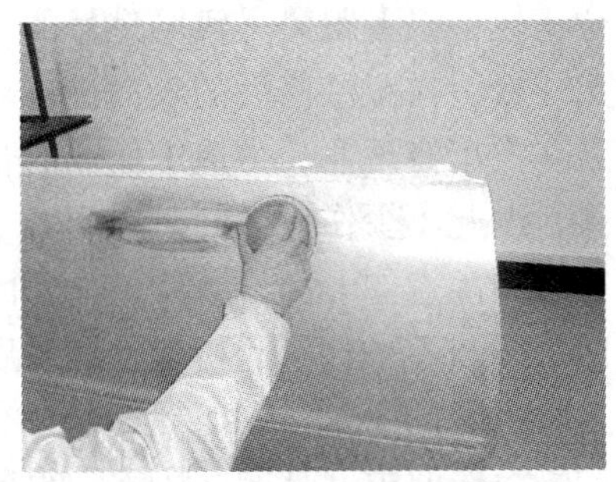

图6-33　指导炭粉的涂抹

4. 腻子的修整

(1) 搅拌填眼灰　填眼灰的盛装有两种形式，一种是盛装于软体金属或胶管内，另一种是盛装于金属罐内。对于盛装于软体金属或胶管内的填眼灰，搅拌时，用手反复捏揉管体即可；对于盛装于金属罐内的填眼灰，可用专用工具打开盖后，用搅拌棒充分搅拌。

(2) 取填眼灰　用腻子刮刀取少量填眼灰，置于腻子托板上，也可以置于另一个刮刀刀片上。由于填眼灰一般不需要填加固化剂，取出后即可使用（有的填眼灰需按比例加入稀释剂混合后才能使用），而且其固化时间很短，用量也少，所以应少取，并且应在尽量短的时间内用完。

(3) 施涂　气孔和划痕的修补如图6-34所示，用小的腻子刮刀，以刀尖部取很少量的填眼灰，对准孔及划痕部位，用力将填眼灰压入气孔或划痕内，必要时可填补多次。

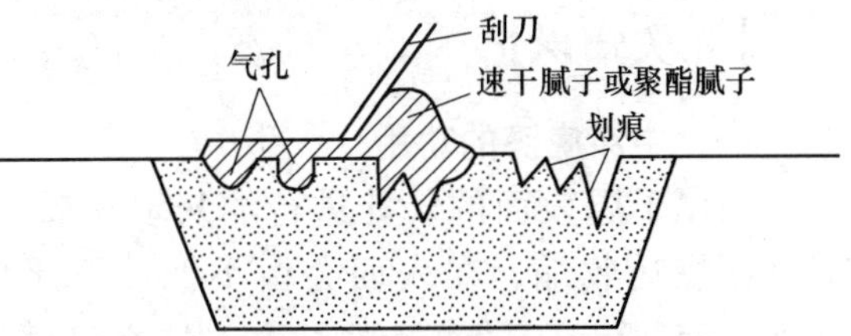

图6-34　气孔和划痕的修补

(4) 填眼灰的干燥　填眼灰施涂后，在自然条件下5～10min即可完全干燥，无需烘烤。

(5) 填眼灰的打磨　干打磨采用粒度为150#～180#的砂纸。打磨时要配合磨块，直到孔和划痕外的填眼灰完全被打磨掉为止。

(6) 手工打磨消除砂纸磨痕

1) 选择320#砂纸，按磨块大小裁好。

2) 用磨块的硬面配合砂纸对全部刮涂过腻子的表面进行一次细致的打磨，以消除粗糙的打磨划痕。

3) 用压缩空气吹净表面的打磨粉尘。

5. 腻子施工质量的检查

1）打磨后，损伤的表面完全被修复，腻子表面与旧涂层的表面高度平齐、弧度一致。可以采用观察法、触摸法和辅助工具检测法来检查打磨的质量。触摸法是实际工作中经常用到的方法，很多维修人员习惯于边打磨边触摸检查。

2）腻子表面无明显的打磨痕迹，无砂纸磨痕。

3）腻子层与旧漆膜结合良好，过渡平顺。

4）棱线的形状与良好的部位一致，如果板件附件的棱线无法比较，可以跟车身另一侧相同部位比较，或者跟另一辆同型号的车身对比来进行检查。检查时可以用硬纸板依照良好部位剪出样板，再跟维修后的表面进行对比。

近来在汽车修理业，为追求作业的合理化、速度化，干打磨得到了很大普及。但干打磨并非万能，因此不少作业者同时应用着干、湿打磨两种打磨方式。

湿打磨的优点如下：研磨质量高，因为打磨时水能起润滑作用，相对滑动阻力小，容易消除表面的凹凸不平；不起粉尘，这对后面的工序是有利的；从经济性方面讲，湿打磨消耗的砂纸是干打磨的1/3～1/4。但湿打磨容易在气孔、缝隙等处存积污水，而且很难清除，在后续的喷涂作业中，高的气压吹动很容易将这些地方的污水吹到新喷涂的表面，造成喷涂缺陷。另外，湿打磨如果接触到钢板表面，容易使其生锈。

湿打磨的具体方法与手工砂纸法除旧漆的操作相似，只是要注意砂纸一定要与板件平行，且需采用交叉打磨法以获得较为平整的表面。

任务二　中涂底漆的涂装

【相关知识】

一、中涂底漆的功用

对腻子层表面的气孔进行油灰填平后，由于油灰干燥后收缩，在表面会留下凹凸不平的点，如图6-35所示。尽管经过了手工精心打磨操作，也不能满足喷涂面漆的需要。另外，腻子表面打磨后，仍会留下细小的划痕，也不适合直接喷涂面漆。此时一般需要喷涂中涂底漆。

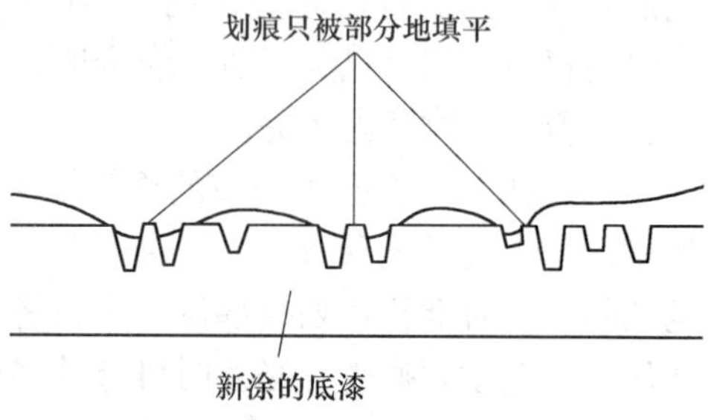

图6-35　腻子收缩时的情形

中涂底漆的主要作用一是填补平整表面，二是防锈保护。作为汽车修理涂装，其作用主要偏重于前者，而且一直是以作业性为中心来选择使用。在钣金修整后填补的腻子或复合油灰的部位、除锈后的金属表面、经修整的小伤痕以及旧涂膜起细微褶皱的部位等，喷涂上中涂底漆，填平微小的凹凸，然后通过打磨获得平整的表面，再喷涂面漆，既可以提高面漆的附着力，减少溶剂向底层的渗透，又能提高涂膜的表面平整度和色泽。因此对于中涂底漆，一直受到重视的是如何提高其厚涂性、干燥性、打磨性、防渗透能力等施工性能，对涂层自身的质量性能要求却居于其次。

但是近年来，随着合成纤维素丙烯酸硝基漆涂料和丙烯酸聚氨酯、聚酯—聚氨酯等各种面漆涂料的出现，也更加强调了涂膜质量的保证。为此，要求使用打磨性、耐水性优良的腻子，厚涂性好、不吸水的中涂底漆与之相匹配。

二、中涂底漆涂料的选择

随着面漆涂料的不同，与之配套使用的中涂底漆涂料也应不同。中涂底漆涂料的合理选用是避免涂装出现质量问题的关键。

当旧涂膜是烤漆涂料或丙烯酸聚氨酯涂料时，选用硝基类中涂底漆，但要注意其质量、层间附着力和耐水性一定要满足要求。

当旧涂膜是改性丙烯酸或合成纤维素丙烯酸硝基漆时，采用聚氨酯类中涂底漆为宜。因为这种中涂底漆涂膜性能优良，覆盖效果好，即使旧涂膜有点什么问题，中涂底漆也不会出质量问题。但应注意，这种中涂底漆不适宜局部修补，在补修腻子与旧涂膜的边缘交接处时，易出现起皱现象，故这种中涂底漆只适宜对旧涂膜或腻子进行整块覆盖。

厚涂型合成树脂中涂底漆的涂膜性能比不上聚氨酯中涂底漆，但由于其所使用的溶剂溶解力较弱，不会侵蚀底漆，干燥速度也比较快，因而也常常被采用。对这种中涂底漆，重点应是检查其层间附着力和耐起泡性。

硝基类和丙烯酸类中涂底漆，通常若耐起泡性和层间附着力好，则覆盖效果差；反之若覆盖效果好，则前两种性能差。因此有必要检查其溶剂挥发性、覆盖效果、耐水性、丰满度、施工性等。

在全涂装等腻子涂装面积宽的场合，以及当旧涂膜起皱时，使用聚氨酯类中涂底漆最好。除此之外，从作业性方面考虑，厚涂型合成树脂中涂底漆也很方便。这些中涂底漆的使用方法有时随厂家不同而有若干差异，故应注意不要混淆。当需要对中涂底漆涂料进行稀释时，应使用指定的专用稀释剂，否则会影响其性能。

有的聚氨酯中涂底漆被称为无须打磨型中涂底漆，但实际上随着中涂底漆层的不断硬化，层间附着力会下降。为提高层间附着力，仍需轻轻打磨，在表面留下打磨痕，以提高与面漆层的附着力。

三、中涂底漆的喷涂程序

一般情况下，中涂底漆的喷涂程序如图 6-36 所示。

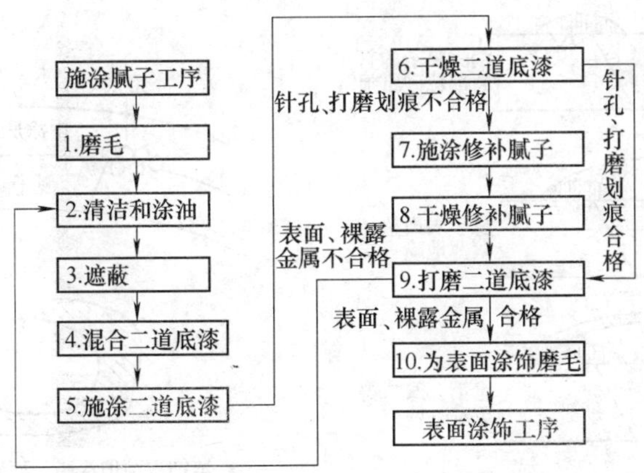

图 6-36　中涂底漆（二道底漆）的喷涂程序

【技能学习】

一、劳动安全与卫生

请参照底漆喷涂施工部分的说明。

二、操作流程

1. 中涂底漆的喷涂

（1）板件准备

1）用压缩空气清除表面的粉尘。

2）若进行过湿打磨，应进行去湿处理。

（2）遮盖　对于不需喷涂的部位，可按图 6-37 所示的方式覆盖，重点应注意喷涂时可能产生飞溅的部位。另外腻子填补区的四周要用 320#或 400#砂纸打磨旧涂膜，以提高二道浆层的附着力。

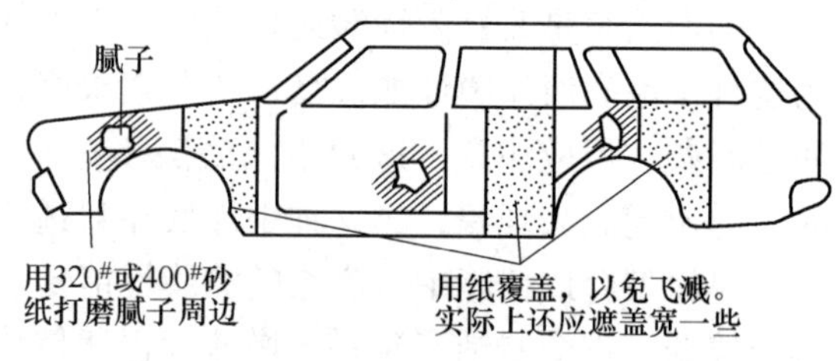

图 6-37　喷涂中涂底前的遮盖与打磨

（3）除尘与除油

1）用除尘布将需喷涂表面进行一次细致的除尘。

2）用脱脂剂进行脱脂处理。

（4）调制中涂底漆　根据涂料说明书建议的各成分比例（主剂、固化剂和稀释剂），利用调漆比例尺进行涂料的调制，根据需要进行粘度测试。

（5）选择合适的喷枪　将调制好粘度的中涂底漆通过过滤漏斗过滤后装入喷枪漆罐内。

（6）调整好喷枪和相关参数（参阅涂料的说明书）

（7）按正确的操作手法和路线进行喷涂操作

1）腻子面积较大时，先薄喷腻子周围，干燥后再全面喷涂。中涂底漆喷涂顺序如图 6-38所示。

注意： 中涂底漆每一道都不要喷得太厚，以免起皱，如图 6-39 所示。

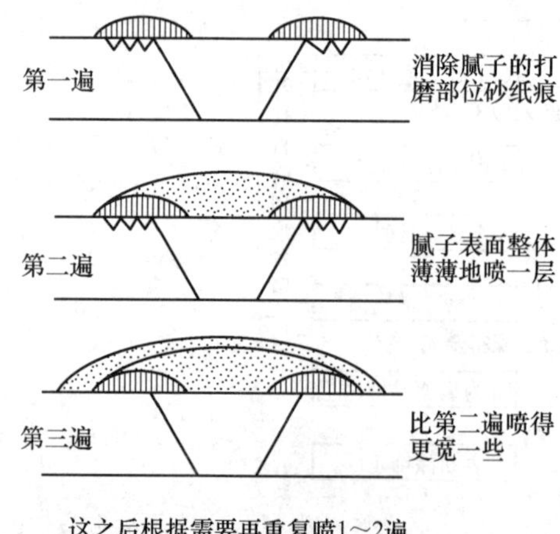

图 6-38　中涂底漆喷涂顺序

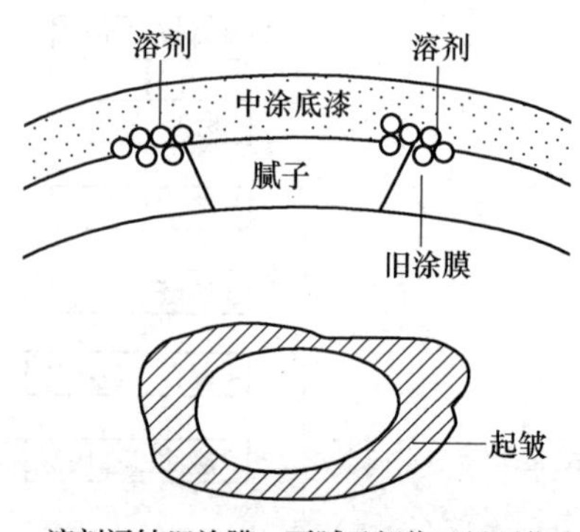

图 6-39　中涂底漆一道喷涂太厚引起的起皱

2）如果腻子面积很小，则可直接在整个腻子表面开始喷涂。如果是几个小块相邻的腻子，先喷涂各块腻子表面，然后连成整片喷涂 2～3 层，如图 6-40 所示。

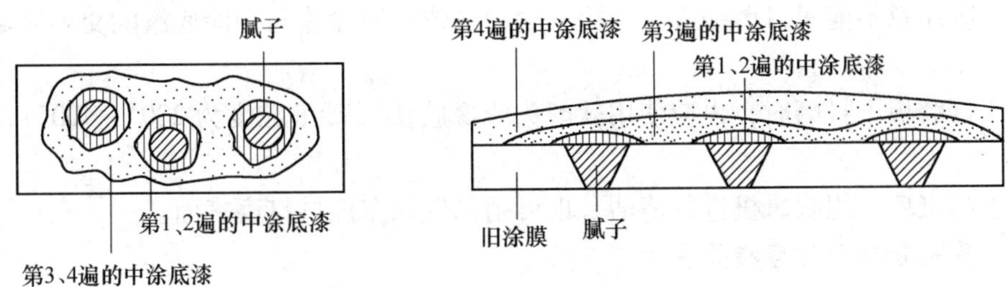

图 6-40　相邻修补块的中涂底漆喷涂

注意：中涂底漆的喷涂面积应比修补的腻子面积宽，如图 6-41 所示，而且要达到一定程度。喷第二遍时要比第一遍宽，第三遍时要比第二遍宽，逐渐加大喷涂面积。

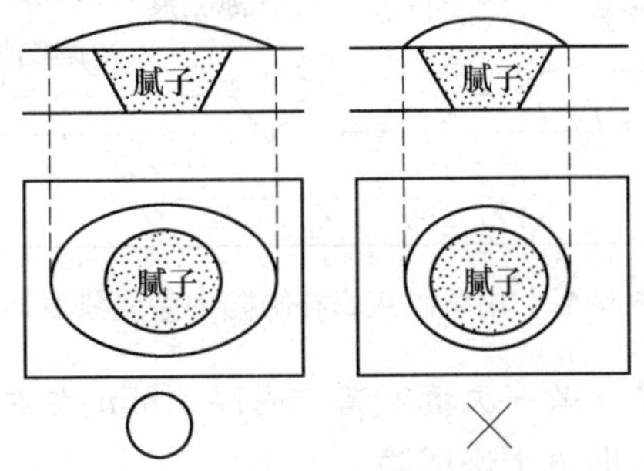

图 6-41　中涂底漆喷涂面积

注意：当旧涂膜是硝基类涂料时，如果只在修补了腻子的部分喷涂聚氨酯中涂底漆，则在中涂底漆与硝基旧涂膜的交界处，喷涂了面漆之后往往会起皱。为防止这一点，应该在整块板上全部喷涂聚氨酯中涂底漆。

(8) 喷涂完成后　干燥 10～15min 后，即可拆除遮盖纸。

2. 干燥

1）参考涂料说明书建议的常温干燥时间，将板件置于喷漆室密封干燥。

2）如果采用红外线烤灯烘烤干燥，其操作方法参考前述腻子烘烤干燥部分。

3）如果利用喷烤房烘烤干燥，一定要参阅所使用烤房的使用说明书的规定操作。

4）检查。中涂底漆喷涂干燥后，应达到下列要求：

① 涂层丰满，达到规定厚度。

② 橘皮纹理均匀，能将所用缺陷部位完全遮盖，边缘过渡平顺，无明显凸台。

③ 无明显流挂产生，流挂高度不超过 1mm，长度不超过 10mm。

④ 无咬底、油点等涂膜缺陷。

⑤ 车身其他部位保护良好，无漆雾附着。

如果不能达到上述要求，视情况进行补喷。

3. 打磨

若采用双动式打磨机进行打磨，所用砂纸粒度以 240#～280# 为宜。若采用往复式打磨机，砂纸粒度以 280#～320# 为宜。

不论使用哪种打磨机打磨，都不可用太大的力压在涂膜上，只能稍用点力沿车身表面移动。若用力过大，砂纸磨痕就会过深。

打磨时应注意不能只打磨喷涂了中涂底漆的部位，旧涂膜与中涂底漆的交界区域也应进行打磨。

用手工打磨板干打磨时，也应使用软磨头或橡胶块（砂纸粒度为280# ~400#），均匀地横向打磨。

干打磨结束后，用吹风机进行清洁，也可用黏性抹布擦拭打磨表面。

注意： 要充分利用打磨指导炭粉。

4. 修整

1）用木刮刀或塑料刮刀的刀尖取适量填眼灰。

2）对准麻眼用力薄薄地刮涂，直到所有的缺陷均修整完成，如图6-42所示。

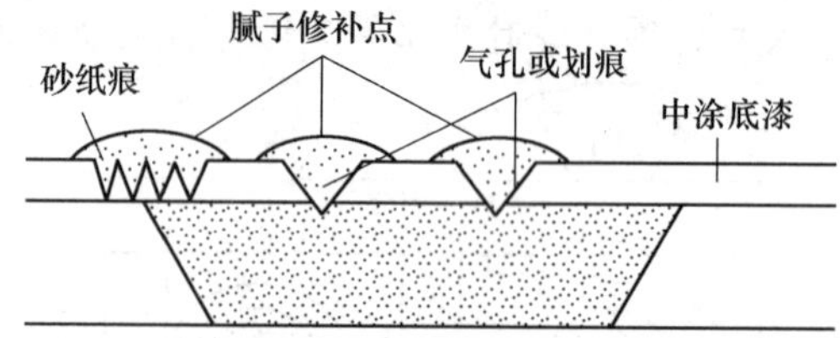

图6-42　用填眼灰修补缺陷中涂底漆表面缺陷

注意： 切忌一次填得过厚。若一次填不满，间隔5 min左右再填。

3）大约5min后，填眼灰即可干燥成膜。

4）对于用填眼灰修补的部位，要特别注意中涂底漆的表面打磨。如图6-43所示，先以修补部位为中心，用320# ~400#砂纸将凸出部分磨平，然后用400#或600#砂纸将整个表面打磨平整。

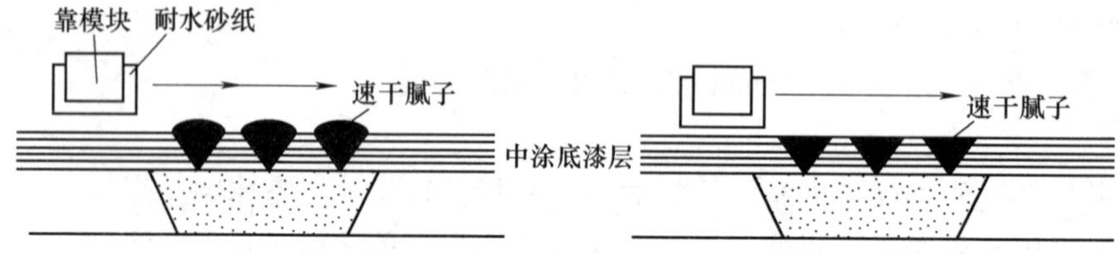

图6-43　填眼灰修补部位的打磨

如果使用干打磨，则选择往复式打磨机。先用240#砂纸将凸起部位打磨平，随后用320#砂纸整体打磨。

注意： 在各级打磨中，要充分利用炭粉来进行打磨指导，以获得良好的打磨效果。

5）打磨结束后，对玻璃滑槽缝、门把手、玻璃四周等边缘部位，要用刷子蘸上研磨膏进行打磨，清除残余的污物，如图6-44所示。

6）最后应仔细检查涂膜表面，不能遗漏未经打磨的部位。如果有，再用400# ~600#砂纸打磨。

5. 中涂底漆施工质量检查

中涂底漆施工结束后，应达到下列要求：

1）打磨彻底，但是无打磨露底。对于整板喷涂，打磨露底范围要控制在20mm×20mm

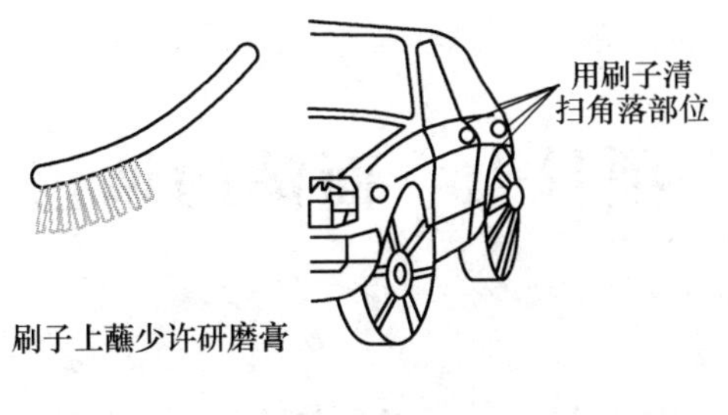

图 6-44　边缘部位的清扫打磨

范围内，并且露底情况不明显。

2）打磨后表面光滑，无橘皮纹。

3）所有需要喷涂的部位都要打磨到，不能有遗漏，尤其是窗口饰条、板件边缘等部位更要打磨到。

4）如果面漆要喷涂单工序的素色漆，最后要用 320# 干磨砂纸或 800# 水磨砂纸打磨一遍；如果面漆是金属漆，最后要用 400# 干磨砂纸或 1000# 水磨砂纸打磨一遍。

5）如果需要做过渡喷涂，过渡部位要用 1500# 美容抛光砂纸（或相同粒度的其他打磨材料）打磨一遍。

项目七　面漆的调色

任务一　利用色卡调色

【相关知识】

一、色彩的性质

色彩的性质就是指色调、明度、彩度，也称为颜色的三个空间或颜色三属性，要想完整、准确地描述一个颜色，需要包含这三方面的内容，缺一不可，如图7-1所示。

1. 色调

色调（也叫色相或名称）是颜色之间的区别，是一定波长单色光的颜色相貌。色相是色彩的第一种属性，这一特性使我们可将物体描述为红色、橙色、黄色、绿色、蓝色和紫色等。色彩系统中最基本的色调是红色、黄色和蓝色，它们也称为三原色，几乎所有的颜色都可以用它们调配出来。而橙色、绿色、紫色又是红、黄、蓝三原色按1∶1的比例两两调配出来的，称为三间色，这六种颜色又统称为颜色的六种基本色调。我们把这些色调排列成一个圆环，沿着圆环的周边每向前一步，色调都会产生变化，如图7-2所示。若从色光的角度来看，色调又随波长变化而变化，紫红、红、橘红等都是表明红色类中间各个特定色调，这三种红之间的差别就属于色调差别。同样的色调可能较深或较浅。

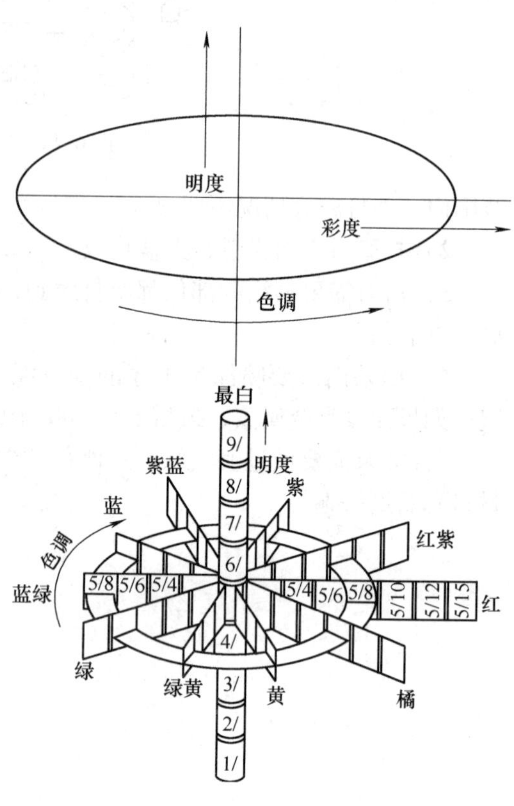

图7-1　颜色三属性

色彩的三原色可以配成数不胜数的其他各种颜色。每两种原色混合就可得到一种间色。如黄+蓝=绿，红+黄=橙，蓝+红=紫。两种原色混合时，有多些的和少些的，混合成的复色就带有多原色色相。如黄和蓝混合，当黄色较多时就成为黄绿，蓝色较多时就成为蓝绿；同理，黄和红混合，会得到黄橙、红橙；红和蓝混合，会得到蓝紫、红紫。而红、黄、蓝（1∶1∶1）混在一起时可成黑色。

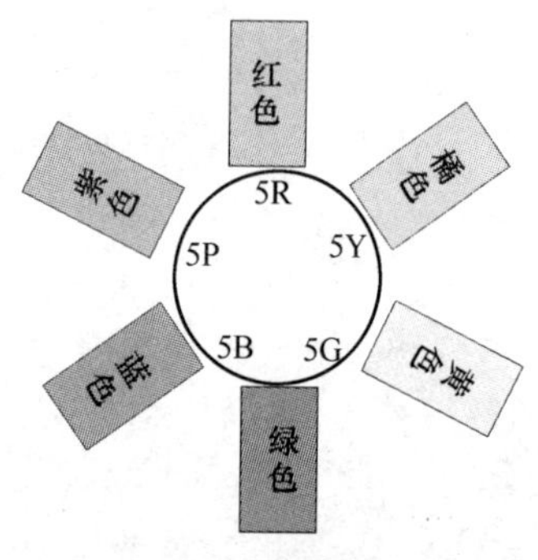

图7-2　色调

2. 明度

明度是人们看到颜色所引起视觉上明暗（深浅）程度的感觉，也叫亮度、深浅度、光度或黑白度。明度随光辐射强度的变化而变化，是色彩的第二个最容易分辨出的属性。明度是一种计量单位，它表明某种色彩呈现出的深浅或明暗程度。同一色调可以有不同的明度，例如红色就有深红、浅红之分。不同色调也有不同的明度，如在太阳光谱中，紫色明度最低，红色和绿色明度中等，黄色明度最高，人们感到黄色最亮就是这个道理。明度可标在刻度尺上，从黑至白依次排列，如图 7-3 所示。越近白色，明度越高；越近黑色，明度越低。因此无论哪个颜色加上白色，都可提高混合色的明度；而加入灰色，则要根据灰色深浅而定。

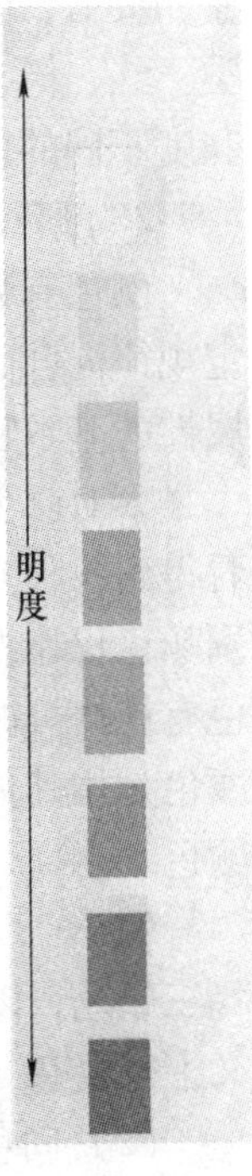

图 7-3　明度

3. 彩度

彩度是表示颜色偏离具有相同明度的灰色的程度，是颜色在心理上的纯度感觉。彩度还有纯度、鲜艳度或饱和度之称。彩度是色彩的第三个属性，也是一种不易觉察并经常受到曲解的属性。除非我们比较同一色调和明度的两种颜色，才会意识到它的表现形式。做这种比较时，通常会使用“鲜艳”或“黯淡”、“鲜亮”或“浑浊”这样一些词语来进行描述。如图 7-4 所示，在图的中央，颜色看上去很黯淡，沿着图表的中央每向外一步，彩度值就会相应增加，而颜色看上去也更加鲜亮。当某一颜色浓淡达到饱和，而又无白色、灰色或黑色渗入其中时，即称正色。若有黑、灰色渗入，即为过饱和色；若有白色渗入，即为未饱和色。

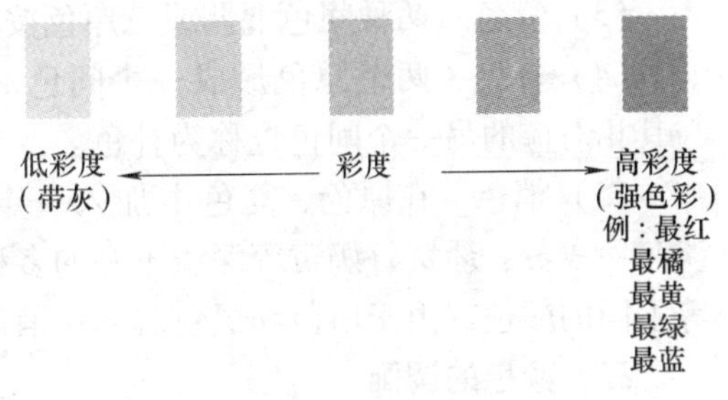

图 7-4　彩度变化

每个色调都有不同的彩度变化，标准色的彩度最高（其中红色最高，绿色低一些，其他居中），黑、白、灰色的彩度最低，被定为零，称之为消色或无彩色。除此之外其他颜色称之为有彩色，有彩色就有色调、明度和彩度变化；无彩色则只有明度变化，没有色调和彩度变化。无彩色从白到黑的黑白层次为明度等级，从 0 ~ 10 共有 11 个等级。

二、颜色的种类和变化

颜色的种类非常多，大约有 800 多万种。如何辨别众多的颜色、掌握颜色的变化规律至今仍在探索。在已经建立起来的色彩学中，已经把颜色进行了较为科学的有彩色和无彩色的分类，并从中发现了色彩世界里颜色的基本色。被认为符合光谱色中存在着三个最基本的原色，即红、黄、蓝色，这与光的三原色是有区别的（光的三原色又称为三基色，为红、绿、蓝）。它们是成千上万颜色成分的基本组成，可以表示无一相同的、数不清的颜色。

1. 颜色的分类

颜色的种类很多，世界上只要是有光的地方就有颜色的存在，物体都有自己的颜色。颜色又以其最基本的三原色的两原色相混合或三原色不等量相混合而形成多个间色，再将原色同间色或两种间色相混合调成多个颜色，按照如此成色的规律延伸调配就可以得到数百万种颜色。就是同一种色调的颜色还有深浅、明暗的不同。如红色类有大红、铁红、粉红、深粉红、朱红、橘红、肉红等；黄色类有中黄、蛋黄、乳黄、米黄、橙黄等；蓝色类有铁蓝、深蓝、天蓝、海蓝、正蓝、孔雀蓝等。在众多的颜色中，人们又把颜色分为彩色类和无彩色类。红、橙、黄、绿、青、蓝、紫色以其色调、明度和纯度不同的色或色调相同而明度、饱和度不同的色为有彩色类；白、黑、灰色以它们所有深浅不同的多种颜色为无彩色类。

2. 颜色的变化

颜色有数百万种，但色群有着它们最基本的颜色，即原色。万千个颜色都是以原色按一定规律混合而调配成的成色。成色之间相互交错混合，产生了色的无穷变化。颜色按照其三属性的基本特征，按有彩色与无彩色的规律进行多种变化，形成无数色的组合。

人对颜色的视觉感是光刺激人的眼睛后，由人的视觉生理本能反应的结果，因此，人能看得到各种颜色。光的波长不同，强度也不一样，同一种光源却能产生不同的颜色。所以辨别颜色仅靠人的眼睛是比较困难的，人们必须找出基本颜色，由此进行混合成色，才能使配色有规律可循。颜色的三原色是红、黄、蓝色。所以称红、黄、蓝色为原色，是因为这三个颜色是用其他任何色也不能调出来的，而以这三个基本色混合调配可以调出其他无数的颜色。

（1）三原色　红、黄、蓝是三原色。用色彩的产生和颜色的色调、明度和饱和度来解释三原色，以及两个原色相调并继续再用其中的两个色相相调，如此下去，其颜色的名称含义十分复杂，只能概念性地了解它们的配色与成色的规律，以供配色时使用。

（2）间色　以不同比例的两种原色相调配而成的一种颜色称为间色。间色也只有三个，即红色加蓝色为紫色；黄色加蓝色为绿色；红色加黄色为橙色。

（3）复色　两种间色混调或三原色按不同比例混调而成的颜色为复色。

（4）补色　两个原色形成一个间色，另一个原色即为补色；两个间色混合调为复色，与其相对应的另一个间色也称为补色。

（5）消色　在原色、复色中加入一定量的白色，可调出粉红、浅红、浅蓝、浅天蓝、淡蓝、浅黄、牙黄、奶黄等深浅不一的多种颜色。加入黑色可调出棕色、灰色、褐色、墨绿等不同的颜色。由于白色和黑色起到了消色的作用，因此将白色和黑色称为消色。

三、颜色的调配

颜色的对比调配需要用对比色来进行检验，如果没有对比色来检验就很难说颜色调配得准确与否。颜色的对比方法有两种，一种是同光谱色对比，即同色调的颜色进行对比，这种方法可采用光泽计、光电比色仪、分光光度计等仪器进行检测对比；另一种是不同色调、不同明度、不同纯度的对比方法，即在没有检测设备或仪器下用目测对比，多数是根据标准色卡对比，其关键是标准色卡要制作得非常准确。标准色卡应按照光谱色作为标准制作。颜色的对比内容包括色调、明度和纯度。对比时所用的色板面积不宜过小，应在具有足够的自然光线下或人工照明的条件下对比，这样才能更为准确。

以基本色调调配成色时，首先要找出主色，并依次找出调配时使用的其他颜色，最后才可加入补色和消色。两相近色相调配时，一般都可以调配出鲜艳明快的颜色，其颜色柔和协调。补色是调整灰色调用，所有颜色与其补色相调都会调出灰色调，是较为沉着的色调，因此在调配颜色时，补色一定要慢慢地、少量地加入，否则加入量过大则很难再调整回来。消色同样也要慎重、少量、慢慢地加入，一次加入量过多也很难调整回来。复色调整时应将主、次色搞清楚，按比例顺序逐步加入。用实色调整的颜色应在色调调好后，再调明度，最后调整纯度，使颜色调配时有顺序、有层次、按步骤地进行，这样才能调得又快又准确。

正如前面所讲，颜色是无彩色和有彩色的总称，是物质材料艺术形态的表现。色彩调配是颜色中的技法。一个物体外表通常不全是一种颜色，只有多种颜色恰当地搭配，才能对物体的外在形态起到烘托和协调的作用，给人以美的感受。

1. 颜色对人的影响

不同的颜色给人的感受是不一样的，它对人的心理和生理起着不同的作用。

颜色可以给人以冷暖感，如看到红色、橙色等就会想到火的热度，使人感到温暖，而看到蓝色、青色等就会想到大海，产生凉的感觉。所以人们将黄橙、橙、橙红、红、紫红等颜色称为暖色；将紫、紫蓝、蓝、蓝绿、黄绿等颜色称为冷色；黄色介于冷、暖色之间，常伴随冷色和暖色使用，起加强、辅助、协调、过渡作用，故称为中间色；灰色、金色、银色等称为中性色。在色彩学中，还有一个冷暖的概念，那就是黑、白冷暖的概念。由于人们的习惯，一般加入白色倾向于冷，而加入黑色倾向于暖。颜色的冷暖是相对的，如红色系中的朱红色就要比玫瑰红色感觉暖一些。颜色的冷暖主要由色调影响。

颜色可使人兴奋与沉静，一般颜色明亮而鲜艳的暖色会给人以活泼、兴奋的感觉，昏暗而浑浊的冷色会让人感到沉静；色调种类多时会令人兴奋，色调种类少时会让人感到寂寞。令人兴奋的颜色使人精神饱满、精力旺盛，沉静的颜色可以使人安静，也能让人心情沉重。无彩色中白色与其他纯色组合时显得活泼，而黑色则沉静忧郁，灰色则属中性。

颜色可给人以轻重感，一般明度高的浅色和色调冷的颜色感觉较轻，而明度低的深暗颜色和色调暖的颜色感觉较重，其中以黑色最重。

颜色给人以远近和大小的感觉，明度高的颜色和暖色给人以近感和较大的感觉；明度低的和冷色给人以较远的感觉。颜色的远近感可归纳为暖的近，冷的远；明的近，暗的远；纯的近，灰的远；对比强的近，对比弱的远。

此外，颜色还能给人以软与硬、华丽与朴实等不同的感觉。

2. 颜色的调和

所谓颜色的调和是指用什么样的颜色搭配能使画面显得自然、和谐。调和的概念是将带有尖锐刺激性的、强烈对比的颜色，经过合理的调整，成为和谐的、美感的、适应视觉需要的色彩。进行颜色调和时常用以下方法：

（1）混合同一颜色调和法　当两种颜色对比非常强烈需要调和时，可将一种颜色混入另外一种颜色之中，使双方有共同的颜色成分而协调。

（2）消色调和法　对比的两色混入白色后，能使双方的饱和度降低，色相减弱而调和；混入黑色，可降低双方的明度，刺激性减弱而调和。

（3）混入同一原色法　对比的两种颜色混入同一种原色后，含有共同的色素，使它们的色调接近，增加了调和感。也可加入同一间色或复色进行调和。

（4）隔离调和法　黑、白、灰、金、银属无色彩系，它们中的任何一种颜色与有色彩系中的任一种颜色都是可调和的。所以当调配颜色中发生两色冲突而又不能取消时，可用无彩色勾画轮廓或隔离使之调和。

（5）类比色调和法　类比色就是相似色，属同一色系，其色调、饱和度和纯度都较为接近的颜色。它们有共同的原色，两种原色以不同的比例混合的颜色都可以作为这两种原色的类比色，类比色故又叫调和色，它能给人以恬静、柔和、单调的感觉。

3. 颜色的调配

在涂装工业中，调色是一种非常重要的基本技法，也是一种不容易掌握的技法。在涂料的调色中，首先要将材料的化学性质搞清，不同性质的涂料是不能进行色彩调配的。

涂料本身有一定的颜色，但在实际使用中，特别是在轿车的涂装维修中，往往是购得的涂料与被维修轿车的表面颜色不同。这就必须对涂料的颜色进行调配，尽量使之与轿车原色漆颜色一致。根据色彩的基本知识和原理，再结合涂料使用的具体要求，进行色漆的调配。

下面以黄色调和漆为例，介绍色漆调配的基本知识。

黄色漆中主要有中黄和柠檬黄。利用颜料中的黄、红、蓝、白、黑五种基本的配色原料，按不同的比例，可调配成浅黄、奶黄、牙黄、棕黄、橘黄等色漆，如：

中黄色漆 = 原装深黄色 + 体积分数为 30% ~50% 的白色漆

浅黄色漆 = 原装深黄色漆的体积分数 10% ~20% + 体积分数 80% ~90% 的白色漆

棕黄色漆 = 黄漆体积分数 16. 7% + 黑漆体积分数 5. 77% + 铁红漆体积分数 77. 53%

橘黄色漆 = 黄漆体积分数 84. 92% + 红漆体积分数 15. 08%

牙黄色漆 = 白漆体积分数 89. 35% + 黄漆体积分数 10. 65%

奶黄色漆 = 白漆体积分数 94. 57% + 黄漆体积分数 5. 43%

以上等式中的数字是原装硝基磁漆单色漆调配成复色漆的体积分数，其比例数字的不同变化就可调配成深浅不一的数种黄色漆。

当需要调配某种颜色的涂料时，首先应分析判断是由哪几种色漆组成，哪种是主色，哪种是副色，拟出配方，再经过认真细致的小样调试对比，找出正确的配比情况，最后进行调配。

涂料的调配可分为两类，即重量制与容量制。两者特性对比见表 7-1。

表 7-1　重量制与容量制调配涂料法特性对比

	重　量　制	容　量　制
查阅配方并选用材料	配方展现在缩影胶片上	同重量制
容器选择	漆料倒入在天平秤上的容器内，无需特殊容器	涂料倒入容器直到预先设定的容积记号，也有压缩空气警示系统代替记号的。两者均需使用平底且在可用高度内有均一横断面的容器
皮重量测量及零位对准	简单机械操作	同重量制
搅拌	使用具备可装置 1L 及 4. 55L 容器搅拌头的搅拌机	同重量制
重量、容量到达所需值时的操作	操作员倒漆时，应注视天平指针（或数字）。需要小心，决定何时停止的技巧则靠经验。电子秤可使此操作变得较容易	操作员注视涂料水平面，在到达刻度时停止倾倒。刻度在小容器内部时，不易观察。加装液面表时可帮助操作，但操作人员的反应快慢仍会影响效果

四、视觉的三大要素

人能辨色需要具备光线、物体、观察者三个条件，称为视觉的三大要素。

1. 光线

光线是看见物体必不可少的条件，只有当光源发出的光照到物体上时，人们才能看见物体。所谓光线就是能够在人的视觉系统上引起明亮的颜色感觉的电磁辐射。所以人们凭借光线才能看到物体的颜色。光是一种电磁辐射，也是一种电磁波，我们通常见到的光线称为可见光，它是指在电磁波谱中占据一定范围，能够被肉眼感觉到的电磁辐射形式，其波长范围在400～700nm之间，在此范围之外还有紫外线和红外线等射线，如图7-5所示。

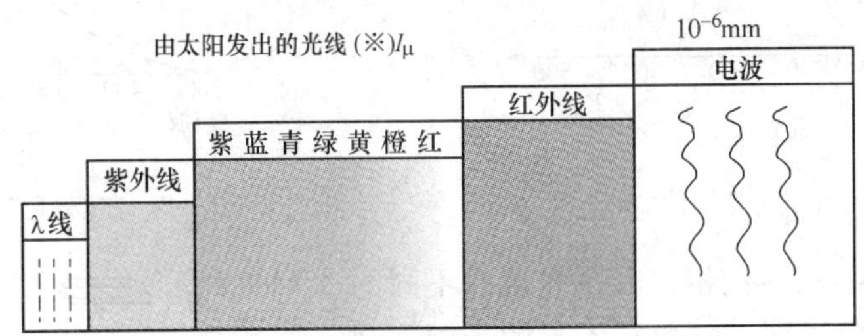

图7-5　可见光分布图

纯净的白光是由红、橙、黄、绿、青、蓝、紫七种色光组成的，所有这些色光形成了光谱，如图7-6所示。

图7-6　光谱

物体表面含有颜料，颜料选择性地反射一些光线，同时也吸收另外一些光线，颜料决定了物体的颜色。当含有红、橙、黄、绿、青、蓝、紫的白光照到红色颜料上时，只会反射出红光。所以，当我们观察只含有红色颜料的物体时，我们看到了红色。如果一个物体既含有红色颜料，又含有黄色颜料，它将同时反射一部分红色光和黄色光。红色和黄色这两种色光混合在一起，得到一种橙色光。白色的颜料可以反射所有的光线，而黑色的颜料却不能反射任何光线。

不同的照明条件下，各种色彩看上去会大不相同。设想将一辆红色跑车停在由钠灯照明的停车场内，你也许会注意到这辆车看上去不再是红色，而是呈现出橙色。物体只能反射它从光源处接受到的波长。光源有自然光源和人造光源之分，太阳是自然光源，是最佳的光源。这是因为太阳光中含有不同波长的光，并且光能的分布比较均衡。但是在太阳光的光谱曲线上（见图7-7），曲线在光谱的蓝色一端走势较高，因此可说日光在本质上有些发蓝。而白炽灯、荧光灯是人造光源，若将太阳光与白炽灯光光谱曲线（见图7-8）作一比较，就会看到白炽灯产生的波长更趋向于在光谱的红色一端达到峰值。因为白炽灯光是由加热灯丝产生的，光中主要含有红色的光线，是属于较温暖的光线。冷白色的荧光灯曲线（见图7-9）

在可见光的蓝色部分放射更多的能量。所以当你步入荧光灯照明的房间，会注意到你的衣服和脸色看上去有些发青，灯光中主要含有蓝色的光线，是属于较冷的光线。

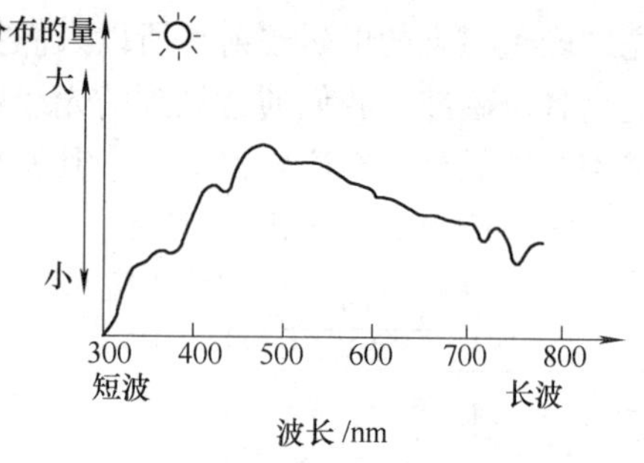

图 7-7 太阳光光谱曲线

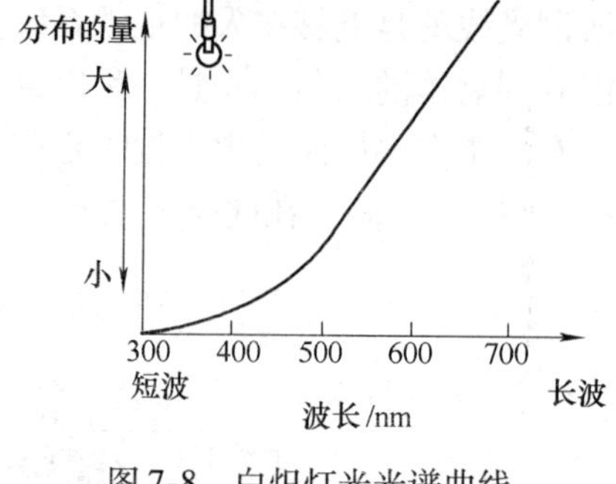

图 7-8 白炽灯光光谱曲线

由于太阳光有不同的色相，人造光源有不同的色温和显色指数，所以同一颜色在不同的光源下观察的结果是不同的。一般北窗的昼光是比较稳定的，在日出后 3h 至日落前 3h 期间，色温变化不大，光谱成分齐全，是观察颜色、分析颜色和调色的最佳时机。

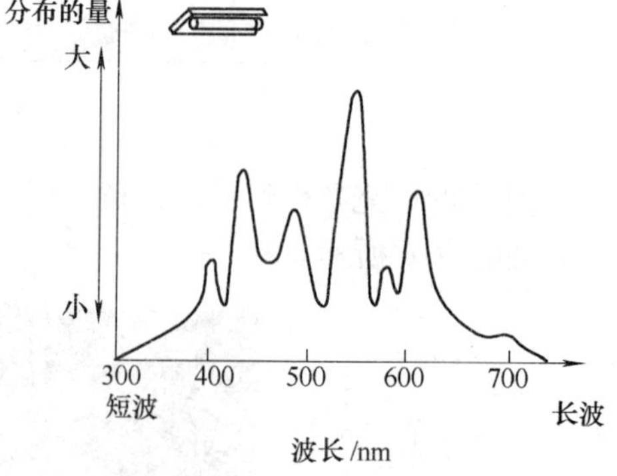

图 7-9 荧光灯光谱曲线

2. 物体

物体是观察的对象，我们周围的物体可分为两大类：一类是物体本身是发光体（即光源），如太阳；另一类物体在一般状态下不发光，只是在一定程度上吸收和反射来自光源处的光线，日常所见到的物体大部分属于这一类。当光源照射到这类物体上时，物体对照射到其表面的光线有反射、透射和吸收三种反应。被反射的光线从物体表面反弹，物体的颜色往往由其反射光的颜色来决定；透过物体的光线在穿过物体时有所改变；被物体吸收的光线会从物体外表逃逸出去。

物体中若含有颜料，则颜料会有选择地反射一部分光线，吸收其他的光线。被反射的光就决定了该物体的颜色。

3. 观察者

如果说光是产生颜色感觉的物理基础，那么眼睛的视觉特性则是产生颜色感觉的生理基础。肉眼中的神经末梢位于肉眼中被称作视网膜的感光部位（见图 7-10），视网膜内含有两种类型的神经末梢，即视网膜杆状体（对光线高度敏感，感觉有关明与暗及清晰度的信息）和圆锥形晶体（对色彩高度敏感，感觉有关色彩的信息）。圆锥形晶体使肉眼能够区分蓝/黄色和红/绿色，肉眼和视神经将这些感觉到的颜色送至大脑，而后者将这些信号转换为色彩印象。

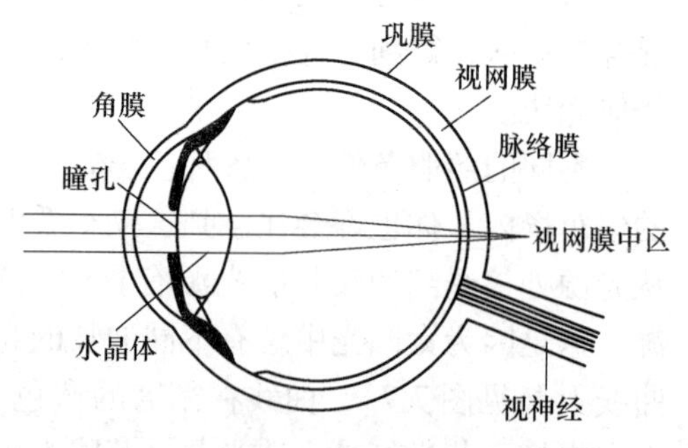

图 7-10 人眼结构

在人类眼睛内的视网膜上存在着三种视神经纤维，即感红、感绿、感蓝的视觉细胞，每种视觉细胞的兴奋都会引起原色的感觉。正常人可以用红、绿、蓝三原色光混合匹配出光谱上的各种颜色。具有三色视觉称为三色觉者，能够分辨各种颜色。

一个具有正常色彩知觉能力的人，在感受可见光谱时将其看成是一系列连续的颜色，其顺序为：暗红→亮红→橙色→黄→亮绿→绿→蓝→暗紫。光谱的最明亮部分位于540 ~ 570nm（黄~绿）之间，从该部分的两侧向外明度逐渐降低，直至光谱的两端。肉眼所感觉到的明度变化与其发光功能吻合，该功能在555nm时一般可达到峰值。由于正常的观察者在知觉过程中可感受三原色，因而他能够分辨明与暗、黄与绿、红与蓝以及黄绿和蓝绿、绿蓝和红蓝。然而，肉眼的分辨能力也会出现问题，从而出现了红—绿色盲、黄—蓝色盲和全色盲，其原因是由于肉眼的圆锥形晶体带有缺陷，由此导致的后果是视力低下或昼盲。色盲是先天性遗传疾病，患病率为：男性4% ~5%；女性0.16%。随着年龄的增长，眼睛的倦怠与病痛会影响人的色感，有色觉缺陷的人不能正确分辨颜色，所以不适宜从事调色工作。由于女性色盲的患病率低，从事调色、测色的工作人员多为女性，而且女性对颜色的辨认比男性敏感，同时又具有细心和耐心的特征，对从事这项工作很有优势。

尽管人的肉眼功能相同，但并不是所有人都能以同种的方式感觉色彩，对色彩的感觉因人而异，其中涉及眼睛、神经和大脑之间的相互作用。由于实际感觉是在视觉范围内发生的，因此人们对色彩的印象各不相同且带有主观性。

人们对于颜色的感知，与以上所述的视觉三大要素紧密相关（见图7-11），光线照射到物体上，经反射（或透射）后进入眼睛，通过神经系统传输到大脑，然后颜色被人们所感知。

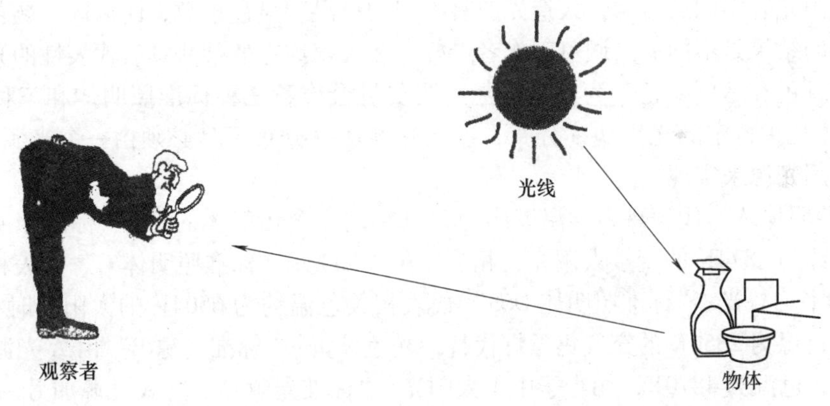

图7-11　视觉的三大要素

4. 三大要素之间的相互作用

色彩是物体反射、光源和观察者三者的结合。很显然，如果这三个因素中的任何一个发生了改变，那么所产生的颜色也会随之改变，它们之间是相互影响的。

如果我们把一个物体由蓝色变成红色，当观察者和光源保持不动时，物体的颜色将完全由所反射光的波长决定。

当物体和观察者保持不变，而只有光源改变时，色彩也自然会发生改变，这是由于所反射并感测到的是其他波长的光波。因此，在化妆时必须考虑照明条件，肉食市场使用粉红色灯光会使肉类看起来更新鲜；而百货商场则利用特殊的荧光聚光灯以使服装的颜色看上去更生动。精心布置的照明可以影响一个潜在顾客的情绪和购物决定，商家和顾客都意识到了这一点。在车身修补车间，应当在冷白色灯光或太阳光下判断色彩。

任意两个人不可能以同种方式感受色彩，即使光源和物体保持不变，两个观察者见到的色彩也会略有不同。随着人的年龄增长，眼晶状体开始变得不那么透明，结果是好似带上了一副黄色太阳镜。

五、光源变色

在进行颜色匹配时，偶尔会出现一些特殊情形，即在某种光源下两件物体呈现相同的颜色，但在不同的光源下进行观察时，则会出现明显的色差，这种现象称为光源变色。其原因是光源中各种彩色光线的强度不同。例如，某涂料中含有蓝色成分，在太阳光下可能看不出来，但在荧光灯下却十分明显，这是因为太阳光和荧光灯光中蓝色光的强度是不同的。由于有光源变色，可能在车间灯光下看修补漆与原厂漆颜色配得很好，但在太阳光下看则不够好。在车间灯光下调配的颜色与车间所用灯光的类型有关，白炽灯光会使修补漆颜色发红；荧光灯依据所用荧光粉的不同而使颜色偏黄或偏蓝；冷白光和软白光都能改变油漆呈现的颜色。

有时可能因为修补漆与汽车原厂漆的面漆配方中所使用的颜料不一样，导致修补漆在太阳光下与原厂面漆匹配良好，但在另一种光源下看就不甚满意。这就需要在配方中添加调色剂来解决，并且要在有可能产生光源变色的光源条件下对颜色匹配的情况进行核查。

六、标准光源和视感比色

1. 标准光源

由于太阳光有不同的时相，人造光源有不同的色温和显色指数，所以同一颜色在不同的光源下观察的结果是不同的。调色工作者最好能在大家约定的某些具有代表性的光源下观察颜色、分析颜色和运用颜色。为此，国际照明委员会推荐三种标准照明体和三种标准光源（标准照明体是指特定的光谱功率分布，这一光谱功率分布不是必须由一个光源直接提供，也不一定能用光源来实现）。

“标准照明体 A”代表热力学温度约为 2856K 的完全辐射体的光；“标准照明体 B”代表相关色温约为 4874K 的直接太阳光，相当于中午阳光；“标准照明体 C”代表相关色温约为 6774K 的平均昼光；“标准照明体 D65”代表相关色温约为 6504K 的太阳光时相；“标准光源 A”用色温为 2856K 的充气钨丝灯代替，光色偏黄；“标准光源 B”由 A 光源加罩 B 型 D-G 滤色镜，色温为 4870K，相当于中午太阳光；“标准光源 C”由 A 光源加另一组 C 型 D-G 滤色镜，色温为 6774K，相当于有云的太阳光；国际照明委员会规定，“B 型和 C 型滤色镜”用戴维斯—杰伯逊液体滤光器。

2. 视感比色

视感比色是把样本的颜色和试样的颜色并排放在一起，用肉眼观察它们是否相同。视感比色的照明是用日出后 3h 到日落前 3h 的自然光，避免直射太阳光，采用北部窗进入的光线。视线与光线间成 45°夹角，视线与光线其中有一项与试样垂直。比色的结果，如果两个颜色试样在任何光源下观察都完全等色，称为同色同谱；如果两个试样在某一光源下观察是等色的，而在另一种光源下观察是不等色的，这种现象称之为同色异谱。这两种现象对以后的调色影响非常大。为了评定试样是否存在同色异谱现象，先用与太阳光具有相近似的相对光谱功率分布的 D65 光源观察，再用标准光源 A 对试样进行观察比色。如果试样颜色相等则为同色同谱，如果试样颜色不一致，则这两种颜色为同色异谱。

七、汽车颜色代码

不同汽车车身上使用的涂层是不相同的，即使同一辆汽车，车身各部位的涂层也可能存在差异。为了使修补层能与原涂层完全一样，涂层性质和结构的确定就显得特别重要，这不仅涉及涂装工艺，而且也是选择涂料的依据。

对于部分车型，可以通过原厂提供的涂装资料来确定涂料的品种、涂层层次关系，确定相配套的修补所需涂料及涂装工艺等。但对于部分车型尤其是大部分进口车型，由于品种复杂，车身涂层资料往往很难获得。

对于大部分车型，特别是进口车型，车身铭牌上都标有涂层的代码。涂层代码标明了该车车身及其某些部位的涂层代码。根据这一代码，通过胶片、色卡或电脑资料即可找到涂层信息。所以通常在进行调漆之前，都要在车中找到所需颜色的代码。

各汽车公司生产的不同型号汽车，其油漆代码标志的位置也不相同。图 7-12 所示为欧洲各汽车公司生产车型油漆代码的标志位置。

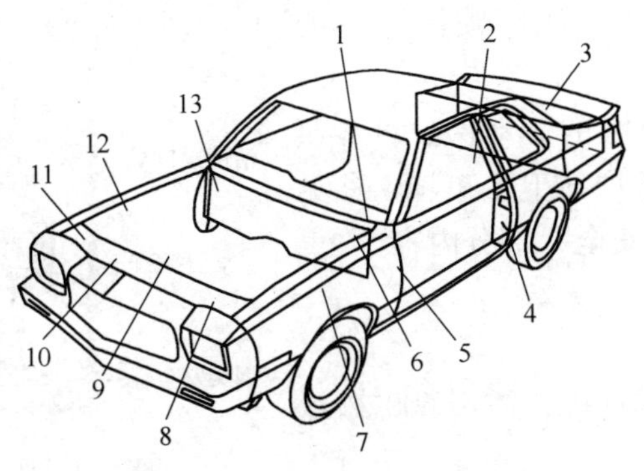

车型	位置号	车型	位置号
ALFA ROMEO	3	RENAUET Le Car	12
AUDI	3	18i	7
BMW	12	R15/R17	7
CAPRI	12	R12	7
FIAT Stada	7	Fuego	7
131/Brava	11	ROVER	–
X1/9	3	SAAB 900	10
124/128	–		12
FIFSTA1978–79	11	99	7
1980	13	TRIUMPH	6
JAGUAR	4	VOLKSWAGEN Scirocco	3
	9	Rabbit exc	3
LANCIA	4	Convertible	3
	5		3
	9	Pickup	2
MERCEDES–BENZexc	10	Super Beetle	10
250/280SL	7	Bug	5
MG	–	Vanagon	1
PECGEOT	7	Dasher	3
PORSCHE911/912	3	Jetta	3
	5	Quantum	3
924	7	VOLVO 1975–80	10
	5		13
928	4	1981–85	12
944	7		

图 7-12　欧洲各汽车公司生产车型油漆代码的标志位置

八、调色工艺流程

调色的工艺流程如图 7-13 所示。

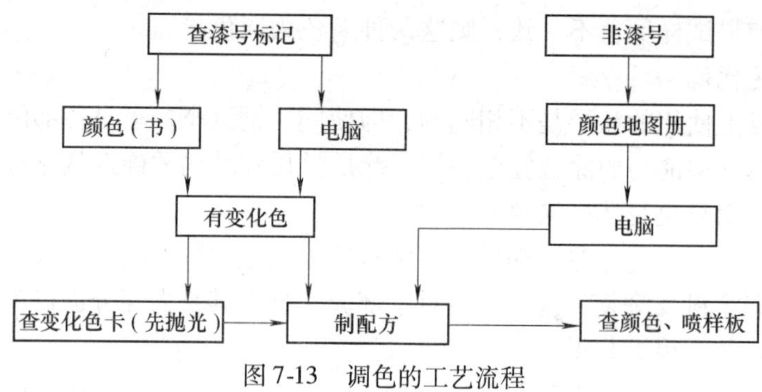

图 7-13　调色的工艺流程

【技能学习】

一、劳动安全与卫生

操作前必须牢记以下劳动安全事项：

（1）防火安全　参见前述“底漆喷涂”中的“劳动安全”部分内容。

（2）个人劳动保护　调色时的劳动保护可参照图 7-14 进行准备。其他劳动保护与卫生事项，参见前述“底漆喷涂”中的“劳动安全”部分内容。

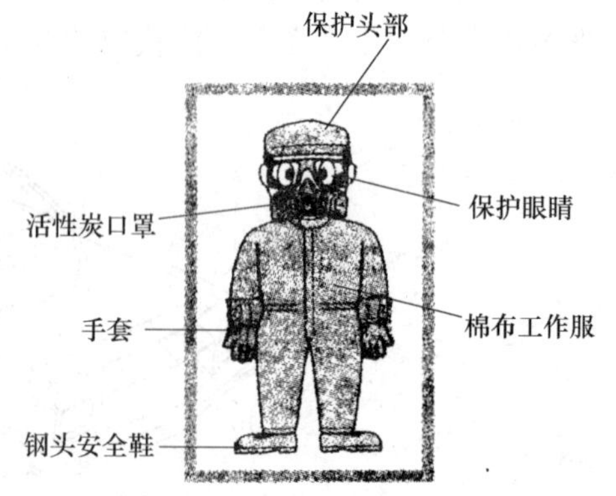

图 7-14　调色时的劳动保护

二、操作流程

（1）喷板准备

1）如果喷板有涂层或有锈蚀等，需用 600# 砂纸打磨。

2）对喷板进行除尘与除油操作。

（2）电子秤准备

1）水平放置电子秤，避免高温、振动，将电子秤的电源插头插入到相应的插座内，如图 7-15 所示。

图 7-15　准备电子秤

2）打开电子秤总电源开关，按下电子秤电源键（图 7-16 中的箭头所指位置），暖机 5min。

3）按下归零键（图 7-17 中的箭头所指位置）。

（3）查阅配方

1）在实车上找到车身颜色代码。不同车型，其颜色代码标示的位置有所不同，如宝马车型，一般位于发动机舱内，如图 7-18 所示。

2）找到汽车制造商色卡扇（见图 7-19）。

3）按所查得的油漆代码找到相应的色卡（或色卡组），如图 7-20 所示。

4）将车身某处（如车门立柱）用抛光蜡抛光。

5）将所选的色卡与车身颜色相对比，找到最接近的色卡（从色卡组中）。

6）在色卡的背面读取配方（见图 7-21）。

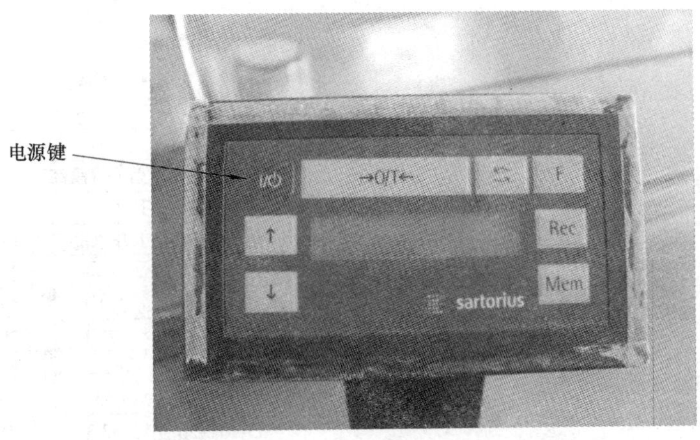

图 7-16　电子秤通电预热

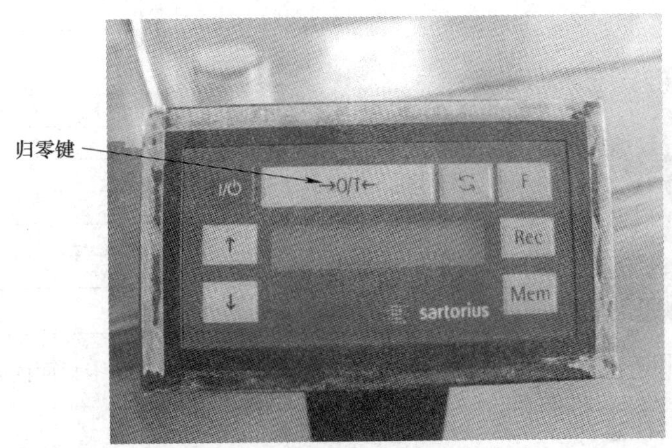

图 7-17　电子秤归零

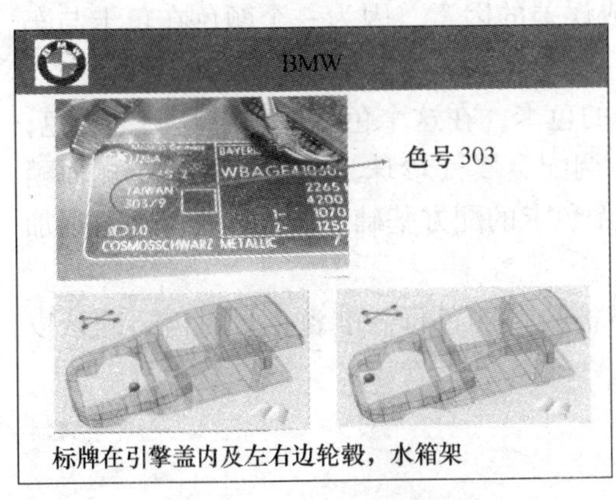

图 7-18　宝马车颜色代码的标示

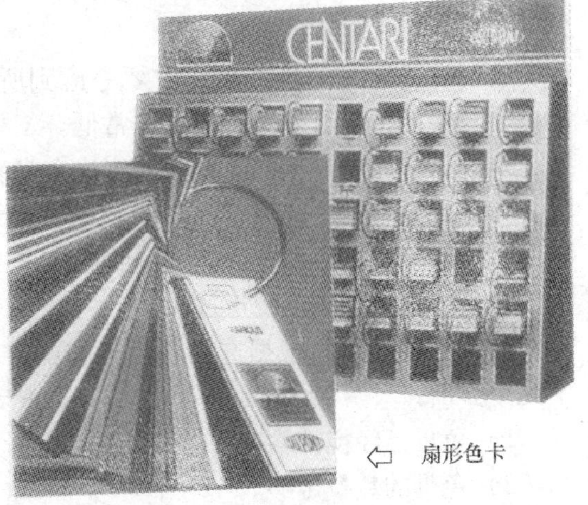

图 7-19　色卡扇

LB5N/珠光靛蓝(偏浅红)

图 7-20　色卡

一汽大众汽车

色号:LB5N		
车色:珠光靛蓝(偏浅红)		
车型:捷达/宝来		
色母	1 升单量	1 升累积
35-M00	267.6	267.6
35-M1510	331.1	598.7
35-M351	172.1	770.8
35-M1910	61.0	831.8
35-M1540	45.9	877.7
35-M1920	33.3	911.0
35-M1120	9.8	920.8
35-M1010	1.0	921.8
		页数 11

图 7-21　从色卡背面读取配方

参考色卡时需要注意:

① 所有色卡的配方在颜色调配时，试板都是用自动喷涂机喷涂的，喷涂的效果与手工喷涂的效果肯定不同。但由于手工喷涂的灵活性好，有时可以通过施工者改变喷涂的方式，才能得到色卡上显示的颜色。

② 在比较色卡和车身颜色时要考虑到所有造成误差的因素，因为一个颜色在色卡与车身完全相符的情况下发生的概率非常低。

调配素色漆时，选择色度和明度比车身颜色高的色卡，在这个色卡的配方基础上调色，因为素色漆很容易从鲜艳、明亮向灰暗方向调整。调配金属（珍珠）漆时，找一个侧面稍暗的色卡或一个正面偏亮、侧视偏暗的色卡，在这个色卡的配方基础上调色，很容易通过加大控色剂或白色把颜色校正过来。

（4）准备色母　根据选好的色卡和配方，准备需要用的色母。准备色母时需要确认以下几个方面:

1）色母已经搅拌均匀。

2）色母的数量足够。

3）调配涂料的罐是干净的。

4）搅拌尺已准备好。

（5）计量添加色母

1）取一个调漆杯放于电子秤上（最好在电子秤台面上垫上一片纸）。

2）根据给出的配方，按质量由大到小的顺序逐项加入各成分。

注意：

① 在添加色母时，最好首先倾斜漆罐，然后逐渐拉操纵杆，让色母慢慢倒出。如果先拉操纵杆，那么当漆罐倾斜时，可能有大量色母立即倒出。为了在倾倒末尾进行精细调整，也必须小心操作操纵杆，以控制色母流量，如图 7-22 所示。

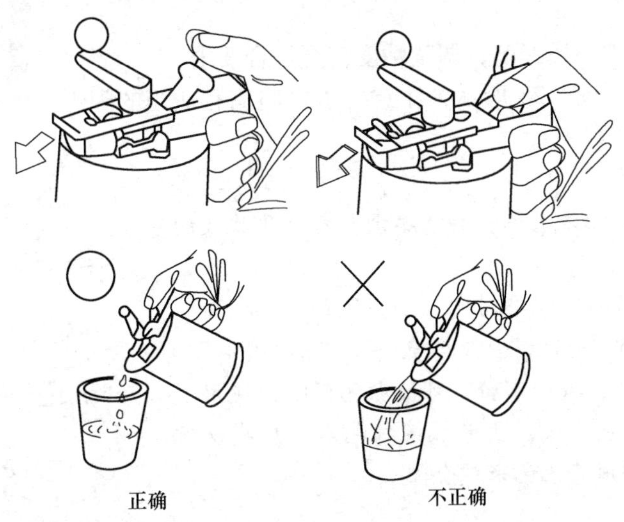

图 7-22　添加色母

② 虽然各种色母的质量因颜色而异，但是通常情况下，1 滴色母的质量大约为 0.03 g，3 滴色母的质量在 0.1 g 左右。根据这一情况，在添加用量较少的色母时一定要仔细称重。

③ 如果配方中各色母给出的质量值不是累加值，则每添加一种色母后，应将电子秤归零。除了第一个添加的色母外，如果添加了过多的色母则需要重新调配，否则要进行麻烦的配方计算。

④ 对某个色母数量没有完全把握时可以先少加点，即采用“宁少勿多”的原则。

⑤ 尽小减少空气对流而影响电子秤的准确，例如风、人员走动、门窗开关等。

3）用调漆尺搅拌均匀。

（6）比色

将搅拌均匀的涂料涂在一个纸板片上，在自然光下仔细观察颜色情况，要从色相、明度、彩度三方面与待调配的标准色板进行对比，确定应补加的微调成分及其质量（做好记录）。

比色时需要注意以下几点：

1）在光线充足的地方，最好在室外不受荧光灯、装饰物、树木的反射光影响的地方。

2）不要在阳光直射或光线不足时检查颜色。

3）当不得不在荧光灯或烤房内检查颜色时，注意分辨色差和颜色异构之间的区别。

4）存在微小色差时，正确判断哪些是不得不微调的，哪些是可以利用喷涂方式解决的。

5）充分考虑周围的影响因素，如墙壁、车辆；还要考虑车身修补区域的影响因素，如遮盖膜、氧化、老化、失光等。

6）以第一次印象为准，盯视时间越长，越难以判断。

（7）微调

1）在电子秤上，按确定的微调成分逐项进行微调。

2）在自然光下观察颜色微调情况，如有必要再进行微调，直到感觉满意为止。

（8）喷涂小样

1）按规定比例加入稀释剂，调整粘度直至符合要求。

2）喷涂试板，如图 7-23 所示，注意各道之间应有适当的闪干时间。

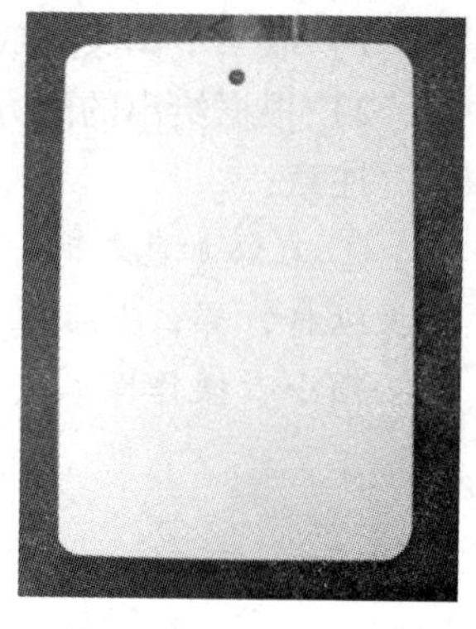

图 7-23　喷涂试板

注意：

① 配方只有在喷涂方式调整和清漆调整都无法收效的情况下才可改变。

② 对色时应从各角度观察对比，如图 7-24 所示。

③ 中涂底道漆喷样板时，金属漆喷整板，清漆喷 1/2。

④ 注意微调原理：减少铝粉，可使颜色变暗；使用不透明的色母，能使颜色变浅；要降低某种色调，应减少该颜色色母，尽量不要用其他色来综合。

图 7-24　从不同角度观察颜色

a）侧面观察　b）45°侧角观察

c）90°正角观察

（9）烘干小样

1）插好烘箱的电源线。

2）打开烘箱门，将喷涂的试板放在栅架上，关好门。

3）打开电源开关、鼓风机开关及加热开关，如图 7-25所示。

图 7-25　烘箱的操作面板

4）设定烘烤温度。如图 7-26 所示，将“测温/预置”按钮按下，调节“设定/调节”旋钮，同时观察温度显示窗，直到调整到需要的温度（参考涂料的说明书，通常为 70℃），然后再按一次“设定/调节”，使按钮处于高起位置（测温位置），此时温度显示窗显示当时烘箱内的温度，并随时间逐渐增长，直到所设定的温度（“恒温”指示灯点亮）。

5）通常达到“恒温”后再烘烤10min即可。

6）关闭“加热”开关，打开烘箱门，取出试板。

注意：不要立刻关闭鼓风机和电源开关，以给烘箱足够的冷却时间。在取出试板时，需戴手套，以防烫手。

（10）比色　将所喷的试板与标准色板相对比，观察色差，如图7-27所示。

图7-26　设定烘烤温度

图7-27　在不同光源下对比颜色

1）如果所调颜色符合要求，则整理配方数据，形成一个实际配方。

2）如果试板颜色与标准色板颜色还有色差，则继续重复微调操作，直到获得满意的颜色为止。

（11）清洗　清洗喷枪，清理工作台及使用的工具。

任务二　利用电脑调色

【相关知识】

一、电脑调色原理

随着科学技术的高速发展，尤其是电子计算机的发展，电脑在汽车涂装调色中也得到了广泛的应用。电脑调色，即微机调色，它是近几年发展起来的一类高科技自动化调色工艺，是一种先进的调色（调漆）方法。

在电脑调漆的工作中，微机就像一个大型的色漆配方资料库，库中贮存大量色卡配方，用户只要将需要的漆号和分量输入微机中，就可以直接查阅计算好的配方数据。复色漆和单色漆都由数码标记。各类色漆品种数量达数千种规格，完全能满足汽车制造业和维修行业的使用要求。目前各大涂料生产厂家都具有完善的微机调色系统，并在各地设有电脑调色中心。使用电脑调漆的颜色，能把复杂繁琐的调色工作，改变为一种快速、方便又准确的调色方式，工作起来极容易，且数据易更新，方便了汽车修补涂装的调色工作。

电脑调色的设备是由可见光分光光度仪、电子计算机、配色软件等部分组成。

1. 可见光分光光度仪

可见光分光光度仪是由光源、单色器、积分球、光电桥检测器、数据处理系统等部件组成。它可以将测得涂层的光谱反射因数曲线，通过库贝尔卡、芒克配色理论计算出涂层颜色的准确数据，测出颜色，再通过电脑配色软件进行调色。

2. 配色软件

配色软件是由色质检测软件、调色软件等部分组成，主要作用是建立储存基础颜色因数（颜料种类与用量）数据库。使用时先确定基础颜色和色母，而后输入每种色母的光谱反射因数曲线（即不同波长的吸收系数和散射系数），再根据输入的数据进行调色。也就是说，新购置的配色软件是不会配色的，必须先将该漆的色号输入配色系统，配色软件才能用输入的色号数据进行配色。因而，使用电脑调色的准确性不仅取决于配色软件的质量，更重要的是所输入的资料数据是否准确可靠。

电脑调色设备如图 7-28 所示。

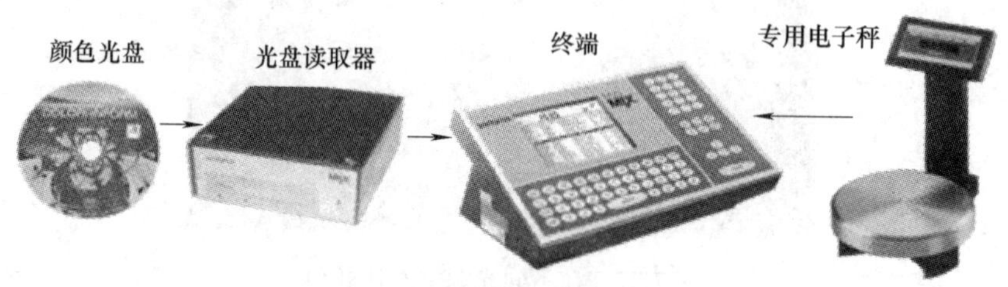

图 7-28　电脑调色设备

在电脑调色过程中，电脑就像一个大型的色漆配方资料数据库，它能够储存数千种色漆标准配方和标准色漆颜色的数码（色号或代号）。不论单色漆数码或复色漆数码，都可输入电脑，以备使用者调色时查找使用。如需要调配某一种汽车面漆颜色时，可先将色号输入电脑，从屏幕上就可显示出该色号的面漆配方与各种颜料的用量比，再按此数据进行调色，就可获得所需要的面漆颜色。

电脑调色具有以下特点：

1）调色标准、速度快、效率高，为汽车修补涂装调色节约了时间，有利于提高修补漆颜色的均匀度。

2）采用电脑调色时，必须储备有一定量的各种品种的色漆配方与数码，如果储备的数量和品种规格不足，就很难按要求准确地配出所需要的颜色。

3）采购的各种色漆必须严格保证质量。如质量不佳，则用电脑肯定调不出理想的颜色。

4）对单色漆的贮存放置应按色号数码的规律放置，使其标准化、定制化，以防出错。

5）无标准色号的色漆不适于用电脑调色。

6）目前市场上使用的电脑调色软件较多，其基本功能差别不大，使用时可就地购买。

另外，目前世界各大微机配色仪生产厂都有适合汽车修补漆调色使用的便携式微机测色仪供应市场。这些仪器的探头均可直接在汽车上需修补漆膜的部位测出最可靠的数据，该数据经配色软件系统处理后，就可获得准确的配方调色。

二、金属闪光色的形成

1. 金属闪光色的方向性

金属闪光色的调色之所以难，是因为随观察方向的变化，已经调得一致的颜色会呈现出色差。这种现象叫做颜色的方向性。在国外，不少涂装修理工为之很伤脑筋。举一个具体的例子，如图7-29所示，将一辆涂装了橄榄色和绿色调制的金属闪光涂膜的汽车置于阳光下，发动机罩A处朝阳，挡泥板B处背阴。在这种情况下，A处看起来红中带黄，B处则是绿色。如果对此涂膜进行修补，采用的颜料组合是印第安红和正绿，调出的色彩在A处合上了，在B处却完全合不上，或者在B处合上了在A处则完全合不上。这是因为原来的涂膜所用原色方向性强，而修补处的原色方向性弱所致。

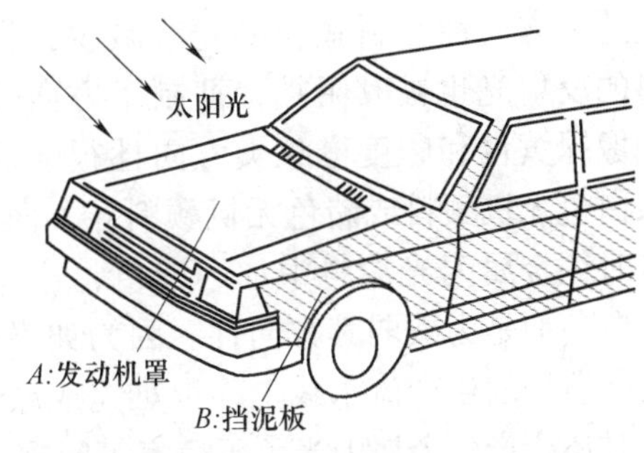

图7-29　橄榄色+绿色金属闪光涂膜的方向性

同样的现象在某种蓝色金属闪光涂料中也存在。橄榄色+绿色金属闪光涂膜的方向性在阳光直射下，带很浓的绿色感，背阴处又有很强的红色感。这种现象还随蓝原色的不同，以及与其组合的其他原色的不同，出现某种程度的差异。

引起金属漆产生方向性的根本原因是因为铝粉粒子的存在。铝粉粒子的平面部分有强烈的镜面反射效果，而侧面却只有很少的反射。

影响金属闪光色方向性的因素很多，如颜料颗粒的形状、大小，颜料的种类，原色的种类，涂料的种类及涂装方法等。

（1）颜料颗粒的形状、大小　有机颜料颗粒的直径为0.01μm左右，而形状有的是球状，有的是柱状，有的是扁平状等，各不相同。下面以球状颗粒A和扁平状颗粒B为例进行分析。如图7-30所示，照射到球状颗粒A的光线，朝各个方向的反射量基本上是相同的，而我们所说某物质是某种颜色，是与其光的反射量相关的。无论向哪个方向都反射同样量的光，也就是不论以哪个方向看颜色都相同。照射到扁平状颗粒B的光线，在X和Z处反射的光，与在Y处反射的光相比，光量的大小不相同。故在Y处看到的颜色与在X、Z处看到的颜色不同。扁平状颗粒B就是方向性强的颜料。A、B两种形状只是极端的例子，实际使用的颜料或多或少都会有一点方向性。而黄色类所采用异喹吲满（印度橙、有机黄等）、特殊偶氮系（绿黄色）、酞菁系（酞菁蓝、不褪蓝、正蓝等）颜料，方向性尤其强。其中的酞菁类颜料，随制作方法不同，有的基本没方向性，有的方向性很强。因此对于酞菁类的各种颜料，必须弄清其特点才便于使用。

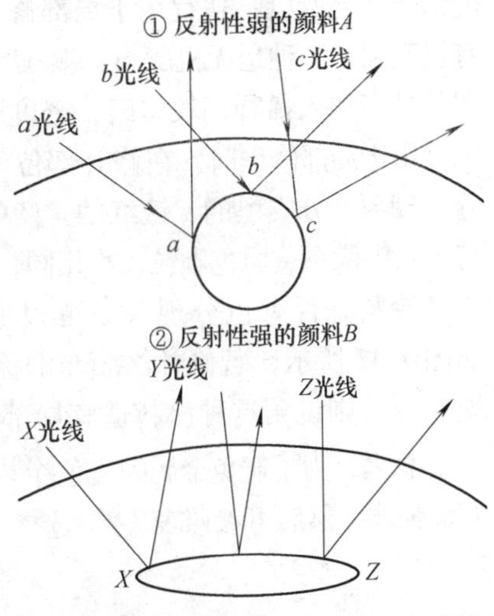

图7-30　颜料颗粒形状对反光性的影响

黄系原色除方向性外，色相还存在带红、带绿的差别。有的用于单色调的耐候性好，用于金属闪光色却出现变色等。各种原色具有不同特点，必须根据需要区别使用。

（2）颜料的种类　图 7-31 所示是在方向性很强的原色中加入无机原色后的颜料颗粒状态图。由此图可以看到，由于无机颜料颗粒大，挡住了光线，到达有方向性颜料颗粒的光线减少；另外方向性颜料的反射光也被其阻挡，抑制了方向性的发挥，例如像绿黄色和印度橙色类方向性很强的原色，若加入白色无机颜料或赭色无机颜料，方向性就会消失。有时往金属闪光涂料中加入白色，这并非是使色彩呈白色而是为减弱其方向性。因为如果方向性太强，在制造厂的生产流水线上，很难完成漆膜修整工作，有时还会产生金属闪光色不稳定等问题。

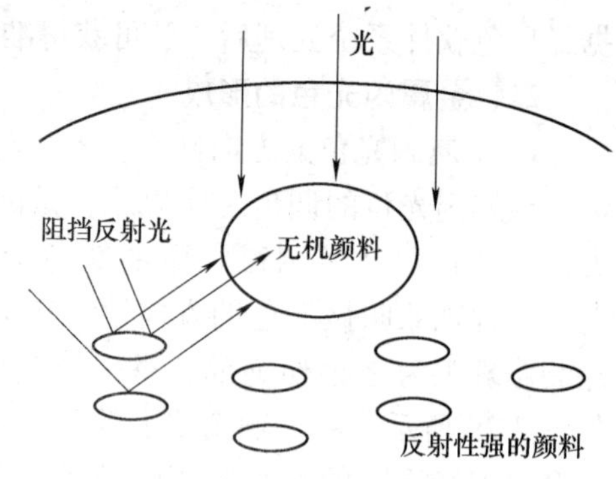

图 7-31　方向性强原色中加入无机颜料后的状态图

不过上述方法并不总是适用。例如银灰色涂膜，这种颜色带有很强的色调。这是因为这种金属闪光涂料中，使用的都是带白色的颜料，如果调色时再加入白色就会导致光的透过性变差，使涂膜失去金属闪光感。

在调配金属闪光涂料时，首先必须弄清楚其颜色方向性的强弱，这可以通过原涂膜向光面和背光面的颜色对比来进行判断，习惯后就不难掌握。

（3）不同原色方向性的差异　一般来说呈透明状的有机颜料都具有不同程度的方向性，尤其是前面提过的绿、黄、印度橙、有机黄和蓝色等，带较强黄色调的酞菁类等原色，方向性强。因此使用这些原色调出的绿色、橄榄色、金黄色、棕色、蓝色等金属闪光色，大多具有强的方向性。

几年前，调制橄榄色用的是印第安红和绿色相组合。随着异喹吲满系颜料的开发，大多已经改用异喹吲满系颜料中的黄原色与黑原色相组合，调出橄榄色。因为后一种组合方向性强，具有鲜明的金属闪光感，而且适宜局部修理。印第安红和绿色的组合，之所以不适宜用于局部修补，是因为其中一种是有机颜料，一种是无机颜料，颗粒大小差异大，密度不同，尤其是当加入稀释剂较多时，密度小的上浮，密度大的下沉。用于局部修理时，在修补部位的边缘处就会出现“色分”现象，分成黑的、铁红的、蓝的几种颜色。而黑原色与异喹吲满系黄原色颗粒大小相同，不易出现上述现象。

涂料是否有色分现象，可以通过简单的试验判断。如图 7-32 所示，若修补涂膜与旧涂膜的交界区域 *B* 不出现色分，则说明这种涂料适宜局部修理涂装。

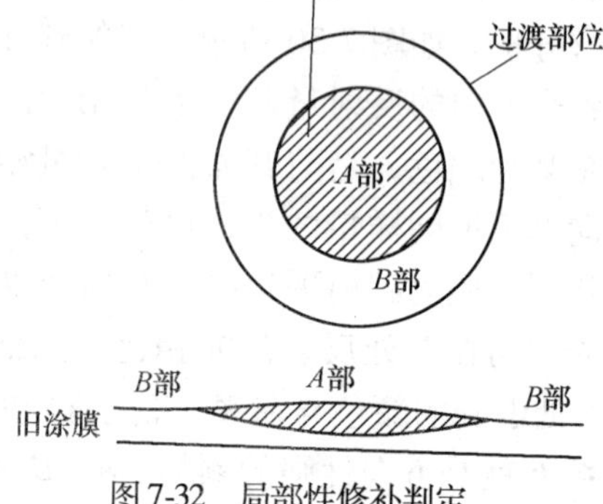

图 7-32　局部性修补判定

总之，为了避免金属闪光色涂装不致因方向性而失败，首先应弄清所要与之配合的颜色的方向性强弱，然后可参照表 7-2，选择方向性与之相当的原色进行调色，就能达到所期望的效果。

表 7-2　各原色方向性强度

	A 组	B 组	C 组
方向性的大小	大	中——→小	能消除方向性
颜料颗粒的形状与大小	扁平状较小颗粒	圆状细小颗粒	椭圆状大颗粒

（续）

	A组	B组	C组
颜料的分类	异噪吲满系特殊偶氮系等	其他有机颜料透明状氧化铁	无机类颜料
原色名	印度橙、有机黄、绿黄等	锌红、橘黄、其他大部分原色	赭色、白色、印第安红

(4) 铝粒子的不同排列形成的方向性差异　如果往丙烯酸聚氨酯涂料和改性丙烯酸硝基涂料中加入同一种铝粉，涂装后仔细观察，就会发现前一种涂膜显得金属颗粒大，亮度高。这种现象是由于铝粒子在涂膜中的排列状况所引起的。如图 7-33 所示，聚氨酯涂料中铝粒子排列整齐，反射表面积大，所以显得颗粒大，亮度高。

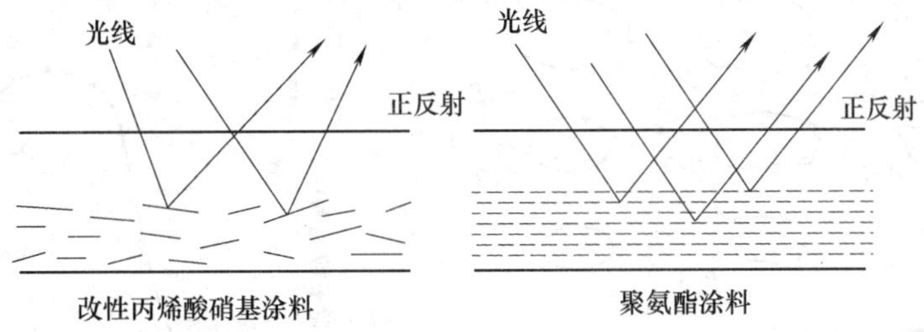

图 7-33　不同涂料中铝粒子排列情况对反射光的影响

铝粉在涂料层中的排列，实际上是在运动中形成的。硝基类涂料干燥速度太快，在粒子排列还未完全形成之前，涂料已失去流动性，这就是造成两种涂料铝粒子排列情况不同的根源。

显然，要获得相同的效果，丙烯酸硝基涂料应加入颗粒稍大些的铝粉。同理，为获得较好的金属闪光感，一般多采用聚氨酯类涂料。

(5) 涂装条件对金属闪光色的影响　金属闪光色涂膜的色泽，随喷涂条件的不同而不同，有时会泛白，有时发暗。其原因就是前面曾谈过的铝粉排列状况受喷涂条件的影响，有时规则，有时紊乱。喷涂作业时各种因素对色泽的影响见表 7-3。

由此可见，在进行金属闪光色调色操作时，采用的溶剂比例和喷涂条件应与实际作业时完全一致。尤其是采用的涂料为丙烯酸聚氨酯时，溶剂的稀释率和喷涂气压等差异，很容易引起色彩的差异，要予以充分注意。

表 7-3　喷涂作业时各种因素对色泽的影响

涂装条件		色泽亮（泛白）	色泽暗	影响度
溶剂种类		干燥速度快	干燥速度慢	大
溶剂所占的比例		所占的比例高	所占的比例小	中
喷枪	空气量	大	小	大
	喷嘴直径	小	大	中
	喷束直径	大	小	中
	空气压力	高	低	小
涂装作业方式	喷枪距离	远	近	中
	运行速度	快	慢	小
涂装环境	温度	高	低	大
	湿度	低	高	中
	通风	好	差	小

2. 金属闪光基料的种类

最近使用的金属闪光色中，很强的白色调和闪闪发光的金属闪光色增多了，还出现了一种称之为“魅力色”的涂膜，网孔显得很大，闪闪发光。这种强烈的金属感是怎样产生的呢？金属闪光涂料，实际上是由透明涂料加入金属铝粉和颜料形成的，金属感来自于铝粉，而色调由颜料和金属铝粉所决定。为叙述方便，我们把透明涂料和金属铝粉的混合称为金属闪光基料。

如图 7-34 所示，各种大小的颗粒都有，只是各自所占的比例不同而已，这可以用粒度分布曲线来描述（见图 7-35）。

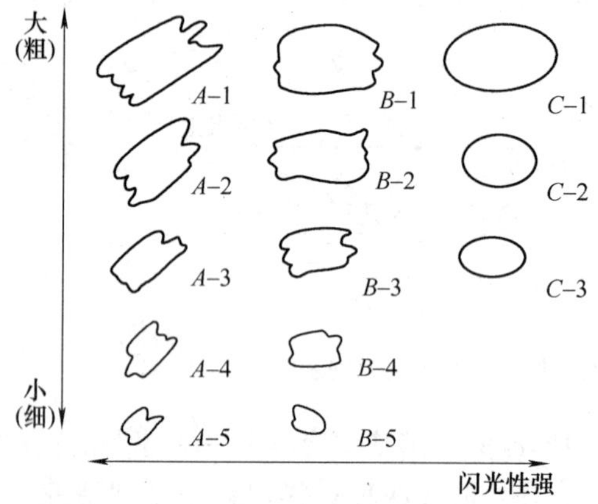

图 7-34 金属颗粒的种类和大小

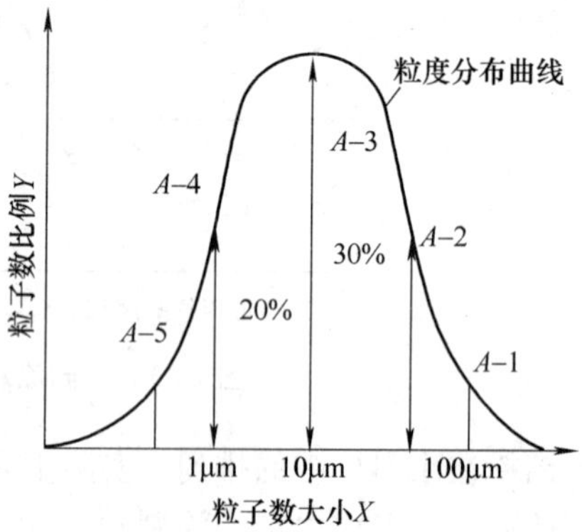

图 7-35 金属闪光基料中的粒度分布曲线

虽然金属铝粒子的种类只有有限几种，但通过不同的组合，可以形成的金属闪光基料达几十种。但作为汽车修理涂装，要准备几十种金属闪光基料是比较困难的。通常的做法是准备粗、中、细三种不同平均粒度的基料，这三种基料的粒度分布如图 7-36 所示。使用时，可以将其中两种或三种按不同比例混合，得到所需的各种不同平均粒度的金属闪光基料。

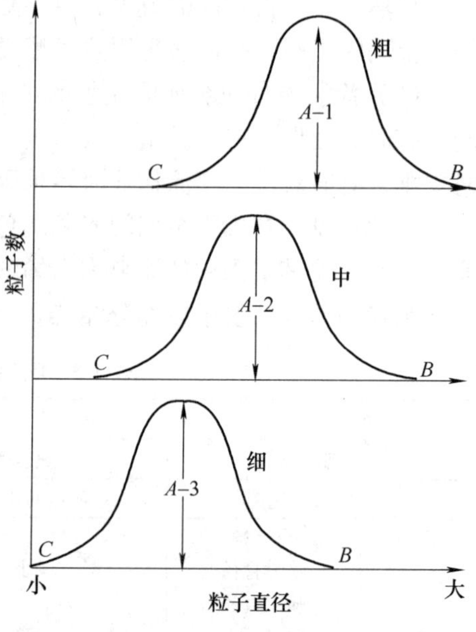

图 7-36 各种金属闪光基料的粒度分布

图 7-34 所示的金属铝粒子中，*A*-1 为最大，*A*-5为最小。实际上金属闪光基料中含有比 *A*-1 大和比 *A*-5 小的粒子，大约各占 0.5%。比 *A*-1 大的粒子，可以在使用前的杂质过滤器中与杂质一同除去，而比 *A*-5 小的粒子往往会带来麻烦，因此也需要清除。

如图 7-37 所示，若金属闪光基料中有比 *A*-5 小的颗粒，往往易引起金属雾斑。这种小的颗料虽数量不多，却极易在涂膜中移动。只要在金属闪光涂层上厚罩以含溶剂量多的透明层，就会产生如图 7-38 所示的涡流现象，将小颗粒带入透明层内，形成图 7-37 中②的情景。要获得满意的金属闪光感，就必须设法抑制这种涡流运动，使大、小金属颗粒较为整齐地排列在金属涂层内。

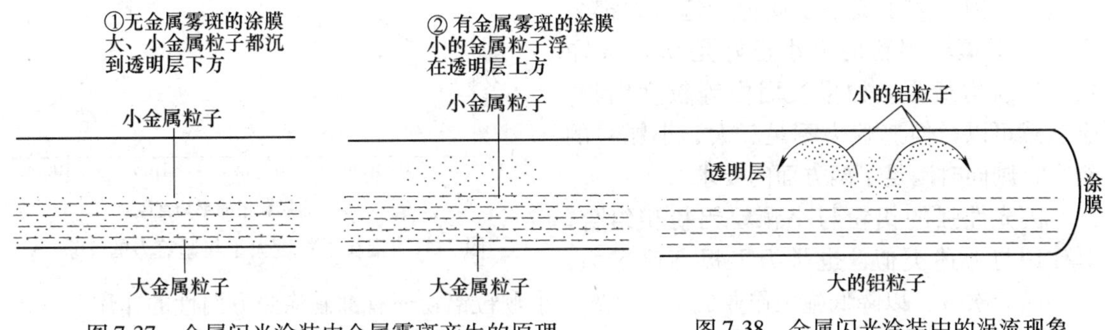

图 7-37　金属闪光涂装中金属雾斑产生的原理　　图 7-38　金属闪光涂装中的涡流现象

当光线照射到铝粉表面时，反射光的量越多，亮度就越高。这主要取决于两种因素，一是铝粒子的形状，二是铝粒子的排列状况。

如图 7-39 所示，*A* 组铝粒子表面凹凸不平，当光线照射到凹处时，经拆射消耗，反射的外部的光自然减弱，而 *C* 组铝粒子外表圆滑，反射的光多，显得亮度高。如图 7-40 所示，当铝粒子在涂层中整齐排列时，正面反射的表面积大，正反射光强，所以从正面观察亮度高。

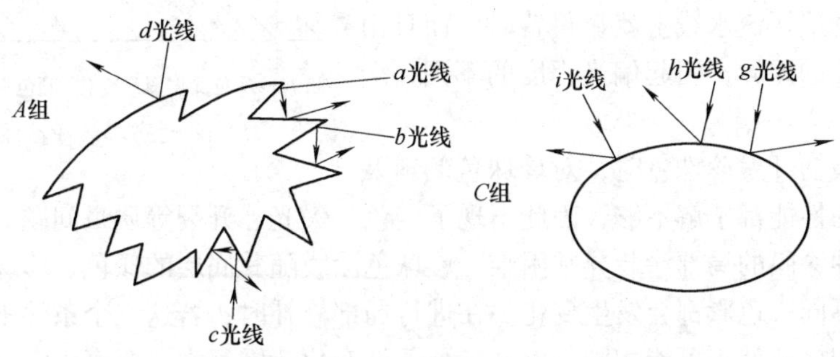

图 7-39　不同形状铝粒子对光线反射的差异

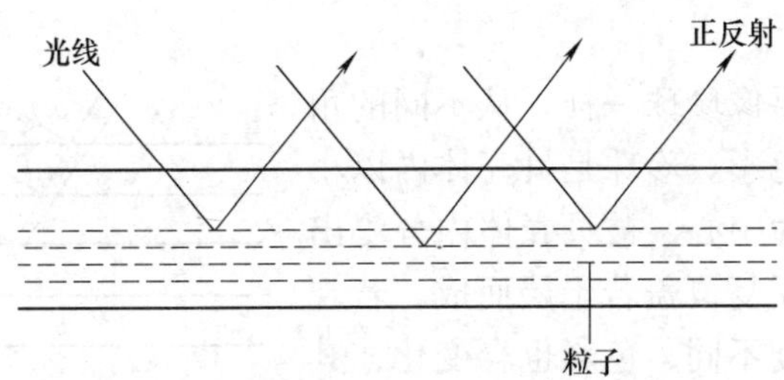

图 7-40　铝粒子排列状况对反射光的影响

金属闪光色中有两种组合用得较多，一种是大颗粒与小颗粒铝粉的组合；另一种是闪光性强的铝粉（外表形状圆滑）和小颗粒铝粉的组合。

为什么要将大颗粒与小颗粒相组合？直接换用中等程度铝粉不行吗？事实上，采用大、小颗粒铝粉的组合是为了兼顾金属闪光涂料的金属感和遮盖力而采取的措施。金属颗粒越大，金属感越强，这一点我们已经了解。而粒度大小与遮盖力的关系如图 7-41 所示。当铝粉大小接近于光的波长（0.1μm 左右）时，遮盖力最强。

实际上，前面所说无机颜料遮盖力强也是这个原因。大于或小于此值，遮盖力都会下降。小颗粒铝粉的大小正好是 0.1μm 左右，遮盖力最强。如果换用中等粒度铝粉，金属感可以，但遮盖力不足。大、小颗粒的组合，则同时满足了两方面的要求。

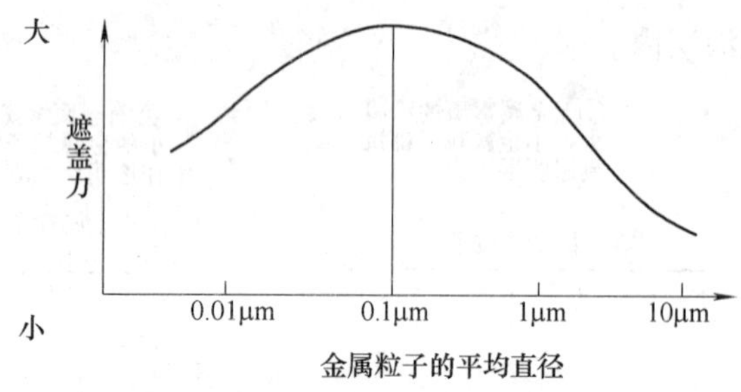

图 7-41　铝粒子粒度大小与遮盖力的关系

闪光性强的铝粉与小颗粒铝粉相组合，其作用与上述类似，也是为了提高遮盖力，减小涂装次数，以降低施工作业成本。另外，小颗粒铝粉还有抑制涂膜方向性的作用。

三、珍珠色

1. 珍珠色的技术难题

珍珠色涂膜给人以高贵华丽之感，很有魅力。但无论是制造厂还是修理厂，都曾向这种涂膜挑战，均因其性能不稳定而以失败告终。归纳起来，主要由下列几个问题未能解决：

第一是涂装工艺复杂，涂装方式稍有差异就会造成较大色差。涂装方法如图 7-42 所示，先涂底色层，再涂珍珠色层，最后罩以透明层。要完成这三层涂装，在制造厂流水线上就显得费时。而且由于珍珠色层厚度的差异，引起偏光程度的不同，会产生色差。

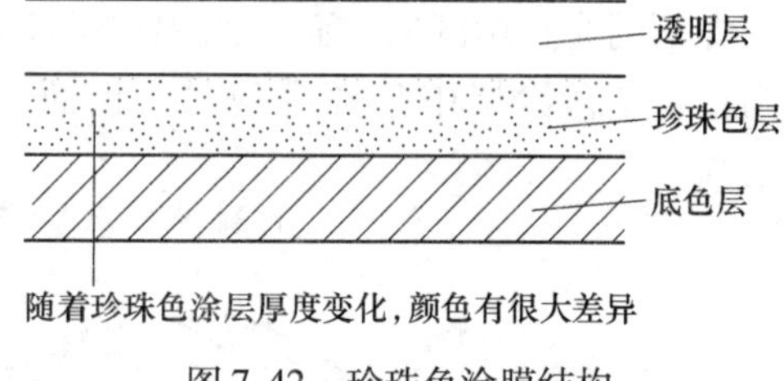

图 7-42　珍珠色涂膜结构

第二是在最初开发珍珠色时，对珍珠色颜料及其罩面层涂料的性能都了解不够，因此出现了变色、失光、开裂等质量问题。

第三是这种涂膜的局部涂装异常困难。珍珠色涂膜随其底层的颜色、珍珠色的种类和珍珠色层厚度的不同，色彩都会发生变化。在进行局部修补时，若这三个条件不是和制造厂完全一致，色彩和格调就不可能相同。而这三个条件变化范围很大，要真正完全吻合，是极其困难的。

2. 珍珠色形成原理

所谓珍珠色，就是要像珍珠一样，从不同的角度看，都会发出不同的色彩。珍珠是贝壳体内以小的硬颗粒、灰尘、杂质为中心，被贝壳体内分泌出的天然树脂状物质将其反复覆盖若干层而成。若观察天然云母会发现，角度不同，色彩也会变化，其原理如图 7-43 所示。由于云母是由很薄的薄层叠积而成，光线照射时，分别在一层层薄层上反射、吸收、穿透，会产生微妙的变化，这叫做多重反射。而一般的物体只是在表面反射光线，所以以任何角度看颜色都不变。光线在玻璃和透明层涂料中基本上是直接穿过，不产生反射，因此呈透明状。这些差异如图 7-44 所示。

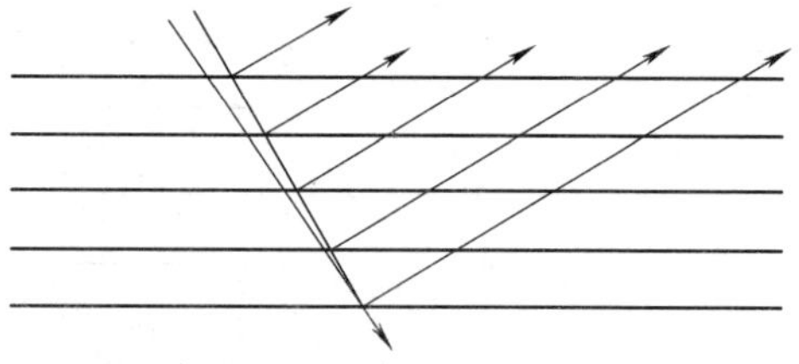

图 7-43　云母、珍珠通过变色反射引起色彩变化

珍珠色颜料中的云母，不是天然云母，而是化学合成的物质，但结构上与天然云母基本相同。如图 7-45 所示，由于合成云母表面覆盖的钛白底层色彩的配合作用，光的反射更加

复杂，呈现出色彩鲜艳的七彩虹色调。

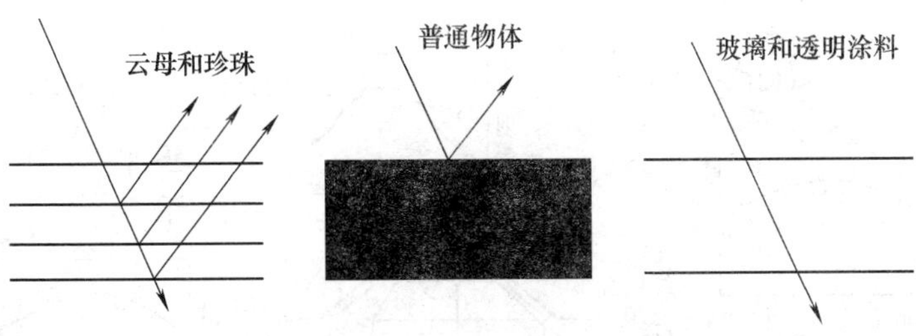

图 7-44　不同物体对光反射的差异

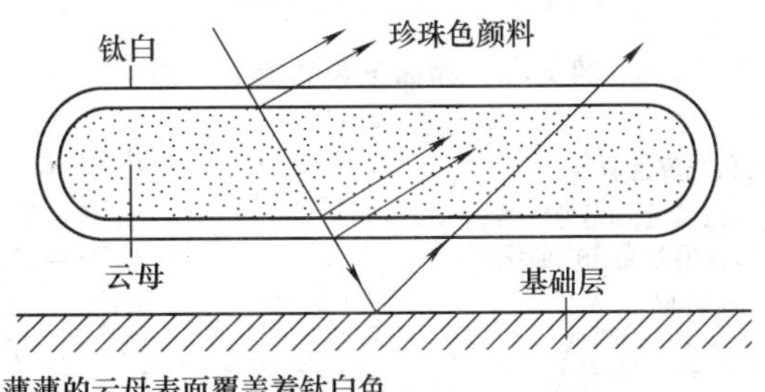

图 7-45　珍珠色颜料的结构

四、调色原则

1. 色相接近的组合原则

近几年，计量调色机已经普及，大多汽车维修厂都是靠机械进行调色。但目前调色机的精度还不能满足要求，有时还会出现褪色问题，同时细微色差的调整仍需要靠人工处理。如果掌握了基本的知识，就可以迅速、正确无误地解决上述问题。其中最重要的一条原则就是尽可能使用色相邻近的原色进行组合。以前面提过的单色调为例，如果调红色，就应将有机红与无机橙相组合；调绿色，就用黄和绿相组合等。总之，从分光光度曲线入手，在相邻范围内选择原色。这里所说的分光光度曲线，就是红色对红光、黄色对黄光的反射程度曲线。如图 7-46 所示，分光光度表达的是物体对来自于光源的光线呈哪种反射方式。物体的颜色不同，分光光度曲线也就不同。换句话说，分光光度曲线说的是物体对光的各个波长的光谱反射因数。人眼所感觉到的汽车车身是红色这一现象，实际上是涂料的红色分光光度曲线与太阳光的分光度曲线合成的产物，进入到我们的眼睛，刺激视网膜，做出红色的判断。而涂料的红色分光光度曲线，又是组成这种颜料所采用的红原色和橙原色两种颜料的分光光度曲线所合成的。按此思路，所谓调色，就是将各种原色相组合，使其分光光度曲线合成的过程。下面通过实例进一步说明为什么要用色相相近的原色调色。

图 7-47 所示是两组调红色的原色组合，用无机橙和有机红相组合得到红色 A_1；用无机黄和带紫色的有机红组合得到红色 A_2。A_1 分光光度曲线，峰值 h_1 高度比较高，宽度 l_1 比较窄。这种形状曲线的调和色色彩清爽、漂亮；而 A_2 曲线，峰值 h_2 较低，宽度 l_2 较宽，这种曲线的调和色色泽显得混浊。

图 7-48 所示是调黄绿色的例子。以无机黄为基础，一种是加入有机绿，另一种是加入有机蓝。黄和绿调色得到的光谱反射因数曲线 A_3，比黄和蓝调色得到的光谱反射因数曲线

A_4峰值高，宽度宽。由此也可以看出，颜色相近的组合，可以得到明快的色彩。

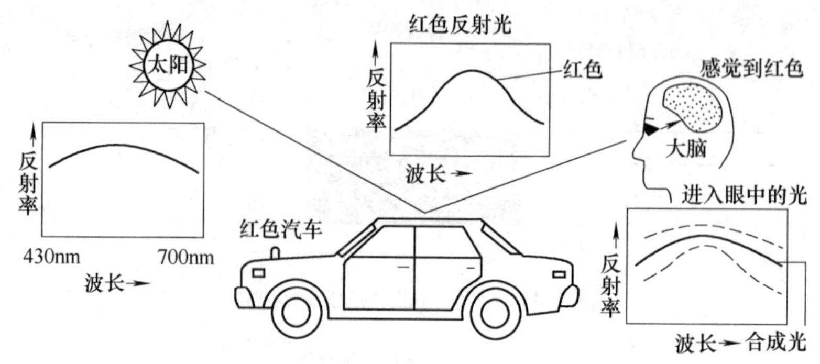

图 7-46　物体色彩的感知原理

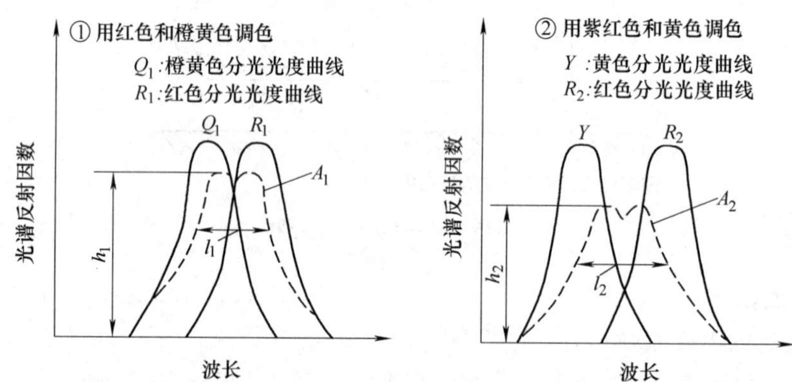

图 7-47　调制红色的两种不同组合

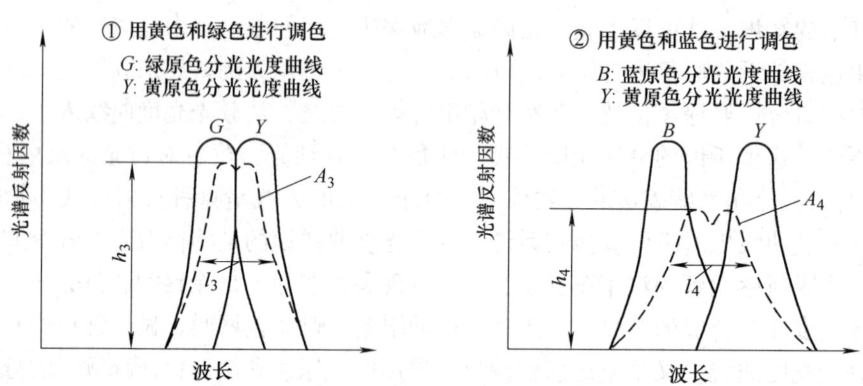

图 7-48　调黄绿色的两种不同组合

总之要想得到明快的调和色，就应选择色相邻近的原色组合。这种组合还有一个优点，即使在长期使用中，如果其中哪一种原色出现变色或褪色，都不会很显眼。而如果是色相相距较远的组合，其中任何一种变、褪色，都会很醒目。所以应尽量使用相近色相的原色调色。

2. 所用原色数应尽可能少

汽车的色彩各种各样，但每种色彩所使用的主要原色都是一种或两种。因此在调色时，最迅速可靠的方法是先选一种大体相近的原色，然后用黑、蓝、红、铁锈色等进行调整。如果一开始就使用多种原色，色彩会变混浊，最后的微调整加哪种原色为好，很难正确判断。

如图 7-49 所示，若采用两种原色相组合，色泽明快，色调清楚；若加入 4 ~5 种原色，色泽混浊，难以辨认其色调。

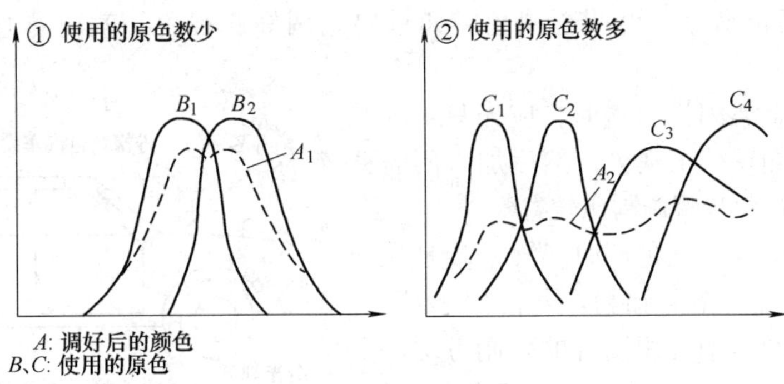

图 7-49　使用原色多少的差异

3. 选择着色力强的原色

汽车修理涂装中所用颜料，有的价格很高，称之为高级颜料。尤其是调制浅色时，要求使用耐候性好的颜料，这些颜料都很贵。因此颜料用量对使用成本的影响不容忽视。颜料中有的原色着色力强，有的着色力弱。显然着色力强的颜料用于调色，会降低颜料用量。不仅如此，还能减小涂膜厚度，节省涂料用量和涂装次数，如图 7-50 所示。因此，同级别的原色，应推荐使用着色力强的。具体选择方法是通过实际调色自然就掌握了，也可以采用图 7-51所示方法对颜料的着色力进行鉴别。首先将两种原色都以 10 : 90 的比例与白色相混合，观察色彩的浓淡。假定 B 色比较淡，再加入 B 原色，提高色彩浓度使其与 A 色接近。如果需追加的量恰好为 10，加上原来加入量则为 20，也就是说使用 A 原色比使用 B 原色颜料要节约一半，再加上涂料用量和涂装时间的差异，由此引起的经济性差异可以高达 3 ~4 倍。由此可见，选择原色不能单看其价格，还必须得出真正经济的方案。

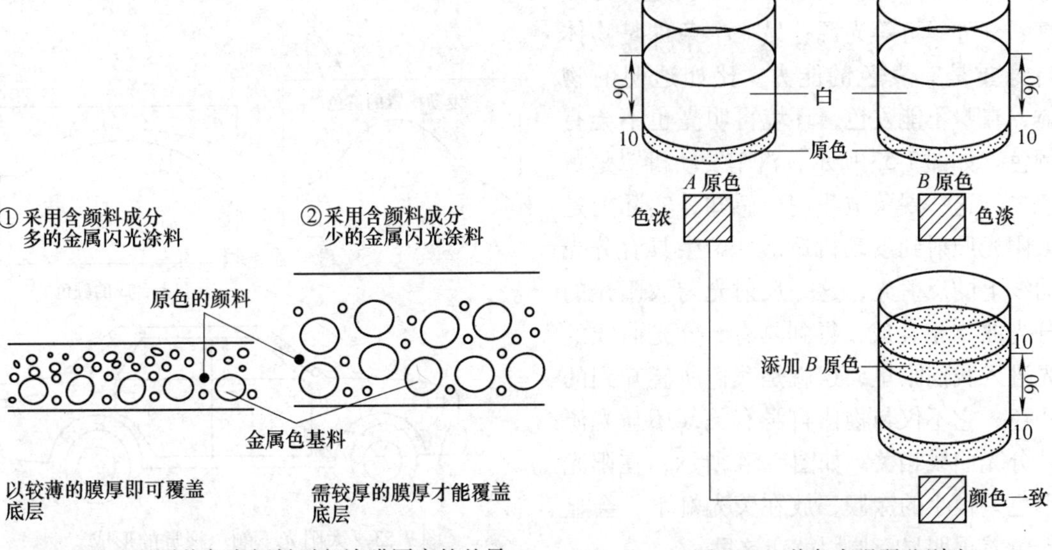

图 7-50　不同着色力颜料引起涂膜厚度的差异

图 7-51　着色力强弱鉴别法

五、金属闪光色最佳调色步骤

如前所述，金属闪光色的调色要点在于方向性要一致。只要方向性与原涂膜相吻合，剩下的就只是原色加入比例问题，相对比较简单。为此调色时应首先使侧视色（又叫透视色）与原涂膜相吻合，再调正视色。如果要先调好侧视色，就应熟悉不同原色的侧视色。

调制深色调金属闪光涂料时，应先只加入原色颜料，调好其侧视、正视色，然后加入所需粒度的金属铝粉，按此步骤调制比较省事。

调制浅色和中等浓度色调时，第一步是先配制好粒度大小适宜的金属铝粉。若需中等粒度，最好是用大颗粒和小颗粒相混合的配制方法。金属铝粉调配好后，再加入原色，进行颜色的调制。

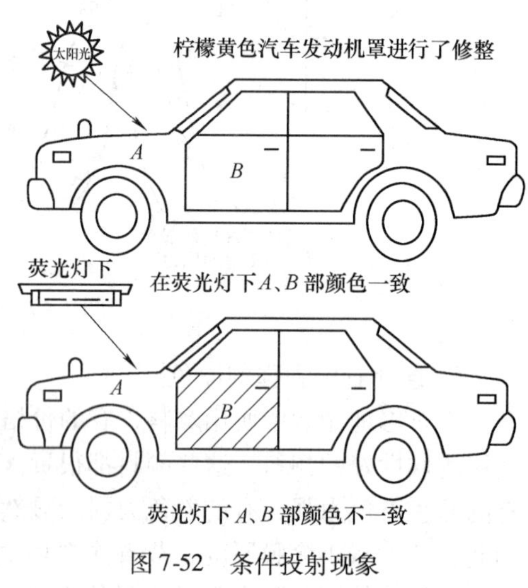

图7-52 条件投射现象

六、条件投射形成原理

在进行柠檬黄涂膜修补时，一般都不采用易变色发黑的灯光黄，而是使用有机正黄。假定修补工作在白天进行，调出的色彩与原涂膜完全一致。到夜晚荧光灯照射下，修补的涂膜 B 处与原涂膜 A 处色彩就完全不同了，如图7-52所示。

产生这种现象的原因是采用的原色组合与原涂膜的原色组合不一致，这叫做条件投射现象。那么条件投射现象是怎么产生的呢？我们分析一下人对颜色的感知是怎样产生的。首先，要感知物体的颜色需要明亮的环境，黑暗中是无法判明物体色彩的。要形成明亮的环境，就需要太阳光、荧光灯、红外线灯等光源；另一个条件是物体自身要是有发色的能力。比如透明的物体，自身不能发色，环境再明亮也不会有颜色。如图7-53所示，汽车发动机罩是黄色的，这一现象被我们所感知，实际上是太阳光照射到发动机罩上，产生具有分光曲线上的反射光，这一反射光与太阳光的分光曲 a 相合成，得到具有 c 分光曲线的光进入我们眼里，这就是我们所感知到的颜色，它不仅与物体自身有关，还与光源的分光曲线相关。如图7-54所示，在阳光下色差很小的涂膜，放在荧光灯下，会显得色差很明显，原因就在这里。

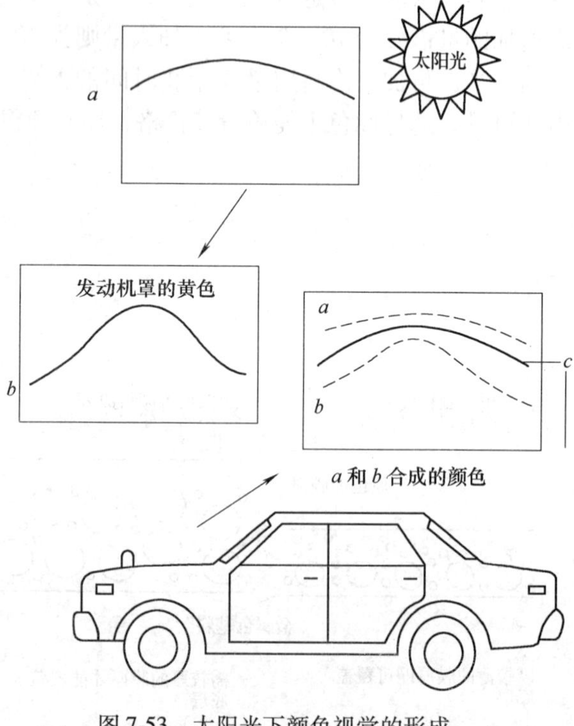

图7-53 太阳光下颜色视觉的形成

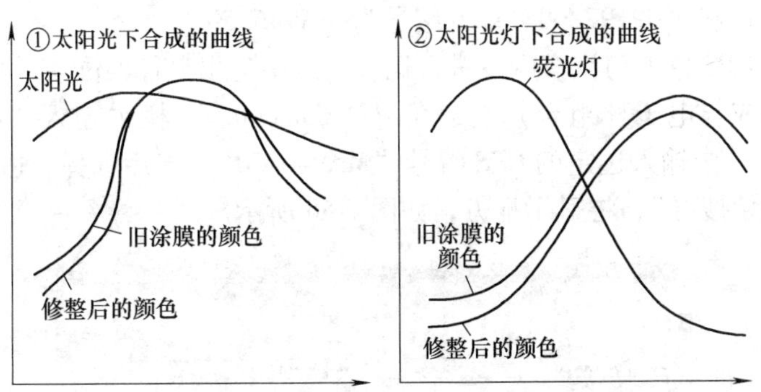

图 7-54　原色不同引起的条件投色现象

【技能学习】

一、劳动安全

参见前述“利用色卡调色”的相关内容。

二、操作流程

（1）查阅配方

1）在实车上找到车身颜色代码。

2）在颜色资料箱中找到汽车制造商色卡扇。

3）按所查得的油漆代码找到相应的色卡（或色卡组）。

4）将车身某处（如车门立柱）用抛光蜡抛光。

5）将所选的色卡与车身颜色相对比，找到最接近的色卡（从色卡组中）。

6）在色卡的背面读取涂料厂商的颜色编号，如图 7-55 所示。

图 7-55　色卡背面的颜色编号

注意：不同的汽车制造商或涂料制造商所提供的色卡会有所不同，有的色卡背面有配方，有的则没有配方。对于没有配方的色卡，背面上往往标有特定的字符代号或条形码，可通过代号或条形码阅读器，在调色电脑上读取配方。而有的色卡背面连颜色编号也没，这时可通过查阅到的车身颜色代码直接输入电脑进行配方查询。

一般电脑调色程序如下：

1）查阅汽车车身上的颜色代码（或利用色卡获得代码）。

2）启动电脑中的调色软件。

3）根据显示屏幕界面提示输入颜色代码。

4）根据屏幕界面提示的配方进行调色。

下面以 Basf 公司鹦鹉牌汽车低温修补漆为例，介绍利用 CPS 全能色卡系统及电脑调漆的详细操作过程。

1）从汽车或随车手册中找出制造商的颜色代码（如 MB9197 Obsidian black met，曜石黑色）。

2）用 CPS 参考目录寻找合适的 CPS 色卡，并考虑可能的变化色，如 MB9197/00（CPS

编号为 MA940. 50）和 MB9197/60（CPS 编号为 MA946. 50）。

3）将所选的 CPS 色卡与汽车颜色进行比较，从中选出最佳匹配者，如 MA946. 50。

4）在电脑（或与电子秤组合）上，在“Manufacturer”栏中输入“CP/CPS Ⅱ”，然后在“Colour code”栏中输入选定的 CPS 编号“MA946. 50”，然后选择合适的色漆系列。

5）单击“开始搜寻”，将显示配方，如图 7-56 所示。

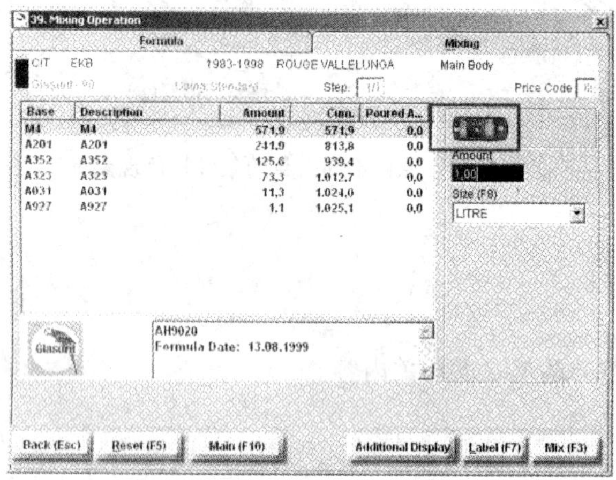

图 7-56 配方显示

6）根据所示的调漆配方进行调色。如果选中某个偏差色，双击就会显示偏差配方。如果查阅的是除主车身外的某一部件的配方（如保险杠），只需单击“按型号相关的颜色”（F6）即可获得配方。

如果单击“调漆”（F3），可在“用量”中输入所需值，还可以单击图 7-57 所示小汽车的车辆尺寸大小以及不同部位获得建议色母使用量，最后单击“OK”即可。

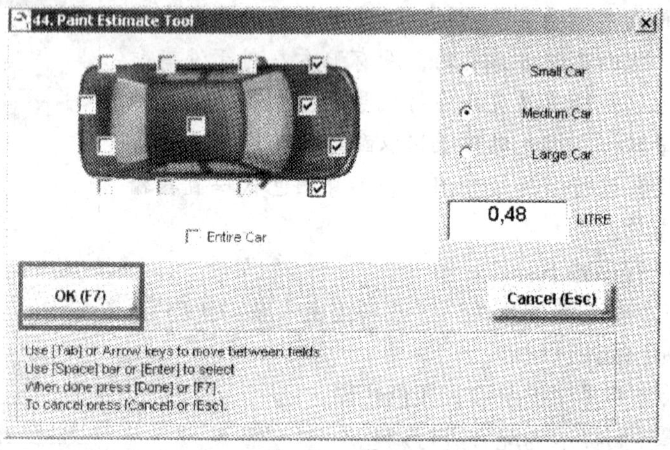

图 7-57 用量确定

如果单击“调漆”，即出现模拟称量界面，即相当于使用电子秤。如果某个色母不慎加入过多，可通过模拟称量界面来重新计算。按“F3”，根据系统提示输入每个色母的实际称量，如果某个色母加过量了，系统会提示如何操作。单击“重新计算混合”，系统将逐个显示配方各色母的新称量值，写下来第一个称量值，按回车键后就会显示下一个色母的称量值。这样就可按重新计算的配方进行调色。

（2）准备色母　根据选好的色卡和配方准备需要用的色母。准备色母时需要确认以下几个方面：

1）色母已经搅拌均匀。

2）色母的数量足够。

3）调配涂料的罐是干净的。

4）搅拌尺已准备好。

（3）计量添加色母。

（4）用调漆尺搅拌均匀。

（5）对比颜色及微调。

（6）微调　喷涂小样，干燥后对比颜色，并根据需要进行进一步微调，直到满意为止。

（7）清洗　清洗喷枪，清理工作台及使用的工具。

注意：金属漆调色时应注意以下事项：

1）金属色的配方只有在喷涂方式上调整，以及在清漆调整都无法收效的情况下才可改变。

2）金属色的比色需在充足的太阳光下进行，但需要避免强烈的太阳光直射。

3）比色时最好喷在试板上，并且可利用喷涂技巧来控制颜色。

4）比色需以90°正向、45°侧向和180°的横向角度来比色。

5）车身经粗蜡打过，试板要完全干燥，才有精确的比色效果。

6）以手指直接涂色于色板上只可当作参考用，不能作为比色的标准。

7）金属色的调配需要细心及耐心，若需改变配方也只能作小幅度的调整，并且需依照配方表所选的色母来调整。

8）双工序的银粉底漆喷涂完成后，待15min干燥，再喷上清漆后才可比色。

9）双工序的试板上，银粉底漆喷整板，而清漆喷1/2板。如此在调整时可以节省时间，并且可以累积调色（即金属色在加喷或未喷清漆的比较色差）的经验。

10）微调时减少金属色母的量，可使金属漆更深更暗。

11）如果要减少绿色效果，首先应减少配方中绿色色母的使用量，如果以对等色红色色母减少绿色效果，颜色会逐渐变浑浊，即彩度降低，其他对等色也如此。

12）微调时使用不透明性色母能使侧面变浅变白，使用透明性色母能使侧面变深变暗。

项目八　面漆的涂装

任务一　素色面漆的涂装

【相关知识】

一、面漆喷涂前板件表面的处理要求

不同类型的金属板件，要达到可以喷涂面漆的要求，必须经过相应的处理。而对于不同的金属板件，其处理的项目也有所不同。

（1）对钢板的处理

1）彻底打磨金属表面，清除所有可见的锈蚀。

2）用去蜡除油脂清洗剂清洁金属表面，并将表面擦干。

3）用转换剂、清洗式涂料或酸洗底漆填充剂，最终清洗表面，并擦干。

4）涂一层内涂层（底漆或腻子）。如果已使用了酸洗底漆填充剂，则不必再涂内涂层。

5）当内涂层干燥后，经打磨，用一块粘性布擦拭表面。经除油处理后即可进行表面涂装。

（2）对镀锌板的处理

1）彻底打磨金属表面，清除所有可见的锈蚀。

2）用去蜡除油脂清洗剂清洁金属表面，并将表面擦干。

3）使用转换剂或专用的锌金属调节剂对金属表面进行处理（切勿用清洗式涂料，以免损坏含锌表面）。

4）喷一层湿式双层底漆，如需填充，待表面环氧底漆干 1h 后方可涂腻子。

5）干燥 30min 后，打磨腻子内涂层。内涂层处理完之后，经除油处理后即可涂面漆。

（3）铝合金表面处理

1）彻底打磨金属表面，清除所有可见的锈蚀。

2）用去蜡除油脂清洗剂清洁金属表面，并将表面擦干。

3）用转换剂、清洗式涂料或酸洗底漆填充剂，最终清洗表面，并擦干。

4）喷涂一种湿式的双层环氧底漆或铬酸锌。如需填充，待涂层表面干燥 1h 后方可涂腻子。

5）30min 后，开始打磨腻子。内涂层处理结束后，经除油处理后即可喷面漆。

（4）镀铬金属表面的处理

1）用去蜡除油脂清洗剂彻底清洁金属表面。

2）用 320# 水砂纸或干砂纸充分打磨金属表面。

3）再次用去蜡除油脂清洗剂清洁表面。

4）涂抹金属调节剂。

5）涂两层腻子，干燥2~3h，然后干磨。

6）吹除缝隙中的脏物，用粘性布擦拭整个表面，经除油处理后即可涂面漆。

注意： 多数汽车制造厂提供的零部件的金属板面上已经涂上了底漆。更换此类零部件时不必经过特殊处理，一般经一次细打磨和除油处理后即可喷面漆。

二、面漆喷涂常用的手法

面漆喷涂时，常用使用一些特殊的喷涂手法，以达到不同的喷涂效果要求。

1. 干喷

干喷是指喷涂时选择的溶剂快干、气压较大、漆量较小、温度较高等，喷涂后漆面较干。

2. 湿喷

湿喷是指喷涂时选择的溶剂慢干、气压较小、漆量较大、温度较低等，喷涂后漆面较湿。

3. 湿碰湿

湿碰湿一般讲同上面讲的湿喷有一些相似，都是不等上道漆中溶剂挥发，继续喷涂下一道漆。

4. 虚枪喷涂

虚枪喷涂是在喷涂色漆后，将粘度调整得极低的涂料喷涂在面漆上的操作方法。在汽车修补中有两种类型的虚枪喷涂法。

1）在热塑性丙烯酸面漆上喷虚枪，用来使新喷的修补漆与原来的旧漆之间润色，使汽车表面经过修补后看不出修补的痕迹。

2）在新喷涂的丙烯酸或醇酸磁漆上喷虚枪，用来提高其光泽，有时也用来在斑点修补时润色。

5. 雾化喷涂

雾化喷涂俗称飞雾法喷涂，又叫飞漆，一般用于金属漆的施工。金属漆与色漆喷涂方式方法大不相同，金属漆由于漆中有金属颗粒，有的由云母、珍珠等制成，比重大，所以喷金属漆时一般用飞雾法像散花状喷涂，同虚枪喷涂有些相似。

6. 带状喷涂

带状喷涂适用于当喷涂某个基材表面的边缘时。此时应将喷枪扇辐调得相对窄一些，一般调整到大约10cm宽。此时喷出的雾束比较集中，呈带状覆盖。这样可以达到减少过喷、节约原材料的目的。

【技能学习】

一、劳动安全

参见前述“底漆喷涂”中的相关内容。

二、操作流程

（1）遮盖

1）根据喷涂的板件特点及需喷涂的面积确定遮盖的位置。

2）取合适的遮盖纸进行遮盖。

（2）表面除尘与除油

1）对需喷涂的表面进行除尘处理。

2）用织布沾脱脂剂对表面进行脱脂处理，如图 8-1 所示。

3）局部修补涂装时的晕色部位，要采用研磨膏或 $1000^{\#}\sim2000^{\#}$ 砂纸湿打磨。对于打磨的残留物，要用脱脂剂清除干净。

（3）喷涂前的检查作业　在开始喷涂作业之前，下列工作一定要做。

1）检查全身车身外表有无覆盖遗漏之处。

2）检查打磨作业和清扫作业是否完备。

3）检查喷枪和干燥设备有无异常。

4）检查完毕之后，用肥皂清洗手上的油，穿上防尘服，再用压缩空气清除沾附在衣服上的灰尘。

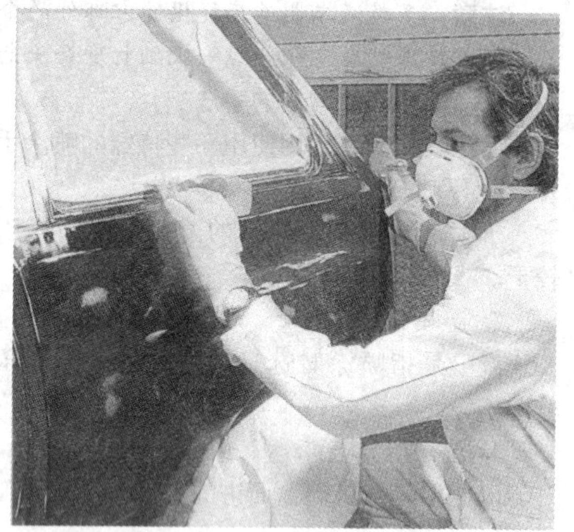

图 8-1　脱脂处理

（4）面漆及喷枪的准备

1）对已调好色的涂料添加稀释剂和固化剂。

2）过滤涂料，并装入喷枪的漆料杯内。

3）按所喷涂料的说明，调整喷枪的各项参数。

（5）喷涂

1）整板喷涂。

① 第一次喷涂（预喷涂）　适当减小漆流量，加大喷涂距离，提高喷涂运行速度。以车身（板件）整体喷上一层雾，薄薄地预喷一层。喷这一层的目的，一是提高涂料与旧涂膜的亲和力，同时确认有无排斥涂料的部位，如果有，就在该部位稍加大气压喷涂，覆盖住涂料排斥部位。

注意：由于为整板（整车）喷涂，喷幅应调至较大位置。

② 第二次喷涂（形成涂膜层）　适当开大漆流量，减小喷涂距离，减慢走枪速度。

注意：在该工序基本形成的涂膜层，要达到一定的膜厚。该工序要注意尽可能喷厚一些，这是最终获得良好表面质量的基础，但同时要注意不能产生垂挂和流动，以此作为标准。

③ 第三次喷涂（表面色调和平整度的调整）　以标准喷涂距离、全开漆流量和适当的走枪速度进行喷涂。

注意：第二次喷涂已形成了一定膜厚，第三次喷主要的目的是调整涂膜色调，同时要形成光泽。此时要加入透明涂料，有时为调整色调，要加入干燥速度慢的稀释剂。

素色漆一般喷涂三次就能形成所需膜厚、光泽和色调。如果对色调还不满意，可将涂料粘度调低，再修正喷涂一次。

2）局部喷涂（见图 8-2）

① 对喷涂了中涂底漆的表面及边缘部位进行湿打磨，相邻部位用研磨膏打磨。

② 打磨后要用脱脂剂清除油和污垢，最后使用带粘性的布，仔细除去细小的粉尘。

③ 在调好颜色的涂料内，按规定的比例加入固化剂、稀释剂，并搅拌均匀。

④ 第一次喷涂薄薄的一层，以提高底层和旧涂膜与涂料的亲和力。

⑤ 第二次喷涂比第一次喷涂稍宽一些，并在湿的状态下定出色彩。

⑥ 第三次喷涂比第二次要喷得更宽些。稍加一些稀释剂，将粘度降低，以获得高质量的表层。要注意色调应与旧涂膜相吻合。

⑦ 晕色处理。用30%涂料，加入70%稀释剂，薄薄喷涂一层，此时如果喷得过多就会出现垂挂。

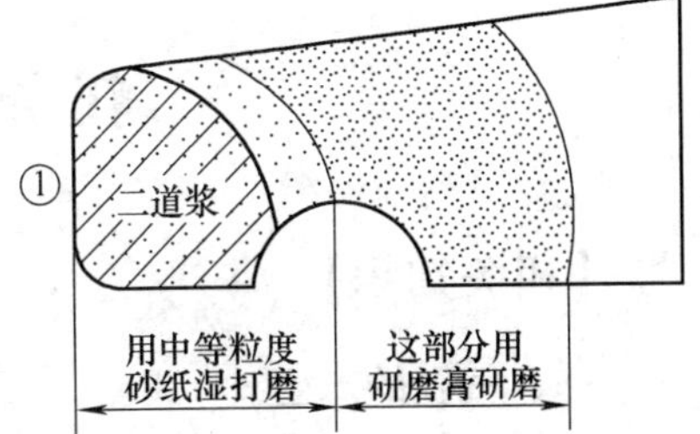

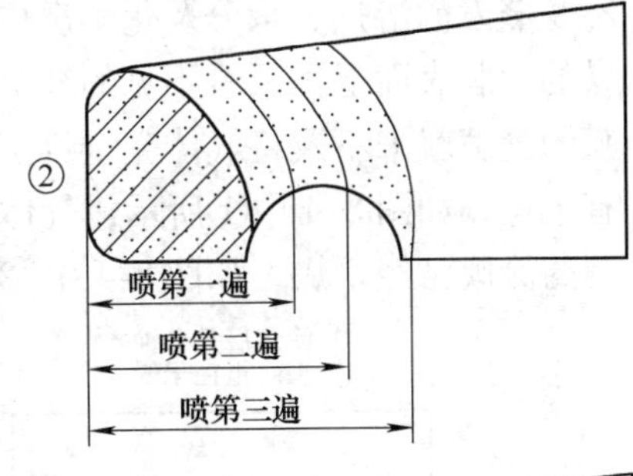

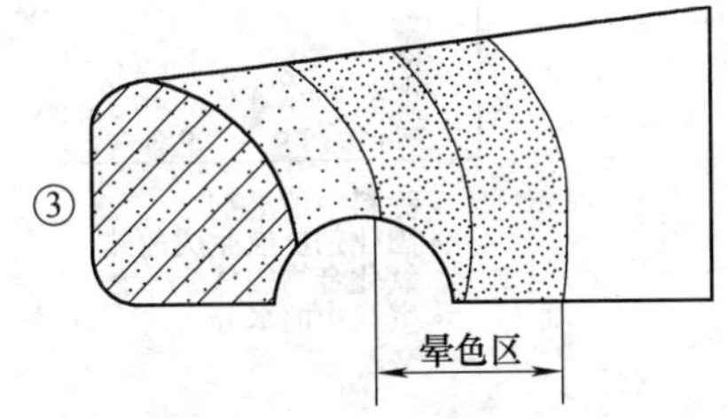

图 8-2　局部喷涂

注意： 修补涂装的气压力一般为245～294kPa，喷束开度和流量应根据修补面积大小调整。如果面积小，喷束开度应减小，流量也应减少，气压力以196～245kPa为宜。

（6）清理与干燥

1）在适当的时机拆下遮盖。

注意：

① 清除遮盖的工作不要等到加温烘干以后进行，因为加温后胶带上的胶质会溶解，与被粘贴表面会结合得非常牢固，很难清除，而且会在被粘贴物上留下粘性的杂质。如果被遮盖表面是良好的旧漆层，由于胶中溶剂的作用还会留下永久性的痕迹，除非进行抛光处理，否则将去除不掉；涂膜完全干燥后清除胶带还会引起胶带周围涂膜的剥落，造成不必要的修整工作等。

② 遮盖的清除工作应在喷涂完毕之后，静置20min左右的时间，待涂膜稍稍干燥后即可。静置20minn左右的时间也有利于涂膜中溶剂的挥发，避免喷涂完毕后直接加温烘烤所造成的涂膜热痱等故障。

③ 清除工作应从涂层的边缘部位开始，决不能从胶带中央穿过涂层揭开胶带。揭除动作应仔细缓慢，并且使胶带呈锐角均匀地离开表面。清除时应注意不要碰到刚刚喷涂过的地方，还应防止宽松的衣服蹭伤喷涂表面，因为这些表面尚来干透，碰到后会引起损伤，产生额外的工作。

2）根据需要进行烘烤（注意按涂料说明书的规定调整烘烤温度及时间）。

注意： 面漆喷涂后，不能立即加热干燥，必须间隔一段时间，待溶剂挥发到一定程度之后再加热强制干燥，否则不可避免地要出现气孔。显然间隔时间的长短，对涂膜质量和作业速度都会带来影响。间隔时间的设置，应在不产生气孔的前提下越短越好。

任务二　金属面漆的涂装

【相关知识】

一、气孔的产生

气孔产生的原因如图 8-3 所示，当涂膜被加热时，涂膜表面开始干燥，涂膜内部会有来不及蒸发的溶剂、水分及化学反应产生的二氧化碳气体等。这些溶剂和气体成分会从已经干燥的涂膜表面上肉眼看不见的缝隙逐渐蒸发出去。但如果快速加热，蒸发的气体量多时，涂膜的缝隙就来不及将气体完全排出，这些气体就会冲破涂膜表面而逸出。如果涂膜表面还没有干燥，如图 8-4 中①所示，气体逸出时形成的孔，通过涂料流动还能填平还原。但如果周围的涂膜已经干燥，如图 8-4 中②所示，就会残留而形成气孔。

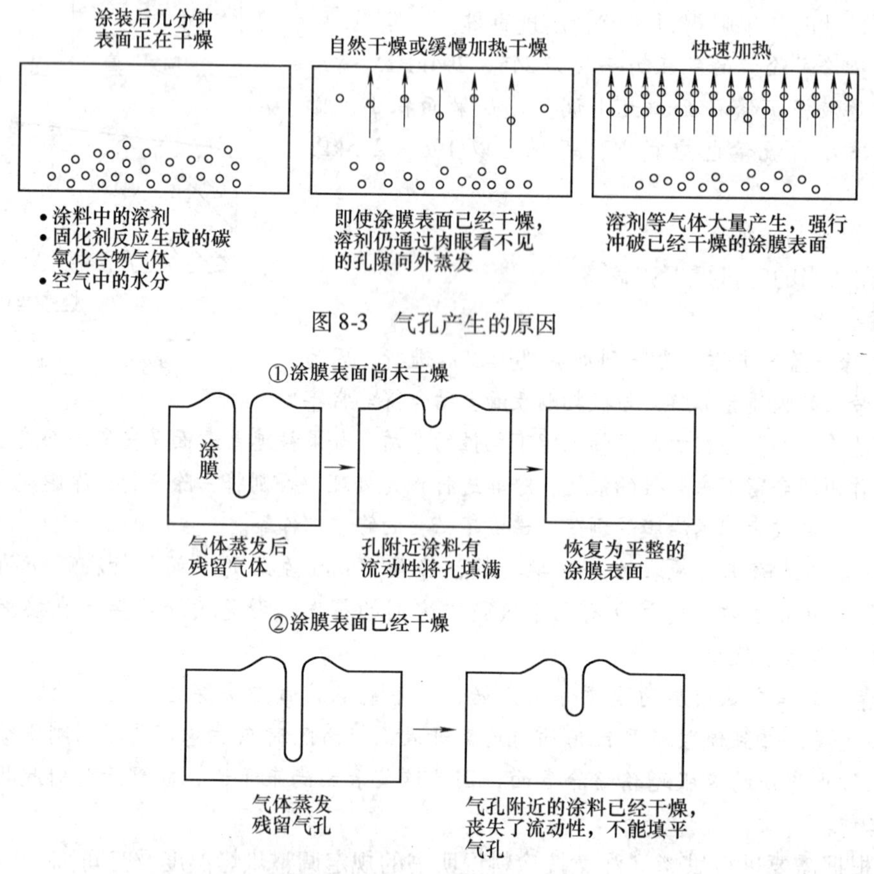

图 8-3　气孔产生的原因

图 8-4　涂膜干燥程度与气孔

二、影响气孔产生的因素

1. 面漆喷涂后闪干时间的影响

面漆喷涂后，不能立即加热干燥，必须间隔一段时间，待溶剂挥发到一定程度之后再加热强制干燥，否则会出现气孔。显然间隔时间的长短，对涂膜质量和作业速度都会带来影响。间隔时间的设置，应在不产生气孔的前提下越短越好。

图 8-5 所示为间隔时间与气孔的关系。此图是在升温曲线和其他涂装条件完全相同的条件下，只改变间隔时间得出的结果。从图中可以看出，当间隔时间为 5min 时，即使薄涂膜也会出现很多气孔；当间隔时间为 10min ~ 1h 时，气孔的产生情况几乎没什么差异；但若喷涂后放置一夜，间隔时间长达 16h，在这种情况下，即使涂膜很厚，也不容易出现气孔。

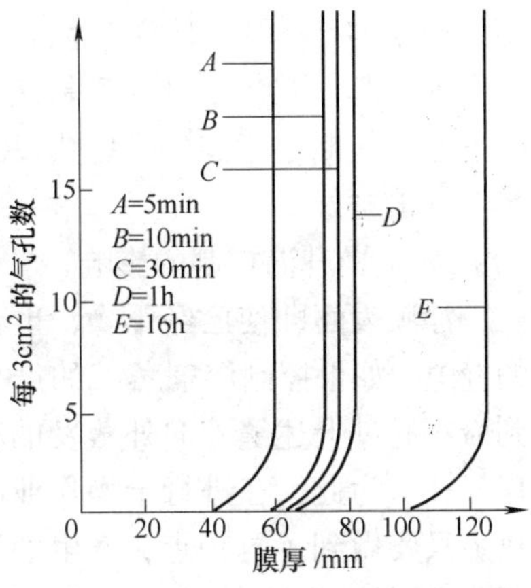

图 8-5　间隔时间与气孔的关系

上述现象主要与涂膜中所含的溶剂量有关。图 8-6 所示为涂装后溶剂的挥发量与时间的关系，在最初的 10min 内，有近 90% 的溶剂很快挥发到空气中。若继续保持自然挥发干燥状态，则挥发速度将非常缓慢。经过 16h 左右，溶剂挥发量达 99%，涂装后 10min 与涂装后 1h 比较，溶剂挥发量没多大差异。当然，若采用了干燥速度慢的释剂，涂装后 10min 与涂装后 1h 相比较，溶剂挥发量将有较大差异。但在这种情况下，前者的涂膜表面还处于湿润状态，残留溶剂可以毫无阻碍地向外蒸发；而后者涂膜表面已经干燥，正处于残留溶剂向外蒸发时易形成气孔的状态。两者相抵消，出现气孔的可能性就处于大体相同的水平。

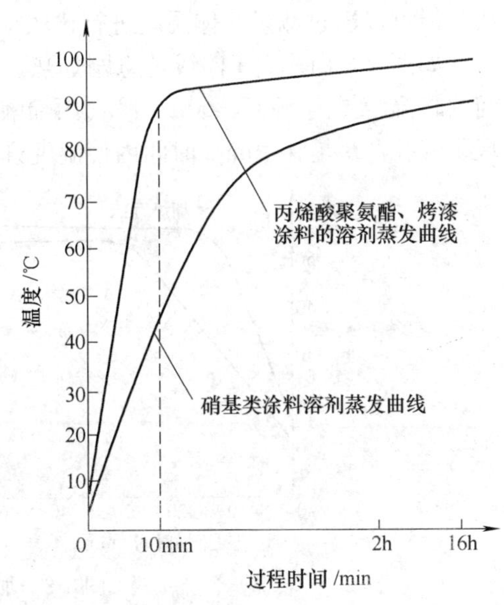

图 8-6　涂装后溶剂的蒸发量与时间的关系

实际上只有在涂料状态时分子团小的涂料，比如烤漆、丙烯酸聚氨酯等，才具有上述溶剂的蒸发速度特性。这种特性对硝基类涂料就不适用。硝基类涂料在涂料状态时分子团大，若涂膜厚则溶剂难挥发，蒸发特性可用图 8-6 中下面的一条曲线表示。

总之，对于丙烯酸聚氨酯涂料和烤漆涂料，面漆喷涂后间隔 10min，就可以加热强制干燥，间隔时间没有必要再延长。加热过程中关键是要注意控制升温速度，不能太快。要追求干燥作业的合理化，应着重于升温曲线和干燥温度与气温的关系。另外还应注意随着季节的变化，应使用不同的稀释剂。

如图 8-5 所示的曲线 E，若在傍晚进行面漆喷涂，第二天早晨再强制干燥（放置 16h 左右），即使涂膜较厚，也不易出现气孔，这也是一种实用的方法。不过应注意，放置一夜，空气中的水分往往会凝结到涂膜中，有时会导致涂膜变色。

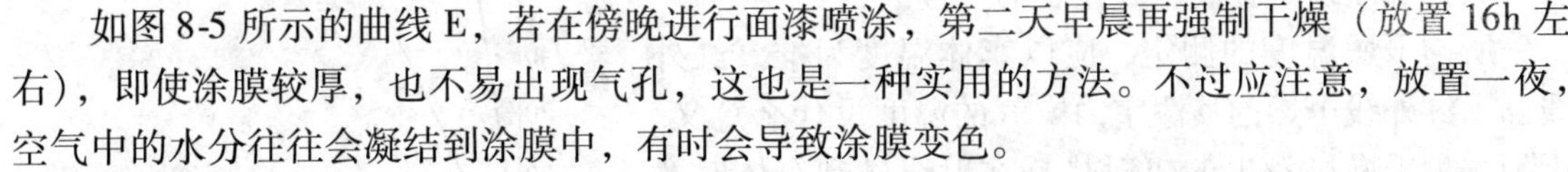

2. 加热装置的影响

若采用加热距离较近的红外线灯泡进行加热，发动机罩、车顶、行李箱盖等涂膜较厚处往往会产生气孔。采用性能较好的远红外线加热器，以同样条件加热，则不易出现气孔。这是因为远红外线加热器具有使涂料从内部开始干燥的性质。热风式干燥机和红外线干燥机是从涂膜表面开始干燥，而远红外线加热器是从表面和内部同步进行干燥的，如图 8-7 所示。

即使产生溶剂气体，由于表面具有流动性，也不会由此引起气孔。不过这只是从理论上判断，实际上还不能断定远红外线比热风式和红外线式加热器性能更好。

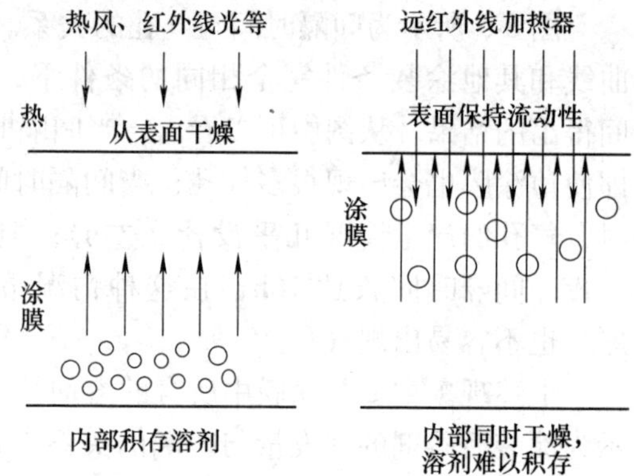

图 8-7　加热装置对产生气孔的影响

3. 干燥升温控制的影响

涂膜表面即使已经干燥，也存在肉眼看不见的缝隙。如果控制溶剂蒸气的产生量，使其能达到恰好通过上述缝隙向外蒸发的程度，就不会出现气孔。为此，在进行干燥作业时，不能快速加热。只要做到了这一点，产生的溶剂蒸气少，渐渐蒸发，就能通过肉眼看不见的小缝隙逐渐排出。

加热干燥方法随喷漆室的结构和干燥机的种类不同而存在差异，因而不存在所谓最佳方法。但可以通过测量车体温度进行比较，找出既不会产生气孔，干燥速度又较快的条件。

如图 8-8 所示，*A* 曲线是急剧加热，*B* 曲线是逐渐加热。两者相比较，*A* 是在 10min 时间内将温度提高 50℃，60μm 厚（丙烯酸磁漆涂膜，喷漆 2～3 次）的涂膜，整个表面都出现了气孔。*B* 是在 10min 时间内使温度升高 20～25℃，120μm 厚的涂层没有出现气孔。

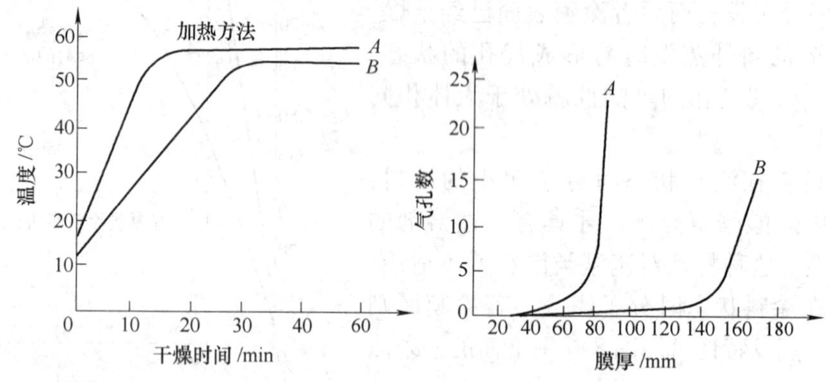

图 8-8　加热方法与气孔的关系

曲线 *A*、*B* 被称为升温曲线，该曲线对烤漆和强制干燥影响很大。该曲线越陡越易出现气孔，越平缓越不易出现气孔。但若过于平缓，虽然不易出现气孔，干燥速度却会过慢。如图 8-9 所示，在图示范围内寻找合理的升温曲线是提高干燥速度的关键。

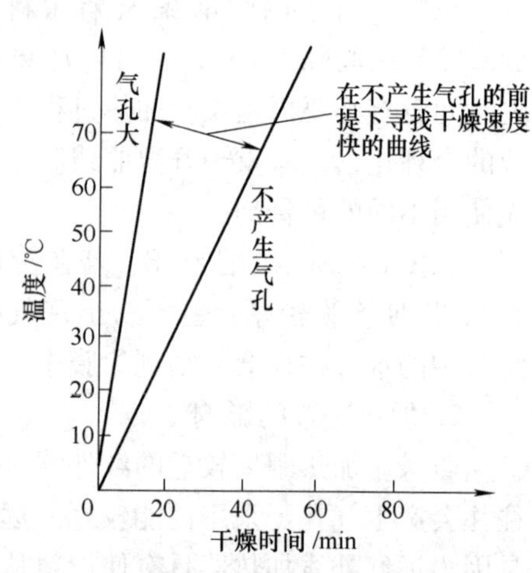

图 8-9　合理的升温曲线

所谓干燥温度的测定，应以车体温度为准。红外线和远红外线干燥的喷漆室内空气的温度没什么意义。因为这种干燥机发出的辐射热是在射线碰到车体时才开始产生，因此即使空气温度还低，车体却已达到了较高的温度。除此之外，还应注意车顶、发动机罩等上部与车体的下裙部的温度不相同。如图 8-10 所示就是对喷漆室内空气温度、车顶部位的温度、车体的温度的测定实例。因此，为准确控制干燥温度，应事先弄清楚干燥机与车体之间的距离变化，以及随红外线加热器部分灯泡的通断，这些都影响车体各部分温度的变化。

4. 涂料类型的影响

气孔的产生方式是受干燥升温曲线和干燥温度的影响。一般来说，升温曲线以10min 升温20～30℃为安全范围，但干燥温度却随涂料的品种不同而不同。例如丙烯酸磁漆，即使升温到80℃也不易出现气孔，而同样以80℃温度干燥丙烯酸聚氨酯，就会出现气孔。这种差异主要与涂料表面干燥的难易程度有关。因此，随涂料的品种不同，应采取不同的干燥温度。表面容易干燥的涂料，干燥温度应低一些，以避免出现气孔。

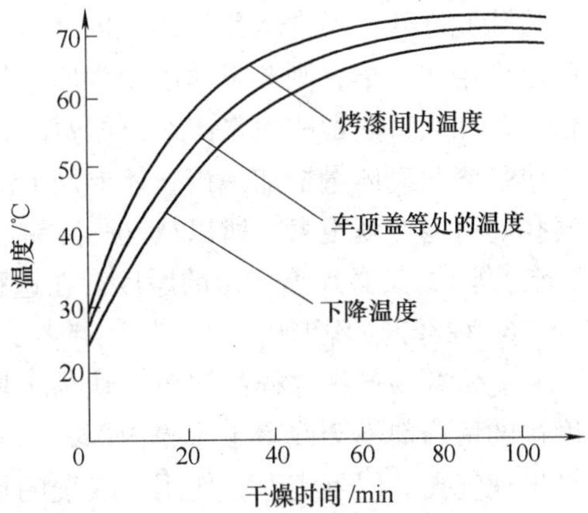

图 8-10　车体各部分温度差异

干燥适宜范围随涂料而异，即使同一个厂家的产品，若固化剂的品种不同，也会出现差异。图 8-11 所示是一种聚氨酯涂料在改变了固化剂的组合后，干燥适宜范围的差异。像这一类图表数据，各涂料生产厂家都有，使用者平时应注意收集，并正确合理地运用，才能使涂装作业更加合理、高效。

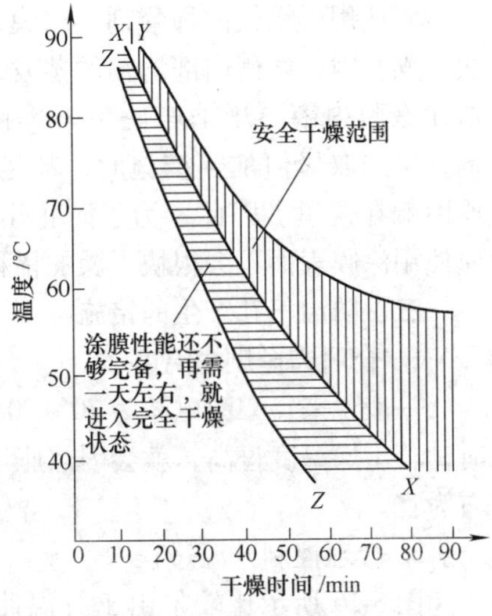

图 8-11　不同固化剂干燥适宜的范围

5. 涂膜厚度的影响

由经验可知，若漆膜薄，即使温度快速升高，也不容易出现气孔。图 8-12 所示是对此进行的验证性实验结果。此项实验采用同样的稀释剂，同样的稀释率，只改变喷涂次数，即改变每次喷涂的厚度，进行涂装对比实验。喷漆完后采用同样的间隔时间，同样的加热升温方法，干燥后检查产生的气孔数，由此绘出此图。从曲线图可以看出，在其他条件相同的前提下，涂膜越厚越易产生气孔。其原因如图 8-13 所示，涂膜越厚，同样大小的面积所含溶剂量越多，产生的气体量越多。

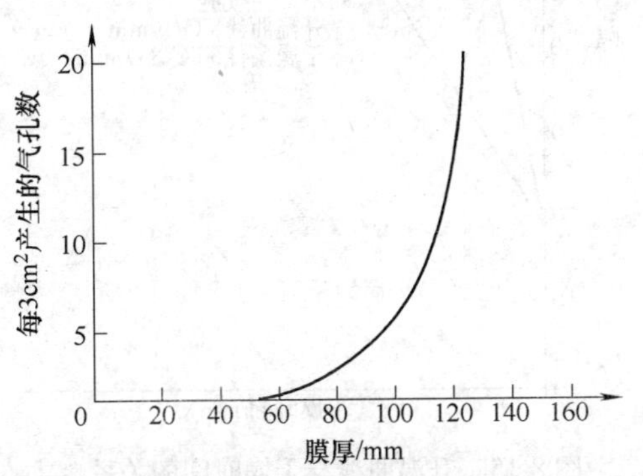

图 8-12　涂膜的厚度与气孔的关系

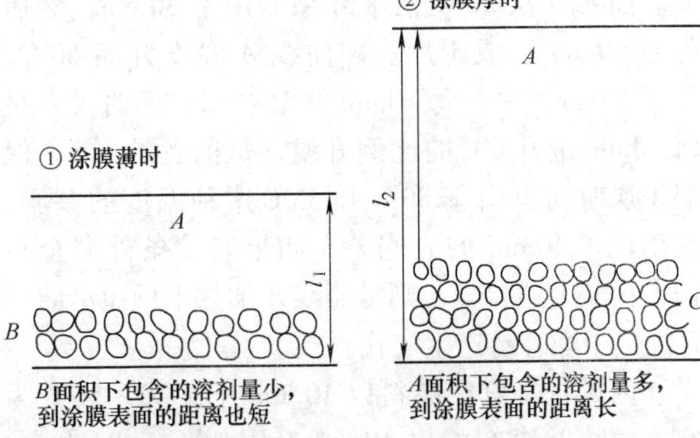

图 8-13　涂膜越厚溶剂越难以挥发

除此之外，通常溶剂气体从内部上升到涂膜表面的速度，与距离的二次方成反比。若涂膜厚度增加一倍，则蒸发速度变为原来的1/4，也就是溶剂残留在涂膜中的时间为原来的4倍。若加热，残留的大量溶剂急剧蒸发，也就容易形成气孔。因此，涂膜厚度增加一倍，就不单是溶剂气体量增加一倍，还要加上溶剂残留于涂膜内部的时间，要加上这一因素，产生气孔的可能性就更大。所以从这一点讲，每次喷涂厚度应尽可能薄。但有时要保证表面质量（光泽等），又必须喷一定的厚度。在这种情况下，具体操作时就要兼顾两方面的因素。

6. 稀释剂的影响

通常容易产生这样的误解，认为干燥速度快的稀释剂不会残留于涂膜内部，因而不易出现气孔。但事实上，使用干燥慢的稀释剂反而不易出现气孔。两者的比较如图8-14所示。

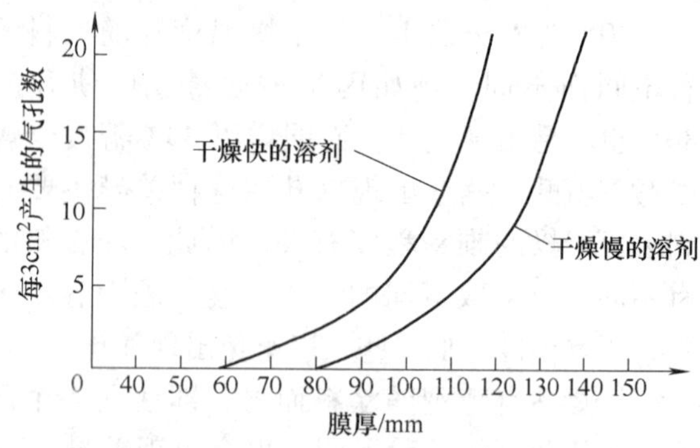

图8-14　溶剂干燥速度与气孔的关系

若使用干燥快的稀释剂，涂膜表面会很快干燥，因此妨碍内部溶剂的蒸发，使其残留在涂膜内部。夏季若使用干燥快的稀释剂，未采取任何加热措施时，却尽是气孔，原因就在这里。因此，为了防止出现气孔，应使用涂膜表面不会很快干燥的稀释剂，以维持涂膜表面的流动性。

三、防治气孔产生的措施

1. 合理选择烘烤温度

一般说来，醇酸磁漆为70～90℃，丙烯酸聚氨酯漆为50～70℃。但当旧涂膜是硝基漆时，若干燥温度过高，就会因热胀冷缩的差异产生裂纹，在这种情况下干燥温度以50℃左右为宜。

2. 合理控制升温过程

图8-15所示比较了由于升温曲线与干燥温度的不同，对干燥时间和气孔的影响。按曲线*B*从加温到干燥结束需90min，按曲线*A*则只需35min。

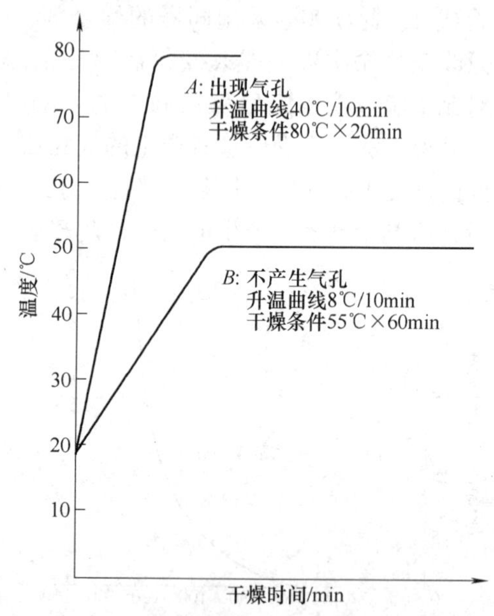

图8-15　升温曲线与干燥时间的关系

产生差异的原因是曲线*A*是在最初的15min，温度由20℃上升到80℃，然后保温20min完成干燥。曲线*B*从20℃上升到55℃用了30min，然后保温60min完成干燥。即曲线*A*温度升高60℃，用了15min，平均每10min升温40℃；而曲线*B*是每10min上升8℃的比例升温，是前者的1/5。保温干燥时间也由于80℃和55℃这种温度的差异，而出现了40min的时间差。如果其他条件完全相同，由于上述差异，则沿曲线*A*加热干燥比沿曲线*B*加热干燥容易产生气孔。

丙烯酸聚氨酯涂料以10min升温20～30℃为宜，醇酸磁漆有的以10min升温30～50℃为宜，有的10min可以升温50～80℃。总之，应事先弄清所用涂料的特点，确定升温速度。

决定升温曲线时还应注意，同样的升温时间范围，随季节的不同，实际的升温曲线也有差异。其原因在于环境温度不同，升温的起始温度不同。比如冬季喷漆室内温度为10℃左右，夏季为30℃左右，如图8-16所示，随起始温度的不同，在同样的时间范围内要达到同样的干燥温度，升温曲线就出现了差异。若10min内要升温到50℃，夏季为50℃－30℃＝20℃，只升高20℃，冬季为50℃－10℃＝40℃，要升高40℃，显然冬季更易出现气孔。

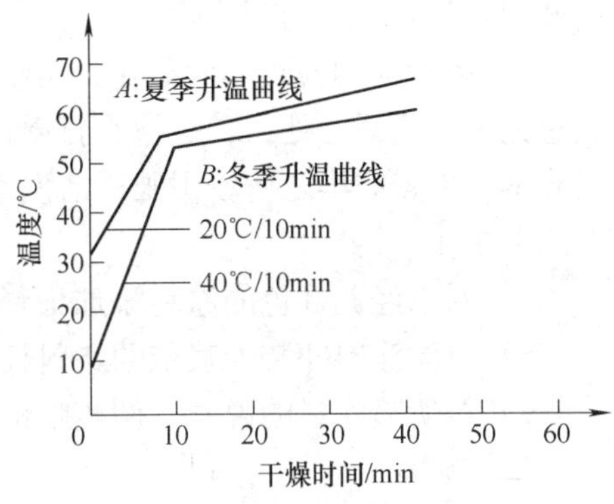

图8-16　季节不同引起的升温曲线的差异

3. 确定合适的干燥时间

涂料的完全干燥时间是指该涂料能充分发挥其本来的性能所需要的时间。它是由涂料自身的性质所决定的，例如图8-17所示为某种丙烯酸聚氨酯涂料，到完全干燥时所需要的时间和温度。在图中曲线X和曲线Y之间的范围内，被干燥部件能从干燥炉中取出直接装车，即使被雨淋也不会产生白斑点或起泡。但是像丙烯酸聚氨酯等在常温下也能不断固化的涂料，常常是达不到这种干燥程度的，也就是在X曲线和Z曲线之间时，就从喷漆室内取出。在这种情况下，由于固化还不充分，只能进行部件组装，不能立即装车在雨中行走。因此，对于像丙烯酸聚氨酯这类涂料，干燥时间应以能进行下一项作业为准，取最短加热时间，然后可以在常温状态下放置，直到完全干燥，这样做可以合理地缩短加热时间。这种做法只要是使用聚氨酯涂料的修理厂都能采用。强制干燥时间，随厂家的作业方法和交货期的限制而不同，不可能确定不变。但应根据厂家的具体条件，确立对涂膜是否完全干燥，后续作业能否进行的判断标准。这可以根据涂膜硬度以及图8-17所示的合理干燥适宜范围进行判断。这样做既可以避免汽车留在喷漆室的时间过长，降低喷漆室的使用率，又可以避免没有完全干燥就交车使用，引起质量事故。

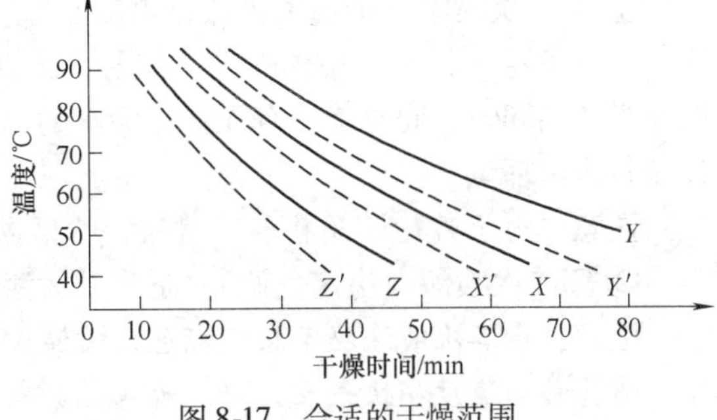

图8-17　合适的干燥范围

【技能学习】

一、劳动安全

参见前述“底漆喷涂”中的相关内容。

二、操作流程

（1）喷涂前的准备

1）根据所喷涂的板件特点及需要喷涂的面积确定遮盖的位置。

2）取合适的遮盖纸进行遮盖。

3）对需要喷涂的表面进行除尘处理。

4）用抹布沾脱脂剂对喷涂表面进行脱脂处理。

5）局部修补涂装时的晕色部位，要采用研磨膏或 1000# ~2000# 砂纸湿打磨。对于打磨的残留物，要用脱脂剂清除干净。

6）喷涂前的检查作业。在开始喷涂作业前，下列工作一定要做：一是检查整个车身外表有无覆盖遗漏之处；二是检查打磨作业和清扫作业是否完备；三是检查喷枪和干燥设备有无异常。检查完毕之后，用肥皂清洗手上的油，穿上防尘服，再用压缩空气清除沾附在衣服上的灰尘。

7）对已经调好色的涂料添加稀释剂和固化剂。

8）过滤涂料并装入喷枪的漆料杯内。

9）按所喷涂料的说明，调整喷枪的各项参数。

（2）喷涂

1）整板喷涂　整板喷涂有三层法和双层法两种方法。

如果用三层法喷涂金属闪光色面漆，按下列程序进行：

① 第一次喷涂（金属闪光漆预喷涂）　适当减小漆流量，加大喷涂距离，提高喷涂运行速度。以车身（板件）整体喷上一层雾，薄薄地预喷一层。喷这一层的目的是提高涂料与旧涂膜的亲和力，同时确认有无排斥涂料的部位，如果有就在该部位稍加大气压喷涂，覆盖住涂料排斥部位。

注意：由于为整板（整车）喷涂，喷幅应调至较大位置。

② 第二次喷涂（决定色调）　适当开大漆流量，减小喷涂距离，减慢走枪速度。

注意：第二次喷涂决定涂膜颜色，喷涂时不必在意出现的喷涂斑纹和金属斑纹。单层喷涂，喷枪移动速度稍快一点为好。丙烯酸聚氨酯涂料遮盖力较强。一般喷两次就行了，但有的色调需按第二次喷涂方法再喷涂一次。

③ 第三次喷涂（消除斑纹）　取金属闪光磁漆 50%、透明漆 50% 相混合，适当减小漆流量，以标准喷涂距离和较快的走枪速度进行喷涂。

注意：第三次喷涂是修正第二次喷涂形成的喷涂斑纹和金属斑纹形成金属感，也有防止喷涂透明层时引起金属斑纹的作用。

原则上透明涂料和金属闪光磁漆各占 50%，但随颜色不同多少会有些变化。例如浅色彩时，透明涂料多一些，金属闪光磁漆占 20% ~30%，透明涂料占 70% ~80%；银灰色和中等浓度色调，两种各占 50%，或者透明涂料稍多一些，占 60%。粘度为 12s 左右。

喷涂时，喷枪运行速度要快，薄薄地喷涂一层，要完全消除金属斑纹。

④ 中间间隔时间　在消除斑纹喷涂结束之后，要设置 10 ~15min 的中间间隔时间，使涂膜中的溶剂挥发。若用指尖轻轻触摸涂面，沾不上颜色，就可以进入透明层喷涂。

⑤ 第四次喷涂（透明涂料的预喷涂）　适当减小漆流量，加大喷涂距离，以稍快的走枪速度进行喷涂。

注意：第一次透明层喷涂不能太厚，一次喷涂太厚会引起金属颗粒排列被打乱，所以要喷得薄。

⑥ 第五次喷涂（透明涂料精加工喷涂）　以全开的漆流量、标准的喷涂距离和稍慢的走枪速度进行喷涂。

注意：以第二次透明层的喷涂结束涂膜工作，要边观察涂膜平整度边仔细喷涂。如果采用快速移动喷枪，往返两次覆盖，能得到理想的表面色泽。尤其是在车顶、行李箱盖、发动机罩等，覆盖两次为好。

当表面平整度不好时，可以加入干燥速度慢的稀释剂进行修正，能获得好的加工质量。

如果用双层法喷涂金属闪光色面漆，按下列程序进行：

① 第一次喷涂（金属色漆预喷涂）　适当减小漆流量，加大喷涂距离，提高喷涂运行速度。以车身（板件）整体喷上一层雾的感觉，薄薄地预喷一层。喷这一层的目的，一是提高涂料与旧涂膜的亲和力，同时确认有无排斥涂料的部位。如果有就在该部位稍加大气压喷涂，覆盖住涂料排斥部位。

注意：由于为整板（整车）喷涂，喷幅应调至较大位置。

② 第二次喷涂（决定涂膜色彩）　适当开大漆流量，减小喷涂距离，减慢走枪速度。

注意：第二次喷涂决定涂膜色彩，要注意不要出现喷涂斑纹和金属斑纹。如果出现金属斑纹，将喷枪距离加大到30～35cm，对喷雾的方法喷射进行修正。

丙烯酸聚氨酯覆盖力强，喷涂两次就能确定好色彩。如果色彩不好，可间隔10～15min，再按第二次喷涂的方法，喷第三到第四次。

③ 中间间隔时间　金属闪光磁漆涂料喷完后，在喷透明涂料之前，间隔10～15min（20℃），使溶剂挥发。

④ 第三次喷涂（透明层涂料预喷涂）　适当减小漆流量，加大喷涂距离，以稍快的走枪速度进行喷涂。

注意：第一次透明层喷涂不能太厚，一次喷涂太厚会引起金属颗粒排列被打乱，所以要喷得薄。

⑤ 第四次喷涂（透明涂料精加工喷涂）　以全开的漆流量、标准的喷涂距离和稍慢的走枪速度进行喷涂。

注意：以第二次透明层的喷涂结束涂膜工作，要边观察涂膜平整度边仔细喷涂。如果采用快速移动喷枪，往返两次覆盖，能得到理想的表面色泽。尤其是在车顶、行李箱盖、发动机罩等，覆盖两次为好。

当表面平整度不好时，可以加入干燥速度慢的稀释剂进行修正，能获得好的加工质量。

2）局部喷涂　金属漆的局部喷涂也有三层法和双层法两种方法。

如果用三层法喷涂金属闪光色面漆，按下列程序进行（见图8-18）：

① 先在中涂底漆层四周喷一层透明涂料（见图8-18②），以使所喷的金属闪光瓷漆更光滑。

注意：局部喷涂时喷枪各参数的调整与整板喷涂相似，只需根据喷涂部位面积大小适当调整喷幅扇面的大小。

② 第一次先薄薄喷一层金属闪光磁漆，以提高其与中涂底漆和旧涂膜的亲和力。

③ 第二次喷涂确定涂层的颜色，一般喷2～3遍，如果着色不好，则需要喷3～4次。

注意：第二次不要喷得过厚，要均匀地、薄薄地喷。

④ 将50%的金属闪光磁漆涂料与50%的透明涂料相混合，粘度调至11～12s，喷涂时比图8-18②所示的喷得更宽一些，喷涂时应使涂料呈雾状，薄薄地喷涂，以消除斑纹。调整金属感，同时兼有晕色处理作用。

注意：每次喷涂之间，需设置10～15min（20℃）的间隔时间。

⑤ 第一次薄薄地喷一层透明涂料，间隔大约5min再喷第二次。喷涂时要边观察色调边

喷涂，以形成光泽为准。

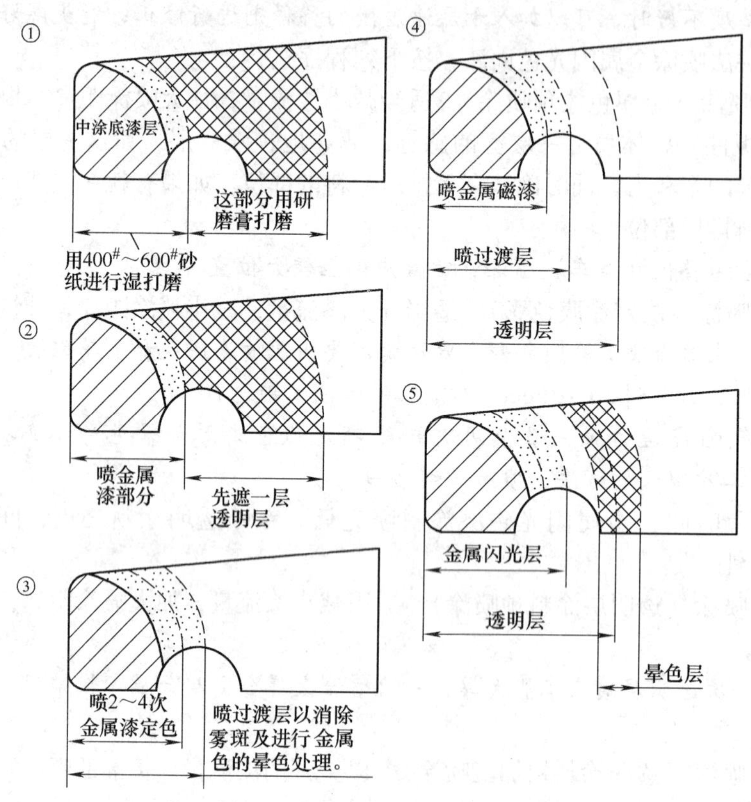

图 8-18　三层法喷涂金属闪光色面漆

注意：透明涂料喷涂面积可扩大一些。

⑥ 晕色处理是以 20% 的透明涂料与 80% 的稀释剂相混合，喷在透明层区域周围，以掩盖其由于喷涂雾滴带来的影响。注意喷涂得要薄。

如果用双层法喷涂金属闪光色面漆，按下列程序进行（见图 8-19）：

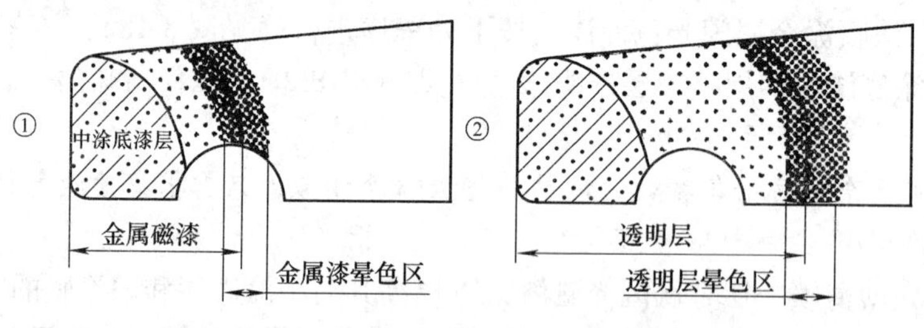

图 8-19　双层法喷涂金属闪光色面漆

① 第一次喷涂金属色漆以能遮盖住中涂底漆涂层为准，在较宽的范围内薄薄地喷涂一层。

② 第二次喷涂金属色面漆应喷得稍厚一些，以决定涂膜色调。

③ 第三次喷涂金属色面漆应薄薄地喷涂，以消除金属斑纹，调整金属感。同时进行与旧涂层的晕色处理。

④ 第一次喷涂清漆。以有光泽为准，喷得要薄。

⑤ 第二次喷涂清漆应稍厚一些，以形成光泽。

⑥ 透明层晕色处理，方法与金属闪光涂料相同。

注意：丙烯酸聚氨酯局部修补涂装时应注意以下事项：

① 用丙烯酸聚氨酯涂料进行金属闪光涂膜的局部修补涂装时，喷枪的选择很关键，其中以1.2～1.3mm喷嘴直径的重力式喷枪效果较好。因为金属颗粒的分散和立体感显得很重要，应使用微粒化作用好的喷枪。

② 喷涂的关键是正确调整流量、喷束开度、气压力和粘度。局部修补涂装时，气压调得过高，喷射雾滴则向四周飞溅，通常调到245～294kPa为好。喷涂距离以25cm左右为标准，局部修补涂装时以15～20cm为基准。

③ 进行晕色处理之后，一定要强制干燥，需在60℃条件下加热30min左右。若干燥不充分，打磨时会出现泛白现象。另外，可使用市面上出售的晕色剂进行晕色处理。通过加热，聚氨酯的喷射雾滴会被晕色剂所溶解，使其很好地溶和。

（3）结束工作

1）在适当的时机拆下遮盖。

2）根据需要进行烘烤（注意按涂料说明书的规定调烘烤温度及时间）。

任务三　面漆喷涂后的收尾工作

【相关知识】

面漆的涂布结束以后，涂装工作已经大部分完成，但还是需要进行最后的修整工作。涂膜的修整主要包括清除贴护、修理小范围内的故障和表面抛光等。

喷涂过程中常常会由于种种原因在面漆表面造成一些微小的瑕疵，例如流挂、个别的涂膜颗粒（脏点）微小划擦痕迹和凹坑等，影响装饰性，因此必须进行修理。

【技能学习】

一、劳动安全

按打磨、喷涂施工进行劳动保护准备。注意在进行抛光操作时，应穿戴防水围裙和水鞋。

二、操作流程

1. 面漆喷涂后的修整

（1）漏喷、露底的修整

1）先用500#～600#水砂纸将该部位轻磨（干磨）光滑并擦净杂质。

2）调制原色漆，将打磨部位细致地补喷均匀。

注意：一定要遮盖好。

（2）毛边的修整

1）先用刀片将毛边清理干净，如图8-20所示。

2）用毛笔蘸少许色漆轻涂一次，如图8-21所示。

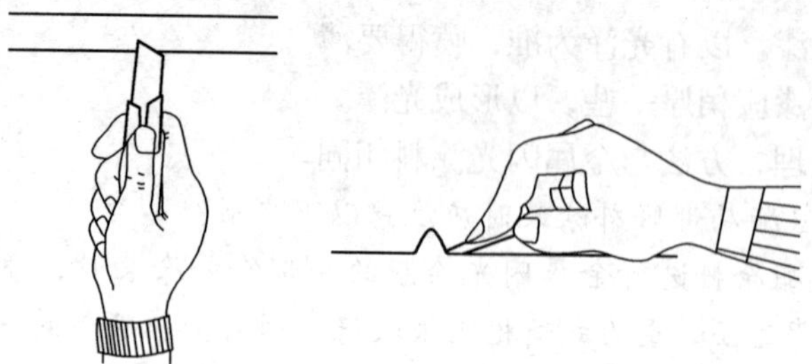

图 8-20　用刀片清理毛边

图 8-21　用毛笔补涂毛边

3）干燥后补涂一次，至平滑均匀为止。

（3）颗粒的修整

1）对于立面垂滴，用刀片切平，再用抛光机抛平滑即可（此项操作可在全部缺陷修整完成后，借助整板或整车抛光来完成），如图 8-22 所示。

2）对于平面上的凸起颗粒或污点，用刀片将其基本削平，再用粒度为 1000# ~1500# 水砂纸磨平，如图 8-23 所示。最后用抛光机抛光（此项操作可在全部缺陷修整完成后，借助整板或整车抛光来完成）。

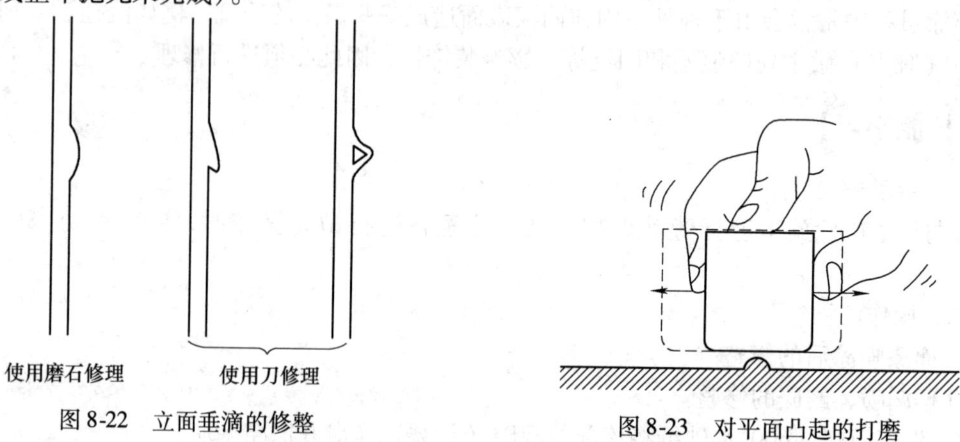

图 8-22　立面垂滴的修整

图 8-23　对平面凸起的打磨

（4）流挂的修整（见图 8-24）

1）用 500# ~600# 水砂纸将流痕水磨至平整。

2）用 800# ~1000# 水砂纸将流淌部位水磨平滑，洗净擦干。

3）用抛光机抛平滑（此项操作可在全部缺陷修整完成后，借助整板或整车抛光来完成）。

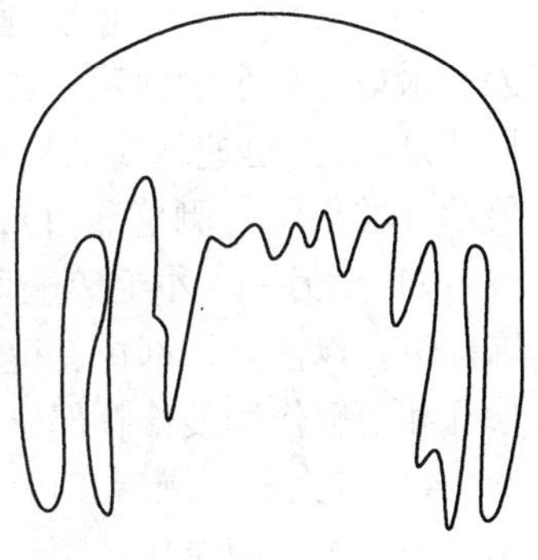
图 8-24　流挂

注意：打磨时为防止磨到周围不须打磨的部位，可以用贴护胶带对不需要打磨的区域进行贴护。打磨的手法应使打磨垫块尽量平行于面漆涂膜，手法要轻一些，用水先将水砂纸润湿，然后在打磨区域上洒一些肥皂水，这样可以充分润滑打磨表面，且不至于产生太大的砂纸痕迹。打磨时要非常仔细，经常用胶质刮水片刮除打磨区域的水渍来观察打磨的程度，只要流挂部位消除，并与周围涂膜齐平即可。千万不要磨穿或使漆膜过薄，要给抛光留出余量，并保证抛光后仍有足够的膜厚。对于边角等涂膜比较薄且极易磨穿的地方尤其要小心。

（5）针孔的修整

1）局部小面积针孔。

① 先用1000#～1200#水砂纸磨平滑。

② 用砂蜡和光蜡抛光（此项操作可在全部缺陷修整完成后，借助整板或整车抛光来完成）。

2）针孔面积较大。

① 先用500#～600#水砂纸水磨平滑，洗净吹干。

② 用填眼灰填孔。

③ 干燥后用1000#水砂纸磨平滑，洗净吹干，并除油清洁。

④ 按面漆末道漆喷涂方法精心补喷均匀。

⑤ 抛光（此项操作可在全部缺陷修整完成后，借助整板或整车抛光来完成）。

（6）麻眼的修整

1）用600#水砂纸进行磨光。

2）用麻眼灰（填眼灰）反复找平。

3）干燥后磨光擦净。

4）用原色浆补喷均匀。

5）用驳口水消除补漆雾痕。

6）抛光（此项操作可在全部缺陷修整完成后，借助整板或整车抛光来完成）。

（7）咬底的修整

1）将起皱的漆膜清除。

2）待该部位干燥后，用240#水砂纸打磨光滑。

3）细刮原子灰至平整。

4）干燥后磨光原子灰，清洁除油。

5）用原色浆补喷均匀。

6）喷驳口水以消除漆雾痕。

7）抛光（此项操作可在全部缺陷修整完成后，借助整板或整车抛光来完成）。

（8）涂膜凹陷的修整

1）若面漆漆膜已经基本干燥，则需要用清洁剂对需要填补的区域进行清洁。如有必要可用800#以上的细砂纸进行简单打磨。但打磨区域切不可过大，只起提高附着力的作用即可，然后用清洁剂清洁干净。

2）用牙签或小毛笔蘸少许面漆（为保证没有色差，最好用剩余的面漆。若为双组分涂料，则必须添加固化剂），并迅速地滴到故障部位（鱼眼）或描绘在需要填补的部位（剥落漏白），如图 8-25 所示。

3）用另一支小毛笔蘸取少许面漆稀释剂涂抹在修饰部位，以使修饰部位变得较为平整，并利用稀释剂的晕开和溶解作用使修补部位与其周围融合。

4）待完全干燥后，可以稍稍进行打磨，并进行抛光处理，方法同流挂及颗粒的修理一样。

注意：如果缺陷部位非常明显或所处位置是车辆极需要涂膜完美的地方，如小轿车的发动机罩或翼子板等，一般需要采用点修补的方法（使用小型修补喷枪进行小局部喷涂）来修理。

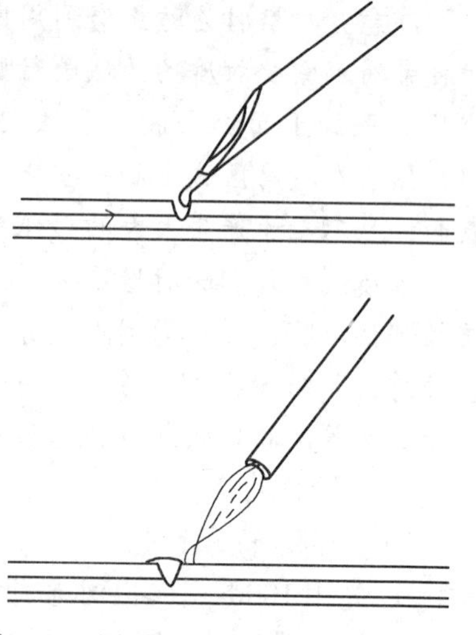

图 8-25　用牙签或小毛笔进行表面修理

2. 漆面抛光

（1）整车（整板）抛光

注意：新喷漆面应在漆膜实干后进行抛光，自干性涂料在喷涂后 8 ~ 16h 进行，双组分涂料应在喷涂后，经过烘烤 35min（车身金属温度为 65℃）或风干 36h（但不建议风干），手指压表面而没有产生手指印后进行抛光。一般采用二次抛光处理法效果较好。在抛光前若是旧车漆面，则应用水将车身表面的泥沙冲洗干净，以防在抛光时损坏漆面。

1）第一次抛光。

① 用半弹性垫块衬 1500#水砂纸将整车打磨一遍，如图 8-26 所示。

② 用 2000#海绵砂纸，轻轻地把流痕、凸点、粗粒、轻微划痕打磨平整。

③ 用 4000#海绵砂纸再按顺序将整车打磨一遍，使漆面均匀无光。注意不要磨穿漆膜层。

④ 清洗漆面并擦净、干燥。

⑤ 用布块将全能抛光剂均匀地涂于漆膜表面，如图 8-27 所示。

图 8-26　对整车进行打磨

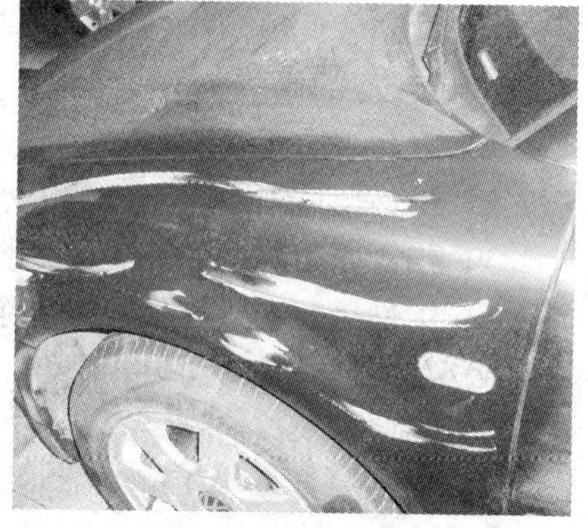

图 8-27　将抛光剂涂于漆膜表面

⑥ 机械抛光应将抛光机的转速调至 1000 ~ 1500r/min，将抛光机的羊毛平放在漆面上，然后均衡地向下施加压力进行抛光，如图 8-28 所示。整车抛光应从车顶开始，在漆面上有

规律地沿水平方向来回研磨。研磨面积不宜过大，要一个块面一个块面地进行，每一块面长为 60 ~ 80cm、宽为 40 ~ 50cm 左右，漆面逐渐呈现平滑与光泽。

图 8-28　用抛光机抛光

⑦ 用干净的抹布把漆面上的多余抛光剂擦净。若发现某部位漆面还不能达到质量要求时，可重复研磨直至达到质量要求。研磨时要特别注意折口、棱角及高出底材的造型漆面，这些部位的涂膜相对较薄，研磨时触及机会较多，要特别注意不要磨穿涂膜，平面部位较圆弧面不易起光泽，应适当增加研磨次数。

2）第二次抛光。当整车漆面用全能抛光剂完成后，漆面的流痕、粗粒、划痕、海绵砂纸磨痕迹会全部消除，但有时会有一些极其细小的丝痕或光环，为了确保漆面更平滑、光亮，需用釉质抛光剂进行第二次抛光。第二次抛光一般使用釉质抛光剂，经釉质抛光剂抛光后，漆面亮度高、丰满度好，保持时间可达 1 年。

① 用干净的软布擦净前道抛光残留物。

② 摇匀釉质抛光剂，用软布或海绵将其均匀涂于漆膜表面。

③ 停留 60s 以上，让抛光剂变干、发白。

④ 用手工或机械方法抛光。机械抛光应将海绵盘转速保持在 1000 ~ 1500r/min，抛光时应按一定方向有序进行。不要用羊毛盘进行第二抛光。手工抛光时应沿水平直线运动进行抛光，直到漆面擦亮为止。

⑤ 用干净的软布擦净漆面。

（2）喷涂后补涂部位的抛光

1）倒少量抛光剂于软布上。

2）在补涂部位四周接口处，按补涂部位向旧漆面部位同一方向抛光。抛光力度不宜过大，抛光程度不宜过深，防止产生补涂边缘线形痕迹，使漆面达到光泽柔和程度即可。

3. 打蜡

（1）机械打蜡

1）将液体蜡摇匀后画圈似地倒在打蜡盘面上。

2）每次以 0.5m^2的面积顺序打匀，直至打完全车。

3）待蜡凝固后，将干净、无杂质的全棉抛蜡盘套装在打蜡机上。开机后调节转速并控制在 1000r/min 以下，然后将打蜡机抛光盘套轻轻平放在漆面上，进行横向与竖向覆盖式抛光，直至漆面靓丽为止。打蜡机抛光路线走向如图 8-29 所示。

（2）手工打蜡

1）若是乳状蜡应将其摇匀，然后倒少许于海绵或软布上。

2）涂蜡时以大拇指夹住海绵，以手掌和其他三个手指按住海绵，每次涂蜡以 0.5m^2的面积为宜，力度均匀地按旋律式顺序擦拭，如图 8-30 所示。

3）从前到后、从左到右，蜡膜要涂得薄而均匀，根据每种车蜡的说明，稍候用干净的软布擦净即可。

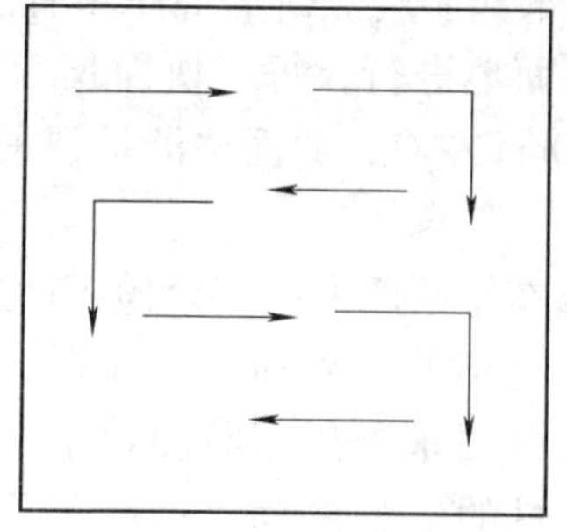

图 8-29　打蜡机抛光路线走向

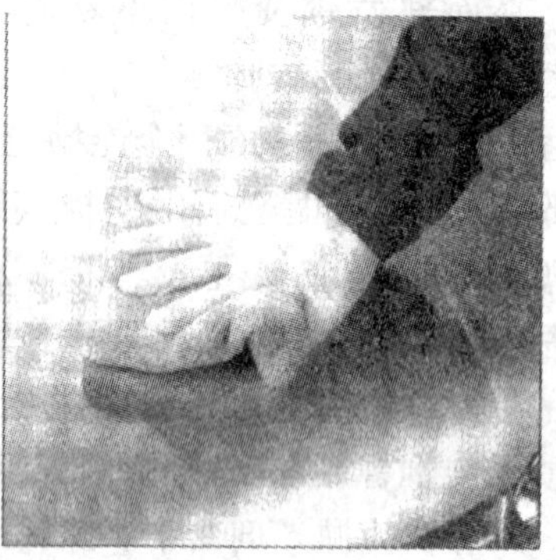

图 8-30　手工打蜡

（3）打上光蜡

1）清洁　在给车身涂蜡时，一定要先进行表面清洗，确保表面清洁。因为若车身表面有灰尘，涂蜡后在抛光时就会把灰尘挤进涂层里，或在车身表面起研磨作用，划伤或磨花表面涂膜。

2）打蜡　现在的车蜡多为液体蜡，使用前将其摇晃均匀，将少许倒入湿布或海绵上小面积旋转，在车身涂层表面擦拭。

3）擦干　稍干后，再用干净的软抹布反复擦干即可。

4）抛光　用抛光机及海绵垫对整个打蜡表面进行仔细的抛光。

5）擦净　用软面将表面的抛光粉末擦拭干净。

注意：上光蜡时应注意以下事项：

① 必须采用质量优良且与表面涂层相适宜的车蜡。

② 很多人给车身打蜡都习惯性地以圆圈方式进行，这是不正确的方法。正确的打蜡方式是以直线方式，横竖线交替进行，再按雨水流动的方向上最后一道，这样才能达到减少车身涂层表面产生同心圆状光环的效果。

③ 不要在阳光的直接照射下打蜡，操作时应在阴凉处为妥。否则，车蜡会在阳光下发生变化，使车身出现斑点。

④ 上蜡后，要等车蜡干燥一会后再进行抛光，不要刚打上蜡就抛光，要让车蜡能够在车身表面有一定的凝固时间，最少要在30min左右。但有人认为等蜡完全干燥后再擦净比较好，这也是错误的。上蜡后要在蜡半干不干、尚未干燥白化时擦净。因此，上蜡的操作必须

顺着车身钣金一片一片地进行，切不可先将车身全部上好后，再一次擦掉，这会使涂层表面的色泽深浅不一，影响美观。

⑤ 没有抛光前，不要开车上路。否则，空气中的灰尘就会依附在车蜡上，在抛光时划伤或磨花表面漆层。

⑥ 如果车身表面上的涂膜已经褪色或氧化，必须在清除掉旧的和氧化了的涂膜后，才能打蜡。

⑦ 涂蜡时尽量采用软质的、不起毛的绒布或棉絮进行均匀涂抹。

4. 部件的安装与清扫作业

打蜡作业结束后，安置好拆卸下的部件。若部件有脏污，应仔细擦拭干净后再安放。对车主平常在进行扫除时难以涉及的地方，也要将其打扫干净，这样会受到客户的欢迎。事情虽小，但对维持与客户的关系会起很大作用。安装好拆卸下的部件之后，应全面检查电路是否正常，螺栓是否都已拧紧等。

交车之前应用净水将车身整体彻底清洗干净。清洗过程中，若发现有细小伤痕，即使不是所修理部位，也要予以修整。

参考文献

[1] 黄平．汽车车身修复技术［M］．北京：人民交通出版社，2006.

[2] 戴冠军．图解汽车车身维修大全［M］．杭州：浙江科学技术出版社，2000.

[3] 宋孟辉．汽车车身修复与保养［M］．北京：机械工业出版社，2010.

[4] 魏庆曜．现代轿车修补涂装实用技术［M］．北京：人民交通出版社，2003.

[5] 张俊．汽车车身修复专门化［M］．北京：人民交通出版社，2004.

[6] 侯建党．汽车钣金与涂装修补图表解［M］．沈阳：辽宁科学技术出版社，1999.

[7] 李明惠．汽车钣金与涂装修复技术［M］．北京：国防工业出版社，2005.

[8] 徐华东．汽车材料［M］．北京：机械工业出版社，2007.

[9] 彭友禄．焊接工艺［M］．北京：人民交通出版社，2002.

[10] 张吉国．汽车车身修复技术［M］．北京：高等教育出版社，2005.

[11] 张红伟．机动车车身修复人员从业资格考试必读［M］．北京：金盾出版社，2008.

[12] 宋森．汽车车身维修实例［M］．北京：机械工业出版社，2002.